HANGIL
GREAT BOOKS
1

관념의 모험

앨프레드 노스 화이트헤드 지음 | 오영환 옮김

한길사

HANGIL
GREAT BOOKS
1

Adventures of Ideas
by Alfred North Whitehead
Translated by Oh Young-Hwan

Published by Hangilsa Publishing Co. Ltd., Korea, 1996.

Alfred north Whitehead

화이트헤드는 아내 에벌린으로부터 윤리적·심미적 감각뿐만 아니라
세계관에서도 많은 영향을 받았다.

왼쪽부터 앨프레드 노스, 여동생 셸리, 형 찰스, 어머니 사라, 남동생 헨리.

화이트헤드와 『수학 원리』를 공동 집필한 버트런드 러셀(1907)

앨프레드 노스 화이트헤드(1912)

화이트헤드(연도 미상)

아내 에벌린 화이트(1940)

화이트헤드(1912)

L.S. 핸더슨, H.O. 테일러, 윌리엄 M. 휠러와 함께
맨 오른쪽이 화이트헤드다.

하버드대학 에머슨 홀 앞에서

1939년 하버드대학에서 마지막 강의를 마치고

옮긴이 지은 오영환(知隱 吳榮煥)

연세대학교 철학과를 졸업하고 동 대학원을 거쳐 네덜란드 라이덴(Leiden)
국립대학교 철학대학원을 졸업(Drs. Phil.)하고, 영국 옥스퍼드대학교 브리티시 카운슬
펠로우(1983~1984), 미국 프린스턴대학교 객원 교수(Visiting Fellow)(1991~1992), 일본
교토(京都)대학교 초빙 교수(1993), 연세대학교 철학과 교수(1972~1997) 등을 역임했다.
현재 연세대학교 명예교수, 한국화이트헤드학회 고문, 미국 학술 전문지 *Process Studies*의
International Advisory Board 자문 위원(1994~현재)이다.
주요 저서와 역서로
『문화의 전략』(C.A. 반 퍼슨, 법문사, 1979),
『과학과 근대세계』(A.N. 화이트헤드, 서광사, 1989),
『과정과 실재-유기체적 세계관의 구상』(A.N. 화이트헤드, 민음사, 1991)
  -제4회 서우철학상(曙宇哲學賞) 수상작,
『열린 사고와 철학』(A.N. 화이트헤드, 고려원, 1992, 공역),
『과학과 형이상학』(자유사상사, 1993, 공저),
『관념의 모험』(A.N. 화이트헤드, 한길사, 1996),
『두 문화』(C.P. 스노우, 민음사, 1996),
『화이트헤드와 인간의 시간경험』(통나무, 1997),
『두 문화』(C.P. 스노우, 사이언스북스, 2001),
『사고의 양태』(A.N. 화이트헤드, 다산글방, 2003, 공역),
『교육의 목적』(A.N. 화이트헤드, 궁리출판, 2004)
  -2006 대한민국학술원 기초학문육성 "우수도서",
『화이트헤드와의 대화』(A.N. 화이트헤드, 루시언 프라이스 기록, 궁리출판, 2006)
  -2007 대한민국학술원 기초학문육성 "우수도서",
『과학과 근대세계』(개정판, A.N. 화이트헤드, 서광사, 2008),
『화이트헤드의 『과정과 실재』 입문』(도널드 A. 셔번 편저, 서광사, 2010, 공역)이 있다.

GB
한길 그레이트북스

인류의위대한지적유산

앨프레드 노스 화이트헤드

관념의 모험

오영환 옮김

한길사

● 『관념의 모험』· 차례

제3부
철학적 관점에서

제4부
문명론적 관점에서

● 화이트헤드의 문명론과 형이상학

『관념의 모험』에 대하여

이 책은 앨프레드 노스 화이트헤드(Alfred North Whitehead, 1861~1947)의 *Adventures of Ideas* (Cambridge : At the University Press, 1933 판)를 원본으로 하여 완역한 것이다.

이 책에는 20세기 가장 탁월한 지성 가운데 한 사람으로 꼽히는 철학자 화이트헤드의, 가슴을 설레게 하는 대담한 지적 모험이 담겨 있다. 저자는 심오한 관념(ideas)이 인간성을 향상시켜왔다는 관점에서 인류 문명의 역사를 해석한다. 그의 문체는 아름답고 표현은 명쾌하다.

화이트헤드는 활기차고 혁명적인 관념의 변천이 인간 사회의 현실적인 기본 조건들을 변화시킨다는 것을 극명하게 지적한다. 그는 한 예로서, 일찍이 노예제도가 고대인들에게는 문명의 불가피한 전제조건으로 생각되었지만, 이제 현대인들은 이를 받아들이지 않는다는 점을 들고 있다. 4부로 구성된 이 책에서 화이트헤드는 어떻게 관념들이 사회, 종교, 철학, 그리고 마지막으로 완성을 갈망하는 인간 정신에 영향력을 행사하고 있는가를 설명해준다.

넓은 시야와 대담한 표현으로 서술되어 있는 『관념의 모험』은 인간의 미래에 관심을 갖는 현대인에게 매우 중요한 책이 될 것으로 본다.

화이트헤드와 러셀

화이트헤드의 여러 저서 중에서 『과학과 근대세계』(*Science and the Modern World*, 오영환 역, 서광사, 1989)는 그 자신의 철학을 설명한 것 중에서 가장 유력한 것이지만 『과정과 실재──유기체적 세계관의 구상』(*Process and Reality, An Essay in Cosmology*, 오영환 역, 민음사, 1991)도 전문적인 이유에서 필수 불가결한 작품이다. 이 두 권의 저작에다가 1933년에 처음으로 출판된 대작 『관념의 모험』(*Adventures of Ideas*)을 추가하면 이른바 그의 형이상학 3부작을 구성하게 된다. 저자가 머리말에서 밝히고 있듯이, "이 3부작은 사물의 본성을 이해하는 방식을 기술하려는 시도인 동시에 인간 경험의 유위전변(有爲轉變)을 개관함으로써, 어떻게 이와 같은 해석방식이 예시되는지를 지적해보려는 시도이다. 이 책들은 하나하나 개별적으로 읽어도 무방하지만 각기 생략되었거나 압축된 표현을 상호 보완해주고 있다."

『관념의 모험』에는 화이트헤드의 문명론, 사회·역사 철학이 포함되어 있고, 과학론, 미학, 그리고 그의 형이상학이 유기적으로 통합되어 있어서 화이트헤드 사상의 진면목을 가장 잘 드러낸 저작으로 평가되기도 하거니와 화이트헤드도 생전에 자신의 저서 중에서 가장 만족스럽게 여겼던 것으로 전해진다.

이렇듯 이 책에서 화이트헤드는 매우 광범위한 영역에 걸쳐 있는 인간의 경험을 논하고 있어서 플라톤의 『국가편』이 그러하듯이, 이 저작 전체를 일관하고 있는 주제를 특정화하기가 결코 쉽지 않다. 다만 그 많은 논제 중에서 주된 것을 집약해본다면, 서구 문명에는 인류에 관한 그리고 우주에 관한 보편관념의 역사가 있어왔고 미래에도 있을 수 있는 역사에 관한 이야기가 담겨 있다고 할 수 있다. 그리고 『과정과 실재』의 주요사상을 새롭게 진술함으로써 『관념의 모험』에서의 매우 인상적인 결론, 즉 문명생활의 본질적인 특질로서의 진리, 아름다움, 예술, 모험, 평화(영혼의 평화)에 관한 간결하면서도 심오한 분석을 거쳐 얻어낸 결론에 하나의 초석을 닦아놓았다. 이것은 인간 삶의 궁극적 이상과 가치에 관한 화이트헤드의 견해를 이해하는 데에 그의 여러 저서 중에서 가장 중요한 것이라고 볼 수 있다.

화이트헤드 생애의 마지막 저작은 『사고의 양태』(*Modes of Thought*, 1938, 오영환·문창옥 역, 『열린 사고와 철학』, 고려원, 1992)이다. 이 저작에서 그는 전문적인 언어를 피하면서 "일상생활의 장에서 자연스럽게 나타나는 궁극적 관념들을 자유롭게 검토"하고 있다. 이 『사고의 양태』의 대부분은 고별사를 연상케 하는 아름다운 필치로 채색되어 있다. 화이트헤드는 다른 자리에서는 『관념의 모험』이나 『과학과 근대세계』를 호감이 가는 것으로 피력하면서도, 종종 이 저서를 마음에 드는 것으로 술회하기도 하였다. 분명한 것은 비전문가나 일반 독자에게 가장 바람직스러운 것으로 추천한다면 『관념의 모험』이나 『사고의 양태』일 것이다. 이 두 권의 저서라면 독사들은 화이트헤드 철학사상의 특질을 어떤 한정된 범위 안에서 비교적 쉽게 이해할 수 있고, 나아가서는 화이트헤드와 공통 기반에 설 수도 있을 것이다.

우리는 이 『관념의 모험』에서 다음과 같은 또 하나의 적극적인 공헌을 발견할 수 있을 것이다. 20세기 초엽에 화이트헤드와 B. 러셀의 합작으로 이루어진 공저 『프린키피아 마테마티카』(수학원리)는 어떤 의미로는 1920년대 후반에 비에나 학단을 중심으로 일어났던 논리실증주의 운동의 중요한 계기가 되었다고 볼 수 있는데, 그들은 기호논리학을 철학언어 분석에 응용하면서 형이상학의 무의미성을 주장하기에 이르렀다. 화이트헤드의 공동저자였던 B. 러셀도 논리적 분석을 철학의 중요한 기능으로 인정하였고, 그후에 미국에 이식되어 발전했던 논리실증주의(논리적 경험주의)파와 비록 동일한 것은 아니었으나 이들과 친근한 관점을 견지한 것으로 볼 수 있다. 그러나 화이트헤드가 이들과는 반대 방향으로 성장하여 형이상학 본래의 역할을 강조하는 철학자로 발전하게 된 이유나 근거를 『관념의 모험』에서 분명히 밝히고 있다는 점을 주목할 필요가 있다.

화이트헤드와 러셀의 공저로 된 『프린키피아 마테마티카』가 끼친 철학적 영향은, 종전까지만 해도 주로 러셀의 논리적 원자론과 관계적 사고와의 협동적 방향으로 전개된 데에 있었다고 할 수 있다. 그러나 인간과 자연을 분리시켜서는 생각할 수 없는 환경문제 해결의 모색이라든지, 생물행동의 진화와 인간 생활의 역사를 통일적으로 생각해보려는 시도, 또는 자연과학과 인문과학(혹은 C.P. 스노가 말하는 두 문화)의 통일이라는, 새로운 시대가 제기하는 문제의 해결을 위해서는 러셀과 함께 책을 쓰던 시절부터 독자적인 사고의 길을 찾아서 도달한 화이트헤드의 '과정'(process)이라는 기본개념에 입각한 사고형식이 앞으로 커다란 의미를 갖게 되리라고 우리는 확신한다.

화이트헤드의 '프로세스' 개념은 반드시 일의적으로만 사용되는 것이 아니고 여러 현상을 설명하는 데 각기 걸맞은 형태로 사용되고 있다. 그러나 우리는 그 기본적인 사고법의 패턴이 아리스토텔레스적 존재론의 전통이 가지고 있는 실체적 사고나 근대과학적 사고법의 기본에 있는 관계적 사고에도 속하지 않는, 공간적·물리적 관계와 진화적인 시간 경과와의 통일적인 사고법을 지향하고 있는 것으로 해석한다. 그러나 이러한 사고양식을 명확히 하고, 더욱 보편적인 방법론이 되게 하기 위해서는 아직도 분명히 밝혀야 할 문제점이 적지 않은 것으로 보인다.

화이트헤드의 프로세스적 사고가 오로지 신학적 방법론으로 적용되는 데만 그칠 것이 아니라 인식론, 과학방법론, 물리학, 역사철학 등 여러 철학적 문제의 분야를 다룰 수 있도록 확대되기를 우리는 간절히 바라고 있다. 현대철학의 존재방식에 커다란 영향을 주었던 B. 러셀이 기이하게도 그 철학사상의 경향이 전혀 이질적인 화이트헤드와 함께 '한 권의 책을 저술하였다'는 역사적 사실을 단순히 우연적인 역사적 사건으로만 볼 것이 아니라, 사고양식의 필연적인 심벌로서 받아들이는 것과 상통하는 것이라 생각된다.

'관념의 모험'의 두 가지 의미

『관념의 모험』에는 전문적인 형태로 완성된 것은 아니지만 하나의 일반적인 역사철학이 포함되어 있다. 그가 이 책의 서두에서 강조하고 있는 것은, 지난 세기의 역사학파에서 굳게 믿고 있었던 이른바 '순수한 역사'— 즉 어떠한 미적 편견도 없는, 어떠한 형이상학적 원리에도 의존하지 않는 역사 —라는 것은 기껏해야 공상의 산물에 지나지 않는다는 점이다. 그러한 것을 진짜로 믿게 되는 원인은 자기 자신의 한계도 깨닫지 못한 채 자신의 추측만으로 '객관적인 사실'이나 '순수한 역사' 같은 것을 믿는 데 있다고 보면서, 화이트헤드는 이러한 정신성을 가리켜 '편협 근성'(provinciality)에 깊이 빠져 있는 정신이라고 강하게 비판을 하고 있다.

그래서 바로 그러한 편협 근성이나 당파심은 그 당사자의 정신을 폐쇄적인 것으로 질식시키고 타인에게는 부당한 폭력이 되기도 하는 것이지만, 우리는 현실적으로 자기 시대의 구석구석까지 침투해 있는 일반적인 사상적 형식이나 관념을 마치 공기를 마시듯 호흡하고 있기 때문에 "상당한 노력 없이는 이를 깨닫지 못한다"는 것이다. 그러나 이러한 편협 근성으로부터 점차적으로 탈피하면서 더 넓은 전망을 펼쳐나갈 때 우리는 야만 상태로부터 문명으로의 노정으로 서서히 상승해가게 된다. 화이트헤드가 이러한 전체적 전망을 강조하는 배경에는 인간이나 자연의 모든 사물에는 고립해서 존재하는 것이 없으며, 모든 것은 상호간에 유기적으로 연관되어 있다는 깊은 형이상학적 통찰이 그 밑바닥에 깔려 있다는 것을 알아둘 필요가 있다.

이 책 전반부의 주요 관심사는 인간으로 하여금 문명으로 향해 나아가도록 하는 완만한 추세 속에서 퇴보와 좌절의 가능성마저 없지 않은, 어떤 관념의 역사적 모험을 이야기하려는 데 있다. 다시 말하면, 저자는 여기서 야만 상태로부터 문명으로 향해가는 인류의 완만한 상승운동을 묘사하면서, 그 상승운동의 추진력이 되고 있는 어떤 '관념'의 작용을 기술하려는 것이라고 볼 수 있다. 예를 들어, 특정한 능력이나 지위와 상관없이 인간을 '인간'으로서 인정한다는 '인간의 기본권'의 관념을 들어 말하더라도 이 관념이 어떻게 해서 성립되었으며 인간들 사이에 침투되어갔는가, 그 우여곡절의 역사를 추적하면서 화이트헤드는 "이를 문명 후기단계에서 거둔 하나의 파란만장한 승리로 볼 수 있다"고 말한다.

화이트헤드는 인류의 역사를 맹목적인 충동과 자각된 열망과의 치열한 대립 내지 협력의 역사로 보면서, 후자의 힘이 전자의 힘을 압도하는 상태를 가리켜 '문명의 진보'라고 부른다. 화이트헤드는 이러한 역사관에 입각하여 유럽문명의 형성을 특히 동양의 그것과의 교류의 장에서 해명하려고 한다. 그 실마리로서 제1부에서는 인간의 정신·이상·자유 등의 '사회학'적 관념이 선정되고, 제2부에서는 우주, 자연의 법칙 등의 '우주론'적 관념이 선정되어 있다. 이들은 모두 간단명료한 필치로 기술되어 있지만 그의 역사적 통찰력의 예리함과 넓이를 잘 보여주고 있다. 제3부에서는 주체와 객체, 현상과 실재 등의 '철학적' 관념이 역사적 관점에서 논의되고 있다. 제4부에서는 전술한 바와 같이 진·선·미·예술·모험·평화 등의 '문명'의 관념들이 다루어지고 있다.

화이트헤드에 의하면, 문명이란 이러한 관념들의 조화 있는 유기적 관계를 말하는 것이지만 이 유기적 조화는 어디까지나 '관념의 모험'에 의해서만 달성된다. 그러므로 이 책을 일관하고 있는 가장 중요한 개념은 '모험'이라고 할 수 있다. 화이트헤드에 의하면 "모험이란 새로운 완전성의 탐구"(Adventure is……the search for new perfections. AI p.332)이며, "모험이 없는 문명은 쇠퇴한다"(AI p.360). 화이트헤드는 자신이

'유기체 철학'이라고 부른 우주론의 체계에서, 세계를 구성하고 있는 궁극적 단위를 상정하고 이를 '현실적 존재'(actual entity)라는 개념으로 파악하는 동시에 이것을 끊임없이 스스로를 초월하는 '프로세스'라고 지적했을 때, 이미 거기에는 모험의 작용이 전제되고 있는 것이다. 현실적 존재는 경험의 주체(subject)이지만 주체는 항상 자기초월체(superject)와 하나로 간주된다.

개개의 경험 주체에 작동하는 이러한 모험이 『관념의 모험』에서 확대 해석되어 사회의 문명화과정에 적용되고 있다고 볼 수 있다. 거기에 어떤 고도의 일반성을 갖는 관념들이 인류의 문명화를 촉진하는 데 있어 지대한 영향력을 행사하는, 웅장한 드라마 같은 관념의 모험이 전개되는 것이다. 모험이야말로 문명을 진부함과 지루함과 정통주의로부터 구출해준다. 모험 정신에 찬 문명은 자유롭고, 활기차고, 창조적이다. 모험이 결여된 곳에 문학은 깊이를 잃고, 과학은 지엽말단에 사로잡히고, 예술은 보잘것없는 사소한 구별에 급급하고, 종교는 독단적인 도그마로 타락하고 만다. 화이트헤드는 그의 『대화록』에서 다음과 같이 술회하고 있다.

"사상의 생명력(vitality)은 모험에 있다. 이런 생각은 내가 평생을 두고 해온 말이다. 그밖에는 거의 말할 것이 없다. 관념은 오래 지속되지 않는다. 관념에 대하여 무엇인가가 이루어져야 한다. 관념은 끊임없이 새로운 국면에서 고쳐보도록 해야 한다. 어떤 참신한 요소를 때때로 그 속에 끌어들여야 한다. 이를 중지할 때 관념도 정지되고 만다. 인생의 의미는 모험이다.(The meaning of life is adventure.)" (Lucian Price, *Dialogues of Alfred North Whitehead*, The New American Library, 1956, pp. 205~206)

화이트헤드는 이처럼 『관념의 모험』에서 야만 상태로부터 문명화로 나아가는 인류의 역사를 추적해보려는 것이지만, "이 표제가 갖는 또 하나의 의미는 역사상의 모험을 설명해줄 관념(ideas)의 사변적 구도를 구축하려는 저자 자신의 모험이다." 실제로 화이트헤드는 인류의 역사를 추적하는 데 있어 현대에 만연해 있는 역사관에 대해서, 그리고 그러한 역사관의 배

후에 도사리고 있는 전반적인 '실증주의'에 대해서 날카로운 비판을 가하고
있다. '실증주의'는 원리적으로 말해서, 각 시점에서 밖으로부터 관찰된 자
료만을 처리함으로써 일반적 기술방식을 창출하는 데만 학문의 작업을 한
정시키려는 것이라고 볼 수 있겠는데, 이러한 방식으로는 자연의 사물 속
의 생동하는 움직임을 통찰하지 못할 뿐만 아니라 역사의 프로세스의 방향
조차도 전망하지 못할 것이다. 뿐만 아니라 '실증주의'는 엄밀한 의미에서
'경험주의'가 될 수 없다.

전자는 우리의 직접적인 느낌이나 정서 같은 것을 학문 세계에서 추방하
는 폐쇄적인 것이지만 (예컨대 실증주의적 심리학에서, 각 개인의 느낌이
나 정서도 피검사자(被檢査者)에 관한 데이터로서 생기를 잃은 채 계산의
대상으로 처리장에 전달되지 않는가?) 본래의 진정한 '경험주의'라면 생동
하는 인간이 직접 경험하고 있는 풍부하고, 다채롭고 살아 있는 그대로를
살리는 우주론을 시도하지 않으면 안될 것이다. 실제로 화이트헤드는 이러
한 우주론을 그의 대표작『과정과 실재』에서 제시해주지 않았던가.

그래서 화이트헤드는 모든 자연적 존재를 산 채로 정초(定礎)하는 우주
론의 구도를 제시한 다음, 이제야『관념의 모험』에서 생동하는 인류의 동
적인 프로세스로서의 역사를 외적인 관찰에 의해서가 아니고 그 내부로부
터 추적하려는 것이라고 할 수 있을 것이다. 달리 말하면, 그의 형이상학을
구체적인 인간 경험의 영역에 적용하려는 것이라고 볼 수 있다. 여기에서
는 '실증주의적 과학'이 그 대상으로부터 추방하고 있는 '아름다움'의 관념
이라든지 '인간 동포'의 관념이 인류를 어떤 방향으로 몰고 가는 이상(理想)
으로서 부활한다. 그리고 화이트헤드는 역사의 세계에서 현실적으로 작동
하고 있는 힘으로서의 이러한 관념에 주목하면서 '역사'의 재인식을 시도하
는 동시에 이러한 역사의 프로세스에도 예증(例證)되어 있는 우주 전체의
존재방식을 이와 같은 '역사'의 측면에서도 파악하려고 시도했다고 볼 수
있다.

인류 역사의 모험을 설명해줄 관념의 사변적 구도를 '모험적'으로 구축
하면서 화이트헤드가 주목하는 역사를 지배하는 두 개의 힘은 전술한 바와

같이, 한편에서는 맹목적인 충동, 즉 무분별한 힘(senseless force)이며
또 한편으로는 자각된 열망, 즉 이상의 자각적 작용자(conscious agency
of……ideas, AI p.21)이다. 이러한 두 개의 힘을 그는 야만인과 기독교인
과 같은 대비에서 파악한다. 이러한 사고법은 화이트헤드의 형이상학 체계
에서 자기초월체적 주체(subject-superject)로서의 현실적 존재가 물리
적인 것과 정신적인 것의 통합과정으로서 성립한다는 그의 철학사상과 대
응되는 것으로 보인다.

현실적 존재는 한편에서는 물리적인 것에 의해 한정되면서 다른 한편에
서는 정신적인 것을 통해서 자기 스스로를 한정함으로써 새로움을 창조해
간다. 거기에 자기초월적인 모험이 성립된다. 그렇기 때문에 모험에는 물
리적인 것과 정신적인 것의 그 어느 요소도 없어서는 안된다. "큰 변천은
물리적인 성질과 정신적인 성질이라는 양면 세계에 뿌리박힌 힘이 일치함
으로써 일어난다. 단순한 물리적 성질은 홍수를 방출하지만 관계(灌漑) 설
비의 정비는 지성을 필요로 한다"(AI p.21)고 화이트헤드는 말한다.

무분별한 작용자가 단순히 물리적으로 노출된 힘을 대변하는 것이라면,
이상을 추구하는 자각적 작용자는 정신적인 설득을 대변한다고 할 수 있을
것이다. 그래서 이 두 개의 힘이 종합 통일될 때 노출된 힘에 대한 설득의
승리가 성립될 것이다. 거기에는 관념의 모험이 작용해야 한다. 이처럼 관
념의 모험이야말로 인류사에서 노출된 힘에 대한 설득의 승리로 귀착된 사
회를 문명화한다는 것, 이것이 곧 화이트헤드의 철학적 견해이다.

문명론

한 사회가 진리, 아름다움, 예술, 모험, 평화의 다섯 개념으로 성격지워
질 때, 이러한 사회는 문명화되어 있다고 화이트헤드는 말한다. 문명화는
신과 유한한 온갖 현실적 존재(actual entilies)——그 속에는 당연히 인
간도 포함된다——와의 협동으로 만들어가는, 세계의 자기 형성 작용의 궁

극 형태이다. 동시에 그것은 인간이 그 자신의 세계에 놓여 있으면서 한정되고 능한정적(能限定的)으로 스스로를 만들어가는 그때마다 경험 속에서 실현된다. 이는 "인간은 문명화될 수 있고, 사회 전체도 문명화될 수 있다"는 것을 의미한다. 문명화는 당위 즉 현실, 현실 즉 당위로서 성립된다고 할 수 있다. 당위란 세계의 '있어야 할' 궁극 목적이기 때문이다. 또한 현실이라는 것은 그 자신의 세계에 놓여 있는 인간의 자기창조적인 경험 속에서 실현되기 때문이다. 그런데 문명화가 인간의 경험 속에서 실현된다는 것은 화이트헤드가 말한 바와 같이 사회가 문명화된다는 것과 약간의 의미 차이가 있다.

문명화라는 것은 전술한 바와 같이, 인간이 그리고 사회가 진리, 아름다움, 예술, 모험, 평화의 다섯 개념으로 질서지워지는 경우라고 하였다. 그런데 인간의 경험이 그러한 개념들에 의해서 질서지워진다는 것, 혹은 이를 달리 말한다면 인간의 경험이 그러한 개념들을 자신 속에 체현한다는 것의 의미는 문명이라기보다는 문화라는 말로 표현하는 것이 더 적절할 것으로 보인다. 왜냐하면 그러한 개념들과 관련된 인간 경험은 주로 과학적 지식, 예술활동, 도덕적 행위, 종교적 경험 등과 같은 문화적 활동이 문제가 되기 때문이다. 인간이 놓여 있는 세계와의 관계에서 성립되는 이러한 문화적 활동을 통해서 세계는 당위 즉 현실, 현실 즉 당위의 방식으로 문명화되어가는 것이다.

A. 파르망티에가 지적한 바와 같이 『관념의 모험』에서는 『과정과 실재』에서 도달한 형이상학적 관점이 인간 경험의 영역에 적용되어 있다.(Alix Parmentier, *La Philosophie de Whitehead et le Probleme de Dieu*, p.1) 인간은 세계 안에서 세계에 의해 한정되고 자기 스스로를 한정하는 방식으로 새로움을 창조하면서 그때마다 세계를 창조해간다. 세계에 의해 창조되고, 세계를 창조하는 곳에 인간의 경험이 존재한다. 이때에 인간의 경험이 시작되는 여건으로서의 세계를 실재(reality)라고 부르며, 이러한 실재에 의해 한정되면서 스스로를 한정하는 과정에서 나타나는 것이

현상이다. 그래서 현상의 실재에 대한 순응을 가리켜 화이트헤드는 '진리'라고 말한다.

그러므로 진리란 존재와 인식 간의, 혹은 화이트헤드의 용어법에 따르자면 실재와 현상 간의 일치를 말한다. 진리는 자연적 사물의 지식과 관계된다. 그리고 그러한 지식은 통상적으로 'S는 P이다'라는 명제로 표현된다. S로 표기되는 자연적 사물은 자신을 P로 한정한다. 실재 쪽의 이러한 상태와 주관 쪽의 '인과적 효과'(causal efficacy)와 '현시적 직접태'(presentational immediacy)라는 두 지각 방식의 종합(이는 화이트헤드가 말하는 현상이지만)을 통해서 받아들일 때 그리고 현상과 실재가 일치할 때 거기에 진리가 성립된다는 것이다.

이렇게 볼 때, 자연적 사물에 관한 참된 지식은 인식 주관 쪽에서의 물리적인 것과 정신적인 것을 종합하고자 하는 의지적인 작용을 떠나서는 성립되지 않는다는 것을 알 수 있다. 사유의 근저에 의지가 있기 때문에 지식은 실천과 끊을 수 없게 결부되어 있는 것이다. 그래서 단지 순응하는 것만으로는 과거적인 것의 연속성이나 반복성은 있어도 어떤 새로움의 창조는 없기 때문에 진리만으로는 불충분하다는 것이 화이트헤드의 견해이다.

아름다움은 현상이 실재에 적응하면서 거기에 새로움을 창조해가는 곳에서 성립된다. 새로움의 창조는 목적의 실현을 함의한다. 따라서 아름다움은 현상의 실재에 대한 목적론적 적응이라고 한다. 현상이 실재에 목적론적으로 적응하는 곳에 진리는 아름다움과 결부된다. 거기에 '진실한 아름다움'(truthful beauty)이 성립된다. 우리들이 실재, 즉 환경적 세계에 적응하는 것만으로 진실한 아름다움은 탄생되지 않는다. 실재에 적응한다는 것은 달리 말하면 실재에 의해 한정된다는 것이다. 이처럼 한정되면서 스스로를 한정해가는 방식으로 새로움을 창조할 때 비로소 현상이 실재에 목적론적으로 적응하였다고 할 수 있는 것이다.

곤충을 비롯하여 동물은 일반적으로 본능적인 방식으로 생활 환경에 적응하면서 산다고 한다. 실재에 대한 이와 같은 적응은 물리적인 성격을 갖는다. 그러나 동물의 삶이라고 해서 단순히 물리적인 것만을 의미하는 것이 아니다. 지능적인 측면도 없어서는 안된다. 동물도 생활환경에 대하여 목적론적으로 적응하면서 살아간다. 그러나 그 동물의 정신성의 경우는 인간과 비교해서 지극히 미약하다고 하지 않을 수 없을 것이다. 동물에게 지능의 싹이 있다고는 하지만 대체로 본능단계에서 살고 있다는 이유도 여기에 있을 것이다.

이와는 달리 인간의 행위는 정신성을 떠나서는 생각될 수 없다. 인간은 문자 그대로 생활환경에 목적론적으로 적응하면서 거기에 진실한 아름다움이라는 가치를 만들어내면서 여러 방식으로 표현해간다. 예술가란 이러한 표현능력이 뛰어난 존재이다. 그러나 사람은 누구나 살아가는 동안에 이러한 진실한 아름다움을 자신의 삶 속에서 표현하고 있다. 화이트헤드는 '예술'이란 결국 이러한 표현활동에 지나지 않는다고 생각한다.

예술에는 '자신을 위해' 아름다움을 향유하려는 경향이 강하게 나타나는 측면이 있다고 볼 수 있다. 우리는 세계와의 관계에서 한정되는 즉시로 능한정적 방식으로 자신을 예술적으로 표현함으로써 자신을 만들어간다. 그래서 그러한 자신의 제작(制作)을 끝냈을 때, 자신을 초월하여, 후속하는 것에게 스스로를 객체화한다. 그것이 곧 '모험'이다.

모험이라는 것은 나를 죽여 타자 속에 사는 것이다. 그것은 '타자를 위한'이라는 성격을 갖는다. 그리고 타자를 위해 행하는 모험적 행위는 윤리적이라고 해도 좋을 것이다. 거기에는 윤리적 선의 실현이 있다.

우리들이 이러한 윤리적 선을 실현한다는 것은 화이트헤드의 사상적 맥락에서 보자면 세계의 한 요소로서 독자적인 가치를 세계에 기여, 공헌하는 것이 될 것이다. 그리고 이처럼 세계의 한 요소가 된다는 것은 신의 기억 속에 보존된다는 것이며, 종교적으로 말하면 신에게 섭취되어 구제받는다는 것을 의미한다. 그것은 '전체를 위한'이라는 성격을 갖는다. 이러한 종교적인 경험을 화이트헤드는 '평화'라고 부른다.

이렇게 본다면 화이트헤드에게는 우리의 하나하나의 경험에 과학적 지식, 예술, 윤리, 종교 등과 같은 가치들이 동시에 성립한다는 것을 알 수 있다. 그가 미적·도덕적·종교적 질서에 존재하는 가치의 개념이 인간의 자기 의식의 한 순간에 생겨날 때 그곳에 종교가 성립된다고 보는 이유도 바로 여기에 있을 것이다. 그것은 말하자면 인간 존재가 문명화된다는 의미일 것이다. 세계는 인간 존재의 문명화를 매개로 하여 당위 즉 현실, 현실 즉 당위라는 방식으로 스스로를 문명화해간다는 것이 화이트헤드의 견해이다. 이렇게 볼 때, 다섯 가지 개념으로 성격지워지는 문명화된 사회에서는 예술, 도덕, 종교 등에 관한 관념들이 유기적으로 통합되어 있다는 것을 알 수 있다. 『과정과 실재』에서 모든 경험의 요소들을 해석해낼 수 있는, 일반적 관념들의 정합적·논리적·필연적 체계를 축조하려는 형이상학이 『관념의 모험』에서는 세계에 있으면서 세계를 창조해가는 인간 경험의 여러 영역에 적용되어 구체적 모습으로 전개되어간다.

화이트헤드의 철학으로 인간 존재를 우주 안에서 문제삼는 것이 가능하게 되었다. 우주는 새로움으로 향해 나아가는 창조적 전진의 과정이며, 인간은 우주의 창조적 과정에 참여해야 할 각별한 책임을 지고 있는 존재이다. 동시에 인간은 다른 존재자와 더불어 우주의 한 요소이며, 우주와의 유기적 관계에 의해서만 논의될 수 있는 존재이다. 화이트헤드는 인간을 유기적 과정으로 기술함으로써 종래의 실체적 사고를 부정하고, 인간 중심주의적 세계관으로부터의 해방에도 성공하고 있다. 그렇지만 거기서 제시된 주체 개념은 또한 화고한 자기를 가질 수 없게 된 현대인의 모습을 드러내고 있다. 현대의 인간은 신의 추종자도 아니고, 그렇다고 완전한, 자율적인 이성적 존재자도 아니다. 여기서 우리는 존재의 불안정성을 실감한다. 화이트헤드는 신을 우주의 한 요소로 설정함으로써 체계를 완결시키고 있다. 화이트헤드에게 인간에 관한 새로운 이해는 필연적으로 신의 존재방식에 대한 새로운 사색이기도 하였던 것이다.

*　　　*　　　*

지난 1992년과 1993년 사이 1년 동안 연세대학교로부터 안식년 연구휴가를 얻어 미국 프린스턴대학에 머물면서 이 완역본의 주요 부분이 이루어질 수 있었음을 깊이 감사한다. 리처드 C. 제프리(Richard C. Jeffrey) 교수의 고마운 초청도 잊지 않고 있다. 아름다운 프린스턴 캠퍼스, 울창한 숲으로 둘러싸인 패컬티 로드(Faculty Road)의 '매기' 아파트 숙소, 카네기 호수로 통하는 시원한 산책길은 아직도 잊을 수 없는 기억으로 남아 있다……. 그리고 화이트헤드 철학사상의 세계적인 연구 본산지로 발전한 캘리포니아의 The Center for Process Studies at Claremont에서 역자의 논문발표(1992. 4. 5)를 통해서 특히 존 B. 콥(John B. Cobb) 교수, 데이비드 레이 그리핀(David Ray Griffin) 교수와 나눈 철학적 대화는 좋은 자극제가 되었다. 그들의 고마운 초청에도 감사한다. 화이트헤드철학 연구학자로도 저명한 보스턴대학의 로보트 C. 네빌(Robert C. Neville) 교수, 워싱턴의 조지 R. 루카스(George R. Lucas, Jr) 교수와의 만남 또한 소중한 경험으로 간직하고 싶다.

한편 이승종 박사의 주선과 뉴턴 가버(Newton Garver) 교수 초청으로 미국 뉴욕대학(Buffalo)에서 행한 역자의 화이트헤드철학 연구논문발표(1992. 10. 9)를 통해 그곳 철학자들과 나눈 매우 유익한 대화와 토론도 좋은 자극제가 되었으며, 그들에게도 충심으로 사의를 표하고 싶다. 특히 저명한 물리학자 멘델 삭스(Mendel Sachs) 교수, 피터 헤어(Peter H. Hare) 교수의 매우 예리한 질문은 인상적이었으며, 좋은 토론의 장을 만드는 데 촉진제가 되었다. 뉴욕대학의 조가경 교수님의 성원에도 감사드린다.

끝으로 이 책의 방대한 역고를 세밀히 정독하고 부정확한 표현을 개선하는 데 많은 도움을 준 문창옥 박사에게 깊이 감사한다. 그리고 이 번역이 햇빛을 볼 수 있도록 자초지종 주선해주셨고 출판에 따른 어려움을 기꺼이 감당해주신 한길사 김언호 사장님, 한길사 편집부의 윤양미 선생, 그밖에 여러분의 노고에도 깊이 감사한다. 한편 교정작업의 수고를 기꺼이 맡아해 준 연세대학교 대학원생 전원섭씨, 그리고 딸 수경에게도 고마움을 잊지 않는다.

　멀리 네덜란드 라이덴대학의 명예교수 후리쯔 휘스(Frits Vos) 박사와 왈라번(Boudewijn Walraven) 교수의 변함없는 우정과 성원에도 충심으로 감사드린다.

1995년 8월 15일

광복 50주년에 부쳐

연세대학교 연구실에서

知隱 吳榮煥

많은 즐거운 시간들을
내가 그들의 우정에 힘입고 있는
주리아 이샴 테일러
그리고
헨리 오스본 테일러에게
이 책을 바친다.

머리말

    이 책의 제목 『관념의 모험』은 그 주제에 적용될 수 있는 두 가지 의미를 지니고 있다. 그 하나는 인류로 하여금 문명을 향해 서서히 나아가도록 하는 어떤 관념의 영향이다. 이것은 인류 역사에서의 '관념의 모험'이다. 또 하나의 의미는 역사의 모험을 설명해줄 관념의 사변적 구도를 구축하려는 필자의 모험이다.

    이 책은 사실상 문명의 개념에 관한 연구이며, 문명화된 존재자가 출현 **한**다는 것이 어떠한 것인지를 이해하려는 노력이다. 이 책 전체에 걸쳐 강조되고 있는 요점 가운데 하나는 문명을 촉진하고 보존하는 데 있어서 '모험'의 중요성이다.

    『과학과 근대세계』 『과정과 실재』 『관념의 모험』, 이 3권의 책은 사물의 본성을 이해하는 방식을 기술하려는 시도인 동시에 인간경험의 유위전변

(有爲轉變)을 개관함으로써 어떻게 이와 같은 이해방식이 예시되는지를 지적해보려는 시도이다. 이 책들은 하나하나 개별적으로 읽어도 무방하지만, 각기 생략되었거나 압축된 표현을 각 권이 상호 보완해주고 있다.

이러한 역사적 논제를 검토하려는 나의 일반적 방식에 큰 영향을 끼쳐온 책으로는 기번(E. Gibbon)의 『로마제국쇠망사』, 뉴먼(Newman) 추기경의 『기독교 교리의 발전에 관한 논고』, 폴 사르피(Paul Sarpi)의 『트렌트 종교회의사』, 헨리 오스본 테일러(Henry Osborn Taylor)의 『중세의 정신』, 레슬리 스티븐(Leslie Stephen)의 『18세기의 영국 사상』, 그리고 널리 알려진 서한집이 있다. 한편 문학의 주제와 관련해서 '영국 사상'의 비교적 초기의 전개와 순수문학에 흥미를 갖는 사람들이 있다면 엘리자베스 조(朝)와 제임스 1세 시대에 활동했던 성직자들의 설교를 감히 추천하겠다. 또 H. O. 테일러의 『16세기 사상과 표현』도 그 당시의 교차하는 사상적 교류를 보여주고 있다. 지금까지 발전해온 상황만을 놓고 볼 때 20세기는 사상의 충돌이라든지 정치적 이해의 충돌이 모두 유럽 역사에서의 선례와 어느 정도 유사한 데가 있다.

'우주론'을 다루고 있는 제2부에서 내가 끊임없이 원용하고 있는 것은 1928년에 옥스퍼드 대학 출판부에서 간행된 두 권의 책, 즉 에딘버러 대학 교수인 A. E. 테일러의 저서 『플라톤의 '티마이오스' 주해』와, 옥스퍼드 대학 베이리올 칼리지의 튜터인 시릴 베일리 박사의 『그리스 원자론자들과 에피쿠로스』이다.

이 책의 어떤 부분은 내가 초청받은 영광된 자리에서 답사의 형식으로 이미 언급된 바 있다. 제1, 2, 3, 7, 8장의 주요 내용은 1929~30년 사이에 브린 머르 칼리지에서 4회에 걸쳐 행한 메리 플렉스너 강연들로 이루어진 것이다. 이것들은 지금까지 출판된 적이 없다. 그리고 제9장 '과학과 철학'——역시 출판된 적이 없는데——은 1932년 3월 컬럼비아 대학 '문리과 대학연구소'에서 철학 분야의 데이비스 강연으로 소개된 내용이다. 제6장 '예견'은 하버드 대학 경영대학원에서 강의했던 내용이며, W. B. 던햄 학장의 권유로 1931년에 뉴욕의 맥그로힐 출판사에서 간행된 그의 저서 『표류하는 경영』의 서문으로 출판되었다. 제11장 '객체와 주체'는 1931년 12월 뉴헤븐에서 열린 미국동부철학회에서 회장 연설로 소개한 내용이며, 1932년 철학지 『The Philosophical Review』 제41호에 게재되었다.

1926년, 뉴햄프셔의 다트마우스 칼리지에서 행했던 출판되지 않은 강의 일부에서 이 책의 논제가 예비적으로 개괄되었다. 그것이 문제삼았던 것은 문명이 성공하기 위해서 필요로 하는 두 지평의 관념, 즉 일반성이 낮은, 특수화된 관념과 일반성이 높은, 철학적 관념이다. 전자의 관념들은 직접적으로 달성된 유형의 문명에서 구체적인 결실을 얻는 데 필요한 것이고 후자의 관념들은 참신성(새로움)을 향한 모험의 안내자로서 필요한 것일 뿐 아니라 그러한 이상적 목표의 가치를 직접적으로 실현하는 데도 필요한 것이다. 이 책의 논의에서 기본이 되는 많은 관념들을 착상하고, 다방면에 걸친 여러 장들의 초고를 교정하는 고된 작업에서 나는 아내에게 힘입은 바 크다.

1932년 9월
하버드 대학교
앨프레드 노스 화이트헤드

제❶부
사회학적 관점에서

제1장
서설

제1절

이 책의 표제 『관념^[역주 1]의 모험』을 가능한 한 가장 넓은 의미로 취한다

[역주1] idea를 '관념'(觀念)으로 번역하긴 했으나, 화이트헤드의 idea는 한국어의 '관념'보 다 훨씬 더 넓은 의미로 쓰이고 있다. 화이트헤드에게 idea는 단지 개개인의 마음속 에 주관적으로 떠오르는 것이 아니고, 적어도 현재까지는 인류가 막연하게밖에 감지 하지 못한 채 정확한 언어표현이 부여되지 않았다고 하더라도 어떤 일반성 내지 보 편성을 가지고 실재하는 것으로서, 민족이나 시대의 특수성에 의해 여러 제약을 받 으면서 그럴 때마다 색다른 모습을 띠면서 인류를 이끌어온 원동력으로 간주되고 있 다. 말하자면 그것은 플라톤의 '이데아'에 가까운 것이라고 할 수 있다. 특히 화이트 헤드는 '민주주의'의 idea와 '자연법칙'의 idea는 인류가 어렴풋하게나마 감지하면서 인류 사회를 움직여온 추진력이 되어왔다고 보면서, 인류가 우여곡절의 길을 걸어오

면, 광범하고 다양한 영역의 정신적 경험과 관계되어 있다는 점에서 '인류의 역사'와 동의어라고 할 수 있다. 표제를 이런 의미로 이해한다면 '인류'는 자신의 역사를 경험하는 존재여야 한다. 인류의 역사를 모든 면에 걸쳐 남김없이 기록할 수는 없다.

이 책 전체를 통해서 나는 인간의 생활 속에서 관념이 가질 수 있는 역사란 어떤 종류의 것인지를 비판적으로 고찰할 것이며, 잘 알려진 몇몇 사례에 호소함으로써 나의 논제를 예증해보려고 한다. 예증을 위해서 선정되는 각 주제는, 내가 갖고 있는 임의적인 지식의 한계 내에서, 그리고 현대생활에서 우리의 관심을 끄는 일반적인 특성이나 중요성에 비추어 기술될 것이다. 또한 이 책의 목적을 위해서 우리는 '역사'라는 개념 속에 과거와 함께 현재와 미래도 포함시킬 것이다. 과거, 현재, 미래는 상호 연관 속에서 해명되며, 공통의 관심 속에 포장되어 있는 것이다. 세부적인 사실에 있어서는 오늘날에 있어서뿐만 아니라 과거 3세기 동안에 걸쳐 인류의 깊은 존경심을 받아온 일군의 비판적인 학자들의 업적에 의거하게 될 것이다.

이론은 사실에 기초해서 세워진다. 또 역으로 사실에 관한 보고는 철두철미하게 이론적 해석으로 채워진다. 시각을 통한 직접 관찰이 관여하고 있는 것은 움직이고 있는 채색된 형태——'의문시되는 형태'——의 영상이다. 청각에 의한 직접 관찰은 소리의 청취와 관계된다. 그러나 그러한 형태나 소리를 동시적으로 관찰하는 자, 예컨대 외국의 궁정에 주재하는 전권공사는, 이른바 '적나라한'(bare) 사실을 해석해서, "자기는 국무장관과 회견하였는데 국무장관은 상당히 감정을 드러내면서도 당면한 위기에 대처하기 위한 시책을 아주 명확하게 설명하였다" 따위의 보고를 한다. 이처럼 동시적인 증거란 그것과 동시적인 해석을 말하는 것이며, 여기에는 적나라하게 감각되는 여건과는 별개의 여건에 대한 가정이 포함된다.

면서 점차적으로 고도의 세련된, 그와 같은 idea를 파악하고 문명을 형성하여온 역사를 이야기하고 있다. idea는 문맥에 따라서는 '사상'이나 '착상'으로도 번역될 수 있다.

후대의 비판적 학자는 자기 자신의 이론적 판단에 따라 지나간 동시적인 관찰들을 선택한다. 그는 동시적인 관찰자들을 비판하고, 동시적인 증거를 그 나름대로 해석한다. 이렇게 해서 우리는 19세기 후반기에 유행했던 역사학파[역주 2]의 신조에 따라 '순수한 역사'에 도달하게 된다. 역사가들의 이러한 생각, 즉 미적 편견이 없는 역사, 형이상학적 원리나 우주론적 일반화에 조금도 의존하지 않는 역사라는 것은 공상의 산물이다. 그런 것이 진정 가능하다고 믿는 것은 편협성(provinciality)——어느 한 시대, 어느 한 민족, 어느 한 학파, 관심의 어느 한 경향에 따르는 편협성——에 휩싸여 있는 정신, 즉 자기 자신의 무의식적 한계를 깨닫지 못하는 정신에서만 일어날 수 있는 일이다.

역사가는 과거를 서술할 때 무엇이 인간의 삶에서 중요한가에 대한 자신의 판단에 의존한다. 예컨대 그가 정치나 문화의 어느 한 측면을 선정해서 집중적으로 서술한다고 하더라도, 여전히 그는 인간 경험의 그러한 측면에서 무엇이 절정을 이루는지, 또 무엇이 쇠퇴를 이루게 되는지에 대한 어떤 판단을 선행시키고 있는 것이다. 예를 들어, 인류의 정치사를 고찰하면서 헤겔[역주 3]은 그가 살던 시대의 프러시아 국가에서 인류 정치사의 절정을 목격하였으며, 한 세대가 지난 후 매콜리[역주 4]는 당대의 영국 입헌제도에서 그 절정을 목격하였다. 사상과 행동에 관한 모든 판단은 이러한 묵시적인

[역주2] 엄정한 사료비판(史料批判)을 통해서 사실(史實)을 객관적으로 기술하려는 '역사주의' 학파를 말한다. 대표자로는 니부어(B. G. Niebuhr, 1776~1831), 랑케(L. von Ranke, 1795~1886) 등을 들 수 있다.

[역주3] 헤겔(Hegel, 1770~1831)은 초기에는 프랑스혁명에 공감하는 자유주의자・공화주의자였다. 1806년에 신성로마제국이 해체되고, 오스트리아와 독일이 분리되고, 독일이 라인연방과 프러시아왕국으로 양분되면서 독일에 민족주의가 대두하자 헤겔도 시민사회의 분열을 극복하기 위한 방편으로 프러시아 관료에게 기대를 걸었다. 그의 『법철학』(1821)에서 헤겔은 시민사회의 '욕망체계'의 모순을 극복, 지양하는 것으로서 프러시아의 절대주의를 긍정하기에 이르렀다.

[역주4] 매콜리는 호익 당원으로 활약하였다. 그의 저서 『영국사』(1848~61)는 명예혁명으로 확립된 입헌제도를 옹호하였으며, 영국・미국을 비롯하여 유럽 각국에 널리 보급되기도 하였다.

전제를 토대로 한다. 어떤 판단의 기준, 어떤 목표관(目標觀)과 연관시키지 않고서는 지혜로움과 어리석음, 진보와 쇠퇴를 고찰할 수 없다. 그러한 기준, 그러한 목표가 널리 확산되어 있을 때, 그것들은 인류의 역사 속에서 관념이 갖는 추진력이 된다. 그것은 또한 역사적 서술을 이끌어가는 좌표가 되기도 한다.

관념의 역사를 고찰할 때 '단순한 지식'(mere knowledge)이라는 관념은, 우리가 떨쳐버려야 할 고도의 추상이다. 지식에는 언제나 정서라든가 목적과 같은 장식물이 따라다닌다. 그리고 관념의 일반성에도 정도의 차이가 있다는 것을 기억해야 한다. 그러기에 일반적 관념은 역사 속에서 민족의 특성이나 문명의 발전 단계에 따르는 특성에 의해서 결정되는 특수한 형태로 나타난다. 보다 높은 일반성들은 대개의 경우 언어로 정확하게 표현되지 않는다. 그것은 그 시대에 통용되는 특수한 형식으로 암시될 뿐이다. 또 정서적인 부대사항은 보다 고차적인 일반성에 기원을 갖는 막연한 중요성을 느끼는 데서 오는 수도 있고, 일반성이 표현되어 나타나는 특수한 형식에 대한 특수한 관심에서 오는 수도 있다. 국기나 국가(國歌)에 의해서 고무되는 사람들이 있는가 하면 자신의 나라가 대표하는 문명의 형태에 대한 막연한 느낌에 의해서 고무되는 사람들도 있다. 대다수의 사람들에게는 이런 정서의 두 기원이 서로 융합되어 있다.

기번(E. Gibbon)의 역사는 이중의 이야기를 하고 있다. 그것은 1천 년에 걸친 '로마제국의 멸망'을 이야기하고 있다. 우리는 로마제국 전성기의 위대성, 그 군사조직, 지방행정, 민족들의 동요, 두 종교의 융성과 충돌, 그리스 철학으로부터 기독교 신학으로의 이행 등을 볼 수 있다. 기번은 우리에게 병사나 정치가, 철학자나 승려의 위대함과 왜소함을 보여준다. 또한 대다수 사람들이 느끼는 비애감, 영웅심, 비천함도 보여준다. 그는 인류의 행복과 인류가 감내해온 공포를 보여주고 있다.

하지만 이 역사를 통해서 말하고 있는 사람은 기번이다. 그는 그의 시대를 지배하던 정신의 화신이었다. 이런 의미에서 그의 저작은 또 하나의 이야기를 하고 있다. 그것은 18세기 정신성의 기록이다. 그것은 로마제국의 상세한 역사이면서 근대 유럽·르네상스의 은시대(銀時代, silver age)[역주5]에 통용되던 일반적인 관념들을 예증하는 사례이기도 하다. 이 은시대는 이와 대응되는 1천 7백 년 전의 로마와 마찬가지로 '야만인과 기독교인'에 상응하는 '증기(steam)와 민주주의의 시대'의 충격으로 말미암아 박두하고 있던 그 자신의 붕괴를 깨닫지 못하고 있었던 것이다.[역주6] 이렇게 기번은 '로마제국의 멸망'을 이야기하면서 그 자신이 누리던 문화유형의 '멸망'을 알리는 서곡을 예증하고 있다.

제2절

관념의 역사는 근대의 '증기와 민주주의'(Steam and Democracy)와 고대문명의 '야만인과 기독교인'과의 비교로 예시되는 것과 같은 이분법(dichotomy)으로 대별된다. '증기'와 '야만'은 각자의 시대에 있어 그들의 문명을 그들이 계승한 질서양태로부터 몰아내는 무분별한 작인(作因)들(senseless agencies)[역주7]이었다. 이러한 무분별한 작인들은 그리스의

〔역주5〕 고대 그리스 시인 헤시오도스는 『일과 나날』에서 인간의 시대를 다섯 단계로 구분하였다. 먼저 올림포스의 불사의 신들과 같은 행복한 황금의 인간 종족, 그것보다 낮은 단계의 은(silver)의 종족, 그리고 동(銅)의 종족, 반신(半神)의 종족을 만든 데 이어, 다섯번째 단계로 철의 종족을 만들어 이를 현재의 우리라고 이야기한다. 문학사에서도 아우구스티누스의 죽음 이후 1백여 년이 라틴문학의 '은시대'라 불리며, 근대에 와서는 18세기 초엽의 앤여왕시대가 영문학사상의 '은시대'로 불린다. 화이트헤드는 『과학과 근대세계』에서 17세기를 '천재의 세기'라고 명명하였는데, 이로부터 근대의 18세기를 '은의 시대'로 본 것이다.

〔역주6〕 19세기 전반기에 '증기기관'의 발달로 강력한 새로운 원동력으로서 산업혁명이 추진되고, 이러한 산업혁명이나 19세기의 다양한 사회적 움직임, 사상적 동향으로 말미암아 18세기의 '인간주의'가 어떠한 난관에 부딪히게 되었는가에 대해서는 제1부 제3장, 특히 제5절 이하에서 상론되고 있다.

〔역주7〕 플라톤의 『티마이오스』에서 '아낭케'(ἀνάγκη, compulsion, 강제)는 '이지'(理知, nous)와 대립되는 것으로 본다. 우주 생성에서 '이지'는 우주의 목적에 따라 질서화하고 제작하는 원리이며, '아낭케'는 질서화되고 제작되는 소재 그 자체의 원리이다. 즉 이지가 우주를 제작한다 하더라도 소재는 어디까지나 주어진 여건이며 따라서 그 나름대로의 특유한 성격을 지니고 있고, 이것을 질서화하고 배열하고자 하는 이지에

저자들에 의해 때로는 (예를 들면, 플라톤의 『티마이오스』와 그밖의 일반적인 문헌 도처에서) '강제'(compulsion)라 불리기도 하고, 때로는 '폭력'(βία, violence)이라 불리기도 했다. 그리스의 저자들은 이러한 작인들이 대체로 상호간에 조정되어(with a general coördination)[역주8] 나타나는 경우에 '강제'라고 부르고, 그것들이 간헐적으로 돌발하여 혼란스럽게 나타나는 경우에 '폭력'이라고 부르는 경향이 있었다. 각 시대의 특징적인 강제와 폭력의 유형을 보여주는 것이 역사학의 한 가지 과제이다. 다른 한편, 근대의 '민주주의'와 로마제국의 '기독교'가 예증하고 있는 것은 열망(aspiration)에서 유래되고 또 열망을 낳는 분명한 신념이다. 민주주의와 기독교의 힘은 기존의 사회제도를 유지하고 조절해왔던 조상들의 (종교적) 경건에 반기를 들고 의식적으로 정식화한 이상의 힘이다. 한 예로 우리는 기독교 신학자 알렉산드리아의 클레멘트가 동시대인들에게 관습(συνήθεια)을 멀리하도록 권고하는 것을 찾아볼 수 있다. 이러한 기독교의 이상은 그 각 시대를 혁신시키는 설득의 작인들 속에 포함되어 있다.

한 시대로부터 다른 시대로의 확연한 이행은 언제나 '증기와 민주주의'와 유사한 어떤 것, 혹은——그런 표현이 좋다면——'야만인과 기독교인'과 유사

게 필연적으로 어떤 제약을 부과하게 된다. 이런 의미에서 플라톤은 이것을 이지와는 독립된 하나의 원리로 보았던 것이지만 이 양자는 플라톤에게 대립되는 것이라기보다 '아낭케'를 '이지'의 우주 제작에 대한 일종의 '필요조건'의 자리에 있는 것으로 보았다. 실제로 '아낭케'는 '필연' 또는 '필요'라고도 번역된다. 여기서 화이트헤드는 이 말을 '강제'(compulsion)라는 말로 표현하고 있지만, 구체적으로 야만족처럼 무분별하게 로마제국을 변모시켰다거나, 증기기관처럼 단순한 기계장치가 근대세계를 움직였다거나 하는 요인을 senseless agencies라고 부르면서 이것을 '의식적으로 표명된 理想'과 구별하여 말한다. 여기서 화이트헤드가 표현하고 있는 senseless agencies의 'senseless'는 이 책의 뒤에 나오는 'persuasive'(설득적)와 대비시켜 사용하고 있다. 이것은 『티마이오스』의 '아낭케'(강제)와 '누스'(理知)와의 대비에 해당된다고 볼 수 있다.

[역주8] 원어 coördination은 이 책 전체에 통하는 중요한 술어의 하나이다. 단순한 관계성이라기보다는 부과된 관계성을 나타내는 것인데, 엄밀히 말하면 인과관계를 포함하지 않은 동시적 관계에서 나타나는 질서화를 의미한다. 화이트헤드의 대표작 『과정과 실재』 제2부 제2장 제1절과, 제3부 제1장 제1절 참조.

한 어떤 것에서 그 원형을 찾아볼 수 있다. 무분별한 작인들과 정식화된 열망은 상호 협력하여 인류를 과거의 낡은 계류장에서 이끌어내는 힘으로 작용한다. 변화의 시기는 희망의 시대일 수도 있지만 절망의 시대일 수도 있다. 인류가 밧줄을 풀고 출항을 했을 때, 때로는 '신천지' 발견에 열중하는 경우가 있는가 하면, 암초에 걸려 부서지는 둔탁한 소리에 시달리는 경우도 있다. '로마제국의 멸망'은 오랜 절망의 시대를 거친 후 일어났으며, '증기와 민주주의'는 희망의 시대에 속한다.

이러한 두 종류의 이행(移行)의 시대 간에 대비점을 강조하기는 쉬운 일이다. 그것은 전적으로 잔존하는 기록에 달려 있다. 기록은 누구의 감정을 표현하고 있는 것일까? 결국 로마의 멸망이라는 최악의 시기에도 야만인들은 자신들의 삶을 향유하고 있었다. 훈족(族)의 왕 아틸라(Attila, 406?~453)와 그가 거느리고 있던 유목민에게 유럽 침입은 단조롭게 반복되는 유목생활에 변화를 주는 즐거운 삽화적 사건이었다. 그러나 우리들에게 그 사건은 북이탈리아 도시의 파수꾼들이 깊은 겨울 밤 어둠 속에서 성벽을 거닐면서 부른 찬송가와 절규로 남아 있다.——"주여, 훈족의 광포로부터 저희들을 구해 주옵소서." 이 사례에서, 야만과 문명이 서로 싸우고 있다는 것과, 우리가 문명의 편에 서 있다는 것은 쉽게 식별할 수 있을 것이다. 그 당시 중앙아시아의 사회 상태에 대해서 오늘날 우리들이 어느 정도 알고 있다는 사실이나, 파두아(이탈리아 동북부의 도시)나 아킬레이아(아드리아해 북단에 있던 고대 로마의 도시)의 성벽에 있었던 파수꾼의 상상력이 훈족을 묘사하기에는 불충분했다는 사실에 대해서는 더이상 언급하지 않겠다.

확연한 이행기(移行期)에는 습관화되었던 무언의 행위와 정서의 패턴이 사라지고 새로운 일련의 습관이 생겨난다. 이 양자 사이에는 일종의 무질서 지대가 있다. 그것은 일시적인 위기일 수도 있고, 멸망의 고통과 싱그러운 생명의 열기를 수반하는 장기간의 혼란일 수도 있다. 우리가 이러한 작인들을 평가할 때 모든 것은 우리가 취하는 비판의 입각점에 달려 있게 된다. 다시 말하면, 관념의 역사는 역사에 대한 우리 자신의 관념으로부터 도출된다는 것이다. 요컨대 그것은 우리 자신의 지적 입장에 의해 좌우되는 것이다.

인류는 아무 말도 못하는 벙어리가 아니며, 그렇기에 다른 종류의 동물과는 다르다. 그렇지만 동물 세계의 역사를 놓고 볼 때 인류의 선조에게도 습관의 패턴은 지속적으로 변천해왔으며, 이런 패턴은 미리 표현된 목적이라는 형식으로서건, 뒤에 표현된 반성이라는 형식으로서건 그 어떤 동시대적인 지적 표현도 결여한 행동 형식의 역사를 예시하고 있는 것이다. 예를 들면, 먼 과거의 한 시기에 산림의 성장에 의해 촉진되어 어떤 포유류가 나무에 올라 원숭이가 되고, 그후 장구한 기간을 거친 다음에 산림의 황폐에 의해 같은 종족이 나무에서 내려와 인류가 되었던 것이다.

여기에는 역사의 무감각적인 측면이 있으며, 그것의 변천은 강우(降雨)와 수목에 의해서라든지, 짐승 같은 야만족에 의해서라든지, 혹은 석탄이나 증기나 전기나 석유에 의해서 촉발되었다. 그러나 역사의 무감각적 측면조차도 순수한 무감각성이라는, 그 자신의 본래 범주를 받아들이는 것을 거부한다. 강우와 수목은 장엄한 자연 질서 속의 항목들이며, 아틸라가 거느린 훈족은 어떤 점에서 타락한 로마인들의 견해보다 월등히 나은 지적 견해를 가지고 있었다. 또한 석탄이나 증기의 시대는 그 변천을 선도했던 특정 인물들의 지적 능력이 도처에 배어 있었다. 그러나 이러한 것들을 참작한다고 하더라도 강우나 훈족이나 증기기관은, 지적으로 표현된 목적이라는 인간적 개념과는 별개로 인류를 몰아붙이는 맹목적인 필연성(brute necessity)—그리스인들이 생각했던 것 같은—을 반영하는 것들이다. 단편적인 몇몇 지적 작인들이 맹목적으로 협동하여 원숭이를 인간으로 바꾸고, 고대 문명을 중세 유럽으로 전환시키고, 산업혁명에 의해 르네상스를 압도했던 것이다. 인류는 자신이 한 일이 무엇인지를 깨닫지 못하고 있었다.

제3절

이 책에서 내가 주목하고 있는 인간 역사의 한 단편은 근동(近東) 지역 으로부터 서구에로의 문명의 전파에 관한 것이다. 중심 논제는, 효과적으로 받아들여질 때 문명을 구성하게 되는 그런 두세 개의 주요 관념의 활력에 관한 이야기에 한정되어 있다. 이러한 관념들은 고대 근동 지역에서 그것들의 지위로부터 오늘에 이르기까지 면모가 추적된다. 한 문명의 경계라는 것은 지리적으로나 시간적으로나, 그 본질적인 성격에 있어서나 불명확한 것이다. 이러한 모호성은 특히 서구의 동쪽 경계와 근동의 경계를 가름할 때 보다 두드러지게 나타난다. 게다가 이러한 경계들은 세기를 거치면서 옮겨다니고 있다. 근동은 그 빛나는 마지막 단계에서 대서양까지 뻗치고 있다. 그러나 그 초기의 위대한 시기, 즉 그리스 시대 이전의 근동은 나일 강 유역으로부터 메소포타미아까지, 그리고 인도양으로부터 흑해와 카스피 해에 이르기까지 펼쳐져 있었다. 또 당시의 근동은 에게 해 연안에까지 미치고 있었고, 나중에는 서지중해 연안까지 뻗어나갔다. 그러나 우리의 논의에서 근동 지역은 그것이 근대 유럽의 기원과 배경으로 기능했다는 점에서만 중요성을 갖는다.

이 연구의 요체는 문화사의 새로운 요소를 구성하고 있는 서양 문명 속의 여러 요인들을 명시하려는 데에 있다. 물론 어떠한 새로움도 전적으로 새로운 것일 수는 없다. 개개인의 꿈으로서, 혹은 다른 정신양태에 나타나는 희미한 빛깔로서 산발적으로 등장했던 요인들이 후기 유럽 문명에서 새로운 중요성을 획득하였다. 문제는 강조에서의 변화가 어떻게 일어나게 되었는지를 이해하고 이러한 변화가 서양 세계의 사회학에 끼친 영향을 인식하는 일이다. 이렇게 함으로써 우리는 근대 사회학의 발전을 상세히 비판하는 데 필요한 사유의 몇 가지 전제를 확보하게 된다. 그럼으로써 우리는 인류의 세계를 향해 몰아붙이고 있는 충동들의 지위를 식별할 수 있게 되는 것이다.

문명이 동방에서 서방으로 전파되어가는 이 이야기에서, 히브리 시대,

그리스 시대, 헬레니즘 시대는 모두 동등한 근거 위에서 근동 지역이 유럽 정신의 최초 국면으로 분화해가는 과정의 전진 기지로서든, 횃불을 받아들고 그들의 정신적 독립을 성공리에 주창한 가장 초기의 유럽인들로서든 함께 고찰될 수 있다. 그중에서 히브리인과 그리스인은 유럽과 최종 국면의 근동에 인류 일반의 지위에 관한 관념과 특수한 개개인의 지위에 관한 관념을 도입하였고 정신의 일반적 활용에 있어서 계율과 방향성을 도입하였던 바, 이것들이 어우러져서 유럽 종족들을 근대적인 진보의 국면으로 이끌었던 것이다. 이 책의 제1부에서 문제삼고 있는 것은, 인류에 관한 관념에서 유래되고, 그러한 관념에 귀속해 들어가는 사회학적 기능들의 가장 일반적인 측면이다. 그리고 제2부에서 다루고 있는 것은 고대 그리스와 히브리 사상의 산물이기도 한 근대의 우주론적 원리들이다. 이 두 유형의 일반성 가운데 어느 한쪽을 구비하고 있는 관념에 대한 단순한 관심이야말로 인류가 새로운 전망을 획득하게 되는 주요 원천인 것이다.

제2장

인간의 영혼

제1절

어떠한 인간 사회에서도, 모든 세부적인 활동을 엷게 물들이고 있는 기본적인 관념은, 그 집단의 개별적 성원의 어떤 특별한 우월성에 대한 고려를 별도로 할 때 그 집단의 개별적인 성원의 지위에 대한 일반적인 개념이다. 문명 속에 등장하는 이러한 사회에서, 그 성원들은 서로 상대방을 정서, 열정, 쾌와 불쾌, 지각, 희망, 공포, 목적 등을 향유하고 있는 개인으로서 인식하고 있다. 거기에는 여러 성격의 세부사항에 대한 식별이라든지, '참과 거짓', '아름다움과 추함', '선과 악'에 대한 판단을 포함하는 지적 이해의 능력도 있다. 우리는 막연하게, 그리고 순간 순간 이와 같은 일련의 경험을 접하면서 살아가며, 다른 사람들도 자기와 같은 방식으로 살아갈 것이라고 생각하고 있다.

문명의 초기 단계에서 이러한 경험이나 신념은 단순한 사태에 지나지 않는다. 그것들은 비약적인 반성적 작용을 유발해서 하나하나 별개로 사유의 검증을 받게 되는 일이 없다. 따라서 인간을 인간으로 평가하는 데서 유래되는 습관의 변화 같은 것은 일어나지 않는다. 이렇게 해서 한 사회의 여러 성원들은 경우에 따라 서로 부양하거나, 가해하거나, 복종하거나, 명령을 내리거나 하는 것이다. 거기에는 공동체적 조직이라는 것이 있고, 그래서 점차적으로 형체를 갖추어 설명되어가는 그러한 조직에 대한 신념이라는 것이 있다.

우리가 논하려는 것은 문명이 근대적인 수준에 도달했던 비교적 후기의 국면, 기껏해야 3천 년 정도의 기간에 대해서이다. 이 무렵 사상가라는 것이 배출되기 시작했다. 의무의 관념이 생겨나서 나름대로 정의(定義)되기에 이르렀다. 무엇보다 영혼(psyche)——즉 마음(mind)——이라는 개념이 싹터나왔다. 이 중요한 개념은 그것이 점차적으로 출현한 초기 국면에서, 자연계의 온갖 당혹스런 사건들을 이해 가능토록 하는 열쇠로서 본능적으로 사용되었다. 리튼 스트레이치(Lytton Strachey)[원주 1][역주 1]는 가장 명백한 자연의 두 가지 특성을 사랑스러움과 힘이라고 쓰고 있다. 인간의 지성에 아름다움이 싹트게 된 것은 힘이 싹트고 난 이후였다. 또한 사상의 초기 국면에서 자연의 힘은 '자연'의 마음——잔인하고 무자비했지만, 여전히 너그러운 마음——이 되어 있었다. 문명의 모든 단계에서 대중이 믿는 신들은 부족생활의 보다 원시적인 야만성을 대변하고 있다. 종교의 발전은 신들에 대한 탄핵으로 정의된다. 우상숭배의 기조는 그 시대에 널리 유포되어 있는 신들에 대한 만족이다.

인간의 삶 속에서 고매한 불만을 불러일으키는 요인은, 아름다움과 지적

[원주1] 『책과 사람』(Books and Characters), 「블레이크의 시(詩)」 참조.
[역주1] 영국의 문학평론가·전기작가(1880~1932). 케임브리지 대학에서 수학. 케인스, 버지니아 울프 등과 함께 브룸스베리그룹의 주요멤버. 여기서 열거하고 있는 『책과 사람』은 1922년 작.

특성과 의무에 대한 평가에 기초해서 비판정신이 점차적으로 우세하게 되어간다는 것이다. 도덕적인 요소는 다른 경험요인으로부터 파생된다. 그렇지 않다면 의무가 작용할 내용이 없기 때문이다. 진공(眞空) 속의 단순한 도덕성이라는 것은 있을 수 없다. 그렇기 때문에 경험의 일차적 요인은 첫째로 사랑, 공감, 횡포성 등과 같은 동물적 정감 및 이와 유사한 욕구와 만족이며, 둘째로는 의식적으로 향유된 아름다움이나 지적인 탁월성과 같은 보다 명확한 인간적 경험이다. 여기서 지적 특성, 또는 지적 탁월성이라는 개념은, 보통 이와 관련하여 열거되는 '참'(眞)이라는 개념보다 다소 넓은 개념이다. 사상과 사상을 미묘하게 조절함으로써 훌륭한 성과를 거둘 수 있기는 하지만 그러한 조절은 참에 관한 둔감한 문제와는 무관한 것이다. 우리는 이를 '아름다움'이라고 명명해도 좋겠다. 그러나 지적인 아름다움은 감각적인 아름다움과 관련시켜 칭송될 수 있는 말이긴 하지만, 역시 비유로서의 아름다움에 지나지 않는다. 도덕적인 아름다움에 대해서도 이와 같이 고찰될 수 있겠다. 이 세 유형의 특성은 모두 현실적으로 실현 가능한 최고도의 만족이라는 이상을 보유(保有)하고 있으며, 이런 의미에서 '우주의 에로스'에 최종적인 만족을 부여하는 아름다움이라고 명명될 수 있겠다.

유럽의 사상에서 문명의 쇠파리[역주2] 같은 존재인 이러한 비판적 불만은 히브리와 그리스 사상에 의해 효과적으로 표현되어왔다. 문학적인 섬세함이라든지 거기에 포함된 논점의 명확성에 관한 한, 그것은 플라톤의 대화편에서 가장 적절하게 표현되어 있다. 대화편에서 플라톤은 시인들이 이야기하는 재래의 신(神)들을 비판하고——실제로 그는 모든 시인을 추방하고자 했다——인간의 영혼에 잠재하고 있는 능력들을 분석하고 있다.[역주3] 플

[역주2] 여기서 '쇠파리' 같다는 말은, 플라톤의 『소크라테스의 변명』 30E에서 소크라테스가 자신을 가리켜 아테나이라는 '마음씨는 착하나 우둔한 데가 있는 큰 말(馬)'을 자극하여 눈을 뜨게 한다는 쇠파리와 같은 존재로 비유한 데서 나온 말이다. 남이 싫어하는 존재이지만 자극을 주어 바람직한 방향으로 이끌어가는 작용자를 비유하는 말로 쓰이기도 한다.

[역주3] 플라톤은 『국가』(제3, 10권)에서 호메로스가 일반인의 교양으로서 널리 보급되어 있기는 하지만 이 시인이 묘사하고 있는 신들이나 영웅의 모습에는 바보 같은 데가 있

라톤의 종교는 그가 영원한 아름다움의 형상(形相)을 바라보면서 생각해낸 '신'의 본질에 관한 개념을 토대로 하고 있으며, 그의 사회학은 그가 생각해 낸 인간의 본질에 관한 개념에서 도출되고 있다. 그리고 이 본성을 충분히 기술하기 위해서는 신들의 본성에도 적용될 수 있는 술어가 필요했다. 신과 인간에 관한 개념 사이에서 히브리인과 그리스인들은 불만의 프로그램을 제공했다. 하지만 이러한 불만의 가치는 완전성에 대한 그들의 별견(瞥見)을 결코 버리지 않았던 희망 속에 존재한다.

제2절

새 시대의 수정에 관여했던 지적 작인이 이 책 본래의 주제이다. 이들 작인을 검토해볼 때 대체로 두 유형으로 구분된다는 것을 알게 된다. 그 하나는 일반적 관념의 유형이며, 또 하나는 고도로 특수화된 개념의 유형이다. 전자 가운데는 사물의 본성에 관한 개념, 인간 사회의 가능성에 관한 개념, 개인으로서의 인간행위를 이끌어갈 최종적인 목표에 관한 개념을 표현하는 고도의 일반성을 띤 관념들이 들어 있다. 왕성한 활동성을 특징으로 하는 세계에서는 모든 시대에 있어 그 절정기에, 그리고 절정으로 이끌어가는 작인들 사이에서, 묵시적으로 수용된 어떤 심오한 우주론적 전망이 그 자신의 유형을 당대 활동의 원천에 각인시키고 있음을 발견하게 될 것이다. 이 궁극적 우주론은 부분적으로밖에는 표현되지 않으며, 그러한 표현의 세부사항들은 특수화된 문제들을 격렬한 논쟁거리로서 파생시킨다. 한 시대의 지적인 쟁점과 관계되는 것은 주로 이차적인 일반성을 갖는 이 후자의

는 까닭에 시인은 이상국가로부터 추방돼야 한다고 한다. 그리고 시인이 표현하는 세계는 예를 들어 목수처럼 직접 사물을 다루는 직능공의 것보다 진실에서 먼 것이라고 한다. 그래서 진실에 접속하는 '이성'과 맹목적인 '욕망'과, 이성에 따라 욕망을 억제하는 '기개'(氣槪)라는 세 종류의 혼(魂)이 인간에게 구비되어 있고, 그것과 관련하여 대체 진실이란 어떠한 것인가를 생각해보고, 그러한 혼을 구비한 인간 사회는 어떠한 것이어야 하느냐를 고찰하고 있다.

문제들이며, 이 문제들은 거의 표현이 불필요하리만큼 명백하고 거의 표현 불가능할 정도로 일반적인 그런 제1 원리에 대한 일반적인 동의를 은폐하고 있다. 각 시대에는 사상의 형식들이 갖는 일반적인 형식이라는 것이 있다. 그리고 이러한 형식은 마치 우리가 호흡하는 공기처럼 매우 투명하고 어디에나 존재하며 지극히 필연적인 것으로 보이기 때문에 상당한 노력 없이는 그것을 깨닫지 못한다.

즉시 표현할 수 있는 예를 발견하기 위해서는 궁극적인 일반성보다 더 밑으로 내려가야 한다. 정치이론의 영역을 놓고 고전적인 지중해 문명에서 선보였던 견해들의 차이점에 관해 고찰해보자. 페리클레스와 클레온,[역주4] 플라톤과 알렉산더 대왕,[역주5] 마리우스와 술라,[역주6] 키케로와 카이사르[역주7]

[역주4] 페리클레스(기원전 495경~429경)는 아테네 최대의 정치가이다. 어떤 점에서 민주제를 철저화하면서도 청렴한 인품과 현명한 정책과 웅변으로 민심을 장악했고, 사실상 지배자의 위치에 있으면서 민주정치가 우상정치(偶像政治)로 변질되지 않게 하였다. 그런데 이에 반해 페리클레스 사후에 '민중지도자'로 자임한 후계자 클레온(기원전 422경 죽음)은 근시안적이고 저속한 '선동정치가'로 전해지고 있다. 희극작가 아리스토파네스는 작품 『기사』(騎士)에서 이를 공격하고 있다.

[역주5] 플라톤과 알렉산더 대왕(기원전 356~323)은 여러 각도에서 다른 점을 지니고 있었다. 먼저 플라톤의 경우를 보면 그는 개인의 자의적인 전제정치(專制政治)를 가장 위험한 것으로 보고, 어디까지나 전체로서 질서 있는 이상적인 도시국가에 필요한 법제도를 인간 본성에 관한 원리에 따라 추구하려고 했던 '고전기'의 인물이었다. 한편 알렉산더 대왕의 경우에는 동서 인종이 융합하는 세계적 규모의 대제국 건설을 목표로 삼았고, 이집트에서는 파라오의 지위에 오르기도 하였다. 또 알렉산더 대왕은 페르시아 풍습을 받아들여 스스로 페르시아 대왕과 같은 성격을 띠게 하는 등 '헬레니즘 시대'를 여는 최초의 인물이었다.

[역주6] 마리우스(기원전 106~43)와 술라(기원전 138~78)는 다같이 고대로마의 정치가. 마리우스의 민중파와 술라의 족벌파 간의 차이는 인정되지만 본질적으로는 큰 차이가 없다.

[역주7] 희랍철학의 깊은 교양을 지니고 있던 키케로(기원전 106~43)가 독재정치를 증오하고 원로원 중심의 공화정체제를 옹호한 데 비하여, 카이사르(기원전 102~44)는 '종신 지배자'의 칭호를 받으면서 왕위에 오르려는 야망을 불태우고 있었다. 카이사르가 자객에 의해 암살될 때까지 이 양자는 미묘하게 얽혀 있었다. 카이사르는 원로원으로부터 푸대접을 받아오던 폼페이우스와 손을 잡고, 크라수스도 포섭하면서 원로원에 보복을 하려고 키케로에게도 동참할 것을 권유했으나, 거절당했다. 그래서 전기 3인의 이른바 '3두 정치'가 성립하기에 이르렀고, 키케로는 추방을 당하게 되었

의 차이점에 대하여 생각해보라. 하지만 그들은 정치이론 전체의 근저에
있는 하나의 기본적인 개념에 있어서는 모두 일치하고 있다. 그리스 문명
과 헬레니즘 시대의 로마 문명——이들 문명을 우리는 '고전'이라고 부른다
——전체에 걸쳐 완전한 문명인이 할 만한 것이 못되는 일들을 해내기 위해
서는 다수의 노예 인구가 필요하다는 생각이 보편적으로 깔려 있었다. 달
리 말한다면 그 당시의 문명사회는 자립할 수 있는 사회가 아니었다. 문명
의 절정을 유지하기 위해서는 비교적 미개한 기층을 사회조직 속에 짜넣지
않으면 안되었던 것이다. 복잡한 도시문명이 노예제도라는 토대를 필요로
한다는 이러한 생각은 실천적으로나 암묵적인 전제로서나 지극히 보편적인
것이었기 때문에, 우리는 그것이 문명생활의 초기 국면을 가능케 한 조건
들 속에 확고하게 뿌리를 내리고 있는 어떤 이유에서 유래된 것이라고 추
정해볼 수 있다. 이집트인들은 벽돌이 필요했기 때문에 히브리인들을 포로
로 붙잡았던 것이다. 바벨탑과 결부된 언어의 혼란[역주 8]은 잔존해 있는 전
설 형식으로, 역사적으로는 의문스러운 것일지도 모른다. 그러나 그것이
적어도 도시 건설을 위해 기계화된 인력을 공급하는 노예 인구 속의 여러
민족 사이에 혼란이 있었다는 언급으로서라면 그 나름의 충분한 근거가 있
는 것이다.

고대 세계의 정치적 파벌 싸움과 관련해서는 아직도 명확히 해결된 것이
없다. 플라톤이 논했던 문제는 오늘날에도 여전히 살아 있다. 그렇기는 하
지만 고대와 근대의 정치이론 사이에는 커다란 차이가 있다. 왜냐하면 우
리는 고대인 모두가 동의하고 있던 하나의 전제를 받아들이고 있지 않기
때문이다. 당시는 '노예제'가 정치이론가의 전제였지만 오늘날에는 '자유'가

다. 기원전 53년에 크라수스가 죽자 폼페이우스와 카이사르는 대립에서 전쟁으로까
지 치닫게 되었고, 폼페이우스는 패전하면서 암살되었다. 그때까지 폼페이우스의 진
영에 있던 키케로는 이탈리아로 도망하여, 피신을 하게 된다. 그후 다시 귀환하여
카이사르의 용서를 받았지만, 키케로는 적이 많았다. 카이사르의 사후에 추방되어
사망했다.
[역주8] 『구약성서』 「창세기」 제11장 제1~9절 참조.

정치이론가의 전제가 되었다. 그 당시에 통찰력 있는 사람들은 노예제의 신조와 도덕적 감정이나 사회적 실천의 명백한 사실을 조화시키는 데 어려움이 있다는 것을 발견했고, 오늘날에는 사회학적 사변을 통해, 자유에 관한 신조와, 껄끄러운 맹목적 필연성으로밖에는 생각되지 않는 당혹스럽고도 상충되는 일군의 명백한 사실들을 조화시키기 어렵다는 것을 발견한다. 그러나 이 모든 제한 조치가 취해졌을 때 '자유'와 '평등'은 후속되는 불완전한 제한하에서 근대 정치사상의 불가피한 전제를 이루고 있으며, 또 한편으로 '노예제도'는 불완전한 제한하에서 고대인에게 전자에 상응하는 전제가 되고 있었다. 양쪽 모두의 사상가들에게 '신'은 위대한 원천이었다. 이 땅 위에서는 작용할 것 같지 않은 많은 일들이 신의 눈으로 볼 때는 사실인 것으로 간주될 수 있기 때문이다. '고대인'과 '근대인'은 이 문제와 관련하여 정반대의 방향을 향하고 있다.

제3절

순수한 인간성에서 오는 인간의 본질적 권리라는 관념의 이러한 발전은 관념의 역사에 있어 하나의 두드러진 사례가 된다. 그것의 형성과 그것의 효과적 파급은 문명이 그 후기 국면에서 거둔 승리 — 파란 많은 승리 — 로 볼 수 있다. 일반 관념이 어떻게 생겨나서 어떻게 파급되느냐를 알려면 이와 같은 특별한 사례에 속하는 종류의 역사를 검토해보면 될 것이다.

위대한 고전 문명은 두 가지 사실에서 주목할 만하다. 첫째로 그것은 노예제의 절정을 보여주었다. 특히 로마제국의 절정기에 그랬다. 당시 노예제는 필요성, 양적인 규모, 공포, 위험성 등에 있어서 절정에 달하고 있었다. 보다 초기의, 보다 단순한 공동체에 있어서 노예제는 우연한 행운으로, 즉 몇몇 운좋은 공동체에 주어지거나 어떤 공동체이건 간에 그 공동체 내의 몇몇 운좋은 개인에게 주어진 하나의 특혜로 간주되었을 것이다. 그러나 고전 문명의 1천여 년 동안을 놓고 볼 때 문명화된다는 것은 노예 소유자가 된다는 것을 의미하였다. 그중에는 자비로운 노예 소유자도 있었고,

잔혹한 노예 소유자도 있었다. 하지만 대다수는 그 중간이었을 것이다. 플라톤의 『향연』에서 주연을 베풀고 있는 아가톤은 그의 노예와 그의 손님에 대해 선천적으로 한결같이 인정많은 성품을 갖춘 인물로 묘사되고 있다. 키케로와 동생 플리니우스는 그들의 서한집을 통해 미루어볼 때 인정많은 주인이었다. 그러나 전체적으로 놓고 본다면, 막대한 재산을 소유했던 로마의 자본가들은 고대 문명이 죄악에 토대를 두고 성립될 수밖에 없었음을 예증하고 있다. '능률'은 '잔혹성'으로 통했다. 이러한 악이 절정에 달하면, 그것은 어떤 새로운 원리의 도입을 통해서 교정되든가, 아니면 사회를 멸망시키든가 한다. 고전 문명의 경우, 이 두 선택지는 서로 배타적인 것이 아니었다. 그 양자가 모두 일어났던 것이다.

　여기서·우리는 고전기를 주목할 만한 것으로 만드는 두번째 사실에 이르게 된다. 이 시기는 체제 전체를 효과적으로 비판하는 도덕적 원리를 최초로 도입한 시기였다. 아테네 사람들은 노예 소유자들이었지만 그들은 그 제도를 인간적인 것으로 변모시키려고 했던 것 같다. 플라톤은 그의 태생으로 보나 신념으로 보나 귀족이었고 노예도 소유했을 것임에 틀림없다. 그러나 그의 몇몇 대화편을 읽어볼 때 인류의 불가피한 타락에 불안을 느끼지 않을 수 없게 된다. 또한 로마제국의 스토아파 법률학자들은 인간이 그 본성상 본질적인 권리를 갖고 있다는 원리에 의해 유발된 법률 개혁을 도입하였다. 그러나 자비로운 노예 소유자도, 영감을 받은 플라톤도, 명석한 두뇌의 법률학자들도 노예제도 반대운동을 벌이지는 않았다. 그들은 노예제도를 당연한 것으로 받아들이고 있었다. 그것은 사회구조 그 자체 속에 전제되어 있었다. 그리고 그러한 필연성이 모든 일반성의 범위를 제한하였다. 차별이 도입되었다. 즉 실생활에서 그것을 받아들이지 않으면 안된다고 알고 있는 한, 결정적인 것이 되는 그런 차별이 도입되고 있었던 것이다.

　여기에서 우리는 중대한 관념들이 도입되는 최초의 단계를 보게 된다. 이 관념들은 천부적인 재능을 타고난 소수 사람들의 마음속에 들어 있는 사변적인 착상으로서 시작된다. 그것들은 사회구조 속에서 특별한 기능을 갖는 각 분야 지도자들의 손에 의해서 인간생활에 제한적으로 적용된다. 문학 전체는 일반 관념이 얼마나 인간을 고취하는지 그리고 안정된 사회를 교란시키는 데 그러한 관념의 영향이 얼마나 사소한 것이어야 하는지를 설명하는 것으로 나타난다. 새로운 관념이라는 작인에 의해서 얼마간의 변화가 산출된다. 그러나 전체적으로 놓고 볼 때 사회 체제는 새로운 원리에 완전히 감염되는 데 대해 면역성을 갖는다. 새로운 원리는 한정된 범위에 적용되는 흥미로운 개념 중의 하나로 자리하는 것이다.

그러나 일반 관념은 기존의 질서에 대해서는 항상 위험한 존재이다. 가지각색의 사회 관습 속에서 구현될 수 있는 이 관념의 특수한 모습들 전체가 개혁의 프로그램을 구성한다. 어느 때이건 내부에 쌓인 인류의 불행은 그러한 프로그램의 어느 부분을 붙잡아, 그 교설의 빛에 따르는 급격한 변화의 시기를 열어놓을 수 있다. 이런 방식으로 인간의 존엄성이라는 개념은 로마 관리들의 마음을 조용히 움직이는 가운데 다소간 나은 정부를 출현시키게 되었고 마르쿠스 아우렐리우스[역주 9]와 같은 사람들을 분발케 하여 그들이 역사적 사명을 다할 수 있게 하였다. 그것은 가치있는 도덕적 힘이었다. 그러나 사회는 그것의 혁신적인 적용에 항거하는 면역성을 갖추고 있었다. 6백여 년 동안, 인간 영혼의 지적 및 도덕적 위대성의 이상(理想)이 고대 지중해 연안 세계에 들락거리고 있었다. 그것은 인류의 도덕적 관념을 다소간 변화시키고 여러 종교를 재조정하기도 하였다. 그렇지만 그러한 이상은 자신의 투양이 되었던 문명의 기본적인 약점에는 접근하지 못하였다. 그것은 새로운 삶의 질서가 도래하고 있음을 알리는 희미한 빛이었다.

[역주9] 마르쿠스 아우렐리우스(Marcus Aurelius, 121~180)는 로마황제이며 후기스토아학파의 철학자. 저서로는 『자성록』(自省錄)이 있다. 운명을 사랑하고 내적 자유에 살면서 조용히 죽음을 기다리는 것이 우리의 참된 삶이라고 하였다.

제4절

이 진보와 쇠퇴의 시기 한복판에서 기독교가 일어났다. 그 초기 형태에 있어 기독교는 맹렬한 열광과 실행 불가능한 도덕적 이상을 내세운 종교였다. 다행히도 이러한 이상은 그 종교의 기원과 거의 때를 같이하는 시기의 문서 형태로 지금까지 보존되었다. 이러한 이상은 그에 필적할 만한 것이 없는 개혁 프로그램이며, 서양문명이 진화해오는 데 있어 하나의 요소가 되었던 것이다. 인류의 진보는 사회의 각 성원들이 이 근원적인 기독교의 이상을 실천할 수 있도록 점차적으로 사회를 변혁시켜온 과정으로 정의될 수 있다. 사회구성이 현재와 같다고 한다면, 복음서의 도처에서 찾아볼 수 있는 도덕상의 계율을 액면 그대로 고집한다는 것은 갑작스런 죽음과 같은 것이 될 것이다.

기독교는 인간의 영혼에 대한 플라톤의 학설을 재빨리 흡수하여 동화시켰다. 플라톤의 철학과 기독교는 가르침에 있어 아주 유사한 것이었다. 물론 당연한 일이기는 하지만 기독교의 견해는 플라톤 철학의 견해보다 훨씬 특수화된 것이었다. 여기서 우리는 관념의 역사를 지배하고 있는 원리의 한 가지 사례를 찾아보게 된다. 그 배경에는 문득 너울거리며 스쳐 지나가는 하나의 일반 관념이 있을 터이지만 극소수의 사람들만이 그것을 그 완전한 일반성에 있어서 포착한다. 그리고 어쩌면 그것은 결코 충분한 보편적 형식으로 설득력 있게 표현되지 않을 수도 있다. 그와 같은 설득력 있는 표현은 우연히 탄생되는 천재에 달려 있다. 예컨대 그것은 플라톤과 같은 인물의 출현에 달려 있는 것이다. 그러나 이 일반적 관념은 겉으로 표현된 것이건 의식에 표면화되지 않은 것이건 간에 특수한 형태의 표현에서 특수한 형태의 표현으로 계속해서 구현된다. 그것은 그 일반성이 갖는 장엄함을 상실할 정도로 지체를 낮추지만, 특정한 시대의 구체적 상황에 특수하게 적응하는 힘을 획득한다. 그것은 숨겨진 추진력으로서 언제나 인류를 따라다니며, 항상 한 시대의 불안한 양심에 호소함으로써 행위를 강제하는 특수한 모습으로 나타난다. 그것의 호소력은 직접적인 행위를 지배하는 특수화된 원리가 사물의 질서가 갖고 있는 본성 그 자체에서 유래되는 보다 광범위한 진리의 웅장함을 예증한다는 사실에 있는 것이다. 이 진리는 인류가 적절한 형태로 그것을 표현할 수 있는 정도까지는 아니라 하더라도 그것을 느낄 수 있는 정도까지는 성장해왔다고 할 수 있는 그런 성격의 것이다.

기독교의 위대성은——가치있는 모든 종교의 위대성 ——'중간윤리'(interim ethics)[역주 10]에 있다. 기독교 창시자들과 그 초기 교인들은 이 세상의 종말이 가까웠다는 것을 굳게 믿고 있었다. 그 결과 그들은 사회의 유지를 고려하지 않고 이상적인 가능성에 대한 그들의 절대적인 윤리적 직관에 자유재량권을 부여하는 데 열과 성을 다하였다. 사회의 붕괴는 분명해졌고 임박해 있었다. '실행 불가능성'(impracticability)이라는 말은 이미 그 의미를 상실한 지 오래였다. 오히려 실천적인 양식은 궁극적인 관념으로 집중하도록 하였다. 최후가 이미 다가오고 있었다. 중간 단계는 문제가 되지 않았던 것이다.

이러한 사정은 이 종교의 초기 기초형성보다는 그 초기 교인들의 심성 (心性) 형성에 더 큰 영향을 주었다. 그것은 이 교인들로 하여금 최초의 착상을 완전히 순수한 형태로 전승할 수 있게 하였다. 그러나 이 종교는 종교적 정서에 있어서 고도로 예민했고 어떤 묵시적 신념이 혼합되어 있긴 했지만 보다 조용한 분위기 속에서 일어났다. 갈릴리의 농민들은 그 풍토와 생활의 단순성을 존중하고 있던 까닭에 부유하지도 빈곤하지도 않았다. 또한 그들은 역사적이고도 종교적인 기록을 학습하는 습관을 붙이고 있었기 때문에 농민으로서는 유별나게 지적인 면모를 갖추고 있었다. 그들은 로마제국의 방위조직에 힘입어 내부의 혼란이나 외부의 침범으로부터 보호를 받고 있었다. 그들에게는 이 복잡한 체제를 유지할 책임이 없었다. 그들 자

[역주10] 'interim ethics'. 이 말은 슈바이처(Albert Schweitzer, 1875~1965)가 사용했던 용어로서 기독교 윤리의 특징을 가리키는 것으로 볼 수 있다. 기독교는 종말론적 골격을 가지고 있으며, '지금'과 '종말' 사이의 중간과정을 어떻게 살아가야 할 것이냐에 관계된다는 의미이다.

신의 사회는 더할나위 없이 단순한 것이었다. 그들은 로마제국을 일으켜 세웠던 조건이나 이 제국을 효과적으로 운영하는 데 필요한 조건, 또는 이 제국을 유지하는 데 필요한 조건 등에 대해서는 무지한 상태에 있었다. 그들은 심지어 이 제국이 그들에게 베풀어준 혜택에 대해서조차도 알지 못하고 있었다. 지방행정관의 교체는 마치 계절의 교체와 같은 것이어서 이전보다 좋은 때도 있었고 이전보다 나쁠 때도 있었다. 그러나 계절도 유태의 지방행정관도 하나같이 불가해한 사물의 질서에서 연유하는 것으로 보였다.

이러한 농민들의 생활 분위기는 이성적 존재자들 간에 이상적인 관계의 개념이 형성될 수 있는 이상적인 환경을 제공하였다. 즉 그 개념은 잔인성이 없고, 자비로우며, 친절하고, 빈틈없는 것이면서 자비가 법적인 분류보다도 우월성을 갖는 그런 것이었다. 이러한 이상적인 세계에서는 일곱 번의 용서를 일흔 번까지도 반복할 수 있었지만,[역주11] 헤롯 왕가나 로마제국의 현실적 세계에서는 일곱 번의 용서도 실행 불가능하였다. 그러나 갈릴리의 사람들은 로마군단의 훈련이나 지방 총독의 업무 현황에 대한 황제의 시찰 또는 스코틀랜드의 구릉 지대로부터 메소포타미아의 습지대에 이르는 광대한 지역에서의 다양한 상거래에 질서를 부여하는 복잡한 법률체계 같은 것에 관심이 없었다. 온화하고 단조로운 생활양식이 다행스런 무지와 결부되어 인류에게 가장 고귀한 진보의 도구——즉 실행 불가능한 기독교 윤리——를 부여했던 것이다.

하나의 기준이 이제 창출되었고, 왜곡될 수 없는 구체적 예로서 표현되었다. 이 기준은 인간 사회의 결점을 검출해내는 하나의 척도가 된다. 갈릴리 사람들의 심상이 비현실적 세계의 몽상에 지나지 않게 되는 한, 그것은 불안한 영혼을 계속해서 오염시켜갈 수밖에 없을 것이다.

[역주11] 『신약성서』「마태복음」제18장, 제22절.

제5절

우리는 윤리적인 이상 속에서, 하나의 사회적 상태로부터 다른 사회적 상태로의 이행을 추진하는 힘으로 작용하는, 의식적으로 형성된 관념의 가장 중요한 예를 발견한다. 이러한 관념은 그것을 품고 있는 사람들을 귀찮게 하는 쇠파리이면서 이들을 유혹하는 등대이기도 하다. 이러한 관념의 의식적 작인은 홍수 또는 야만족이나 기계장치와 같은 무감각적인 힘(senseless force)과 대비되어야 한다. 중요한 변천은 세계의 양측면, 즉 세계의 물리적 성질과 정신적 성질에서 유래되는 힘이 서로 일치할 때 일어난다. 단순한 물리적 성질은 홍수로 나타나지만 지성이 개입하면 관개시설로 나타나게 된다.

기독교의 예와 같은 위대한 종교에 구현되어 있는 윤리적 관념은 궁극의 일반성에 아주 가까이 접근하고 있음을 보여주고 있지만 여전히 플라톤적 일반성의 특수화에 지나지 않는다. 부분적으로 이러한 윤리적 직관은 형이상학적 학설을 행위 결정에 직접 적용한 것이다. 이때 윤리적 원리는 그것이 의존하고 있는 보다 상위의 일반성을 조명하는 일종의 우화가 된다. 따라서 모든 종교의 법전은 그 신자들이 지니고 있는 특수한 기질이나 그들이 누리고 있는 문명의 정도를 구현하고 있기도 하다. 어떤 종교도 그 신자들 또는 심지어 여러 유형의 신자들과도 분리해서 생각할 수 없다. 종교적 관념은 일반적 관념의 고도로 특수화된 형태를 대변한다. 이러한 특수화는 때때로 독특한 아름다움과 적합성을 갖춘 구체적인 구현일 수도 있고 때때로 야만적 무자비로의 회귀 결과일 수도 있다. 종교도 개인으로서의 인간도 그들의 절규에 의해 그들의 신성함을 입증하는 것은 아니다. 그렇긴 하지만 법률, 정치, 윤리, 종교 등의 보다 특수화된 이러한 개념들 전체가 한 덩어리가 되어 인간의 삶을 추진시키고 있다는 것을 알 수 있으며, 그 웅장한 힘의 원천은 모든 조화의 근원을 향해 나아가는 여정에서 인간 영혼의 신비를 그 개념들이 다양하게 예증하는 데서 오고 있다는 것 또한 알 수 있다. 그것은 범죄와 오해와 신성모독으로 점철된 이야기이다. 위대한 관념은 사악한 패거리들과 구역질나는 동맹자들과 함께 실재(實在) 속으로 들어간다. 그러나 그 위대성은 여전히 남아 있으면서 인류를 자극하여 서서히 진보해나가게 한다.

중세기에 제도화된 기독교는 숭고한 직관을 향해 나아가는 추진력으로서 독보적인 영예를 누렸다. 불행하게도 모든 제도라는 것의 습성이 그렇듯이 그것은 환경에 순응해갔다. 그것은 진보의 도구가 되지 못하고 보수화의 도구가 되었다. 종교개혁파의 교회도 잠시동안 진보적 활력을 보여주고 난 후 마찬가지로 우상숭배의 역할을 담당하였다. 전체적으로 놓고 본다면, 견고하게 확립된 종교적 제도들은 사회의 보수세력으로 간주될 수 있다. 그것들은 곧바로 클레멘트(Clement)가 '공동체적 관습'이라고 명명했던 것의 커다란 지주(支柱)가 된다. 그러나 이들 제도가 그 수호자임을 공언하고 있는 궁극적 이상은 현행 실천에 대한 지속적인 비판이다.

그러므로 인간 영혼의 본질적 위대성이라는 개념의 그 다음 부활은 18세기의 회의적인 인도주의와 결부되어 있다. 우리는 '이성과 인간 권리의 시대'에 도달하게 된 것이다. 이 위대한 프랑스 사상의 시대는 사변에 있어서도, 과학에 있어서도, 그리고 사회학적 전제에 있어서도 문명사회의 전제들을 개조하였다. 그것은 프란시스 베이컨, 아이작 뉴턴, 존 로크 등의 17세기 영국사상에 근원을 둔 것이었다. 그것은 또한 동시대의 영국혁명으로부터 영감을 받기도 했다. 하지만 영국적인 표출 양식은 언제나 섬나라 근성에 따르는 편협성을 띠고 있었다. 프랑스인은 확대하고, 명확하게 하고, 보편화하였다. 그래서 프랑스인은 예컨대 에드먼드 버크[역주 12] 같은 이가 다만 한 민족이나 심지어 때로는 한 섬나라에 적용시켜 파악할 수 있을 뿐이었던 관념들을 세계적인 것으로 만들어냈다.

그러나 영국에서도 존 로크의 사상은 살아남았다. 그 영향력은 영국의

[역주12] 에드먼드 버크(Edmund Burke, 1729~97). 아일랜드 태생의 저술가·정치가. 그는 저작 『프랑스혁명에 대한 고찰』(1790)에서 프랑스혁명을 비난하였다. 화이트헤드는 그의 『상징작용—그 의미와 기능』(Symbolism—Its Meaning and Effect, 1927)에서 버크에 대하여 상세히 논하고 있다(『상징작용』제3장 참조).

'관습법'(Common Law)[역주 13]에 구현되어 있는 자유의 학설에 대한 일반적인 자긍심에 의해 강화되었다. 그래서 그 당시의 토리 보수당 의회에도 휘그(Whig) 민권당적 색채가 있었다. 이런 방식으로 영국정부는 노예제 폐지에 있어 두 가지 결정적 조처를 취한 최초의 정부가 되었다. 두 개의 의회가 새로운 정책을 결정하였다. 이 두 의회는 귀족 출신의 토지 소유자들과 복음전도파의 은행가들이나 상인들로 구성되어 있었던 바 전자는 토리 보수당이었고 후자는 휘그 민권당이었다. 그 첫 조처는 1808년에 취해진 영국 노예무역의 폐지이며, 둘째 조처는 1833년에 영연방 자치령에서 노예 전원을 매수하여 해방시킨 일이었다.[역주 14] 후자의 과업 수행에는 심각한 재정난 속에서도 2천 파운드라는 비용이 들었다.

이 문제는 영국인들에게 비교적 단순한 것이었다. 그렇지만 이 조처는 로마제국의 체제를 개혁함에 있어 최초의 성공을 거두었던 것과 동일한 성격의 철학, 법률, 종교의 불안한 동맹의 최종적 승리를 예고해주는 것이기도 하였다. 희미한 의식의 배경에 있는 하나의 위대한 관념은 그것을 점차적으로 특수화해가는 물결이 되어 인간의 삶이라는 해변에 파도치는 환상의 대해(大海)와 같은 것임을 깨닫게 된다. 이처럼 파도치는 물결 전체는 몽상과 같은 것으로서 습관이라는 절벽의 기반을 서서히 침식해가는 작용을 하고 있는 것이다. 그러나 제7의 물결은 혁명이다.——"그리고 민족들은 사방에서 메아리친다." 18세기의 마지막 4반 세기에 '민주주의'가 탄생되어 미국과 프랑스에서 최초로 구현되었다. 그리고 노예를 해방시킨 것은 결국 민주주의였던 것이다. 근대세계에 민주주의는 고대인들에게서보다 더 깊은 의미를 갖는다. 마침내 19세기에 이르러서야 노예제의 근본문제가 공개적

[역주13] 잉글랜드에서 13세기 이후부터 지방 관습법에 대한 일반적 관습법이라는 의미에서 국왕 재판소가 적용한 법체계의 명칭을 말한다.
[역주14] 영국의 노예폐지운동은 18세기 중엽 이후부터 복음주의운동의 영향으로 발전하였다. 1808년의 노예무역폐지법은 복음전도파에 속했던 하원의원 윌버포스, 클라크슨의 노력에 힘입은 바 컸다. 1833년 노예해방령을 선포한 것은 굴레내각의 식민지상 E. 스탄레의 공헌이 컸으며, 1838년에 가서야 실제로 모든 노예가 해방되기에 이르렀다.

으로 다루어지게 되었다. 유럽에서 노예제는 이미 쇠퇴의 길에 들어선 제도였으며, 노예제에서 농노제로, 농노제에서 봉건제로, 또 봉건제에서 귀족정치로, 귀족정치에서 법률상의 평등으로, 그리고 법률상의 평등으로부터 각자의 재능에 따라 효과적으로 직업을 선택하는 데에로 서서히 변화해가고 있었다. 하지만 문제는 유럽과 아랍 민족들이 아프리카 민족들과 충돌함으로써 새롭고 위협적인 형태로 탈바꿈해갔다.

그래서 19세기에는 근대의 '민주주의자들'이 용기를 내어 '노예제'의 문제와 의연하게 그리고 철저하게 맞섰다. 그것으로 관념이 서서히 작용한다는 것이 예시된다. 플라톤의 '아카데미'가 설립된 이래로, 스토아 법률가의 개혁으로부터, 그리고 복음서의 편찬으로부터 2천 년이 경과한 뒤였다. 고전문명이 남긴 위대한 개혁의 프로그램이 또 하나의 승리를 거두어가고 있었다.

제6절

일반적 관념이 실제적 결과를 낳기까지 오랜 시일이 걸리는 까닭은 전적으로 인간 성격상의 무능력 탓만이 아니다. 거기에는 해결되어야 할 문제가 있으며, 그 문제의 복잡성을 종래의 성급한 탐구자들은 무시해왔다. 그 난점은 바로 다음과 같은 것이다. 즉 인정된 어떤 악을 제거하기에 충분할 만큼 사회를 개조하자면 사회조직과 그것에 의거하는 문명을 파괴하지 않고서는 불가능하다는 것이다. 악을 제거하자면 어떤 별개의 보다 나쁜 악을 도입하는 수밖에는 달리 방법이 없다는 것도 이와 유사한 항변이다.

이러한 논의는 통상적으로 은연중에 행해진다. 아무리 현명한 사람이라 할지라도 아직까지 시험된 적이 없는 형태의 사회관계가 어떤 가능성을 가졌는지를 가늠하지는 못한다. 인간의 본성이란 아주 복잡한 것이어서, 도면상의 사회계획은 정치가에게는 마모된 종이쪽지만큼의 값어치조차 없다. 성공적인 진보는 한 지점으로부터 그 다음 지점으로 천천히 나아가며, 매 걸음마다 그 신뢰도를 확인한다. 만일 키케로(Marcus Tullius Cicero,

기원전 106~43)가 노예제의 문제로 도전을 받았다면, 그가 변호했음직한 내용의 틀을 잡아보기란 어렵지 않다. 그는 다음과 같이 말했을 것이다. "'로마 정부'는 인류의 유일한 희망이다. 로마를 멸망시킨다면 로마 원로원의 견고성, 그 군단(軍團)의 규율, 그 법률가들의 지혜, 실정(失政)에 대한 억제력, 그리스 학문에 대한 이해 있는 보호 등을 대체 그대들은 어디에서 발견할 수 있을 것인가?" 그러나 그는 바로 이렇게 말하지는 않았을 것이다. 그의 천재성은 예언능력으로까지 고양되었을 것이고, 그는 예견했을 것이며 '영원의 나라'의 사절(단)에 대한 버질(Vergilian Virgil, 기원전 70~19)의 시구(詩句) 몇 줄을 인용했을 것이다.

실제로 우리는 바로 이 노예제도의 문제에 대하여 키케로 이후 5세기 동안 이교(異教)와 기독교의 법률가들이 취했던 입장이라든지, 주교(主教)나 교황이 취했던 입장에 관해서 정확히 알고 있다. 그들 중에는 키케로를 능가하는 실천상의 총명함을 지닌 정치가도 있었고 도덕감에 있어 키케로에 필적하는 이들도 있었다. 그들은 노예 소유주의 권력을 제한하는 세심한 법적 장치를 도입하여, 본래 노예들도 구비하고 있던 권리의 일부를 보호하였다. 그러나 그들은 노예제도 그 자체는 유지하였다. 그리스 로마의 문명은 플라톤의 사후에도 7백 년 이상이나 본래대로 보존되었다. 노예는 그들의 노역(勞役)을 통해서 진보를 가능케 했던 희생자였다. 칼날을 갈고 있는 스키타이인 노예의 조상(彫像)을 잘 알고 있을 것이다. 그 상을 살펴보면 몸은 앞으로 굽어 있으되 눈은 위를 보고 있다. 바로 그 모습은 몇 시대를 거쳐 살아남아서 아득한 과거에 온갖 고난을 겪은 무수한 사람들로부터 우리가 얼마나 많은 혜택을 입고 있는지를 전해주는 메시지가 되고 있다.

우리는 다음과 같이 물어볼 수도 있을 것이다. "만일 키케로의 시대나 아우구스투스의 시대에 노예폐지 운동이 일어났다면 과연 로마는 파괴되었을 것인가"라고. 고전 문명의 전 기간을 통해서 사회질서의 기반은 그것에 가해진—국가간의 전쟁, 주변의 야만족, 정치의 변동, 노예체제의 제반 악과 같은—무거운 짐을 거의 유지할 수 없었다. 키케로의 탄생으로부터 아우구스투스가 완전히 권력을 장악하기까지의 시대에, 조직 전체는 맡겨진 과제를 성취하기도 전에 거의 붕괴되어 있었다. 아니, 이미 그것은 그 이전에 치명상에 가까운 상처를 입고 있었다. 그러고 나서 2, 3세기 후에 최후의 붕괴가 닥쳐왔다. 사람들이 알고 있는 유일한 사회체제를 일거에 폐지하려는 힘찬 노력의 성과에 이의를 제기할 수는 없다. 하늘이 무너지는 것보다 더 좋은 것은 없겠지만, 하늘이 무너질 것이라는 사실을 무시하는 것은 어리석은 일이다.

19세기 중엽에, 미국의 남북전쟁 당시 남부 연방주를 석권했던 충격이 북미 대륙 전체와 유럽 전체를 석권했다고 가정해보라. 진보하는 문명의 유일한 소망은 상실되었을 것이다. 우리는 그 소망의 회복에 대하여 사색할 수는 있으되, 그것에 대하여 아무것도 아는 바가 없는 것이다. 고대 세계에서 위험은 헤아릴 수 없을 만큼 막대했던 것이다.

제7절

앞절의 논의는 다음과 같이 일반화될 수 있다. 즉 어떤 개혁을 최종적으로 도입한다는 것이 반드시 그 개혁을 행하는 세대의 도덕적 우월성을 입증하는 것은 아니라는 것이다. 물론 개혁을 주도하는 세대는 개혁의 활력을 보여줄 필요가 있다. 하지만 상황이 달랐을지도 모르고, 따라서 현재는 가능한 것이 그 당시에는 가능하지 않았을 수도 있다. 위대한 관념은, 그것을 실천에 옮길 만한 충분한 능력을 가진 사람들을 단순히 기다리고 있는 것으로 생각해서는 안된다. 이는 관념의 역사에 대한 유치한 견해이다. 그 배경에 있는 이상은 그에 걸맞은 사회적 관습이 그 이상을 구현하는 데 따르는 무거운 짐을 감내하기에 충분할 만큼 그 사회적 관습을 점진적으로 배양시키고 있는 것이다.

사회학적 이론이 노예제도의 전제로부터 자유의 전제로 최종적으로 돌아선 데에는 많은 요인들이 개재되어 있다. 그 주된 요인에 관해서는 이미 언급한 바 있다. 즉 18세기의 회의적인 인도주의 운동이 그것이다. 볼테르와 루소가 그 주창자들이며, 그 절정은 프랑스혁명이었다.

그래서 어떤 의미로는, 특히 전세계적인 운동을 고찰해볼 때 종교는 배경에 머물러 있었다. 하지만 인류를 고무했던 이 운동의 한 부문에서는 종교적 동기가 주된 작인 가운데 하나로 작용하고 있었다. 영국과 미국이라는 앵글로색슨의 세계를 통해서 웨슬리파(감리교)의 신앙부흥운동[역주 15]이 절정에 이르고 있었다. 이 삽화적 사실이 갖는 완전한 사회학적 의의를 밝혀내는 데에는 프랑스의 위대한 역사가 엘리 할레비[역주 16]의 등장을 기다려야 했다. 감리교파(메서디스트)의 설교자들은 인간의 영혼을 내세에서 구원하는 것을 목표로 삼았지만, 부수적으로는 현세에서 활력을 갖는 정서에 새로운 방향을 부여했던 것이다. 이 운동은 새로운 관념을 결여하고 있다는 데에 특이한 점이 있었던 동시에 생기 넘치는 풍부한 감정을 가지고 있다는 데에도 특이한 점이 있었다. 그것은 신학적 전통과 근대의 지적 세계 사이의 간극을 보여주는, 최초의 결정적이며 획기적 사건이기도 하였다. 초기의 그리스 신학자들로부터 히에로니무스[역주 17]나 아우구스티누스로, 아우구스티누스로부터 아퀴나스로, 그리고 아퀴나스로부터 루터, 칼빈 수아레스[역주 18]로, 수아레스로부터 라이프니츠, 존 로크로 이어졌던 모든 위대한 종교운동에는 고매한 합리적 정당화가 수반되고 있었다. 그 신학자들에게 동의하지 않을 수는 있겠지만——실제로 그들 모두에게 동의한다는 것

[역주15] 존 웨슬리(1703~91. 영국의 신학자로 감리교 즉 Methodism의 창시자)와 찰스 웨슬리(1708~88) 형제는 옥스퍼드에서 수학하던 당시에 '신성클럽'의 지도자이기도 하였다. 이들은 신의 법칙(method)을 수호하며 이에 헌신한다는 취지에서 methodist라는 별명이 붙여졌다고 한다. 형 존은 조직의 천재였고 산업혁명 전야의 잉글랜드에서 전도사업에 헌신했다. 존 자신은 영국국교의 사제(司祭)였으며 실제로 독자적인 큰 교회 세력을 가지고 있었다.

[역주16] 엘리 할레비(Elie Halévy, 1870~1937). 프랑스의 역사가. 그의 저서 『19세기 영국국민사』에서 프랑스혁명 당시 영국에서 혁명이 일어나지 않았던 것은 웨슬리주의의 영향 때문이었다고 최초로 지적한 역사가였다.

[역주17] 히에로니무스(Eusebius Hieronymus, 340경~420). 아우구스티누스와도 서신 교환을 하였던 교부. 구약성서 번역에도 종사하였고 교부학과 성서고고학의 선구자로 일컬어진다.

[역주18] 프란시스 수아레스(Suarez, 1548~1617). 스페인의 신학자·법철학자. 주저 『형이상학적 논쟁』(1597)은 스콜라철학의 가장 잘 조직화된 교과서로 알려져 있다.

은 불가능한 일이다——그 신학자들이 마지못해 합리적 논의에 빠져들고 있었다고 불평할 수는 없다. 중세기는 논증을 했고, 루터는 97개의 논제[역주 19]를 변호했으며, 칼뱅은 『그리스도교 요강』을 출판했고 트리엔트 공의회[역주 20]는 18년 동안 논증을 계속했다. 명민한 후커도 논증을 하였고 도르트 종교회의에서는 아르미니우스파와 칼뱅파[역주 21]가 논증을 했다.

위대한 감리교파(메서디스트) 운동은 그것이 받았던 찬사보다 더한 찬사를 받을 만하다. 하지만 이 운동은 그것의 이해방식을 설명하는 그 어떤 위대한 지적 구성에도 호소할 수 없다. 그것은 보다 좋은 길을 선택했을지도 모른다. 그것의 본능은 건전한지도 모른다. 비록 그렇더라도 이 운동은 서양 민족들의 성직자들이 구성적 이성에 호소하는 데에 주저하기 시작했던, 관념의 역사상 두드러진 하나의 사건이었다. 보다 최근에는 과학자와 비판적 철학자들이 감리교파의 예를 답습해왔다.

영국의 귀족정치시대에 메서디스트들은 노동자나 노동자를 상대로 하는 소매업자들의 직접적인 직관에 호소하였다. 미국에서는 고립된 상태에서 악전고투하고 있던 개척자 집단에 호소하였다. 그들은 희망, 공포, 정서적 위로, 정신적 통찰을 가져왔다. 그들은 혁명적 관념의 침입을 저지하였다. 또한 여러가지 단서를 붙이더라도, 그들이 이룩한 하나의 지고한 업적을 인정해야 한다. 그들은 인간의 형제애라는 개념과 인간의 의미라는 개념을 생기 있는 현실적인 것으로 만들었다. 그들은 그 이후의 진보적인 민족 간

〔역주19〕 루터는 1517년 당시에 매출중에 있었던 이른바 면죄부표에 대하여 95개 조항(본문은 97개조였다)의 논제를 비텐베르크성 교회에 게시하였다. 이것이 도화선이 되어 신학논쟁으로 발전하게 되었고, 마침내는 루터의 파문으로 치닫게 되었다.
〔역주20〕 트리엔트 공의회(1545~63)는 이탈리아 트리엔트의 성당에서 행해졌던 가톨릭의 공의회. 종교개혁의 물결 속에서 가톨릭의 교의(敎義)확정이 긴급과제였다.
〔역주21〕 아르미니우스(1560~1609)는 개혁파 교회에 속해 있었고, 칼뱅(1509~64)의 예정설·은총설에 회의적이었다. 아르미니우스의 사후에 정통 칼뱅파와 아르미니우스파 간에 대립이 심화되었고 그 조정을 위해 네덜란드의 도르트에서 종교회의(1618~19)가 열렸다. 이 회의에는 유럽 전역의 개혁파 교회에서 파송한 대의원들이 참석했다.

에 노예제도를 불가능하게 한 최종적인 효과적 힘을 산출했던 것이다.

관념의 역사에서 크나큰 위험은 지나친 단순화이다. 반노예제도 운동을 성공시킨 일반적 감정의 최종적 물결을 가져온 것은 틀림없이 메서디스트였다. 그러나 메서디스트 운동은 적시(適時)에 등장했기 때문에 성공했던 것이다. 이 절에서는 종교의 영향을 논하고 있다. 16, 17, 18세기를 통해서 로마가톨릭교회는 유럽인들의 착취에 신음하고 있던 민족들에 대해—퀘이커[역주 22]의 표현을 빌리자면—'관심'(배려, Concern)[역주 23]을 가지고 있었으며 그것은 프로테스탄트파의 교회 전체가 가졌던 관심을 훨씬 능가하고 있었다. (가톨릭) 사제들은 이 문제를 인간의 자유라는 관점에서 고찰한 것은 아니었다. 그러나 세계의 다른 지역에서는 말할 것도 없고 미국 내에서만도 가톨릭 선교사들의 영웅적 정신은 북극의 빙원에서 남극의 빙원에 이를 정도로 헌신을 다했던 것이다. 그들이 보여준 모범이 인간에 대한 인간의 의무에 관한 유럽 양심의 감수성을 활성화시켰다는 것은 의심의 여지가 없다.

노예제도의 폐지를 실현시킨다는 명확한 목적을 제일 먼저 근대적으로

[역주22] 퀘이커(Quaker)는 영국의 조지 폭스(George Fox, 1624~91)가 창시한 교파의 별칭이다. 영국 직공가문 출신의 폭스는 그 당시 그리스도인의 생활에 실망을 느껴 오랜 방랑 끝에 '살아 있는 그리스도 속의 빛'에 눈을 뜨고, 특히 중·서민층에 많은 공명자를 얻어 그리스도 프렌드회(the society of Friends)를 결성하였다. 퀘이커는 이의 속칭이다. 예배중 영감을 받은 교도가 몸을 떠는 것을 비웃은 것이라고도 하고 교리(敎理)인 조지 폭스의 말 "Quake at the World of the Lord"(주님의 세계에서 떨림)를 본떠서 영국의 한 판사가 명명했다고도 한다. 그러나 회원 자신은 이 용어를 쓰지 않는다. 17세기 중엽에 영국에서 일어났고, 뒤에 미국에 건너가 필라델피아를 중심으로 보급되었다. '인간은 누구나 그리스도의 신앙으로 구원을 얻을 수 있다'고 보고, 무형식의 예배모임을 가지며, 직업적 교직자를 불필요하다고 보는 특이한 모임이다. 박해를 받으면서 더욱 번성해갔다. 노예해방, 감옥시설의 개량, 정신질환자의 인도적 취급 운동의 선두에 서 있다. 그리고 철저한 평화주의를 표방한다.

[역주23] 여기서 말하는 'concern'은 종교상의 의무를 다해야 한다는 의무감을 가리키는 말로서 퀘이커교도들에 의해 사용된다. 화이트헤드는 이 책의 제3부 제2장 제12절에서도 이 말을 사용하고 있다.

표현한 것은 가톨릭도, 메서디스트도 아니었다. 이 최고의 영예는 퀘이커 교도, 특히 '인간의 자유의 사도'였던 존 울먼에게 돌아간다. 그리고 미국의 남북전쟁은 문명이 빛을 향해 나아가는 이 암담한 여로에 절정을 이루는 거대한 삽화적 사건이었다.

이처럼 부당한 노예제를 기반으로 하는 문명을 파괴하는 최종적 단계를 형성한 몇 줄기의 사상적 전진 속에는 회의적 인도주의, 가톨릭, 메서디스트, 퀘이커 등의 통찰과 영웅적 정신이 짜들어가 있다. 그러나 이 운동의 지적 기원은 2천 년 이상 거슬러올라가, 인간 영혼의 기능과 유전하는 세계에서 그 지위에 관한 그리스인들의 철학적인 사색으로까지 소급될 수 있을 것이다.

제8절

이 장에서는 그리스의 형이상학적 사색이 인간의 자유라는 사회학적 개념으로 번역되기까지의 과정에 관해 절반밖에 말하지 않았다. 다음 장에서나 '민주주의와 자유'로 향해 나아가는 이 운동 전체에 대한 19세기의 몇 가지 비평에 관해 보다 상세히 고찰해보려고 한다. 그러나 지금까지의 이야기에 관한 한, 그것은 최종적인 일반성을 언어로 표현하기가 대단히 어렵다는 것을 예시해주고 있다. 살아 있는 유기체 가운데 최상의 존재로서 인간의 중요성에 대해서는 논란의 여지가 없다. 하지만 개재된 일반적 개념이나 그것과 행위와의 관계를 표현하려고 할 때 매 단계에서 쟁점이 부상한다. 영혼에 관한 플라톤의 형이상학적 개념이 갖는 방대한 역사는 종교나 사회이론에 끼쳤던 영향과 더불어, 이러한 교훈을 결정적으로 보여주고 있다.

인간의 삶은 기존의 언어로는 표현할 수 없을 만큼 일반적인 개념을 막연히 감지하는 가운데 그 추진력을 얻는다. 이러한 일반적 관념들은 상호연관을 떠나서는 파악되지 않는다. 이들을 파악하기 위해서는 인류가 사물들의 일반적 본성을 파악함으로써 서로 해명되는 관념들의 체계를 구축하는 방향으로 전진해갈 필요가 있다. 그러나 관념의 일반성을 얻기까지의 성장은 모든 진화의 변화 가운데서 가장 느리게 진행된다. 정신성에 있어 이러한 성장을 촉진하는 것이야말로 철학이 해야 할 일이다. 그것이 성공적으로 이루어질 때, 위대한 관념의 특수한 적용은 야만적인 공상과의 조잡한 야합을 면할 수 있게 된다. 카르타고인들은 지극히 문명화된 무역업에 종사하던 국민이었다. 그들은 인종적으로도 상당히 진보적인 편이었다. 그들의 무역 거래는 시리아 연안으로부터 지중해 전역을 거쳐, 유럽의 대서양 연안을 따라올라가 영국의 콘월 광산까지 뻗치고 있었다. 그들은 아프리카 연안을 두루 항해하였고, 스페인, 시실리, 북아프리카를 지배하였다. 하지만 플라톤이 사색에 잠겨 있었을 때, 이 위대한 국민은 우주의 지고한 힘을 감지하고는 종교적인 속죄의 행위로서 모로코 신(神)[역주 24]에게 그들의 아이들을 제물로 바쳤다. 일반성에 대한 이해력이 성장함에 따라 오늘날 이에 상응하는 문명에서는 이러한 만행이 불가능해졌다.

'인신 제물'이나 '인간노예'는 종교의 위대한 직관이나 문명화된 목적이, 본능적 행동으로서 계승된 야만성에 의해 표현되었던 사례들이다. 직접적인 종교적 직관은 그 기원이 아무리 순수한 것일지라도 기존 사회에 편재해 있는 저급한 악습이나 정서와 언제든지 결탁할 위험성이 있다. 종교는 철학에 추진력을 제공한다. 그러나 한편으로 '사변철학'(Speculative philosophy)[역주 25]은 당대의 행동양식으로 나타나는 사실로부터 벗어나 있는 궁극적 의미를 시사함으로써, 우리의 보다 고급한 직관이 저급한 것과 결탁하는 것을 방지해준다.

관념의 역사는 오류의 역사이다. 그러나 그것은 온갖 오류를 통해서 점

[역주24] 『구약성서』에 나오는 셈족의 신.

[역주25] 화이트헤드의 철학에서 사변(speculation), 사변철학(speculative philosophy) 은 중요한 의미를 갖는다. 그것은 '학문'(scholarship)과 대비시켜 논할 때(이 책의 제7장)는 기존의 틀을 뛰어넘는 관념을 의미하고, 근대의 실증주의 여파로 나타난 반형이상학적 사조에 대해서는 체계를 건설하려는 '합리적 정신'을 의미한다. 여기서는 고대희랍의 사변철학을 염두에 두고 있다. 따라서 화이트헤드가 플라톤을 언급할 때는 늘 이런 생각을 기조로 하고 있다고 할 수 있다.

차적으로 행위가 정화되어가는 역사이기도 하다. 바람직한 질서가 발전적으로 전개되어가고 있을 때면, 의식적으로 영입된 관념의 작용이 강화됨으로써 행위가 야만적인 것으로 퇴행하지 않도록 제어되고 있음을 발견할 수 있다. 이 점에서 플라톤의 다음과 같은 선언은 정당화된다. 세계——즉 문명적 질서의 세계——의 창조는 힘에 대한 설득의 승리이다.[역주 26]

[역주26] 플라톤의 『티마이오스』에는 다음과 같은 말이 있다. "이 우주의 생성은 필연과 이지(理知)의 결합에서, 그 혼합의 결과로서 일어났으며, 이지가 생성하는 대부분의 사물을 최상의 것으로 이끌어가도록 필연을 설득함으로써 지배한다. 이러한 원칙에 따라서 필연이 사려 깊은 설득에 복종하게 되며, 우주가 최초에 만들어지게 된 것이다."(47E~48A) 화이트헤드는 '필연'을 '폭력'이라는 의미의 '힘'으로 해석하기 때문에 플라톤의 말을 '힘에 대한 설득의 승리'로 규정한 것이라고 볼 수 있다.

제3장
인도주의의 이상

제1절

앞장에서 우리는, 노예를 기초로 하는 사회의 개념으로부터 개인의 자유
를 기초로 하는 사회의 개념으로 진화해가는 데 있어 철학과 법률과 종교
가 서로 맞물려서 어떻게 영향을 주었는가에 관해 고찰하였다. 이 변혁의
과정에서 철학은 그 일반성(generality)을 통해 공헌했고, 법률은 건설적
능력(constructive ability)을 통해 공헌했으며, 종교는 도덕적 에너지
(moral energy)를 통해 공헌하였다. 플라톤 철학에 의해 교정되지 않은
그 자체의 성격에서 볼 때 서아시아에서 발생한 종교들은 그 지역의 낡은
정신성으로 채색되어 있었다. 그 종교들은 이 우주를 전제 군주와 노예라
는 개념으로 파악하고 있었다. 그 종교들 가운데 어느 것도 이러한 개념 속

에 잠복해 있는 무시무시한 함의(含意)를 완전히 불식시키지 못하였다. 그러나 초기 기독교 제도는 다행히 철학적인 플라톤의 학설과 결합함으로써 지적으로 표현되기도 하고 또 간헐적으로 솟구쳐오르는 정서적 힘과 긴밀하게 연관되어 있기도 한 아름다운 사회학적 이상을 서양의 민족들에게 제공하였다. 기독교적 신학이나 기독교적 정서의 패턴 속에 이러한 이상이 뒤섞여 있음에도 '신성한 전제 군주'와 노예적 '우주'라는 낡은 개념이 그 독자적인 도덕과 함께 역사를 통해서 잔존해왔다는 것은 불행한 일이다.

앞장의 주제는 이러한 사회학적 이상(理想)이 사회변혁 과정에서 어떻게 작용했을까 하는 것이었다. 그러한 이상은 변혁의 지적 측면을 형성하고 있으면서 그와 같은 지적 개념이 어떻게 추진력을 얻게 되었는지를 설명해 주고 있다. 이 장에서는 먼저 부수적인 원인들을 살펴본 다음, 인도주의적 이상의 비판, 즉 19세기에 시작된 이래 그 힘을 점증시켜온 비판을 고찰해 보고, 나아가 마지막으로 이러한 비판에 대한 항변을 꾸밈없이 개괄적으로 시사할 것이다.

노예제의 필요성을 감소시켰던 가장 큰 부수적 원인은 기술의 발달이다. 그러나 이 작용인자는 17세기 이전까지 거의 등장하지 않았다. 아마도 그때까지는 전성기를 구가하고 있던 고대인들의 기술이 당시 근대인들의 기술을 능가하고 있었을 것이다. 17세기 이후 기술의 발달은 노예제를 수단으로 사용하지 않고서도 복잡하게 요구되는 효과적인 노동력을 제공하고도 남았다. 물론 잘 운용되고 있던 봉건제하에서 고정된 사회체제는 구조 전체의 저변에 있는 농업 노동자들에게 적용될 때에도 노예제와 혼동되어서는 안된다. 그 어느 계급에도 그 나름대로의 권리와 의무가 있었으며, 후기 봉건제 시대에 비교적 행운을 누렸던 예에서 보자면 마을 사람들은 그네들의 봉건영주에게 소송을 제기할 수 있을 만큼 충분히 법적 권리를 행사하고 있었다. 봉건제는 사실상의 노예제로 전락하기 쉬운 것이었고 또 실제로 종종 그랬다. 실제로 영국의 초기 노르만 시대에 노예 소유자가 그 생살여탈권을 쥐고 있던 비교적 소규모의 노예계급이 존재했었다는 증거가 있다.[원주 1] 그러나 노예 무역은 그 당시의 양심을 가진 사람들에게 충격을 주었다. 정복왕 윌리엄은 이를 금지하는 법률을 제정하였고 (가톨릭의) 주교들도 이를 비난하였다. 그 당시로서는 토지에 귀속된다는 것이 구속인 동시에 보호이기도 하였다는 점을 기억할 필요가 있다. 그것은——사회 체제가 조직되고 폭력의 와중에 있지 않는 한——조직화된 사회에서 인정되었던 지위의 기초였다.

근대적 대기업의 발전과 봉건제 사이의 유사성은 봉건제와 노예제 사이의 유사성보다 더 크다. 사실상 저마다 불가피하게 서로 얽혀 있는 다양한 직업을 갖는 근대적 사회체제는 그러한 조직화를 필요로 하고 있다. 다만 여기에 문제가 있다면 그것은 개인들이 계층간을 넘나들 수 있는 자유가 있는가, 그리고 각 계층 상호간의 다양한 관계에 대한 만족할 만한 법률적 개념이 있는가 하는 것이다. 개인주의자와 사회주의자는 근대 산업이 필요로 하는 신봉건제도의 세부사항들에 관해서 논쟁을 하고 있을 뿐이다. 다른 어떠한 사람들과도 무관한, 사유재산을 갖는 자기 충족적이고 독립적인 개인이란 근대문명에 있어서는 아무런 타당성도 없는 개념이다. 불행하게도 이 개념은 시리아 사막에 적용되는 고대 도덕률에 구현되어 있었던 것이고, 쇠퇴하는 중세기 봉건제도를 뒤잇는 상업시대에 이르러 서양의 정치이론을 채색하면서 재등장했던 것이다. 하지만 그것은 노예사회에 대한 실질적인 대안이 아니다. 사회생활의 문제는 여러 활동들을 조정하는 문제이며 여기에는 그러한 조정의 한계에서 비롯되는 문제가 포함된다.

가톨릭 교회에 의해서 유성된 문명의 통일감, 유럽 전역에 걸쳐 나타나는 인류의 일반적 유사성, 그리고 중세기 생활의 단순성 등이 아마도 중세기 전쟁이 노예사냥의 원정과 결별하게 된 주된 이유일 것이다. 우리는 로마의 노예시장에 색슨계의 노예가 있었다는 것을 전해 듣고 있다. 하지만 그것은 대(大)그레고리우스[역주 1]시절의 일이었으며, 색슨인은 기독교도가

[원주1] Mary Bateson, 『중세기의 잉글랜드』(*Mediaeval England*, T. Fisher Unwin, London, 1903 and G. P. Putnam's Sons, New York), pp. 100~101.
[역주1] 로마의 귀족 출신인 대(大)그레고리우스(540경~604)는 로마에서 수도원장에 취임하던(585) 무렵, 노예시장에서 귀여운 앵글로인 소년들이 노예로 팔려가는 것을 보

아니었다. 실제로 유럽 민족들은 비기독교도인 이민족과 접촉하게 되었을 때도 노예제도에 대하여 조금도 양심의 가책을 느끼지 않았던 것으로 보인다. 우리는 사라센계의 노예, 미국의 토착 부족들의 노예화, 그리고 무엇보다도 흑인 노예에 관해서 익히 알고 있다. 그러나 문명의 발달에 발맞추어 이루어진 기술의 성장 덕택으로, 유럽 민족들은 온화한 기후풍토에서 노예제를 기피해왔다. 인간은 결국 같은 혈족이라는 종교적 감각과 결부된 18세기 인도주의 운동은 이 세계로부터 노예제를 근절시킬 문명화된 정치의 위대한 정책을 정착시키는 결과를 가져왔다.

제2절

이 성공은 마침 때를 잘 만난 것이기도 하였다. 왜냐하면 19세기와 그 이전 세기에 출현했던 몇몇 사상의 줄기들은 서로 결부되어 인도주의의 이상과 정면으로 맞서는 효과를 보이고 있었기 때문이다. '인류의 형제애'(brotherhood of man)가 승리를 거두었던 바로 그 당시에 지식인의 세계에서 생각하고 있던 것들로는 무한경쟁의 개념에 의한 정치경제학, 인구의 증대가 틀림없이 생존의 한계를 압박할 것이라고 본 맬서스의 인구론,[역주 2] 혹독한 환경이 천부적 혜택을 비교적 적게 받은 종(種)들을 절멸시킬 것이라는 자연도태의 동물학적 법칙, 영혼의 개념에 관한 흄의 비판 등이 있었다. 이 새로운 사상적 조류는 그 직접적 기원을 영국에 두고 있으며, 이보다 선행했던 웨슬리파의 운동과 비교되고 대조될 수 있다. 그 어느

고, 그들은 '앵글로'가 아니라 '엔젤스'(천사)라고 하며 영국 전도를 결심하게 되었다고 전해진다. 그는 「그레고리아 성가」의 제정, 법의 정비 등 서양 중세음악의 기준을 제정한 것으로도 알려져 있다.

[역주2] 맬서스(1766~1834)는 『인구론』에서 인구가 생활자원을 넘어서 증가한다면 빈곤이 생긴다고 보며, 이를 제거시키는 유일한 방법은 도덕적 억제(금욕)뿐이라고 보았다. 또 구빈법(救貧法)은 도리어 빈곤을 더할 뿐이라고 비판하고, 그 당시 지주계급의 이익을 옹호하였다. 맬서스 법칙에 관해서는 이 책의 제5장 제3절 이하에서 상론하고 있다.

경우에도 그들의 선구자들은 자기네들의 노력에 의해 유래되는 사회학적 효과를 의도한 것은 아니었다. 창시자는 전시대에 속해 있고, 그래서 그 후계자들의 시대 밖에 서 있는 경우가 흔히 있는 법이다. 메서디스트 설교 자들은 사회 변혁을 의도하지는 않았다. 그들의 목적은 영혼을 구원하는 데 있었다. 이와 마찬가지로 애덤 스미스는 18세기 계몽의 전형적인 인물 이었다.

애덤 스미스와 흄은 수세기 동안이나 잉글랜드를 공히 적대시하는 가운 데 존속되어왔던 프랑스와 스코틀랜드 사이의 전통적인 우호관계를 보여 준, 최후의 위대한 스코틀랜드 사람들이었다. 그 당시 에든버러(스코틀랜 드의 수도)나 글래스고(스코틀랜드의 항구 도시)의 지적 생활은 잉글랜드 의 지적 생활과 비교될 수 없다. 중심적 역할을 했던 18세기 대부분을 통 해서 잉글랜드의 지적 생활은 어떤 독창적 에너지에 관한 한 무시될 수 있 다. 실제로 아메리카가 잉글랜드로부터 분리 독립하게 된 이유 중의 하나 는 잉글랜드 생활의 특유한 환경이 아메리카에는 적합하지 않았다는 것과 아메리카의 조건에 특수화될 수 있는 보편적 관념이 영국에서는 발효되지 않았다는 것이다. 잉글랜드의 영향이 관습법(the Common Law)에 남아 있었던 것은 사실이지만 이를 예외로 한다면 제퍼슨(Thomas Jefferson, 1743~1826)이나 프랭클린(Benjamin Franklin, 1706~90) 같은 사람 들의 정신성은 프랑스적인 것이었다. 그 나라가 그들이 품고 있던 사상의 고향이었다. 외부세계에 대한 잉글랜드의 지적 영향을 재건하는 데는 1790년 이후, 19세기의 활동 전체를 필요로 했던 것이다. 18세기에 프랑 스는 잉글랜드를 바라보고 있었다. 하지만 그것은 베이컨, 뉴턴, 로크, 시 해자들(the Regicides, 찰스 1세를 사형에 처한 재판관들) 등의 17세기 잉글랜드에 대해서였다. 유럽의 정신사를 이해하기 위해서는 무엇보다도 30년 전쟁중의, 그리고 그후 독일의 붕괴를 기억해야 하며, 동방에 이르는 지중해 무역통로의 폐지, 검열 활동을 겸한 가톨릭의 반동, 그리고 스페인 인과 합스부르크가의 지배 등으로 말미암은 이탈리아의 붕괴를 기억해야 한다. 또한 18세기에 경제 확장——옛 노래의 가사로 말하면 '조지와 푸딩

시간이 돌아왔을 때'——에 열중한 탓으로 잉글랜드가 무너졌던 것을 기억할
필요가 있겠다. 18세기에는 프랑스가 지적(知的) 전진에 있어 '백인의 책
무'를 짊어지고 있었던 것이다.

  잉글랜드에서 지적 활동이 부활하고 있었을 때, 대두되고 있던 몇 갈래
사상노선에서의 쟁점이 제대로 식별되지 못했던 까닭은 아마도 철저한 사
색의 습관을 상실한 탓이었을 것이다. 흄이 논하는 각기 판명하게 구별되
는 자기 충족적 존재들인 인상의 흐름(flux of impressions)과 인상에 대
한 반응의 흐름이라는 것은 플라톤이 논한 영혼과는 매우 다른 것이었다.
우주 안에서 인간의 지위가 재고되어야 했다. "사람이 무엇이관데, 주께서
그를 생각하시옵니까?"[역주3] 창조의 정상에 있는 인간이 사해 형제(四海兄
弟)라는 생각은 더이상 도덕원리의 분명한 기초가 될 수 없었다. 인상의 한
흐름과 또 하나의 흐름이 노예 대 주인이라는 지위 관계로 관계지워져서는
안된다고 볼 만한 뚜렷한 이유는 없다고 생각된다. (노예 대 주인에 관한)
이러한 사안을 가볍게 처리한다 하더라도 이 점은 논의를 필요로 한다. 흄
과 헉슬리(Thomas Henry Huxley, 1825~95)[역주4] 는 노예제를 혐오한
다는 점에서——헉슬리는 확실히 그랬고 흄은 그랬을 가능성이 크다——궤
를 같이한다고 말하는 것은 답변이 되지 못한다. 문제는 그들이 플라톤적
인 종교적 전통에서 받아들인 심리적 계승을 떠나서 (노예제를 혐오하는)
어떤 이유를 제시할 수 있겠느냐에 있다. 예컨대 흄은 『인성론』 제3권 제2
부 제1절에서 다음과 같이 말하고 있다. "일반적으로 인간의 정신 속에는
개인적인 특질이나 직책상의 의무나 우리 자신과의 관계에 의거하지 않은,
인류애 그 자체와 같은 정념은 존재하지 않는다고 단언할 수 있을 것이다."
이 문장은 미국의 가톨릭 선교사나 퀘이커교도 존 울먼 또는 자유사상가

[역주3] 『구약성서』 「시편」 제8장, 제4절. "What is man that thou art mindful of
    him?"
[역주4] 헉슬리는 영국의 생물학자. 만년에는 사회활동에 전념했고, 민중교육의 필요성을 역
    설했다. 여기서 화이트헤드는 헉슬리가 지지했던 다윈의 진화설이 과연 '민주주의'와
    합치될 수 있는지를 문제삼고 있다. 이 점에 관해서는 이 장의 제5절 참조.

토머스 페인[역주 5] 등의 성향과는 거리가 먼 것으로 보인다. 이들은 모두 설명할 수 없는 어떤 방식으로, '단순히 인류 그 자체'에 관심을 가졌던 것이다.

제3절

중세 유럽에서 사회이론의 기조가 되는 것은 '조정'(coördination)이다. '교회'는 종교적 사변들을 조정하였고 '봉건제도'는 사회의 내부구조를 조정하였으며 '신성로마제국'——아니 그것은 교회였을까? 여기에는 논의의 여지가 있지만——은 대교구, 백작, 공작, 왕, 공화도시 등의 정부들을 조정하였다. 신학의 영역과 성직자 조직의 영역에서는 상당한 성공을 거두었다. 다소 그 정도는 떨어지지만 '봉건제도'도 그 목적을 성취시켰다. 그 당시의 그와 같은 환경에서 이 체제를 성공적으로 대치할 수 있었을 것으로 보이는 다른 어떤 체제도 생각해볼 수 없다. 물론 상인들이나 장인들이 들끓고 있던 도시들, 그중에서도 특히 이탈리아는 이 체제의 권외(圈外)에 위치하고 있었다. '신성로마제국'은 대체로 실패하였다. '교회'는 대규모 정치조직의 작인으로서, '신성로마제국'보다도 큰 성공을 거두었다. 교회의 일을 맡고 있던 사람들은 더 잘 교육받았으며——많은 예외를 인정하더라도——근로 의욕(사기)도 높았다. 교회의 영향은 '로마제국'의 손이 미치지 못하는 지역까지 뻗쳤다. 그러나 전체적으로 놓고 보면 유럽의 대규모적인 조직화 시도는 실패하였다. 단테의 『제정론』(帝政論, De Monarchia)에는 인류 평화와 평온에의 열망을 최초의 전제로 하는 비원(悲願)이 들어 있다. 우리는 그 당시 유럽의 상태, 이탈리아의 상태, 그리고 단테 자신의 생애를 상기하는 것만으로도 충분하다. 실제로 사람들은 평화와 평온을 열망하고 있었지

[역주5] 토머스 페인(Thomas Paine, 1737~1809). 영국의 정치이론가. 퀘이커파 가문의 출신으로, 독립운동의 와중에 미국에 건너가 신공화국 수립을 결론으로 하는 저서 『상식』(1776)을 출판하여 여론을 '독립'으로 향해 나아가게 하는 데 공헌하였다. 독립 달성 후, 버크가 프랑스혁명을 비난한 데 대하여 페인은 혁명을 지지하였다.

만 그들의 희망은 다른 여러 충동과 뒤얽혀 있다. 중세기는, 인간에게 질서
를 부여하는 데서 지대한 성공을 거두었다는 메시지를 지닌 고대로마제국
의 망령에 항상 사로잡혀 있었다.

르네상스기의 사람들은 고전기의 작품들을 읽었지만 로마 정치가들의 이
상은 단호히 무시하였다. 아마도 플라톤은 그 당시에 자신의 작품이 받았
던 관심에 기뻐했겠지만, 개인주의의 폭발에는 두려움을 느꼈을 것이다.
르네상스기의 이탈리아 사람들에게서 플라톤은, 시라큐스의 젊은 디오니소
스(the younger Dionysius of Syracuse)의 성격을 지닌 인물들이 재현
되고 있음을 발견했을 것이다. 그 당시로서는 이들간의 불일치가 지각되지
못했다. 그러나 피할 수 없는 귀결이 그로부터 뒤따랐다. 결국 인도주의의
원리가 개가를 올리게 된 19세기에 이르러 플라톤주의와 기독교에서 유래
된 사회이론의 기본 관점에 의문이 제기되었다. 그 이전에도 그러한 관점
이 완벽하게 작동된 바는 없었다. 그것은 실행 불가능한 것이었다. 그러나
그것은 하나의 사회적 이상으로서 의문시된 적이 없었다.

제4절

중세기의 붕괴는 그 한 측면에 있어서 조정(coördination)에 대한 반역
이기도 하였다. 새로운 기조는 '경쟁'(competition)이라는 말로 표현되어
있다.

그대 살인하지 말지어다,
하지만 전통은 모든 형태의 경쟁을 시인하도다.

이제는 사적인 생활이 유럽의 사회생활을 그 모든 특수형태——'사적인
판단의 권리', '사유 재산권', '사적인 무역업자의 경쟁', '사적인 오락'——에
있어 지배하게 되었다. 모든 행위가 사적인 경험인 동시에 공공의 이익이
기도 하다는 생각이 다시 대두되지 않으면 안되었다. 그런 생각은 '중세기

정신'의 소멸과 함께 사라졌던 것이다. 어디를 보나 사람들은 사물의 표면에 씌어 있는 '경쟁'이라는 글씨를 발견하게 되었다. 나라가 흥하면 사람들은 그것을 국제경쟁이라는 관점에서 생각하였다. 그들은 상거래 이론을 검토하면서, 상거래의 상호 행위를 '흥정'에 의해 유지되는 경쟁으로 해석하였다. 그들은 식량을 공급하는 데 따르는 자연의 혜택을 고찰함에 있어서도 불충분한 공급을 둘러싸고 인간이 집단적으로 경쟁하는 것을 목격하였다. 그들은 무수한 종(種)의 생물을 산출해내는 자연의 다산성을 보고서, 그것을 종의 경쟁으로 이해하였다. '형상'(形相)과 '조화'라는 플라톤의 개념은 19세기에 와서 '개체성'과 '경쟁'이라는 개념으로 대치되었다. 하나님은 무지개를 하나의 징표로서 하늘에 두었지만,[역주6] 그 빛깔의 조각을 바르게 읽어보면 '경쟁'이라는 낱말로 철자되어 있었다. 경쟁에서 획득하고자 하는 상(賞)은 '생명'이다. 경쟁의 낙오자는 죽을 수밖에 없었다. 그래서 낙오자들은 자연의 조화로운 혜택으로 말미암아 사회문제가 되는 일도 없었던 것이다.

이제 무조건적이며 감상적인 인도주의가 크게 필요로 하는 교정이 바로 여기에 제공되고 있다는 것이 아주 명백해졌다. 이 세상에서 '투쟁'은 적어도 '조화'와 마찬가지로 현실적인 사실이다. 만일 프란시스 베이컨 쪽에 서서 작용인(作用因, efficient causes)[역주7]에 주목한다면 조직 발달의 많은 특징들을 '투쟁'이라는 견지에서 해석할 수 있을 것이다. 만일 플라톤 쪽에 서서 합리적인 가치를 지니고 있는 목적인(目的因)에 주의를 돌린다면[역주8]

〔역주6〕『구약성서』「창세기」제9장 제13절. "내가 무지개를 구름 속에 두었으니 이것이 나와 세상 사이에 계약의 표가 될 것이다."

〔역주7〕베이컨은 아리스토텔레스가 말하는 네 원인(形相因, 目的因, 質料因, 作用因) 가운데서 자연학은 '목적인'을 다루어서는 안된다는 점을 역설하였다. '목적론적' 해석은 근대 자연과학자들이 배척하였다. 목적론과 작용인에 대해서는 화이트헤드의『이성의 기능』을 참조.

〔역주8〕플라톤의『파이돈』(95E 이하)에서 소크라테스는 다음과 같이 말하고 있다. 그는 젊은 시절에 '자연 연구'에 열중하였는데 종래의 연구에서는, 예컨대 대지(大地)의 주위에 와동(渦動)을 상정하고 있다. 그것은 단순한 필요조건에 지나지 않으며 그 진정한

그러한 많은 특징들을 '조화'라는 견지에서 해석할 수 있을 것이다. 그렇지만 투쟁과 조화의 이러한 교차를 해명해줄 만한 어떤 이해의 윤곽이 마련될 때까지는, 후계 세대들의 지적인 추진력이 그 양자 사이에서 불안하게 동요할 것이다.

유럽 사회의 특수한 양상을 투쟁이라는 견지에서 해석한 견해는 지금까지 여러 차례 제시되었다. 마키아벨리의 『군주론』, 르네상스기의 위대한 군주들의 정치적 정책들, 찰스 5세, 필립 2세, 프란시스 1세, 헨리 8세, 앙리 4세, 윌리엄 침묵경, 엘리자베스 여왕 등이다. 여기에 열거한 사람들은 투쟁을 발견했다. 그들은 그것을 피할 수 없었다. 함대, 군대, 증오, 자객의 검, 화형(火刑), 폭동 같은 것들이 당면한 현실적 사실로서 존재했다. 개인으로서건 국가로서건 간에 살아남는다는 것은 경쟁상대를 제압하는 힘과 정책을 의미하였다. '조화'는 모험이나 능력의 충분한 발휘에 따르는 기쁨의 모습으로 개입하였다. 그러나 이러한 조화는 부차적인 효과였으며 단지 '투쟁'을 미화하는 '로맨스'에 지나지 않았다.

중세기와 그 뒤를 잇는 시대의 초기에 활동한 신학자들의 수중에서 플라톤-기독교의 전통은, 신비주의적인 종교적 측면으로 크게 기울고 있었다. 그것은 현세(現世)를 '악마'에게 맡기고, 사유를 피안의 세계와 보다 나은 삶에 집중시켰다. 플라톤 자신도 그의 대화편 『국가』의 말미에서 분명히 이러한 해결책을 생각하고 있다. 그러나 플라톤은 후세의 신학자들이 채택했던 것과는 다른 수법을 쓰고 있다. 그는 완전한 '천상의 국가'를 현세의 현인(賢人)의 의식 속에 직접 소유되는 것으로 생각하고 있다. 그래서 적어도 이 대화편을 완결했을 때 플라톤에게 천상의 기쁨은 지상에서 실현 가능한 것이 된다. 즉 현인은 행운을 누린다는 것이다. 이론상으로 이 학설은 중세기의 기독교를 물들이기도 하였다. 그러나 실천에 있어서는 이 세계에

원인은 대지가 그러한 위치에 있는 것을 좋은 것이라 보고, 그러한 위치를 점하도록 하게 한 힘, 즉 만물을 통합한 선(善)이라는 힘이기 때문에 그것에 대한 탐구야말로 필요한 것이라고 생각하였다는 것이다. 한편 플라톤은 『티마이오스』에서 '선한 제작자'에 의해 우주가 질서지워지고 제작되었다는 관점에서 우주론을 전개하고 있다.

대한 직접 경험을 부질없는 것으로 보아서 포기하려는 유혹이 언제나 존재해왔다. 환영(幻影)은 지나간다——고 신비적 '종교'는 말한다. 그러나 그러한 환영은 다시 되풀이되고 또 되풀이된다——고 '인류의 경험'은 속삭인다. 평온을 찾으라, 그리하면 환영은 끝나리라——이렇게 종교는 응답한다. 지극히 진지하게 이러한 태도를 취하는 신비적 종교는 불교이다. 불교에 있어서 이 세상에 대한 절망은 신비스런 평정을 통해서 이 세상을 포기하려는 프로그램과 결부되어 있다. 기독교는 불교적인 체념과, 현세의 유전(流轉) 속에 세워진 '천년왕국'[역주9]이라는 세련되지 못한 개념을 궁극적인 것으로 삼는, 실행 불가능한 그 자신의 이상 사이에서 끊임없이 동요해왔다. 이 두 종교의 차이는 개혁의 프로그램과 포기의 프로그램과의 차이에 있다. 감히 예언하자면, 시간적인 사실의 추이(推移, the passage of temporal fact) 속에 구현되고 있는 어떤 영원적 위대성을 분명하게 밝힘으로써 민중이 이해하게 할 수 있는 그런 종교가 승리를 거두게 될 것이다.

제5절

19세기 정치적 자유주의의 신조는 개인주의적인 경쟁적 투쟁설과 낙관적인 조화설의 절충이었다. 개체 간의 투쟁이 조화로운 사회의 점진적 실현을 낳게 되는 것을 '우주'의 법칙이라고 믿고 있었다. 그래서 사람들은 다른 모든 사람들과의 치열한 경쟁 속에 있으면서도 '인간의 형제애'에 대한 정서적 신념을 간직할 수 있었다. 이론상으로는 이러한 신념과 실천을 모순없이 융합시킬 수 있을 것 같아 보였다. 불행하게도, 이 자유주의가 유럽과 아메리카에서 정치적 세력으로 계속해서 승리를 거두고 있었을 때, 이 학설의 기초는 계속해서 충격을 받고 있었다.

자유주의설의 성공 사례가 되었어야 할 새로운 산업체계는 제대로 작동되지 않았다. 그것은 경제상의 자유주의설에 의거한 각별한 취급을 받으면

[역주9] 『신약성서』 「요한계시록」 제20장, 제2~4, 7절 참조.

서 잉글랜드에서 최초로 발달한 것이었다. 이 점과 관련하여 제조업이나 광산업을 다루는 데 있어 영국의 토리당(黨)은 처음에는 영국의 휘그당(黨)과 마찬가지로 정통적인 입장을 취하고 있었다. 불행하게도 이렇게 산업이 발달하게 된 두 세대 후, 조직 전체의 저변에, 즉 광산, 공장, 빈민가 등에 광범위하게 퍼지게 된 빈곤은 일반 대중의 의식을 일깨웠다. 아무런 완화책도 없이 개인주의와 경쟁을 토대로 하여 이룩된 이러한 사회 관계는 광물질의 채광이라든지 완성품을 만들기 위한 기계화된 제조업과 같은 새로운 산업조건에서 제대로 작동하지 않았던 것이다. 적어도 이러한 판단은 비교적 인구 밀도가 높고 오래된 유럽 국가들에게 들어맞는다. 잉글랜드는 선구자였던 바, 이 산업체계를 유지하기 위해 전력을 다하였다. 그렇지만 결과는 실패였다. 그 증거는 1830년에서 1850년에 이르는 20년 간의 기록들 곳곳에 산재해 있다. 예컨대 이 시기의 위대한 박애주의자 샤프츠버리 경의 전기에서, 디즈레일리의 초기 소설들에서 그리고 도회지와 시골 노동자들의 처지를 다룬 J. L. 해먼드와 바바라 해먼드의 공저인 여러 작품들에서 그 개요를 찾아볼 수 있다. 자유와 개인주의와 경쟁에 관한 단순한 학설은 그 사회의 저변에다 산업 노예라고 할 수 있는 사람들을 탄생시켜놓고 있었던 것이다.

  19세기 유럽의 산업정책은 이 사실을 상기할 때 비로소 이해될 수 있다. 19세기 순수한 자유주의의 학설은 실패하였다. 1840년대의 10년 간과 그 이후, 잉글랜드와 유럽 각국에서 일련의 산업상의 구제책이 도입된 바 있었다. 위대한 자유주의 지도자였던 코브던, 브라이트, 그리고 심지어 글래드스턴조차도 이러한 조처에 반대하거나 냉담한 반응을 보였다. 이러한 조처는 자유주의설의 순수성을 침해하는 것이었다. 잉글랜드의 정치적 자유주의자들의 중요한 내부 분열은 급진파와 휘그당의 분열처럼 확연한 것이 아니었다. 그것은 순수한 자유주의자와 수정자유주의자 간의 분열이었다. 이 수정자유주의자들은 몇 가지 점에서 옛날의 토리당에 더 가까웠다. 그들은 원자론적 사회[역주 10]를 제창하는 자유주의설을 거부하였다. 불행하게도 잉글랜드의 자유주의 정당의 후기 지도자들인 글래드스턴, 핼팅턴 경,

애스퀴드 등은 순수한 자유주의 정파에 속해 있었다. 만일 캠벨 배너먼이 좀더 유능했더라면——더 중요한 것은——그가 살아 있었더라면 잉글랜드의 정치사는 달라졌을 것이다. 그런데 실제로는 그렇지 못했으니 그 최종 국면에서 애스퀴드를 지도자로 하는 잉글랜드의 정치적 자유주의는 개혁주의적 정당이 맡아야 할 과제로서의 모든 개혁——(예컨대) '여성 운동', '교육', '산업 개편'——에 대하여 정면에서 반대하거나 무관심하였다. 1830년부터 70년 동안 최대의 승리를 거두었던 잉글랜드의 자유주의는 실천 가능한 이상의 일관된 체계를 획득하는 데 실패함으로써 천천히 쇠퇴해갔다. 전체적으로 놓고 보면, 순수한 자유주의자들이 잉글랜드 정치기구의 지배권을 장악한 것은 19세기 마지막 3분의 1시기의 글래드스턴으로부터 20세기 초엽의 애스퀴드까지였다.

이 위대한 대표적인 자유주의자들의 저항이 있었음에도 불구하고 19세기 중엽 이전에 전적으로 새로운 사회적 조정운동이 광산, 공장, 빈민가에 대한 정부의 규제정책의 형태로 활성화되었다. 이때 '산업체계'는 독일로 파급되었는데, 독일에서는 조정의 필요성과 자유경쟁의 실패를 당연한 것으로 즉각 받아들였다. 독일에서는 산업상의 자유주의설의 초기 형태가 한 번도 시도된 적이 없었다. 그러나 자유주의설의 수정은 피할 수 없는 일이었다. 자유주의설의 실패는 낡은 관념을 새롭게 정식화하는 결과를 낳았다. 칼 마르크스는 '계급투쟁설'을 선언하였다. 학식 있는 경제학자들은 이구동성으로 『자본론』이 사실과 합치될 만한 건전한 과학적 학설을 표현하지 못하고 있다고 말한다. 이 책의 성공——그것은 아직도 우리에게 하나의 세력으로 남아 있기 때문에——은 오로지 산업혁명의 초기 국면에 초래되었던

[역주10] 타자(他者)와의 관계를 고려함이 없이 그 자체만으로 존재하는 것으로 이해될 수 있는 개체들(이른바 원자론자가 말하는 원자 atom)의 이합집산으로 구성되는 것이 세계라고 보려는 것이 원자론이라고 할 수 있겠다. 근대 자유주의의 세계관도 이처럼 사회를 단독으로 존재할 수 있는 개인의 자유(그렇기 때문에 때로는 계약에 의한)로운 집합이라고 보았다. 이러한 사회관을 화이트헤드는 원자론적(原子論的)이라고 말한다.

해악의 중대성에 의해서만 설명될 수 있다.

자비로운 '섭리'라는 하느님의 뜻에 따라 개인주의적 경쟁과 산업활동이 필연적으로 인간의 행복을 위해 협동하게 될 것이라는 초기 자유주의의 신조는 가동되자마자 파탄에 이르고 말았다. 아마도 지도계급의 보다 계몽된 훈련이 필요했을 것이다. 그렇게 했더라면 조정은 주로 교육과 사회적 훈련 쪽으로 향해졌을 것이다. 어쩌면 모든 고용(雇用)의 조건을 규제할 정부기관을 만드는 것이 적절한 시정책이었을지도 모른다. 또는 노동자가 관리하는 '국가'가 유일한 고용주였어야 했는지도 모른다. 이러한 제안들은 아직도 치열한 논쟁의 와중에 있는 문제들이다. 몇몇 국가에서는 거의 모든 해결책들이 시도되었다. 그러나 이제는 어떤 규제자 없이도 순수한 자유주의적 경쟁이, 그 자체로서 그리고 그 자체가 갖는 자동 복원성(self-righting character)에 의해 만족스러운 사회를 낳게 될 것이라고 믿는 사람은 아무도 없다.

유감스럽게도 맬서스의 인구론은 통속적으로 표현하자면, 자연의 법칙으로서 대규모 인류집단은 결코 고도의 복지 상태에 이를 수 없을 것이라고 단언하였다. 설상가상으로 생물과학은 개체의 파괴가 보다 고등한 유형의 종(種)으로 나아가는 방편이라는 결론을 이끌어냈다. 이것이 그 유명한 1859년에 공표된 찰스 다윈의 '자연도태설'이었다. 이처럼 '자연 도태'에만 전적으로 의존한다는 것은 다윈 자신의 이론이 지닌 특성이 아니었다. 그에게 '자연 도태'는 진화의 여러 작용들 가운데 하나였다. 그러나 이 학설이 그 당시로부터 오늘에 이르기까지 사상계를 지배하여온 형태에서 보자면, '자연 도태'만이 진지하게 고찰되어야 할 유일한 요소로 간주되어왔다. 이 이론은 인간 사회에 적용시킬 경우 인도주의적 운동 전체에 대한 하나의 도전이 된다. 라마르크의 진화설과 다윈의 것을 비교해보면 상당히 큰 차이가 있다.[역주 11] 우리는 이제 인간의 형제애에 유의하기보다는 부적격자

[역주11] 프랑스의 박물학자 라마르크(1744~1829)는 그의 진화론에서, 생명은 필연적으로 진화의 경향을 갖는다고 주장하면서, 그 진화의 작용을 촉진하는 것으로 이른바

(the unfit)의 근절을 주선하는 방향으로 나아가도록 되어 있는 것이다. 또한 근대 유전학설은——일부는 가축 사육자의 경험에서, 일부는 실제의 원예가에게서, 또 일부는 프랜시스 골턴, 칼 피어슨 및 그 학파의 통계학적 연구에서, 그리고 일부는 다윈의『종의 기원』이 출판될 무렵에 자기의 연구를 출판했으나 주목을 받지 못했던 오스트리아의 수도원장 멘델이 발견한 유전법칙에서 얻어진 것이었는데——이런 학설들이 민주주의적인 형제애라는 스토아-기독교적 이상을 약화시켜왔다.

종교는 언제나 이러한 형제애의 개념과, 신과 그 피조물의 관계를 전제 군주와 노예의 관계로 보는 개념 사이에서 흔들리고 있었다. 그러나 18세기 후반에서 19세기 초기에 이르는 민주주의적 자유주의는 스토아-기독교적 사상 노선의 승리를 증거하는 것이었다. (하지만) 영혼설에 관한 흄의 비판, 실제로 작동하는 체계로서의 순수한 경쟁적 개인주의의 파탄, 인구의 증가가 생존수단에 압박을 가할 것이라는 맬서스의 인구론, 부적격자의 배제가 진보의 추진력이 될 것이라고 보는 과학적인 학설, 골턴과 멘델의 유전학설, 사용할수록 적성(適性)의 수준이 올라갈 것이라고 보는 라마르크 진화설의 거부——이 모든 사상 노선들로부터 협공을 받게 된 19세기 초기의 자유주의는 자신을 정당화해줄 지적 배경을 상실하게 되었다.

제6절

지금까지의 설명과는 달리 설명하여야 할 두 가지 지적(知的) 운동이 있다. 그 하나는 '최대 다수의 최대 행복'이라는 '공리주의적 원리'에 기초한 제러미 벤담의 법률 개혁이고 다른 하나는 오귀스트 콩트의 인도교(人道敎,

---

'용불용(用不用)의 법칙'(器官의 발달은 기관의 사용과 직접 관계된다)을 내세웠다. 이 이론은 환경의 필연성에 의한 진화를 생각하는 '자연 도태'에 대하여 목적론적 색조가 강하다고 해서 다윈 이후로는 거의 주목하지 않았다.

혹은 人類敎, Religion of Humanity), 즉 '실증주의'이다. 도덕, 종교, 정
치이론에 있어, 그 당시로부터 오늘날에 이르기까지 실천적 효력을 가진
것은 대개 이들 두 사람 가운데 어느 한 사람으로부터 힘을 얻고 있다. 그
들의 학설은 이론적 근거로서는 대체로 거부되어왔지만 작동하는 실천적
원리로서는 세계를 지배해왔다. 전체적으로 놓고 보면, 그들이 끼친 영향
은 민주주의적인 것이었다. 그들은 종교나 철학에 기원을 둔 신비주의적
직관에 근거하는 특권계급의 신비적 주장을 일소해버렸다. 그들은 비록 스
토아주의의 궁극적인 형이상학적 이설들을 거부했지만 로마 스토아파의 법
률가를 연상하게 하였다. 요컨대 그들은 스토아파의 법률 운동을 부흥시키
긴 했지만 스토아파가 가지고 있던 지적인 웅대함을 지니고 있지는 않았다.
다른 관점에서 말한다면 그들은 17세기에 뉴턴이 주도했던 형이상학에 대
한 과학의 반역을 반복한 것이었다. 그들은 이 반역을 도덕과 정치이론에
까지 연장시켰다.

지난 2천 년 동안 플라톤의 철학이론과 기독교의 직관은 사람과 사람 사
이의 존경과 우애의 정서——즉 형제애의 개념——가 서구에서 서서히 성장
하는 데 지적인 정당성을 제공해왔다. 이 정서는 모든 사회집단의 기저를
이루고 있다. 그것은 비교적 맹목적인 정서로서, 즉 서로 협동하며, 도와주
며, 양육하며, 귀여워하며, 함께 놀며, 애정을 표시하는 것과 같은 충동으
로서, 동물 사회에도 분명히 침투해 있을 것이다. 인류에게 이 기본적 감정
은 한정된 사회 안에서 커다란 힘으로 작용하고 있다. 그러나 인간의 지성
능력——위기나 기회를 예견하는 능력, 집단과 집단 간의 차이나 습관과 정
서의 차이 등을 상상적으로 영입하는 능력——이 민족 상호간의 박애심과
정반대가 되는 잔인성을 야기해왔던 것이다. 인류는 강렬한 민족 감정을
특징으로 하는 반면에 세계 도처에서 자행되고 있는 간악한 착취와 민족
간의 전쟁이라는 측면도 찾아볼 수 있다. 또한 민족 감정은 박애심이 동일
사회권 내의 특정 집단에만 한정됨으로써 쉽게 변질되는 경향이 있다.

2천 년 동안 철학과 종교는 서구인들 앞에 인간으로서의 이상적인 인간
상을 내걸고 그것에다 최고의 가치를 부여해왔다. 이런 강력한 경향성 밑

에서 제수이트 수사들은 파타고니아까지 나아갔으며 존 울먼은 노예제를 비난하였고, 토머스 페인은 사회적 억압과 원죄의 교리에 항거하였다. 이들 제수이트 수사와 퀘이커교도들 및 자유사상가들은 서로 의견을 달리하고 있었지만, 그들이 인간으로서의 인간(이라는 이상)에 대해 가지고 있었던 정서는, 철학과 종교가 끼친 공동의 영향을 받아서 생긴 감정의 일반화에 힘입고 있었던 것이다.

제러미 벤담과 오귀스트 콩트는 이 일반화된 정서를 궁극적인 도덕적 직관으로서, 즉 어떠한 정당화도 필요로 하지 않고 또 그 정서와 다른 사물들과의 관계에 관한 궁극적 이해도 필요로 하지 않는, 명백한 사실로서 받아들였던 것이다. 그들은 형이상학을 버렸다. 그렇게 함으로써 그들은 민주주의적 자유주의를 위해 막대한 공헌을 하였다. 왜냐하면 그들은 실천 가능한 개혁프로그램을 제시하였고, 궁극적 개념 파악에 있어 견해를 크게 달리하고 있는 사람들을 결합시키는 데 도움이 되는 실천 가능한 표현양식을 제시해주었기 때문이다.

불행하게도 과학이론의 발달로 인하여 이 정서와 나머지 사물과의 관계는 무시될 수 없는 것이 되었다. 생명의 진화에 있어 자연은 용서가 없다. 즉 자연은 차별한다. 바로 여기서 '인도교'라는 저 보편적 박애는 인류 선별에 대한 예찬으로 대치되고 '최대 다수의 최대 행복'은 '열등자의 인도적 절멸'로 대치되기에 이른다. 흄은 '순수한 인류 그 자체에 대한 사랑이라는 것과 같은 감정'이 존재한다는 것을 부정한다. 근대 과학은 왜 이러한 감정이 필요하지 않은지를 그럴듯하게 설명하고 있다. 그러한 감정은 진화의 불순물 배제과정에 장애물이 될 수 있을 뿐이다. 만일 이러한 감정에 쉽게 말려드는 사람들이 있다면 그들은 물론 그것에 따라 행동할 것이다. 그러나 어째서 타인을 설득하여 이러한 감정을 공유하도록 해야 하는지, 어째서 이러한 비합리적인 정서의 목표에 도움이 되도록 법률을 개정해야 하는지에 대해서는 아무런 이유도 제시할 수가 없는 것이다. 물론 나는 흄과 근대 '동물학'에서 연역된 사실보다는 벤담과 콩트에게 더 많이 공감하고 있다. 그러나 이 연역은 비록 그것이 아무것도 입증해주는 바가 없기는 하지만,

벤담과 콩트가 모든 궁극적인 우주론적 원리를 배제하면서 도덕, 종교, 법률의 명백한 기초를 발견하였다고 생각한 점에서 과오를 범했음을 보여주고 있다. 표면적으로 보자면 그들이 애지중지하는 학설은 일찍이 형이상학적 독단들이 그러했던 것과 마찬가지로 자칫 회의주의의 공격을 받기 쉽도록 되어 있다. 그들은 확실성을 얻고자 '플라톤과 종교'를 포기하였으나 거기서 얻은 바가 아무것도 없었다.

혼합 속의 차별을 정당화하기 위해서이건, 인간으로서의 인간에 관한 학설을 재차 정당화하기 위해서이건 간에, 보다 궁극적인 근거가 요구된다. 뿐만 아니라 단순한 '생존 가치'만으로는 불충분하다. 왜냐하면 우리들이 행복의 한복판에서 가장 기꺼이 유지하고 싶어하는 유형의 것들을 짓밟아버리는 조건들이 존재하고 있기 때문이다.

제7절

오귀스트 콩트는 그의 '실증주의'를 그 당시의 과학, 즉 자연과학과 도덕과학의 확실한 성과 위에 구축하였다. 그는 1857년에 죽었고 2년 뒤에 다윈의 『종의 기원』이 출판되었다. 우리는 앞에서 '진화론'의 후속 국면에 의해 '인도교'에 초래된 난점들 가운데 일부에 관해서 논한 바 있다. 콩트의 기초작업은 어떤 특정한 시대에 한정된 관심을 갖는 어떤 한 집단의 방법론을 형성하는 데는 충분한 것일지 모른다. 그러나 이러한 충분성은 그 견해 자체가 지니고 있는 충분한 명석성에서 오는 것이 아님이 분명하다. 많은 숭배자들이 해돋이(日出)를 향해 절을 하고 주문을 외움으로써 정신적 위안이라는 자신들의 목적을 얻고 있지만 그들은 아마도 자신들의 처사를 유효하게 하는 형이상학적 근거나 실용적인 근거를 전혀 일관성 있게 설명하지 못할 것이다.

자연과학과 정신과학을 화해시키는 데 따르는 이러한 난점과는 별도로 자연과학은 그 자체 안에 기초 개념에 관련된 난점을 안고 있다. 이러한 난국은 지금 우리가 그것의 운명과 특수화된 양상을 추적해오고 있는 플라톤적인 종교적 전통과 관련이 있다. 자연과학이 다루는 주제는 다음의 4가지 항목으로 분류해볼 수 있겠다. 즉 (1) 존속하는, 진정한 실재적 사물, (2) 생겨나는, 진정한 실재적 사물, (3) 반복되는 추상적 사물, 그리고 (4) 자연의 법칙이 그것이다.^[역주 12] 제1항의 예로는 바위 조각이나——단순한 자연과학의 틀을 넘어선——인간 존재의 개체성, 즉 플라톤이었다면 인간의 영혼이라고 말했을 것을 들 수 있다. 제2항의 예로는 거리, 방, 동물의 몸 등에서 일어나는 임의의 사건들, 또는——이 역시 단순한 자연과학의 틀을 넘어서는 것이지만——10분의 1초 이내에 일어나는 우리 각자의 복합적인 경험이 있겠다. 제3유형의 예로는 바위의 형태(shape)를 들 수 있다. 어떤 색조나 교향곡의 연주에서 나타나는 질적 요소는 자연과 관련된 것으로 보아야 할지, 아니면 정신과 관련된 것으로 보아야 할지도 분명치 않은 것으로 보인다.^[역주 13] 그러나 이것들이 반복된다는 것은 분명하다. 한편 애정의 느낌 같은 것은 틀림없이 사물의 정신적 측면에 속하는 반복이다. 제4항의 예로는 '만유인력의 법칙'이라든지 '사물의 기하학적 관계' 같은 것들이 있다.

나는 이미 상당히 복잡해지고만 이 장의 종결 단계에서 형이상학적 논의에 뛰어들 생각은 없다. 그러나 우리가 화제로 삼고 있는 것을 보다 근본적

[역주12] 이러한 네 개의 항목 중에서 처음의 세 항목은 비단 자연과학에만 국한되지 않으며, 화이트헤드 학문 전체의 주제라고도 할 수 있다. 이것들에 대해서는 『과정과 실재』에서 논하고 있다. '사회'(society), '현실적 계기'(actual occasion), 또는 '현실적 존재'(actual entity), '영원적 객체'(eternal object)에 각각 대응되는 것으로 생각된다. 제4항목에 대해서는 이 책 제2부의 첫 두 장에서 상세히 논하고 있다. 원문은 다음과 같다 : (1) The true and real things which endure, (2) The true and real things which occur, (3) The abstract things which recur, (4) The Laws of Nature.(AI p.49)
[역주13] 『과학과 근대세계』에서 화이트헤드는 17세기 이래의 '과학적 유물론'(scientific materialism)을 통렬히 비판하고 있는데, 이러한 유물론의 관점에서는 자연의 세계를 그 자체로는 빛깔도 없고, 소리도 없는 것으로 보면서, 지각하는 정신에 그러한 감각적 성질들을 일으키게 하는 것으로 보는 이른바 '지각의 인과설'을 취한 점을 들어 비판을 가하고 있다.(『과학과 근대세계』 제3장, 제5장 참조).

으로 한정시키지 않고서는, 사회이론에 관한 우리의 논쟁이 얼마나 피상적인 것이 되고 마는지를 지적해두는 것이 좋겠다. 위에서 말한 네 가지의 논제는 또한 플라톤 시대로부터 오늘날에 이르기까지 사상가들을 괴롭혀왔던 수많은 까다로운 문제들을 시사해주는 것이기도 하다. 지금까지 두 장에서 우리는 아주 다른 유형의 세 가지 사상, 즉 ① 플라톤적－종교적 관념 ② '무역 사회'의 '개인주의적·경쟁적' 관념 ③ 자연과학의 관념 등의 역사를 추적해왔다. 그리고 이 세 유형의 사상은 제각기 내적 복잡성을 안고 있다. 이제 우리는 다음과 같이 생각해도 좋을 것이다. 아니, 실제로 나는 그렇게 생각하지 않으면 안된다고 믿는다. 즉 이러한 갈래의 이론들은 저마다 정당한 직관의 소산이며, 무시할 수 없는 사물의 본성에 관한 진리를 구현하고 있다는 것이다. 각 유형의 관념은 그 자신의 영역 내에서 자율성을 지니고 있는 것이라고 생각한다면 쉽게 해결될 수 있을 것이다. 그러한 경우에 논쟁이 발생하는 것은 한 유형의 것이 다른 유형의 고유한 영역에 불법 침입하기 때문이다. 예컨대 종교와 과학은 각기 다른 논제를 다루고 있기 때문에 결코 충돌할 수 없다고 보는 것이 보통이다. 나는 이런 식의 해결이 전적으로 잘못된 것이라고 믿는다. 적어도 이 세상에서는 정신과 신체를 떼어놓을 수 없다. 그러나 관념들을 조정하려고 시도하자마자, 자기가 무엇을 화제로 삼고 있는가를 분명히 밝히는 것이 지극히 중요하다는 것을 깨닫게 된다. 존속하는 사물에서 생겨나는 사물로, 생겨나는 사물에서 반복되는 사물로 이렇게 무비판적으로 오락가락하는 것은 치명적이다. 존속과 생겨남과 반복을 식별함에 있어 형이상학적 명석성에 기초하지 않은 논의에서는 무엇이나 증명하려고 하는 궤변이 가능하게 되는 것이다.

예컨대 '공리주의의 원리'에 대한 진술에는 '최대 다수의 최대 행복'이라는 구절이 있다. 분명히 이 구절은 적어도 우리가 행동하는 데 일반적인 지침으로 삼을 만한 충분한 의미를 지니고 있다. 그러나 다른 견해를 비판하기 위해 이 정식(formula)을 사용할 경우, 우리는 그것이 무엇을 의미하는지 마땅히 물어보아야 한다. '행복'은 분명히 반복되는 것이며, 여러 강도로 분화되어 나타나는 것이기에 어떤 생겨남(occurrence, 사건)은 다른 어떤 생겨남보다 '행복'이라는 점에서 더 강한 것이 될 수 있다. 그러나 과연 여러 다른 생겨남들의 '행복'을 합한다는 것은 무엇을 의미하는 것일까. 이처럼 산술적으로 가산된 '행복'을 수반하는 생겨남이란 존재하지 않는다. 적어도 그러한 생겨남이 존재한다면 그것은 원리상 지적될 수 있겠고, 그러한 지적은 이미 폐기된 플라톤주의의 방향으로 우리를 이끌어가게 될 것이다. 그리고 그러한 원리를 이해하기 위해서는 존속과 생겨남과의 관계를 알아야 한다. 일반적인 용례에서 보자면 이 구절은 최대 다수의 인간을 지칭하고 있다. 따라서 그것은 존속하는 것을 지칭하고 있는 것이지 생겨나는 것을 지칭하고 있는 것이 아니다. 하지만 과연 단명한 세 사람의 행복과 장수한 한 사람의 행복을 실제 연관시킬 수 있을까. 게다가 상이한 유형의 행복에는 질적인 차이가 존재한다. 결국 이 논의를 결실 있는 것으로 이끌어나가기 위해서는 이에 앞서 존속하는 것과 생겨나는 것과 반복되는 것에 관한 우리의 형이상학적 개념에 있어 어떤 명석성에 도달할 필요가 있다는 결론이 나오게 되는 것이다.

제8절

이제 우리는 과학으로 화제를 옮겨, 과연 과학이 형이상학적 논의와는 별개로 어떤 명석한 개념을 우리에게 제공해주는지를 물어보기로 하자. 과학은 '법칙'—'자연의 법칙'—이라는 개념에 기초를 두고 있다. 이 법칙의 개념은 상호간의 움직임이 항상 일정한 규칙들을 예증하는 사물들이 이 세계에 많이 존재하고 있다는 것을 말한다. 이때의 규칙들이란 결코 반복하는 데 실패하는 법이 없는 반복을 분명하게 지칭하고 있다. 그런데 여기에서 '법칙'들과 움직이는 사물들과의 관계에 있어 까다로운 문제가 생겨난다. 사물의 움직임은 예컨대 뉴욕과 같은 도시에서, 산림에서, 아열대의 사막에서, 북극의 빙원에서 크게 다르다. 더 멀리 나아가, 달의 표면에서, 태양의 주위에서, 밀도 높은 별의 내부에서, 별과 별 사이의 우주 공간에서도 크게 다르다.

이것은 매우 피상적인 사실이다. 우리는 누구나 사물을 분자들로 분석하면 화학의 법칙들이 도시에서도 숲에서도 또 사막이나 빙원에서도 동일하게 적용된다는 것을 알고 있다. 이러한 화학법칙들은 적정하게 밀폐되어 압축된 분자들 상호간의 운동을 표현해주고 있다. 그러나 분자는 분석될 수 있다. 밀폐되어 압축된 분자들 사이에서 사물의 운동과 이른바 텅 빈 공간의 진동 속에서 사물의 운동과는 판이하게 다르다. 화학법칙은 단순히 분자들 간의 상호관계에만 관련된다. 텅 빈 공간에서 우리는, 에너지의 흐름을 제어하는 기본적인 전자기(電磁氣) 법칙으로까지 거슬러 올라가게 된다. 이 지점에서 우리는 발걸음을 멈추어야 하는데, 그것은 단지 우리의 통찰력이 소진되었기 때문이다.

　하지만 이 법칙들이 전자기적 계기(契機)들[역주 14]의 환경의 산물이라는 데에는 의심의 여지가 없다. 여기까지 거슬러 올라온 전 과정은 관념의 전환을 시사한다. 법칙은 운동하는 사물들의 성격에서 온 것이다. 그것은 클레멘트가 말한 '공동체적 관습'(communal customs)이다. 주어진 사물들이 부과된 법칙(imposed laws)에 의한 제약하에서 상호 운동한다는 낡은 관념은 이러한 개념으로 대체되어야 한다. 우리들이 외적 자연에 대하여 알고 있는 것은 어디까지나 자연에서 여러 계기들이 어떻게 그들의 본성에서 상호간에 기여하고 있느냐 하는 사실을 통해서이다. 환경 전체가 각 계기의 본성에 관여하고 있는 것이다. 따라서 각 계기는 그 최초의 형태를 자신의 환경의 성격에서 얻게 된다. 그리고 각각의 환경을 제약하고 있는 법

[역주14] 계기(契機, occasion)는 화이트헤드 철학에서 매우 중요한 술어 가운데 하나이다. 『과정과 실재』에서는 세계를 구성하는 단위로서 '현실적 존재'(actual entity)라는 개념을 사용하고 있는데 '현실적 계기'는 이것과 교환 가능한 것으로 설정되어 있다.(『과정과 실재』 제1부 제2장 제2절 참조) 이 책에서는 주로 존재(entity)보다는 계기(occasion)를 사용하고 있다. '전자기적 계기'(電磁氣的 契機)들이란 일반적으로 말한다면, 전자(電磁)현상을 말하며, 그 환경은 전자장(電磁場)이다. '장'(場)은 뉴턴의 절대 공간과는 달리 장(場) 전체와 개개의 전자현상이 서로 연관되어 있다. 화이트헤드 형이상학의 기본구도는 이러한 현대 물리학의 자연인식과 밀접한 관계를 갖고 있다는 데 유의할 필요가 있다.

칙은 단지 그 환경을 구성하고 있는 계기들의 일반적 성격을 표현하고 있는 데 지나지 않는다. 이것은 사물을 그 기능양태에 의해 정의하는 학설이다.

이제 우리는 기독교의 실행 불가능한 윤리에 가까이 다가서고 있다. 인간의 영혼 속에 간직된 이상은 인간 행위의 성격 속에 침투해 들어간다. 사회[역주 15] 안에서의 이러한 상호작용은 사회의 법이 적용되는 (사회 내의) 계기들을 수정함으로써 그 법을 정한다. 실행 불가능한 이상은 개혁을 위한 프로그램이다. 그러한 프로그램은 직접적인 가능성에 비추어 비판되어서는 안된다. 진보는 '지상의 국가'가 '지혜'의 예언에 의해 이상적인 것으로 식별된 '사회'에 순응할 수 있도록 자연의 법칙을 수정하는 가운데 이루어지는 것이다.

앞의 두 장에서 우리는 유럽의 역사 속에서 위대한 하나의 관념이 겪어온 모험에 대해 고찰해왔다. 플라톤은 인간성의 내적 가능성이라는 개념에 기초하여 인간 상호간의 이상적인 관계라는 개념을 착상하였다. 우리는 이 관념이 갖가지로 특수화되어 인간의 의식 속에 끼여들어가고 있는 것을 보게 된다. 그것은 종교가 산출한 유사한 착상과 동맹관계를 맺고 있다. 이 관념은 그 자신과 연관된 여러 종교 및 여러 회의주의의 분화에 따라 자신의 특수한 존재방식을 분화시키고 있다. 때때로 그것은 소멸하기도 한다. 그러나 그것은 다시 소생한다. 그것은 비판을 받지만 스스로 비판자가 되기도 한다. 힘은 언제나 그것과 적대관계를 맺고 있다. 관념의 승리는 힘에 대한 설득의 승리이다. 여기서 힘이란 선행하는 세계의 부피가 실제로 내포하고 있는 단순한 사실을 말한다. 그리고 관념이란 그 자신의 성취를 선도하는 하나의 예언이다.

하나의 이상이 갖는 힘은 이러한 것 속에 있다. 생겨나는 사실의 일반적

[역주15] '사회'(society)는 화이트헤드에게 지극히 넓은 의미를 지니고 있다. 인간사회, 동물사회는 말할 것도 없고, 무릇 이 세상에 존속하는 것을 모두 사회로 본다. 즉 전자(電子), 양성자(陽性子), 분자(分子), 식물도 모두가 사회라는 것이다. 이 점에 관해서는 이 책의 제13장 제3절에서 자세히 정의를 내리고 있다.

세계를 검토해볼 때, 우리는 실제로 피할 수 없는 그 일반적 성격이 내적인 가치의 실현과 관련하여 중립적인 위치에 있다는 것을 알게 된다. 전자기적 계기와 전자기 법칙, 분자적 계기와 분자 법칙은 모두 중립적이다. 이것들은 가능한 가치의 종류를 제약하기는 하지만 가치의 특수한 존재방식을 결정하지는 않는다. 어떤 특수성에 의해서 가치를 결정하는 사회의 여러 특수화된 형태들, 즉 인간, 산림, 사막, 초원, 빙원 등과 같은 사회의 특수화된 형태들을 검토해볼 경우, 우리는 한계 내에서의 유연성(plasticity)을 발견한다. 플라톤의 관념(이데아)에 대한 이야기는 한 지역의 유연한 환경 내에서 그 관념의 활성화에 대한 이야기인 것이다. 그 관념은 자신의 실현을 향해 접근해갈 수 있게 하는 창조적 힘을 가지고 있는 것이다.

제4장
자유의 양상

제1절

문헌으로 조명된 기간 내에서 '서양문명'의 문화사는 여러 국면에서 고찰해볼 수 있다. 그 문화사는 더 낮은 수준으로 파국적인 몰락을 함으로써 다양한 것을 만들긴 해도, 견실한 경제적 진보라는 관점에서 고찰될 수 있다. 이러한 관점에서는 기술과 경제조직이 강조된다. 이와는 달리 역사는 차안성(此岸性)과 피안성(彼岸性) 사이의 일련의 진동으로서, 혹은 탐욕과 미덕, 진실과 오류 사이의 투쟁의 무대로서 고찰될 수도 있겠다. 그런 관점에서는 종교, 도덕, 그리고 사상의 일반화를 이끌어내는 명상적 습관이 강조된다. 이러한 고찰 방식은 저마다 사실의 어떤 국면을 조명하면서 나머지 부분은 배제된 배경 속에 파묻어버리는 일종의 탐조등과 같은 것이다. 물론 어떠한 역사에서도, 심지어 정치라든지 예술이라든지 과학 같은 것에 한정된, 일정한 논제의 경우라 하더라도 거기에는 저마다 다양한 등급의 일반성을 갖춘 많은 관점들이 실제로 서로 얽혀져 있다.

문명적인 활동을 분석하는 데 사용되는 가장 일반적인 철학적 개념들 가운데 하나는, '개인의 절대성'과 '개인의 상대성' 사이에서 어느 쪽을 보다 강조하느냐에 따라 달라지게 되는, 사회생활에 미치는 효과를 고찰하는 일이다. 여기서 '절대성'이란 활동방식이 공동체의 다른 성원들에 대한 본질적인 의존에서 벗어나 있는 것을 의미하는 반면 '상대성'이란 본질적으로 관계되어 있다는 정반대의 사실을 의미한다. 이 두 관념이 특수화되어 나타나는 경우에 그것들은 자유 개념과 사회조직 개념 간의 대립으로 나타난다. 다른 면으로 특수화될 때, 그것들은 국가의 복지와 그 각 구성원의 복지 중 어느 쪽에 상대적 중요성이 주어지느냐의 형태로 나타난다. 각 시대의 사회제도나 법체계, 그리고 실행 가능한 범위 내의 이상적 목표관념 등과 관련된 그 시대의 성격은 주로 개인의 절대성과 개인의 상대성이라는 두 관념 중 어느 한쪽에 의해 지배되고 있는 그 시대의 다양한 소규모 활동들의 성격에 달려 있다. 이 양극단의 어느 한쪽에 의해 활동의 전 영역이 지배되어 철저하게 통제되는 시기란 있을 수 없다. 한쪽 방향에서의 억압은 반대 쪽 방향에서의 자유에 의해 균형잡히게 된다. 군대의 규율은 엄격하다. 최후의 수단으로서 개개의 병사는 군대에 몸을 바치기도 한다. 그러나 인간 활동의 많은 분야에서 병사들은 법규상으로나 관습상으로나 전혀 구속되지 않은 상태에 있다. 대학의 교수단에 속한 사람들에게 억압과 자유는 병사들에게 통용되는 것과는 매우 다르다.

절대성과 상대성 가운데 어느 쪽을 더 강조하느냐 하는 것은 자의적인 것이다. 물론 그러한 패턴에는 언제나 역사적 이유가 있다. 강조점의 전환은 흔히 직접적인 과거에 반역하려는 경향——즉 흑과 백이 발견되는 곳에서는 어디에서나 그것을 교환하고자 하는 일반적 경향——에 기인하는 것으로 볼 수 있다. 또한 그런 변형은 계승된 실패에 책임이 있는 독단에 대한 판정일 수도 있다. 그러한 판정을 일시적인 사정에 기인한 노여움에서 벗어나게 하는 것도 역사학의 한 가지 기능이어야 한다.

지적인 강조의 사회적 패턴이 변화하는 것은 하나의 계층 또는 여러 계층의 집단으로부터 다른 하나의 계층 또는 여러 계층의 집단으로 권력이 이동하는 경우에 더 자주 일어난다. 예컨대 과두정치적 귀족주의 정부나 민주주의적 정부는 제각기 사회조직을, 즉 국가에 대한 개개인의 상대성을 강조하고자 하는 경향이 있을 수 있다. 그러나 주로 상인 계층이나 전문직 계층을 만족시키고자 하는 정부는 명목상 그것이 귀족제이건 민주제이건 절대제이건 간에 인격의 자유, 즉 개인의 절대성을 강조한다. 후자에 속하는 종류의 정부로는 중산 계층으로서 황제의 집정관들과 중산 계층으로서 스토아파의 법률가들 및 최대의 행운을 누렸던 시기에 중산 계층 황제들이 있었던 로마제국의 정부와, 18·19세기 영국 정부가 있었다.

한 시대의 밑바닥에 가라앉아 있어서 이따금씩 잔물결에 의해서만 탐지될 수 있는 관점들은, 지배 계층이 바뀜에 따라 행동이나 문장 표현의 전면에 나타난다. 따라서 각 시대의 다양한 활동——정치적, 문학적, 과학적, 종교적, 순수한 사회적 활동 등——은 공동체 안에서, 그러한 논제에 대하여 우연히 우세한 영향력을 가지게 된 여러 계층의 정신성을 표현하고 있는 것이다. 미국 혁명에 대한 한 연설에서 버크는 "부디, 누군가를 만족하도록 해주오"라고 외치고 있다.

정부를 형태별로 분류하는 가장 좋은 방법은 과연 실제로 만족시켜주고자 하는 '누군가'가 어떤 존재인지를 고찰하는 것이다. 이런 식으로 접근할 때 18세기 초반 60년 간의 영국 정부는 그 형태와 인물들에 비추어보자면 귀족주의적인 것이었다. 그러나 그 정책에서 보자면 영국 정부는 런던과 브리스틀의 거상(巨商)들을 만족시키는 데 주력하고 있었다. 그 상인들의 불만은 직접적인 위험의 근원이 되었다. 로버트 월폴 경과 '위대한 하원의원' 윌리엄 피트는 처음에 전쟁에 넌더리를 내다가 후일 제국주의적 성향을 띠어간 이 계층의 변화된 분위기를 대변하는 인물들이다.

전승되어온 생활양식이 전통적인 수준의 효율성 내지 비효율성을 유지하면서 영향력을 행사하고 있는 시기에는 현실적으로 만족할 수 있는 계층

(급)이 비교적 제한되어 있을 수 있다. 예를 들어, 18세기 잉글랜드 상인들의 경우가 그렇다. 그러한 시기에 대다수 사람들은 비교적 침묵을 지킬 것이며, 보수적 정치가, 예컨대 월폴 같은 정치가는 깊은 곳을 자극할 수 있는 그 어떤 것도 하려 하지 않을 것이다.─'조용한 것을 움직이지 말지어다.'(*Quieta non movere.*) 월폴은 상업적 이해관계에서는 적극적인 개혁가였지만 그밖의 다른 점에서는 보수주의자였다.

프랑스에서 이런 유의 정치가들은 '궁정'의 이익에 적극적으로 관여하고 있었다. '궁정'은 (법률상·행정상 및 교회제도상의) 관료제와 군대를 그 권력의 기초로 삼고 있었다. 그 당시 잉글랜드와 마찬가지로 프랑스의 대민 행정조직과 군사조직 전체의 요원들은 모두 귀족주의적이었으며 동시에 중류 계급에 속한 사람들이었다. 프랑스의 정치는 잉글랜드의 것보다 순조롭게 운영되기는 하였지만 불행하게도 적극적인 정치적 요소가 잉글랜드에 비해 국가의 주요 이해관계와 동떨어져 있었다. 비록 이 두 나라 정부는 다같이 한때는 통찰력이 풍부한 시기가 있었고 우둔했던 시기도 있었지만, 프랑스는 조정(coördination)에 역점을 두었으며, 잉글랜드는 개인의 자유(individual freedom)를 중요시하였다. 이 세기 후반기 잉글랜드에서 정치적으로 더 적극적인 계층은 농촌의 지주들이었다. 예를 들면, 버크가 그의 정치생활이 끝날 무렵에, 자신은 마치 농업을 잘 알고 있다는, 있을 수 없는 신념을 고집하고 있는 데에 유의하기 바란다. 또한 런던 시 자치제는 초기에는 정부를 옹호하는 요소였지만 후기에는─프랑스혁명의 과격성에 비할 만큼의─반정부적 요소가 되었다.

초기에 내걸었던 '프로테스탄트의 계승'이라는 슬로건은 잉글랜드의 상공업 계층에게 '상공업상의 자유'를 의미하는 것이어서 이 계층을 정치적 활동으로 몰고 갔지만, 후기에 가서 이 계층이 가지고 있던 에너지는 도래하고 있던 산업혁명에 흡수되고 말았다. 이 세기가 종반기에 들어서면서 일반 대중은 이제 불안 속에 동요하고 있었고, 자기네들의 이해관계가 어떻게 결정되는지를 알지 못하는 상황 속에 있었다. 그들 중에서 비교적 선량한 성원들은 존 웨슬리의 인도를 따라 영혼의 구제에 열중하기도 하였다.

결국 이러한 혼란의 와중에서 프랑스혁명의 전란으로 지연된 다음, 빅토리아 시대가 출현하였다. 이 해결은 다만 일시적인 것에 지나지 않았다. 그리고 위대한 것 자체가 또한 그런 것이다.

제2절

사회관의 변화를 이해하고자 할 때에 우리는 언어로 정식화되어 의식적으로 인지된, 추상적인 학설이 가져오는 효과에만 지나치게 주의를 집중하지 않도록 해야 한다.[역주1] 그와 같은 정교한 지적(知的) 노력은 보존의 역할을 하기도 하지만 변형이나 파괴의 역할을 할 때도 있다. 예를 들면, 유럽의 역사는 원죄와 신의 은총과 그것으로부터 귀결되는 가톨릭 교회의 선교에 관한 아우구스티누스의 학설을 어느 정도 참고하지 않고서는 이해하지 못한다. 또한 미국의 역사는 이에 덧붙여서 17세기 잉글랜드의 정치학상의 학설과 18세기 프랑스의 사상에 관한 얼마간의 지식을 필요로 한다. 사람이란 자기 신체 내의 분자에 의해서뿐만 아니라 자신의 사상에 의해서, 즉 무분별한 힘과 지성에 의해서 움직여지는 법이다. 그렇지만 사회의 역사에서는 상이한 시대에 우세했던 인간 경험의 양태들에 집중적으로 주의를 기울인다. 물리적 조건이 되는 것들은 다만 그러한 양태나 분위기를 부분적으로 지배하는 배경이 될 뿐이다. 이런 경우에도 우리는 인간 경험의

[역주1] 논리실증주의자들은 명확한(explicit) 언어에 주의를 집중한다. 그러나 화이트헤드는 그 언어의 배경에 있는 암묵적인(implicit) 막연한 관념의 도식을 밝혀내는 것이야말로 사변철학의 임무라고 보았다(이 책의 제2장 [역주 25] 참조). 이러한 언명은 화이트헤드의 여러 저서에서 발견된다. 예를 들면 『과학과 근대세계』에 들어 있는 다음과 같은 언명이 한 예라고 볼 수 있겠다. "우리가 한 시대의 철학을 비판할 때에, 그 철학의 해설자들이 공공연하게 옹호해야 한다고 믿고 있는 지적인 입장에만 중점적으로 주의를 돌려서는 안 된다. 그 시대에 속하는 여러 학설을 신봉하는 사람들이 무의식적으로 상정하고 있는 근본전제가 몇 개 있을 것이다. 그러한 전제는 지극히 자명한 것으로 생각되기 때문에 사람들은 사실 전제하고 있는 것이 무엇인지 모르고 있다."

여러 유형들을 지나치게 지성적으로만 파악해서는 안된다. 인류는 '영장류'(靈長類)의 정상에 있는 동물[역주2]이기 때문에 그 신체의 습성과 밀접하게 연관되어 있는 정신의 습성에서 벗어나지 못한다.

우리의 의식이 우리의 기능양태를 작동시키는 것이 아니다. 우리는 깨어나보니 우리 자신이 과정에 종사하며, 만족과 불만에 깊이 빠져들고 있고 강화나 약화에 의해서, 또는 새로운 목적을 이끌어들임으로써 적극적으로 변화하고 있다는 것을 알게 된 것이다. 의식에 미리 전제되어 있는 이 원초적 진행을 나는 '본능'이라 부르고자 한다. 그것은 개인적·환경적 계승[역주3]이라는 충동에서 직접적으로 생겨나는 경험양태이다. 한편 본능과 지성의 발효작용이 끝난 뒤에, 본능과 지성의 합성양태를 결정하는 것으로 결단[역주4]이라는 것이 있다. 이러한 요인을 나는 '지혜'라 부르고자 한다. 주어진 조건에서 자기 결정적 결과를 산출하기 위해 지성의 발효에 변화를 가하는 작인으로 기능하는 것이 곧 지혜이다.[역주5] 그러므로 사회 제도를 이해하는 데 있어서는 인간의 본성을 이처럼 '본능', '지성', '지혜'의 세 계층으로 대충 구분하는 것이 필요하다.

이 구분이 지나치게 엄격하게 이루어져서는 안된다. 결국 지성의 활동이란 그 자체가 계승된 요인(an inherited factor)인 것이다. 우리는 자기 의식의 노력으로 사유를 시작하는 것이 아니다. 우리가 깨어보니 호흡을 하거나 저녁노을을 즐기고 있는 것을 알게 되듯이, 깨어보니 생각하고 있다는 것을 알게 되는 것이다. 백일몽의 습관이 있는가 하면 신중한 해명의 습관이라는 것도 있다. 그러기에 사유의 자율성은 엄밀히 제한되어 있고,

[역주2] 인간도 동물에 지나지 않는다는 견해는 『상징작용—그 의미와 효과』제1장 제10절, 제11절과 제2장 제8절, 『이성의 기능』제1장 등에서도 찾아볼 수 있다.
[역주3] 원어는 inheritance. 화이트헤드의 철학에서는 전자(電子)나 양자(陽子)와 같은 무기물도 '경험'을 한다고 보며 (이 책의 제11, 12장 참조) 이 경험의 첫 단계는 과거의 계기들을 그대로 계승하는 것이라고 한다. 순응(conformation)과 통한다.
[역주4] 원어는 decision. 이의 정의는 『과정과 실재』제2부 제1장 제2절 참조. 계승된 다자(多者)인 계기들을 파악하여 일자(一者)인 주체로 합성해가는 것이 결단이다.
[역주5] 이러한 계승과 자기 한정에 대해서는 이 책의 제12장 참조.

흔히 무시될 수 있으며, 일반적으로는 의식의 자극역(刺戟閾) 저편에 있는 것이다. 민족의 사고법이라는 것은 그 민족의 정서적인 반응방식과 마찬가지로, 본능적인 것—말하자면 관례적인 방식(routine)에 따르는 것—이다. 그러나 대개 우리는 관례적인 방식을 넘어선 어떤 사유의 자발성이 있을 것이라고 믿고 있다. 그렇지 않다면, 사상의 자유에 대한 도덕적 요구는 무의미한 것이 되고 만다. 이 사유의 자발성이라는 것 또한 그 유지 및 효율성과 관련하여 제어되고 있다. 이러한 제어는 전체에 대한 판단으로서 자기 결정의 부분적인 섬광을 약화시키거나 강화시킨다. 전체는 스스로 어떤 것이 될 것인가를 결정하며, 이런 결정에 의해 그 자신에 내속(內屬)해 있는 자발성의 섬광의 상대적 중요성을 조정한다. 이 최종적인 결정이 '지혜', 혹은 달리 말하면, 계승되어온 요인들로 한계지워진, 그 자신의 본성에 관한 '주체적 지향'(subjective aim)이다.

'지혜'는 최종적인 자기 결정에서 작용하게 되는 증거의 넓이에 비례한다. 지성의 작용은 본능적 경험의 원초적 사실들에서 유래되는 관념들을 논리적이고 정합적인 하나의 체계로 통합하는 데서 성립한다. 그처럼 질적인 측면들이 조정되는 이러한 사실들은 최종적인 자기 결정에서 중요성을 획득한다. 이러한 지성적 통합은, 사물의 이해할 수 없는 측면들을 지성에 종속시켜 대강 처리되도록 원초적 사실들이 선택될 경우에 보다 쉽게 이루어진다. 이러한 이유 때문에 지성의 활동은 '지혜'를 희생시킴으로써 꽃을 피우는 경향이 있다. 이해한다는 것은 어느 정도까지는, 지적으로 부정합한 배경을 배제한다는 것이다. 그러나 '지혜'라는 것은 지적인 체계와, 그 체계로부터 생략된 것들의 중요성을 항상 대결시키면서, 보다 깊은 이해를 끊임없이 추구한다. 이 세 가지 요소들, 즉 '본능', '지성', '지혜'는 각기 따로 떼어놓을 수 없는 것들이다. 이것들은 통합되고 반응하고, 용해되면서 혼성적인 요인이 된다. 그것은 전체가 그 부분에서 출현하며, 부분들이 전체 속에서 출현하는 사례가 된다. 사회제도와 그 발생, 완성, 붕괴를 판단함에 있어 자연적인 힘과 공동으로 역사를 전개시켜온 본능, 지성, 지혜의 유형들을 제대로 평가하지 않으면 안된다. 두뇌는 명석하면서도 시야가 좁은 지적인 사람들이 저질러온 어리석은 행위가 수많은 파국들을 몰고 왔던 것이다.

기록으로 남아 있는 역사를 아무리 거슬러 올라가도 우리는 단순한 동물적 야성으로부터 멀리 떨어져 있는 고차적 기능을 갖춘 인류 역사시대의 영향 안에 있게 된다. 이 역사시대 안에서 인류가 타고난 정신적 능력을 개선해왔다는 것을 논증하기는 어려울 것이다. 그럼에도 사유를 위해서 환경이 제공한 도구가 엄청나게 팽창했다는 데에는 의심의 여지가 없다. 이런 도구는 다음과 같은 항목들로 요약될 수 있다. 즉 물리적인 의사전달과 정신적인 의사전달(커뮤니케이션)의 양태, 글쓰기, 기록의 보존, 다양한 문학의 양식, 비판적인 사유, 체계적인 사상, 구성적인 사유, 역사, 상이한 언어 간의 비교, 수학적인 기호화, 신체적 편이를 제공하는 개량된 기술 등이다. 이 일람표는 분명히 부분적으로 장황하고 서로 중복된 많은 항목들로 되어 있다. 그러나 이 일람표는 우리가 사유하기 위한 편의장치나 암시를 마음대로 구사하는 다양한 방법을 상기시켜준다. 이때 편의장치나 암시는 2천 년에서 5천 년 전쯤에 생존했던 우리 선조들이 구사하던 것들을 훨씬 능가하는 것이다. 실제로 지난 2백 년 동안 이러한 도구들은, 인류가 퇴화하지 않는 한, 새 시대를 창조해낼 수 있을 정도로 증가되었다. 물론 이러한 도구의 대부분은 이미 2천 년에서 3천 년 전 사이에 축적되었던 것들이다. 인류가 타고나면서 가지고 있던 지성에 어떠한 개선이 있었는지 의문을 품게 되는 것은, 저 1천 년 동안 지도적인 사람들이 자기들의 기회를 찬란하게 이용했기 때문이다.

그러나 전체적인 결과는 우리가 우리의 조상들이 물려받은 제도에 자신을 적응시키는 방법 속에서 어떤 단순성 같은 것을 식별한다는 것이다. 이러한 적응은 훨씬 더 광범위한 영역에서 당연한 것으로 이루어졌던, 간단히 말하자면 그것은 본능적인 것이었다. 그 위대한 시대에 그들은 우리가 계승하고 있는 것을 이미 발견했던 것이다. 그러나 그 발견에는 어떤 소박성, 놀라움 같은 것이 있었다. 본능적인 적응은 그것을 미처 알아채지 못할 만큼 널리 침투하고 있었던 것이다. 아마도 이집트 사람들은 자기네들이 독재하에 있다거나 성직자들이 왕권을 제한하고 있다는 것을 몰랐을 것이다. 왜냐하면 그들은 사실상으로나 상상으로 그것과 대비될 만한 아무런 대안도 가지고 있지 않았기 때문이다. 그들은 사상적으로는 인구의 밀집지역을 지배하고 있던 정치철학과 더 가까웠던 것이다.

이 사실의 또 다른 측면은 그러한 사회에서는 개인적인 자유보다 상대성이 강조되고 있다는 것이다. 그뿐 아니라 초기 단계에서 자유는 거의 무의미한 개념이었다. 행위도 기분도 조상 전래의 조정에 기초한 본능에서 생겨난다. 그러한 사회에서는 행위의 조정을 부과하는, 계승된 상대성의 산물이 아닌 것은 무엇이건 간에 전적으로 파괴적인 혼돈일 따름이다. 그래서 성질이 다른 집단은 악의 집단이다. 정력적인 한 예언자가 아가크 왕(Agag)[역주6]을 파멸시켰다. 불행하게도 사무엘의 정신적 후손들은 지금껏 생존해 있거니와, 이는 매우 오래된 폐단이라고 해야 할 것이다.

제3절

우리는 자유의 발견에서 몇 가지 삽화를 찾아볼 수 있다. 기원전 1400년경, 이집트 왕 아크나톤[역주7]이 독자적 생각을 갖고 그 당시에 계승해왔던 종교적 개념을 한 단계 더 발전시켜나갔던 진보적인 집단에 속해 있었다는 것은 분명하다. 그러한 자유의 사상적 섬광을 보여준 집단은 그 이전의 수천 년 동안에도 틀림없이 몇 번이고 산발적으로 생겨났을 것이다. 그 중의 몇몇은 성공을 거두기도 했겠지만 대부분의 경우는 실패했을 것이다.

[역주6] 기원전 10세기에 이스라엘이 부족연합체에서 국가 조직으로 전환할 당시에 출현했던 최초의 '예언자'인 사무엘은 페리시테인에 대항할 필요에서 아마데크인의 왕 아가크를 살해하였다.

[역주7] 이크나톤이라고도 한다. 기원전 14세기경 이집트 제18왕조 아멘호테프 4세를 말한다. 새로운 태양교(太陽敎)와 미술을 고무하였으며 유일신교를 제창한 종교개혁자. 아마르나시대로 불리는 한 시대를 구획했으며, 그가 노래한 태양찬가는 이집트 종교문학의 백미로 알려졌지만, 너무 시대를 앞질렀기 때문에 충분한 민심을 얻지 못했던 것으로 전해진다.

그렇지 않다면 분별없는 관습에 그저 다양하게 적응한 것과 구별되는 것으로서 문명의 이행은 결코 있을 수 없었을 것이다. 꿀벌이나 개미도 다양한 사회조직을 가지고 있다. 그러나 우리가 알고 있는 한, 그 어느 쪽도 결코 문명화되어 있지 않다. 그들은 단지 사회적 관습에 대한 무분별한 적응을 향유하고 있는 것이다. 하여간 그들에게 자유의 섬광이라는 것은 우리가 식별할 수 있는 수준 이하의 것들이다. 그러나 아크나톤이 자유를 행사하기는 했지만 자유 그 자체의 개념을 품고 있었던 것은 분명 아니었다. 고고학이 제공해주는 모든 증거에 비추어 말한다면 그는 자기의 착상을 이집트 국민 전체의 사고와 습관에 엄격히 부과하려 했다고 할 수 있겠다. 분명히 그는 실패하였다. 반동이 있었기 때문이다. 그러나 반동이란 아주 정확하게 원상대로 되는 것이 결코 아니다. 그렇기 때문에 우리에게 주어진 증거만으로는 식별할 수 없는 차이가 남아 있을 가능성이 있다고 보아야 한다.

더욱 크게 성공한 그룹은 그로부터 8,9백 년 뒤에 나타난 히브리의 예언자들이었다. 그들은 그 당시의 사악(邪惡)에 자극을 받아, 도덕적 직관을 표현하면서 자유를 행사하였고, 여호와의 성격을 자신들의 사상의 성과로 의장(艤裝)하였다. 우리의 문명은 말로 다 표현할 수 없을 정도로 그들의 덕을 보고 있다. 그들은 본질적인 의미에서 역사를 결정적으로 변혁시켰던 소수집단 중의 하나이다. 극적인 변동이라는 것은 대개 일련의 사람들을 비슷한 또 다른 일련의 사람들로 대체하는 것이 고작이어서, 역사는 대체로 공허한 이름들의 변화로 나타난다. 그러나 히브리의 예언자들은 현실적으로 결정적인 변화를 만들어내었다. 이보다 더 특이한 것은 그것이 더 좋은 것을 향한 변화였다는 점이다. 하지만 자유의 개념은 예언자들이 말하는 여호와에 대한 관점 속에 포함된 적이 없었다. 불관용(不寬容)은 도덕적 열광이 빠지기 쉬운 죄악이다. 관용과 도덕적 열광이 연합된 최초의 중요한 선언은 수세기 후에 나타난 '가라지(독보리)와 밀의 비유'[역주8]에서 찾아볼 수 있다.

[역주8] 『신약성서』「마태복음」제13장, 제24~36절.

　자유를 행사할 때 부수적으로 일어나는 불관용의 사례는, 콘스탄티누스 대제에 의해 설립된 기독교회에서, 그리고 루터와 칼뱅 지도하에 있던 프로테스탄트들에게서 보게 된다. 종교개혁 당시에 인류는 사물을 더 잘 인식하기 시작하였고, 따라서 종교개혁자들의 자비로운 판단은 약해지기 시작했다. 그러나 자비는 관용과 동류의 덕목이기 때문에 여기서 우리는 주의해야 한다. 회의주의적이건 아니건 간에 진보적 사상가들이란 모두 과거에 있어서나 오늘날에 있어서나 불관용적인 성향을 띠기 쉽다. 전체적으로 놓고 보면, 관용은 온정 있는 전통파와 결부되어 발견되는 경우가 많다. 근대적인 관용──그런 것이 존재하는 한──의 사도들은 에라스무스(네덜란드의 인문주의자·신학자, 1466?~1536)와 퀘이커교도들과 존 로크이다. 그들은 모든 연구소, 모든 교회, 모든 법정에서 찬사를 받아 마땅한 인물들이다. 하지만 존 로크를 포함하여 17세기의 가장 위대한 정치가나 사상가들 중 많은 사람들이 네덜란드 공화국의 폭넓은 관용의 은덕으로 살아남았다는 점을 잊어서는 안된다.

　물론 이들이 그 찬탄할 만한 관념들의 창시자는 아니었다. 그 기원을 찾으려면 이들보다 2천 년 전으로 거슬러 올라가야 한다. 관념이 습관으로 번역되기까지는 그토록 오랜 시간이 걸린 것이다. 그렇긴 하지만 상술한 사례들은 모두 종교와 관계된다는 데에 유의해야 한다. 활동적인 것이건 명상적인 것이건 간에 그밖의 여러 다른 형태의 행동들이 있다. 아테네 사람들은 다양한 사회행동과 관련된 관용의 중요성에 대해 명확하게 인식했다는 흔적을 보여주고 있는 최초의 실례를 우리에게 제공하였다. 분명히 그 이전의 문명에서도 관용에 관한 많은 실제적 사례들을 제공해왔을 것이다. 예를 들면, 바빌론이나 니네베와 같은 대도시에서는 사회적 행동을 세밀하게 감시했다고 생각되지 않는다. 다른 한편 이집트의 생활양식은 탄탄하게 조직되어 있던 것으로 보인다. 그러나 고차적인 문명의 필수요건으로서 사회적 관용에 대한 최초의 명확한 변호는, 투키디데스가 기록한 페리클레스의 연설에 들어 있다. 거기에는 성원 개개인의 행동의 자유를 성공적으로 뒷받침할 수 있는 조직화된 사회 개념을 제시하고 있다. 50년 뒤에 바로 그 사회 집단 내에서 플라톤은 자유의 모든 요청이 근원을 두어야 할 보다 깊은 관념을 도입하였다. '우주' 속의 영혼적 요인에 관한 그의 일반적 관념은 그러한 영혼적 요인을 모든 자발성의 원천으로 강조하는 동시에 궁극적으로는 모든 생명과 운동의 근거로 강조하였다. 그래서 인간의 영혼적 활동은 변천해가는 세계 속에서 고귀한 조화의 근원을 포함하고 있는 것이다. 인간 사회의 목적은 그러한 영혼적인 에너지를 이끌어내는 데에 있다. 그러나 자발성은 영혼의 본질을 이룬다. 이것이 플라톤적 사고양태로부터 사회적 자유의 중요성에 이르는 논의의 윤곽이다.

　플라톤 자신의 저술들은 사색의 자유와 사색적 경험의 전달을 위한 자유를 변호하는 연장선상에서 이루어져 있다. 이 권리를 일관되게 행사하는 가운데 소크라테스와 플라톤은 살았으며, 이를 위해 소크라테스는 죽었다. 예외적인 장절(章節)이 있긴 하지만, 대부분의 대화편을 통해서 소크라테스와 플라톤은 사고의 양식을 표현하는 데 골몰하고 있다. 특정한 행동으로 직접 옮겨놓을 수 있는 장절은 거의 없다. 『국가』편의 결론은 천국이 아니고서는 실현될 수 없다. 눈에 띄는 하나의 예외로는 『법률』편이 있다. 여기에는 그 당시의 에게 해 지방에서 흔히 볼 수 있었던 소도시 국가의 성립에 관한 엄밀한 실천적 구도가 들어 있다. 투키디데스가 묘사하는 페리클레스는 그것과 별개의 측면을 강조하고 있다. 그는 개인적 시민의 활동에 관해서 생각하고 있다. 그 연설에 나타난 문명의 특징은 모든 활동의 심미적 목적을 강조하는 데서 생겨나고 있다. 야만인은 힘을 통해서 말한다. 그런 사람은 완력을 가진 초인을 꿈꾼다. 그는 자신의 욕망을 칼라일 유의 감상적인 도덕으로 장식할 수도 있다. 그러나 궁극적으로 그러한 사람의 최종적인 선(善)은 자기의 의지를 남의 의지에 강요하는 데 있는 것으로 이해된다. 이는 지적인 야만이다. 페리클레스적 이상이란, 섬세한 자연의 광채와도 같은 설득적인 미의 직물 속에 활동이 직조되어가는 것을 말한다.

　자유의 확립은 단순히 그것을 지적으로 옹호하는 것 이상의 것을 필요로 한다. 플라톤은 그 누구보다도 이런 문명의 보다 본질적인 요소를 세계에 끌어들였다. 왜냐하면 그는 자유로운 사회를 유지할 수 있는 풍토를 보여주면서 이러한 풍토를 정당화시켜줄 이유를 명시하였기 때문이다. 그의 대화편들 속에는 우리의 지성으로는 측량할 수 없는 '우주'의 다양성에 대한 감각이 스며들어 있다. 그리고 『제7서한』에서는 충분한 철학체계의 가능성을 명백히 부정하고 있다. 그의 저술에서 남긴 교훈이 있다면 그것은 합리적으로 정합적인 것이면서 어떤 의미로는 적용이 가능한 모든 관점이 우리의 우주 이해에 공헌을 하게 되리라는 것과, 또한 그러한 관점은 생략을 동반하는 것이어서 명백한 사실 전체를 포괄하지 못하리라는 것이다. 관용의 의무는 미래를 대망하는 무진장의 새로움이 풍부하게 있다는 것에 대하여 그리고 우리의 통찰 범위를 넘어서서 달성되는 사실의 복잡성에 대하여 우리가 바치는 작은 경의(敬意)인 것이다.

따라서 자유를 효과적으로 추진하는 성격들 가운데 두 유형의 성격을 제외시켜야 한다. 그 한 가지 유형은 어느 정도의 진실에 도달하여도 절망하는 사람들, 즉 '회의주의자들'의 성격이다. 그러한 기질은 사상의 가치를 인정하는 사람들에게는 분명히 아무것도 전해주는 바가 없다. 그리고 불관용의 심성을 가지고 자유를 추구한다는 것은 자멸행위이다. 밀턴(John Milton, 1608~74)은 자유를 수호하기 위한 상상력, 학식, 문학적인 장엄함 같은 것들을 지니고 있었음에도 불구하고 그의 인생은 그러한 대의(大義)를 추진하는 것만큼이나 그것을 지연시키고 있다. 그는 불관용으로 끝나는 마음가짐의 틀을 조장하고 있는 것이다.

고대의 이교도 세계에서는 신조에 대하여 관대하였다. 행위가 순응하는 것이었을 때에 사변은 남의 눈에 띄지 않았다. 순수한 본능적인 사회관계를 넘어서는 진보의 한 가지 특징은 사변적인 사고가 갖는 파괴적인 효과에 대한 불안감이다. 신조란 사변의 결과이면서 사변을 억제하려 들기도 한다. 그러나 신조는 언제나 사변과 관련되어 있다. 사변에 선행하는 신조란 있을 수 없다. 신조가 있는 곳 어디에나 바로 길모퉁이를 돈 곳에, 혹은 그의 무덤 속에 언제나 이단자가 있는 법이다. 이집트, 메소포타미아, 히타이트(Hittite) 등의 대제국에서는 항해술의 발견과 더불어 종족 간의 교류를 통해서 그들의 신조를 기민하게 비교함으로써 이를 서서히 사변적 사고

로 확대시켜갔다. 처음에는 이러한 인간의 마음가짐의 변화가 완만하게 발
전했을 것임에 틀림없다. 기대가 없는 곳에서 변화는 우연을 기다릴 수밖
에 없고, 일어났다 하더라도 무시되어 사라진다. 다행히도『성경』은 한 매
듭에서 천부적 재능의 한 종족에게 영향을 주었던 과정의 단편들을 보존하
여 우리에게 전해주고 있다. 이 기록은 후세의 정신성을 가진 편찬자들에
의해서 집필되었다. 그래서 근대 성서학자들의 작업은『햄릿』과『맥베드』
를 연구하여 덴마크와 스코틀랜드의 역사를 재현시키려는 노력과 흡사하
다. 우리는 최초의 대립이 혼란을 합리화하려는 사변적인 시도로 발전해가
는 것을 볼 수 있다. 그리고 사무엘과 아가, 그 뒤에 솔로몬과 시바의 여왕
이 뒤따르는 것을 볼 수 있다.『성경』에는 욥(Job)[역주 9]과 그 친구들의 명
상이 있고, 예언서가 있으며,「지혜의 서」[역주 10]가 있다. 그리고 6백 년을
뛰어넘어서 그 이야기의 또 다른 변주곡으로 니케아 종교회의의 교의(敎
義)를 보여주면서 끝나고 있다.

제4절

그리스 문명이 독립성을 가졌던 기간은 짧았지만 그것이 남긴 삽화는 새
로운 상황을 만들어냈다. 사변(speculation)을 명시적으로 인정하게 되었
던 것이다. 그것은 열렬하게 추구되었다. 다양한 양태와 방법이 발견되었
다. 그리스인들과 그들의 선배들과의 관계는 그 시간의 길이와 효과의 강
도에 있어서 최근 50년 간의 제2차 근대 산업혁명과, 사실상 15세기에서
19세기 말까지의 오랜 기간에 걸쳐 이루어진 제1차 근대 산업혁명의 관계

〔역주 9〕『구약성서』「욥기」제2장. 제11장에서 등장하는 세 사람과 욥과의 대화. 제37장까
　　　지 계속된다.「욥기」는 욥에게 찾아든 재난을 둘러싸고 친구들과의 대화 형식으로
　　　구성되어 있다.
〔역주10〕「욥기」,「잠언」,「전도서」,「시편」의 일부 등『구약성서』에 들어 있는 것과 그밖에
　　　외전(外典)으로서 솔로몬의 지혜들을 말한다. 이를 wisdom literature 즉 지혜
　　　문학이라고도 한다.

와 유사한 데가 있다.

　로마제국은 그리스 문화의 삽화를 계승했기 때문에 자유(Liberty)[역주 11]
의 문제와 그것에 관련된 사회제도의 문제를 다룸에 있어서 그들의 선배들
보다 더 자각적이었다. 서구와 관계되는 한, 지중해 문명의 기원은 아우구
스투스 황제와 성 바울의 여행 시기까지 거슬러 올라가야 한다. 비잔틴이
나 셈족 지방, 이집트 지방의 경우 그 시기는 알렉산더 대왕의 죽음과 그리
스·이집트적 학문의 부흥기까지 거슬러 올라가야 한다. 이탈리아를 중심
으로 하는 앞의 지방은 아우구스투스 이후의 처음 2세기 동안 타의 추종을
불허하는 중요성을 지니고 있었다. 라틴 문학은 그리스 문화를 중세기적
사고양태로 번역한 것이었고, 그 기간은 '프랑스혁명'이 종결될 때까지 이
어지고 있다. 그 기간 전체의 문화는 복고적이었다. 루크레티우스도 키케로
도 버질도, 비록 그들이 셈적(Semitic) 요소를 결여하고 있긴 했지만 그리
스 문학이나 사변의 측면에서는 중세인들이었다. 처음의 라틴 시기 뒤에는,
아우구스티누스라는 중요한 예외가 있긴 했지만 이교적(異教的), 기독교
적, 이슬람교적 사상에 대한 현저한 공헌이 모두 동방에서 유래하고 있다.
마지막으로 동방 문명이 타타르와 터키의 긴 압박으로 붕괴하고 말았을 때,
다시 문화의 중심은 서방 쪽으로 옮아갔다. 동방, 라틴, 그리고 후기 유럽
이 결합하여 빚어낸 문화는 다음과 같은 특징들을 갖고 나타났다. 즉 심오
한 학문, 신조(信條)적인 형식으로 재현된 헬레니즘적 사변으로의 회귀, 인
간의 희망을 강조하는 모방적인 문학, 전문적인 흐름으로 호기심의 유도,
그리고——서방에서는——다양한 사회제도의 발전 속에서 전시된 새로운 등
급의 지성 등이 그것이다. 인류의 진보를 지켜온 것은 이 마지막 요인이다.

[역주11] 영어의 freedom과 liberty는 다같이 우리말로는 '자유'로 번역되지만, 이 양자에
　　　는 미묘하고도 분명한 차이가 있다. 그런데 독일어에는 liberty에 해당되는 말이
　　　없고, 프랑스어는 freedom에 해당되는 말이 없다(Freiheit, liberté). 허버트
　　　리드(Herbert Read)나 에리히 프롬(E. Fromm) 같은 이들의 자유에 관한 설
　　　을 참고로 해서 말한다면, freedom은 인격적 특질로서 자유를, 그리고 liberty는
　　　시민적 권리로서 자유를 의미하는 것으로 볼 수 있을 것이다.

　사회제도의 형성에 따르는 새 시대는 지극히 완만하게 전개되었다. 이 새 시대는 아직도 그 중요성에 있어서 충분히 이해되지 못하고 있다. 사회 철학은 이와 연관된 원리들을 파악하지 못하였고, 그래서 지금도 각각의 사례는 일종의 특수한 사실로 취급되고 있을 뿐이다. 그러나 자유의 문제는 이 새로운 시대에 의해 변형되어왔다. 새로움은, 특수한 집단의 목적을 구현할 뿐 정치적 국가의 일반적 목적이나 국가의 역할을 수행하는 부족적 통일을 구현할 일반적 목적과는 관계가 없는 제도를 신중하게 구축하는 데서 비롯된다. 물론 대제국이라면 언제나 다양한 부족, 습관, 사고양태 등의 합성물을 포함하고 있기 마련이다. 그러나 초기의 여러 사례에서는 각각의 주된 종족이 복합적인 제국 속에서 그 자신의 지위를 가지고 있었고, 그 각 종족의 처신 방식이 제국 조직의 일부가 되고 있었다. 그리고 다양한 종족에 특유의 복잡한 행동양태들이 있어서, 당연한 것으로 계승되고 묵인되어 왔을 것임에 틀림없다. 그리스의 도시국가와 같은 비교적 소규모 통일체의 경우에는 모든 단체행동이 국가 정책의 한 요소가 되는 현상을 볼 수 있다. 자유는 순수하게 개인적인 것이지 결코 단체적인 것이 아니었다. 종교적이건 세속적이건 간에 모든 단체는 공동체적이거나 족장 지배적이었다. "카이사르의 것은 카이사르에게 돌리고 하나님의 것은 하나님께 돌려라"(Render unto Cæsar the things that are Cæsar's and unto God the things that are God's. 「마태복음」 제22장 제21절)라는 표현은 티베리우스 치세하의 그리스도가 한 말이지, 그보다 4백 년 전의 플라톤이 한 말이 아니었다. 이 말의 본래 의도를 어떻게 규정하든지 간에, 당장 하나님은 카이사르와 완전히 구별되는 조직의 원리로 이해되었다.

　소크라테스의 죽음과 바울의 죽음 사이에 유사성과 상이성을 곰곰히 생각해보는 것은 흥미로운 일이다. 양자는 다같이 순교자였다. 소크라테스는 그의 사변적인 견해가 공동체 생활을 파괴하는 것으로 받아들여졌기 때문에 죽었다. 클라우디우스(Claudius)나 네로(Nero)나 갈바(Galba)의 대리인들이 하나님으로부터 인간에로의 길에 관한 바울의 사변적 견해에 크게 관심을 가졌을 것이라고 믿기는 어려운 일이다. 후일 루키아누스의 의

견은 바울의 것과 마찬가지로 비정통적인 것으로 간주되었다. 그러나 그는 그의 침상에서 죽었다. 불행하게도 바울은 그가 여행을 떠났을 때 국가의 어떠한 목적과도 통합되지 않은 활동에 몰두하고 있었던 조직집단을 뒤에 남겨놓았다. 그렇기 때문에 황제의 대리인들은 바짝 긴장한 가운데, 널리 유포되어 있던 (기독교인에 대한) 편견에 동조했다. 사실상 우리는 그로부터 약 반 세기 뒤에 로마의 가장 훌륭했던 한 황제가 이 문제를 어떻게 생각했는지를 정확히 알고 있다. 트라야누스는 소(小)프리니우스에게 보낸 편지에서 '기독교 신학'을 무시해도 되는 것으로 보아 가볍게 처리하고 있다. 그는 국가와 종교와의 전통적 연합을 공공연하게 모욕하는 행동을 표방하지 않는 한, 그들이 여러 집단을 조직하는 것에도 개의치 않았다. 그러나 그는 기독교인들이 그 당시의 정치철학에 적합하지 않을 것이라는 사실과 기독교인들이 불관용(不寬容)에 직면할 때 대표적으로 단체행동을 취하는 사람들이라는 사실을 인지하고 있었다. 그래서 만일 그들을 몰아세우는 상황이 벌어진다면, 그들은 심문을 받게 되며, 추방당하기도 하겠지만, 그들의 행동이 두드러질 경우 처벌을 받게 될 운명에 처해 있었다. 네로에서 트라야누스에 이르는 로마제국 내의 기독교인을 현대 미국의 공산주의자와 비교해보는 것은 흥미로운 일이다.

트라야누스는 새 시대에 희미한 여명기의 훌륭한 정치가였지만 제대로 이해되지 못했고 사실상 지금까지도 제대로 이해되지 못하고 있다. 인류의 오래된 조직체는 그리스 문화(헬레니즘)에 기초한 폭넓은 새로운 지성의 영향을 받고 있었다. 주로 맹목적인 계승에서 생긴, 그래서 단순히 세부적인 것과 해석에서만 지성의 영향을 받은 조직체는, 사적인 목적, 즉 '국가'와는 무관계한 목적에 관한 지성의 평가에 주로 기초하고 있는 다른 유형의 조직체로부터 충격을 받게 될 것이다. 헨리 오스본 테일러가 '합리적인 고려'(rational consideration)라고 명명했던 것이 인간조직체 속에서 주된 힘이 되어가고 있다. 물론 플라톤과 아리스토텔레스는 합리적인 고려를 장대한 지평 위에서 보여주었다. 하지만 사상가의 집단이 반드시 정치적 힘이 되는 것은 아니다. 사상이 행동을 움켜잡기까지에는 몇 세기, 때로는 몇천 년이 경과하지 않으면 안된다. 아리스토텔레스의 원고가 2백 년 동안 이나 지하실에 묵혀 있었다고 전해지는 것이라든지, 플라톤이 오늘날에도 주로 종교적 신비주의자이자 최고의 문예가로 평가되고 있다는 사실은 이 러한 시간적 간극을 보여주는 전형적인 사례이다. 신비주의자이자 문예가 로서 플라톤이 표현하고 있는 것은 그가 물려받은 세계이지 그가 창조했던 세계가 아니다. 아마도 이러한 활동은 플라톤의 최선의 역할로 나타나 있 다고 할 수 있다. 그러나 그는 두 가지 역할을 수행하였다.

사실상 로마제국의 상황은 새로운 것이었다. 페리클레스는 좁게 한정된 범위 내에서 문명화된 어떤 유형의, 사적인 행동을 위한 자유를 생각하고 있었다. 플라톤은 관상적(觀想的)인 자유에의 요구를 주장하고 있다. 그러 나 (로마)제국은 단체 행동의 자유에 대한 요구에 직면하였다. 그 당시로부 터 오늘날에 이르기까지 근대 정치사는, 완강한 국가의 저항과 국가의 부 분적인 양보가 뒤섞인 이야기로 점철되어 있다. 로마제국은 '신적인 황제' 라는 진부한 이설(理說)을 거듭 주장하였지만 '자연의 소리'(the Voice of Nature)라는 스토아 학파의 이설을 법적인 원리로 인정함으로써 굴복하 였다. 중세기는 양검론(兩劍論, the doctrine of the two swords)[역주12] 과 타협하였다. 최근에 이르러 국가는 주권에 관한 법적인 이설을 최후의 배수진으로 삼아 투쟁하고 있다. 17, 18세기의 사상은 '원시계약'(Original Contract)이라는 허구적 표현으로 정치철학을 합리화하였다. 이 개념은 만만치 않은 것임이 입증되었다. 그것은 스튜어트 왕가를 추방하고, 미합 중국을 건설하고, 프랑스혁명을 일으키는 데에 힘이 되어주었다. 실제로 그것은 역사상 가장 시의적절한 개념 가운데 하나였다. 그것이 갖는 약점 은 그것이 합리적 고려가 중요성을 갖게 된 시대보다 앞서 있어서 이성이 언제 어느 때나 소유해온 정치적 중요성을 과대평가한다는 데에 있다. 그 것과 대립하는 이설은 '신적인 황제'의 망령인 '왕권 신수설'이다.

[역주12] 양검론(兩劍論)은 교권(敎權)과 세속권(世俗權)과의 관계를 두 개의 검으로 비유한 설.

제5절

정치철학도 중용의 이설에서 예외가 될 권리가 없다. 무제한의 자유란 어떠한 강제적 조정도 존재하지 않는다는 것을 의미한다. 어떠한 강제도 없는 인간사회는 개인의 정서, 목적, 애정, 행위 등의 운종은 조정을 신뢰하고 있는 사회이다. 문명은 이처럼 복받은 상호적응을 보여주고 있는 사람들 사이의 집단 속에서만 존재할 수 있다. 유감스럽게도 소수의 역행하는 개개의 사례들이 억제되지 않을 때, 사회구조를 전복시킬 수 있다. 소수의 사람들은 그들의 성격 구성 전체에 있어, 그리고 대부분의 사람들은 그들의 일부 행동에 있어, 그 시대에 가능한 어떤 독특한 유형의 사회와 관련하여 반사회적이다. 강제가 필요하며, 강제는 자유의 제한이라는 명백한 사실을 회피할 수 없다.

이런 이유로 자유와 강제의 사회적 혼합에 관한 이설이 필요한 것이다. 자유에 대한 단순한 무조건적인 요구라는 것은 피상적인 철학의 결론으로서, 이는 표준적인 패턴에 단순히 순응해야 한다는 정반대의 외침과 마찬가지로 유해한 것이다. 아마도 이 문제에 대한 하나의 해결책, 즉 지금까지 존재해왔던, 그리고 존재하게 될 모든 인간 상황에 적합할 만한 하나의 해결책이라는 것은 있을 수 없을 것이다. 우리는 이 문제가 오늘날 유럽과 미국의 서양문명에서 해결되고 있는 방식에만 이야기를 한정시켜야 한다.

대체적으로 말하면, 이 해결책의 주요 효력은 여러 전문적인 자질을 토대로 하고 있으면서 그러한 자질을 북돋우고 있는 제도의 광범위한 분포를 전제로 하고 있다. 물론 다양한 직업이 제각기 전문직으로 유도된다는 것이 하나의 선행 조건이다. 여기서 '전문직'이라는 술어가 의미하는 바는, 그 직업 활동이 이론적으로 분석되고, 그러한 분석으로부터 이끌어낸 이론적 귀결에 의해 변형되는 그런 직업을 말한다. 이러한 분석은 그 직업의 목적과 그러한 목적의 달성을 위한 여러 활동의 적응 구조를 존중한다. 이러한 비판의 근거는 그 활동에 포함되어 있는 사물의 본질에 관한 어떤 이해에 토대를 두어야 하며 그렇게 함으로써 활동의 결과가 예견될 수 있어야 한

다. 따라서 이론에 기초하는 예견과 사물의 본성에 대한 이해에 기초하는
이론이 전문직의 필수 요건이다. 또한 전문직의 목적이라는 것은 일정한
목표들의 단순한 묶음이 아니다. 병의 치료라는, 의학을 의학되게 하는 일
반적 목적이 있다. 그러나 인간의 신체라는 것은 저마다 무수한 방식으로
비교적 좋은 생물학적 적응 상태에 있을 수도 있고, 쉽게 나빠질 수도 있
다. 그 어느 경우이든 그러한 목표가 성취되었을 때의 고유한 중요성에 부
분적으로 의존하고 성취의 가능성에 부분적으로 의존하는 어떤 선택이 있
어야 한다. 이러한 이유 때문에 전문직의 실천은 이론적 이해와 분리될 수
없고 그 반대의 경우도 그러하다. 하지만 우리는 외과와 같은 전문직의 어
떤 특정 분야 내에서뿐만 아니라 그 전문직의 이론을 주로 고찰하는 데 있
어서, 그 전문직에서 현재 행하고 있는 실천에 전념하는 데 있어서도 그 이
상의 세분화가 필요하다는 것을 깨닫게 된다.

　전문직과 대조를 이루는 정반대의 직업은 습관적인 활동에 기초를 두고
있고 개인적 실습에서 오는 시행착오에 의해 수정되는 직업이다. 그러한
직업은 특히 손재주가 필요한 수공예직(craft)이다. 그리고 개인적인 기능
이 보다 낮은 단계에 머물러 있을 경우 그런 직업은 단지 근육운동의 습관
적인 조절에 지나지 않는다. 고대의 문명은 손재주가 필요한 수공예직(手
工藝職)에 의해 지배되었다. 근대적 삶은 갈수록 광범위한 전문직으로 세분
화되어가고 있다. 따라서 고대사회가 공동체 생활의 본능적 목적을 위한
수공예직의 협동체였다면, 근대사회는 여러 전문직들의 협동체라고 할 수
있다. 수공예직과 전문직이 확연히 구별되지 않는다는 것은 의문의 여지가
없다. 모든 문명의 단계에서 수공예직은 어디까지나 구성적인 이해의 섬광
으로 가득차 있고, 전문직은 대를 잇는 전승의 방식에 기초를 두고 있다.
그리고 생활 속에서 추상적인 정신성이 우세하다는 것과 비례해서 그것과
연관된 유형의 인간이 상위 등급에 있다는 것도 사실이 아니다. 이와는 반
대로 적절한 균형을 유지하는 숙련이 보다 세련된 유형의 인간을 낳는다고
생각된다. 15, 16, 17세기의 유럽에서 그 인구에 비례하여 보여주었던 찬
란한 능력은, 그 무렵에 최선의 조화가 달성되었다는 것을 시사해준다. 순

수한 정신성이라는 것은 사실을 파악하는 데 있어서는 하찮은 것이 되기 쉽다.

자치제도를 통해서 전문직을 조직한다는 것은 자유(liberty)의 문제를 새로운 시각에 올려놓는 일이 된다. 왜냐하면 이제 자유를 요구하는 것도 그것을 통제하는 것도 바로 제도이기 때문이다. 고대 이집트에서는 국왕(파라오)이 그의 집정관을 통해서 결정을 내렸다. 근대세계에서는 다양한 제도들이 국가와 직접적 관련 없이 행동 결정권을 보유한다. '자유'(liberty)의 이러한 새로운 형태는 특수한 목적에 한정된 자율적인 제도로서 특히 중세 유럽의 길드(guild, 匠人, 상인의 동업 조합)에 예증되어 있다. 그리고 이 시기의 특징은 문명화된 천부적 재능이 두드러지게 성장하고 있다는 점이다. 적어도 영국에서 그 당시에 '자유'(liberty)라는 말에 부여되었던 의미는 보다 낡은 형태의 재래식 결정 위에 새로운 사회적 구조의 투영이었다. 왜냐하면 '자유'(liberty)는 그 당시 일반적 개념의 자유(a general freedom)를 의미하는 것이 아니라, 특정 집단이 특정 활동 분야에서 스스로를 조직하기 위한 특수한 (행동의) 자유(a special license)를 의미하는 것이었기 때문이다. 이러한 이유 때문에 '도를 넘친 자유'(liberties)는 때때로 전반적인 폐단이 되기도 하였다.

물론 가톨릭 교회는 처음에 로마제국과 대결하다가 나중에 중세기의 생활을 지배하게 되었던 위대한 '자유'(liberty)였다. 교회는 그 초기 단계에서 다른 자율적인 사회와 적절한 이론적 관계에 있었던 것으로 보인다. 예컨대 (로마)제국이 무종교시대이던 시기에 교회의 법적 지위는 이교(異敎, 로마제국)의 장의(葬儀) 단체의 지위와 유사했던 것으로 여겨진다. 아직껏 콘스탄티누스 세국 이전의 교회 재산의 지위에 관해서는 비록 학자들에 의한 최종적인 설명이 이루어지지 않고 있는 상태이기는 하지만 말이다. 그러나 중세기의 교회는 국가 그 자체마저도 능가할 정도로 다른 제도들을 뛰어넘고 있었다. 그래서 교회와 세속적인 길드와의 유사성이라든지, 대학과 같은 다른 전문적인 제도와의 유사성은 교회가 지나치게 방대해서 분명하지 않았다. 가톨릭 교회는 또 하나의 대단히 귀중한 가치를 지닌 특징

을 가지고 있었다. 그것은 유럽에 관한 한 보편적인 것이라는 점, 즉 가톨
릭[역주 13]이라는 점이다. 르네상스기에 이르기까지 근대적 의미의 유럽 국
가는 없었다. 그러나 교회만큼은 모든 정치적 경계와 모든 인종적 분리 및
모든 지리적 분할을 완전히 초월하고 있었다. 그것은 모든 형태의 공동체
적 억압[역주 14]에 대한 부단한 도전이었다. 그것은 하나의 보편적인 '자
유'(liberty)를 대변하고 있었던 것이다.

제6절

16세기 초엽부터 이 최초의 제도적 문명형태는 (중세기의) 봉건제, 길
드, 대학, 가톨릭 교회와 함께 완전히 쇠퇴하고 말았다. 새로운 중산계급은
학자건 상인이건 간에 그러한 제도의 틀 속에 머물려고 하지 않았다. 그들
은 개인주의자들이었던 것이다. 그들에게 대학은 부차적인 것이었고, 수도
원은 귀찮은 것이었고, 봉건제도, 길드도 귀찮은 것이었다. 그들은 너그러
운 질서를 원했고, 자기네들의 개인적인 행동이 방임되기를 원했다. 또한
기묘하게도 16, 17세기의 위대한 사상가들은 대학 밖에 있었다. 에라스무
스(Desiderius Erasmus, 1466?~1536)는 대부분이 반동적이었던 대학
의 동료들보다도 인쇄업자를 더 원했고 베이컨, 하비, 데카르트, 갈릴레오,
라이프니츠는 정부의 후원이나 보호를 더 원했다. 루터, 데카르트, 갈릴레
오, 라이프니츠가 그들의 주거지를 옮겼던 것은 더 좋은 대학을 찾기 위해
서가 아니라 본인에게 더 알맞은 정부, 예컨대 보호해줄 수 있는 (왕족의)
공작(公爵)이라든지, 급료를 지급해줄 수 있는 왕자라든지, 네덜란드 공화
국처럼 이런저런 심문을 하지 않는 나라를 찾기 위한 것이었다. 그럼에도

[역주13] Catholic이란 말은 본래 '보편적'이라는 의미를 갖는 말이며, 희랍 고전이나 초기
　　　　 기독교의 저술에서도 이런 의미로 사용되고 있다.
[역주14] 원어는 communal despotism. 공동체와 전제(專制)는 결합되기 어려운 것이지
　　　　 만, 여기서는 클레멘스가 말하는 (제1장 참조) '습관에 의한 질곡' 같은 것을 가리
　　　　 킨다.

불구하고 대학은 다른 제도들보다 변화를 잘 견뎌냈다. 그 당시의 대학은 민족적인 것으로 위축되기는 했지만 몇 가지 측면에서 전성기에 있었다. 마지막으로 등장한 것은 모든 형태의 제도적 조직을 자신의 목적을 위한 종속적 요소로서 지시·명령하는 주권국가로서 유럽의 근대적인 민족 조직체였다. 이것은 로마제정기에 희미하게 붕괴의 징후를 보여준 바 있었던 인간 조직체의 초기 형태의 재현이었다. 물론 거기에는 큰 차이가 있었다. 왜냐하면 그 어떤 것도 있는 그대로 회복되지 않기 때문이다. 실제로 이 반동은 실패로 돌아갔다. 왜냐하면 인류는 초기의 문명형태가 지니고 있던 단순성을 이미 탈피하고 있었기 때문이다.

근대의 정치철학은 낡은 고전 문명기의 철학자나 법률학자에게로의 복귀에 기초를 둔 퇴보된 것이었다. '교회와 국가'라는 단순한 형태의 관계에 있었던 중세기 사람들은 다양한 목표를 추구하는, 여러 교차되는 제도에 각각 충성을 다하는 그러한 문명의 문제를 계속 생각하고 있었다. 이것은 관념들의 광범한 전파와 재산의 국제적 분배에서 비롯된 우애의 정신으로 지배되는 세계에서의 현실적 문제였다. 국가의 유일 주권을 제창하는 학설이 제시해주는 해결책은 그것이 신교도들이나 주권자들에게 아무리 고마움을 표한다고 하더라도 충격적이고 실행 불가능한 것이다. 그것은 단지 16, 17세기 교황 절대주의자들에게 타격을 가하는 회초리에 불과했고, 상인들의 회계사무소에 경관을 배치하는 수단에 불과했다. 그러나 18, 19세기 정치철학에 나타난 이러한 페리클레스적인 개인주의의 반동적 승리 속에서, 활기찬 근대적 지성의 관심에 기초를 둔 제도들이 출현하게 되었다. 이런 제도들은 민족적인 것인 경우에조차도 여러 민족들의 불편부당한 관심과 관계가 있었다. 그 당시는 과학이 승리를 거두며, 과학이 보편성을 갖는 시대였다. 그렇기 때문에 과학적인 제도들은 형식상으로는 민족적인 것이면서도 비공식적으로는 가톨릭적인 연합을 형성하였다. 그리고 학문과 자연과학의 발전은 전문직을 바꾸어놓았다. 그것은 전문직을 그 이전의 발전단계에서보다 훨씬 더 지성적인 것으로 만들었다. 전문직은 처음에 습관적 활동으로 나타나는 것이지만, 그러한 활동은 그것과 무관한 계통의 이론에 의해서 크게 변모한다. 이론이라는 것은 흔히 오류를 범한다. 초기의 전문적 학설들 가운데 일부는 심각한 오류를 범한 것이었지만 끈질기게 보존되었다. 이러한 학설들은 그럴듯해 보이는 귀결로 나타났고, 선인들의 지혜로서 살아남았던 것이다. 그렇기 때문에 낡은 전문직의 실천은 지적인 빛을 향해 있었다고 하지만 습관에 그 뿌리를 두고 있었다. 자기의 동료들 중에서 두각을 나타내는 사람들이 도처에 있었다. 예를 들면, 갈레노스(Laudius Galen, 130~200, 그리스의 의사)로부터 베살리우스(Andreas Vesalius, 1514~64, 네덜란드의 외과 의사·해부학자)에 이르는 1천 4백 년 사이에 있었던 유럽 의학의 진료 수준은 이러한 인물들 가운데 어느 한 사람이 남겼던 성과와도 비교될 수 없었다. 그리고 베살리우스로부터 한 세기 이상이나 지난 뒤에도 잉글랜드의 찰스 2세는 죽음을 앞둔 병상에서 그 당시의 관습에 따른 무익한 요법밖에 모르던 의사들 때문에 시달림을 받았다. 또한 보반(Vauban, 1633~1707, 프랑스의 17세기 최대 축성가 築城家·공병기사 工兵技士)과 제임스 와트가 등장하기 전까지 설계 공학자로서 레오나르도 다 빈치에 필적할 만한 인물은 아무도 없었다. 초기의 수 세기에 하나의 일반적인 사회학적 사실로서 전문직이 끼쳤던 영향은 주로 습관적인 방식으로 되돌아가는, 한순간의 번득이는 지성의 섬광뿐이었다. 그것은 지성으로부터 본능으로 끊임없이 퇴락한다는 것을 말한다. 그러나 과학이 최고점에 달하면서 보다 낡은 전문직에 있어서 습관과 지성의 역할을 완전히 뒤바꿔놓았다. 이런 역전으로 말미암아 전문적인 제도는 국제적인 생명을 얻게 되었다. 그러한 제도는 제각기 자기 민족 속에서 실시되지만 그 생명의 원천은 세계적인 것이다. 그래서 충성은 주권 국가의 경계를 뛰어넘는다.

아마도 이러한 제도가 갖는 가장 중요한 기능은 개인의 전문적 능력과 전문적인 실천 표준을 관리하는 일일 것이다. 이러한 목적을 위해서 대학은 특수화된 여러 제도들과 복잡하게 얽혀들어간다. 여기에 자유의 문제가 개입해온다. 왜냐하면 비난받는 것은 의견이 아니라 학습이나 능력이기 때문이다. 그래서 비교적 중요한 사상 분야에 있어서, 의견은 자유이기 때문에 실천에는 큰 의견 차이가 있기 마련이다. 사회 공동체에는 개인에게 부과되는 책임의 종류에 관한, 그리고 안전하게 허용될 수 있는 종류의 행동의 자유에 관한 객관적 정보가 갖추어진다. 무엇이나 행해지는 것은 이러한 제도의 네트워크(망상조직)를 통해서 작용하는 일반적인 전문적 의견에 의해 검토 대상이 될 수 있다. 나아가서 비전문인들에게도 큰 자유가 허용될 수 있게 된다. 왜냐하면 대규모의 전문가 조직은 그 효력을 발휘하는 한, 엉뚱한 생각의 위험성을 논증할 수 있을 것이기 때문이다. 이처럼 당돌한 행위가 문제되지 않는 경우에 이성은 이미 난공불락의 참호로 방비된 진지를 획득하고 있다. 실제로 조직과 분리되어 있는 개인의 자유는 이제 없어서는 안될 역할을 갖게 된다. 왜냐하면 모든 조직은 쇠퇴하기 마련이며, 밖으로부터의 비판을 허용한다는 것은 전문직을 위한 최선의 안전장치이기 때문이다.

근대 법이론에서 주권국가는 그 활동의 범위와 한계를 가지고 있다. 국가는 다양한 과학의 논제보다도 더 광범위한 경험에서 나오는 공동체의 일반적 지혜를 대변한다. 국가의 역할은 다양한 조직 활동에 대하여 일반적인 판정을 내리는 일이다. 그것은 그러한 조직이 능력을 환영하고 있는지, 그것이 세계 속의 유사한 제도 가운데서 높은 수준인지를 판정할 수 있다. 그러나 국가가 합법적인 권위 행사를 중지하게 되는 것은 과학이나 전문직의 범위 안에서의 문제들에 대하여 판정을 내린다고 추정될 경우이다.

예를 들면, 교육이라는 전문직에서 젊은 학생들이 개개인 교사들의 변덕스러운 행위에 무조건 순종할 리가 없다는 것은 분명하다. 이런 의미에서 가르치는 자유를 요구한다는 것은 터무니없는 것이다. 그러나 사회 일반은 가르쳐야 할 주제를 결정하는 일이라든지, 인정해야 할 주제이탈의 허용 범위라든지, 개개인의 능력 등을 결정하는 일에는 무력하다. 호소할 곳이 있다면 그것은 오직 신임받고 있는 제도들의 실천 속에 나타난 것으로서 일반적이고 전문적인 의견뿐이다. 이러한 호소는 보편적(catholic)이다. 테네시 주는 학교나 대학에서 교육의 자유에 한계가 있다는 원칙을 고수한 점에서 길을 잘못 들지는 않았다. 하지만 이 주(州)는, 세계 어느 곳에서나 실제로 의견일치를 보고 있는 전문적 의견을 무시해버림으로써 자신의 고유한 기능에 대한 엄청난 무지를 노출시키고 말았다. 이 경우에도 이 주는 거의 비난받지 않을 것이다. 왜냐하면 오늘날 통용되고 있는 국가 주권에 관한 정치철학은 도덕적 권위를 제한하는 일에 매우 약하기 때문이다. 물론 노상 강도이건, 판사이건, 정치적 지배자이건 간에 언제라도 물리적 힘을 가진 자는 그 물리적 강제력을 지니고 있는 것이다. 그러나 도덕적 권위라는 것은, 그 목표가 달성되었을 때 그것이 곧 밝은 지혜가 되어 지배하게 되는 그러한 목표 달성의 능력에 의해서 제한된다. 정치적 충성심은 (정치가) 기본적인 권능을 갖지 않는 경계선상에서 정지한다.

전문적인 제도의 기능이 근대 사회 속에서 분명한 새로움을 구성하고 있기 때문에, 지금까지 그것을 어느 정도 세밀하게 고찰해왔다. 고대 사회에서도 (전문직 제도를) 어렴풋하게 예견하고 있었다. 예를 들면, 아테네의 학교, 특히 플라톤이나 아리스토텔레스 또는 스토아 학파의 사람들에 의해서 설립된 것이라든지, 그밖에 알렉산드리아의 대학 같은 것이 그것이다. 또한 그 후대에 가서는 '기독교 교회'의 신학자들이 별개의 전문적 집단을 형성하였다. 이들은 심지어 모든 양식의 한계를 넘어서는 권위마저 요구하였다. 이러한 예견이라든지 로마나 비잔틴에서 법률학교의 합법적인 발전과 같은 것이 있었기 때문에 자유 및 도덕적 권위의 문제와 관련하여 근대 세계의 시작을 알렉산더 대왕이나 아우구스투스의 시대로까지 거슬러 올라가 찾아볼 수 있게 되는 것이다.

제7절

오늘날에는 경제조직이 인간관계의 가장 중요한 문제로 떠오르고 있다. 그것은 새로운 국면으로 들어가고 있으며 복잡한 양상을 띠고 있다. 분명히 어떤 새로운 것이 전개되고 있는 것이다. 19세기의 개인주의적 자유주의는 전혀 예기치 못하게 무너지고 말았다. 상업에 종사하는 중산계층이 만족을 느끼는 집단으로서 지배적인 한, 이 자유주의의 이설은 자명한 것이었다. 산업과 교육을 통해 근대적 유형의 기능공들을 배출하면서부터 이 자유주의의 기반 전체가 광범위하게 흔들리게 되었다. 그리고 대자본의 필요성은 교묘한 법률의 도움을 빌려, 유한 책임을 수반하는 상업 협동조합을 탄생시켰다. 이러한 허구적 인격(즉 법인)은 생리적 죽음으로부터 면제되며 자발적인 해산이나 파산이 아니라면 소멸될 수 없다. 이러한 새로운 유형의 '인격'의 등장은 계약적 자유에 관한 자유주의적 이설의 효과적 의미를 적지 않게 변모시켰다. 그러한 자유를 인간 인격의 자연권으로서 요구하는 것과 그것을 이러한 단체적 인격의 권리로서 요구하는 것은 전혀 다른 것이다. 그리고 사유재산이라는 개념은 시내산(모세가 십계명을 받은 구약성서에 나오는 산) 기슭에서나, 18세기에 이르러서나 단적으로 명백한 것이었다. 원시적인 도로가 고작이고 하수도 시설은 거의 없었으며 각 가정에서 제각기 우물을 파서 사용하고 있었고, 교묘한 신용 대출제도가 없었던 시대에, 보수가 직접적인 황금 생산을 의미하고, 각 산업은 제각기 자급자족을 하던 시대에──실제로 세계가 오늘날과 같지 않았던 시대에──사유재산이 의미하는 바는 당시의 법률적 허구와는 무관하게 지극히 명백한 것이었다. 오늘날, 사유재산은 주로 법률적 허구이므로 이러한 법률적 결정을 떠나서는 그 윤곽이 매우 모호해진다. 그러한 법률적 결정은 아마도, 아니 거의 확실히 사회를 조정하는 최상의 방법일 것이다. 그러나 '자연의 소리'는 이 문제를 다룰 때에 희미하게 들리는 하나의 메아리이다. 플라톤의 『국가』에서 정의의 개념이 분명치 않다는 것과 오늘날 사유재산의 개념이 분명치 않다는 것 사이에는 명백한 유사성이 있다. 근대의 기능공은 옛날의 트라시마쿠스[역주 15]와 마찬가지로 사유재산을 '강자의 의지'라고 정의하기 쉽다.

　물론 재산의 본질에 대한 이러한 극단론──단순한 긍정과 단순한 부정──은 과장된 것이다. 절대적 권력, 그리고 완전하게 규정된 외적 관계를

[역주15] 플라톤의 『국가』 338C에서 트라시마쿠스는 소크라테스에게 "정의란 강자의 이익에 지나지 않는다"는 말을 하고 있다.

형성하는 계약의 힘을 갖는 절대적 개인이라는 개념 전체는 쓸모없이 되고
말았다. 인간 존재는 자기 존재의 어떠한 계기(occasion)에서도 자신의 환
경과 끊을 수 없는 존재이다. 그러한 계기가 계승하는 환경은 계기 속에 내
재하며, 역으로 계기는 그 전달에 도움을 주는 환경 속에 내재한다. 사회가
습관적 기반으로부터 계약적 기반으로 변천하는 것이라고 즐겨 논하는 학
설은 천박한 사회학에 기초를 둔 것이다. 습관적 지위로부터의 탈출이란
있을 수 없다. 이때의 지위라는 것은 각 계기에 내재하고 있는 계승이라는
것의 별칭에 지나지 않는다. 습관적 지위는 피할 수 없는 조건으로서 엄연
히 존재하고 있다. 한편 계승된 지위는 결코 완전히 결정된 것이 아니다.
항상 거기에는 개개의 강조에 의한 결정의 자유가 존재한다. 고차원의 인
간사회라는 견지에서 말한다면, 습관적 사실이 모든 계약적 의무의 의미에
불가결한 요소로서 언제나 존재한다. 습관을 전제하지 않은 계약이란 있을
수 없다. 그리고 자발적 계약이라는 빠져나갈 구멍을 남기지 않은 습관이
라는 것도 결코 있을 수 없다. 영미의 '관습법'에 활기를 불어넣고 있는 것
은 바로 이러한 진리인 것이다. 그것은 (습관의) 함축적인 지위의 견지에서
명시적인 계약을 해석하기 위한, 숙련공의 손에 쥐여진 하나의 도구인 것
이다. 말로 표명된 어떠한 법전도 전제되어 있는 사실의 유동적인 배경을
남김 없이 담아내지 못한다. 각각의 사회조직 속에서 지배적인 관심을 끄
는 것은, 일반적인 의식 경험 안에서 계약적 요인과 습관적 요인 중 어느
것이 더 중요한가 하는 것이다. 이 균형은 다행스런 것이건 그렇지 않건 간
에 대개는 그 사회에 의해 주어진 사회적 계승의 유형에 달려 있다. 그러나
계약은 자발성을 표현하는 하나의 양태이다. 그렇지 않다면 그것은 무의미
하고 의식의 쓸데없는 제스처가 되고 말 것이다.

　결국 견고하게 조정된 계승 이외에는 달리 효력을 지닌 것이 없다. 산발
적인 자발성은 서로 방해가 되는 섬광으로 이루어져 있다. 관념들은 배경
에 맞추어 떠받쳐지고, 풀어헤쳐지고, 확산되고, 조정되어야 한다. 궁극적
으로 그것들은 행위에서 예증되기에 이른다. 근대 문명 가운데 눈에 띄는
특징은 어떤 관념의 최초의 영입에로까지 그 기원을 추적할 수 있는, 그런

제도들의 수에 있다. 고대 문명의 사상은 주로 설명적인 것이었다. 그것은 오직 개인의 행위와 관련해서만 창조적인 것이었다. 그러나 단체 행동은 사상보다 앞서서 이루어졌다. 개념으로서나 인격으로서나 고대의 '신들'은 뇌우(雷雨)를 만들어내는 존재가 아니라 뇌우를 설명하는 존재였다. 여호와는 히브리의 민족적 정서를 만들어낸 것이 아니라 그것을 설명했던 것이다. 여호와는 결코 히브리 역사를 열었던 계약을 만든 것이 아니다. 계약이라는 착상은 설명하는 관념이었던 것이다. 그것은 영향력이 강한 것이었다. 하지만 이 관념은 민족의 역사를 설명하기 위해서 나온 것이었다. 그럼에도 불구하고 그것은 앞서 있었던 사실을 강조한다. 『구약성서』는 고대와 근대를 나누는 경계선상에 있다. 이 분수령이 헬레니즘이다. 차이는 단지 비율, 즉 정도 차이일 뿐이다. 그러나 비율을 상당 정도 변화시키면 전혀 다른 것이 된다. 고대생활의 마지막 국면에서는, 단체 행동은 관념에 기인하는 것이어야 했다는 느낌이 출몰하고 있다. 그렇기 때문에 그들의 역사적 상상력은 그들의 현재와 별로 연관이 없는 과거에 대한 설명의 유형들을 무의식중에 끌어들였던 것이다. 이런 설명은 공상적이고 믿기 어려운 것으로, 학자들에 의한 폭로의 대상으로서만 적합한 것이었다. 그것은 과거에 투영된 미래의 그림자였다.

생활의 경제적 측면 쪽으로 되돌아가본다면, 고대 세계에서는 종족 간에, 국가 간에 경제적인 거래가 있었다. 그리고 기능공, 상인, 은행가의 경제적 활동도 있었다. 거기에는 공동체의 활동도 있었고 개개인의 활동도 있었다. 키케로가 재정상 고민했던 흔적은 지금도 아티쿠스에게 보낸 그의 편지에 남아 있다. 그것은 기번이 홀로이드에게 보냈던 편지와 아주 흡사하다. 기번의 것은 18세기 교양 있는 유럽인의 특성을 잘 보여주고 있다. 키케로의 업무는 상당히 복잡했다. 이 점에 있어서는 고대 세계도 예외가 아니었다. 대량의 라틴 문학을 대가로 치르더라도, 아티쿠스가 키케로의 재정상의 입장에 대해서 어떻게 생각했는가를 알아보는 것은 가치 있는 일일 것이다. 2천 년이 넘었는데도 이 문제에 대한 우정어린 염려의 마음을 금할 수 없다. 자객의 검이 그를 죽음으로 이끌었을 때, 어쩌면 키케로는 가마에 몸을 내맡기면서 파산의 꿈을 꾸고 있었을지도 모른다.

고대세계는 우리를 기다리고 있는 물리적 사실에 관해서도, 복잡한 사회에서 일어나는 불안의 잔물결에 관해서도 근대적인 면을 가지고 있었다. 그 당시에 인간의 마음은 관념을 산출하는 데 있어 비범한 힘을 가지고 있었다. 플라톤으로부터 유스티니아누스에 이르는 시기까지 우리는 우리 자신의 철학적 관념, 종교적 관념, 법률적 관념, 그리고 근대적 정부조직의 모델 같은 것들을 소급하여 추적해볼 수 있다. 여기서 우리는 자기가 설립한 '문법학교' 이사회의 운영위원으로 학부모가 참여해도 좋은지를 논하고 있는 푸리니우스의 진정한 면모를 발견할 수 있다. 시도니우스 아폴리나리스(Sidonius Apollinaris, 310?~380)는 성직자이건 평신도이건 뉴잉글랜드의 신사들을 예견케 하는 인물이었다. 하지만 이 기간에 관념들이 발효하긴 했어도 그것들이 명확한 사상에 기원을 둔 다수의 법인체를 통한 사회변혁이 될 만큼 충분한 시간을 두고 지속되지는 못했다. 특히 대규모적인 상업 법인체는 근대까지 기다려야 했다. 예를 들면 제노아의 상 조르주 은행, 잉글랜드 은행, 인도나 동방을 향한 대무역회사 등이 그것이다. 아티쿠스는 은행가였지만 은행 법인체의 총재는 아니었다. 사적인 부(富)는 사원(寺院)에 예탁되었다. 하지만 그러한 사원은 관습적인 종교의식에 종사하는 법인체였다. 국세(國稅)는 로마 자본가들의 사적인 법인체들이 도급을 맡았다. 여기서 우리는 비로소 근대적 착상에 접근하게 된다. 그러나 결국, 세리(稅吏)들은 모두 국가를 위한 하나의 직접적인 봉사활동에 종사하고 있었다. 그들의 활동은 근대적 양식의 법인조직의 색조를 띤 공동체적이며 전통적인 것이었다. 우리는 명백히 여기서 근대 상업제도의 많은 선구적 유형을 발견하게 된다. 이 시대는 근대 세계권으로 진입하고 있다. 그러나 그것은 요람기의 근대 상업이었다. 실제로 앞서 인용했던 근대적 상업활동의 사례들은 중간기에 속해 있으며, 극히 최근에 와서야 비로소 관념들의 영향이 그 완전한 경제적 효과를 낳게 되었던 것이다. 그러나 관념이 효력을 갖는 곳에는 언제나 자유가 있기 마련이다.

제8절

불행하게도 자유의 개념은 전적으로 문학적으로만 다루어진 나머지 그 핵심이 빠져 있었다. 문필가나 회화적인 상상의 조화 속에 있던 예술가들은 전통에 반하는 새로운 사상의 충격을 무대 위에 올려놓아왔다. 자유의 개념은 그들의 세대에게 충격을 주는 명상적인 인물들의 그림으로 왜소화되어왔다. 자유를 생각할 때 우리는 사상의 자유, 출판의 자유, 종교적 신앙의 자유 등에만 주목하기 쉽다. 그래서 자유의 제한은 전적으로 같은 인간끼리의 온갖 대립에서 일어나는 것으로 간주된다. 이것은 전적으로 잘못된 생각이다. 물리적 자연의 견고한 습성, 그 철칙은 인간 고뇌의 장면을 결정한다. 탄생과 죽음, 더위, 추위, 굶주림, 이별, 질병, 목적의 일반적인 실행 불가능성 등은 제각기 모두 남녀의 영혼을 밀폐시키는 역할을 한다. 우리의 경험은 우리의 희망과 보조를 맞추고 있는 것이 아니다. 플라톤적 '에로스'는 신을 생기와 운동으로 몰고 가는 영혼이지만, 불구가 되고 말았다. 자유의 본질은 목적의 실행 가능성에 있다. 인류는 자신들의 종 개념 정의에 속하는 경우까지도 포함해서, 일반적으로 받아들여지고 있는 목적의 좌절로 말미암아 주로 고난을 겪어왔다. 자유의 문학적 설명은 대개 그 주변적 부분을 다루고 있다. 그리스 신화는 더욱 핵심에 접근하고 있다. 프로메테우스는 인류에게 출판의 자유를 가져다준 것이 아니다. 그는 인간의 목적에 따라 요리를 할 수 있게 하거나 온기를 제공해주는 불을 주선해주었다. 사실 인간에게는 행동의 자유가 먼저 필요하였다. 근대적 사고에 있어서 이러한 진리의 표현은 '역사의 경제적 해석'이라는 형식을 취해왔다.

'경제적 해석'이라는 것 자체가 최근의 60년에서 70년 사이에 일어난 새로운 사상이라는 사실은 하나의 중요한 사회학적 사실을 예시해준다. 문학적 세계라는 것은 모든 시대에 있어, 인간의 기본적 욕망이 충분히 충족되었던 운좋은 부류의 인간에 속해 있다. 많은 사람들이 때때로 궁핍을 겪지만, 몇몇 소수의 문학자만이 생애중에 궁핍을 경험한다. 이 사실은 우리를 놀라게 한다. 그것을 잊을 수 없는 까닭은 그런 일이 드물기 때문이다. 어떠한 시대이건 일반 대중은 가뭄, 습기찬 여름철, 흉작, 가축병, 해적의 습격 등으로 인한 재난을 의식하면서 공포 속에서 살아왔다는 사실을, 행운을 누리며 사는 계급은 잊고 있는 것이다. 또한 기본적 욕구가 습관적으로 충족되고 있을 때에는 그러한 욕구가 사상을 지배하지 않게 된다. 세련된 미각이 배를 채우려는(滿腹) 자리에 대신 들어서게 된다. 그래서 행운을 누리고 사는 지배계층을 몰고 가는 동기는 장기간의 전망과 미적 색조를 지니게 된다. 즉 권력, 영광, 먼 장래의 안전, 정부의 형태, 사치, 종교, 자극, 낯선 방법에 대한 혐오, 명상적인 호기심, 연극 등이 그런 것이다. 인류는 재빠르게 새로운 환경에 적응케 하는 독특한 흥분성을 발달시킴으로써 살아남게 되었다. 이러한 불안정성은 곧 소수 사람들의 어떤 단순한 행태의 추상적 흥미로 바뀌게 된다. 대대적인 이변(異變)이 일어나는 것은, 대중의 경제적 충동이 어떤 단순화된 이상적 목표와 들어맞았을 때이다. 이러한 때에는 지성이 본능과 결합하며, 어떤 낡은 사회질서는 소멸한다. 그러나 대다수의 서민들은 적어도 최소한의 만족을 요구하면서 항상 거기에 있고, 그들의 생활수준은 여기저기에 높낮음이 있을 뿐 아니라 부침하고 있는 것이다. 따라서 소수가 지배하고 있을 때에도 생활의 평범한 경제적 사실은 사회 발전을 좌우하는 지배적인 힘임에 틀림없다. 그러나 대체로 대중은 지적으로는 활발한 성향을 보이지 않는다. 그렇긴 하지만 소수자의 보다 이상적인 목표는 좋건 나쁘건 간에 대중 속에 스며들고 있으며, 그 세대의 환상에 따라서 정책 방향을 설정한다. 그리고 자유에 대한 일차적인 요구는 이러한 일반적 목표를 달성하려는 일반적 충동 속에서 발견할 수 있다. 그리고 이러한 목표는 이상과 경제정책이 융합되어 역사의 소재를 형성하고 있다. 어떤 주민들에게 어떤 일반적 욕구가 지배적인 한, 정치가에게 자유는 특별한 문제가 되지 않는다. 종족적 행동은 불가피하게 형성되기 마련이며, 그 인간 집단은 목표 달성을 향해 밀고 나가든가 아니면 좌절된다.

근대 국가에는 복잡한 문제가 있다. 거기에는 많은 유형의 성격이 있기 마련이다. 거기서 자유는 각 유형 속에서 필수적인 조정이 공동체 전체의 일반적 목표를 파괴하지 않고도 가능하다는 것을 의미한다. 실제로 하나의 일반적 목표는 이처럼 다양하게 조정된 집단이 각기의 특수성에 의해서 복잡한 공동체 생활의 패턴에 공헌해야 한다는 것이다. 이런 방식으로 개성은 조정에서 오는 효력을 획득하게 되고, 자유는 그 완성을 위해 필요한 힘을 얻게 된다.

이것이 정치가의 소망이며 오랜 역사 과정이 끈기 있게 보여주고 있는 해결책이다. 하지만 그것은 사람들에게 용기를 주어 인류의 한계를 극복하도록 한 직관이 아니다. 결국 영장류의 사회나 동물의 사회 또는 지구상에 있는 생명의 사회도 덧없는(無常) 세부에 지나지 않는다. 환경을 뛰어넘는 자유가 있다. 이런 자유는 생명이 변화 속의 변치 않은 것에 전념하는 데에 기초를 둘 수 있다는 직접적 직관에서 나온다. 이것이 바로 플라톤이 모색했던 자유이며, 스토아파나 기독교도가 헬레니즘의 선물로 얻었던 자유이다. 그것은 모든 조화의 원천에서 직접 나오는 저 덕(德)에 기초를 둔 자유이다. 왜냐하면 그것은 충분한 이해에 의해서만 조건지워지기 때문이다. 그 이해는 다음과 같은 성질, 즉 그것이 아무리 최상의 통찰로 이끌려간다고 하더라도, 결국 이 최상의 통찰에 자신의 본성을 자유롭게 순응시키는 영혼에 귀속된다는 성질을 가지고 있다. 이것은 자유와 진리의 강제성과의 화해이다. 이런 의미에서 사로잡힌 포로도 이 최상의 통찰, 즉 최고의 존재인 조화로 향해가려는 내재적인 확신을 자기 자신의 통찰로 취함으로써 자유롭게 될 수가 있는 것이다.

제5장

힘에서 설득으로

제1절

인류의 공동생활에서 '설득적인 작인'(Persuasive Agencies)이 발전하게 되었던 것은, 전적으로 관념의 활성화로 이루어진 것은 아니었다. 실제로 지적인 활동의 습관 그 자체를 촉진시켰던 것은 각 공동체의 생활 내부에서, 그리고 서로 다른 공동체 간에 자연스럽게 서서히 발전한 설득적 교섭이었다. 가족이라는 집단의 존재에는 사랑, 의존, 공감, 설득, 강제 같은 것들이 분명히 혼재해 있다. 인간관계에 있어 부드러운 양태가 전혀 부재했던 시기가 있었다는 것은 결코 있을 수 없다. 분명히 잔인성은 비교적 최근에 와서야 발전하게 되었으며, 이는 아마도 지적인 이기주의의 증가에 기인한 것이 아닌가 한다. 그것은 보존에 필요한 성격의 긴장에서 쉽게 일어나서, 낮은 생활수준을 넘어서려는 상승적 진화를 견제하는 것으로 지나치게 발전한 것일지도 모른다. 우리는 문명화된 공동체가 두 종류의 강제성과 싸우고 있는 것을 발견하게 된다. 거기에는 식량, 따뜻함, 주거 등과 같은 자연적 필요사항이 있다. 또한 사회활동을 조정할 필요성도 있다. 이러한 조정(coördination)은 부분적으로는 양식(良識)의 섬광으로 유지되는 본능적 습관에 의해 이루어지고, 부분적으로는 다른 공동체 성원이 행사하는 강제성에 의해 이루어지며, 또 부분적으로는 이성적 설득에 의해서 이루어진다. 이성적인 설득의 영역이 넓어질수록 보다 고도의 정신활동과 보다 섬세한 감정이 행사, 향유되는 환경이 조성되었다. 그러나 지성의 발달과 더불어 필요성의 범위는 줄어든다. 자연에 대한 어떤 지배가 달성되었던 것이다. 그래서 설득에 대한 일반적인 신뢰는 상승적 진화의 형태로 보상을 받게 된다. 적어도 그것은 그러한 상승적 경향에 바람직스러운 조건을 만들어낸다.

이 장에서는 식량이나 의복과 같은 어떤 자연적 필요성이 갖는 효과, 그리고 상업[역주1]과 같이 하나의 사회 속에서 그리고 다른 두 사회 사이에서 설득적 반응을 자연스럽게 촉진시키는 활동이 갖는 효과에 대해서 고찰할 것이다. 그리고 이러한 작용인자들이 여러 불안정성의 유형으로 이행해가는 것도 고찰할 것이다.

이와 같은 활동은 몇 세기, 아니 몇천 년에 걸쳐 그 세력을 떨쳐온 것으로, 히브리 예언자나 희랍 철학자들을 전진케 했던 지성적 발효의 배후에 놓여 있는 것이다. 실로 그러한 작용인자들의 끊임없는 활력이 없다면, 아마도 인류의 지적 생활은 뿌리도 없고 사상이나 목적을 위한 실질적인 내용도 없이 시들고 말 것이다.

[역주1] 여기서 '상업'이라고 옮긴 말의 원어는 commerce인데, 이는 trade나 business가
상업활동을 의미하는 것인 데 대하여, 이보다 더 넓은 의미의 교섭, 영적 교섭의 의
미로도 사용된다. 이런 양면적인 의미를 포함한 역어를 찾기 어려워 이를 바로 직역
할 수밖에 없었다.

제2절

이 장에서 사용되고 있는 '상업'(Commerce)이라는 용어는 확장된 의미로 사용될 것이다. 그것은 물질적인 상품 교환과 그러한 교환을 위한 생산활동도 포함한다. 또 통화(通貨)의 관리도 포함할 것이다. 여기서 통화란 규약화(規約化)된 상품으로서, 그것이 통화로 사용되는 것과는 별도로 그 자체의 어떤 고유한 가치를, 필연적이라고까지는 할 수 없어도, 대개 구비하고 있는 것이다. 결국 우리는 이 용어의 의미를 이러한 한계들을 넘어서까지 확대할 것이며, 물질적 사물의 범위를 넘어서는 것으로 사용할 것이다. 가장 일반적 의미에서 인류의 상업에는 상호간의 설득에 의해 진행되는 온갖 종류의 교환(interchange)이 포함된다.

모든 상업적 가치에는 심리학적 요소가 있다. 즉 그것은 문제의 물품들을 많이 획득하려는 인류의 여러 부문에 널리 퍼져 있는 욕망에 의해서 계측된다. 그러한 욕망은 소유나 약탈에서 일어나는 육체적 필요성, 예컨대 배고픔이나 굶주림을 충족시키려는 것과 깊은 관계가 있을지 모른다. 그러한 육체적 필요성이나 미적 사실이 전혀 존재하지 않고, 따라서 소유한다는 것의 유일한 이점이 갱신된 교환의 가능성에 달려 있을 경우, 우리는 본질적으로 신용에 기초를 둔 통화와 관계된다. 이 분야의 인간행동에서 인류의 심리학적 특이성의 효과가 십분 발휘된다. 심지어 통화와 관련하여서도 명시된 계약이라는 것을 찾아볼 수 없는 경우가 아주 흔하다. 그러나 소유의 이점은 인류의 일정한 습관, 즉 생명 보존을 위한 육체적 필요성에 근거를 두고 있지 않은 습관의 안정성에 대한 신뢰에 있다고 할 수 있다. 예컨대 금화(金貨)를 신망하게 되는 것은 금의 소유를 높이 평가하는 습관 때문이다. 이 습관에는 오래되고 복잡한 역사가 있다. 이 역사에서 비교적 최근에 나타난 한 요소로는 주조된 금조각을 교환의 매체로 사용하는 것을 잘 제도화하였다는 사실이다. 또 다른 요소로는 금의 가치가 주로 그 미적인 용도나 금속적인 용도 때문에, 통화로 사용하는 것과는 관계 없다는 근거 없는 믿음이다. 또 하나의 요소로는, 금이 일반적으로 통화로서 사용되

는 한 어떠한 '정부'도 임의로 금화의 보유고(保有高)를 늘릴 수 없을 것이
라는, 확고한 근거가 있는 신념이다. 이러한 금의 특징들은 모두 가변적이
다. 먼 미래에 화학적 발견으로 지폐처럼 손쉽게 금을 생산할 수 있게 될지
도 모른다. 금에 대한 미신적인 숭배는 사라지게 될지도 모른다. 이 세계의
정부들은 지폐를 선호하게 될지 모른다. 왜냐하면 정부들은 지폐의 수를
그들의 임의대로 늘릴 수 있을 것이며, 그래서 사회는 하나의 물리적 강제
성의 유형으로부터 자유로워질 수 있을 것이기 때문이다. 그러나 기본적인
사실은 인류가 일반적으로 금을 부(富)로 보는 한, 그것은 부라는 것이다.
그리고 이러한 시각이 사라질 때 비로소 금은 이차적인 중요성밖에 갖지
않은 금속이 된다.

   통화는 이처럼 인간이 습관에 의존하는 특수한 하나의 사례에 지나지 않
는다. 생산자나 소매상인도 모두 이러한 입장에 서 있다. 극단적인 예를 보
여주는 것으로는, 중앙아프리카에서 숭배하기 위해 만드는 우상이라든지,
몇몇 나라에서 칼뱅파나 유니테어리언파[역주 2] 목사의 의상으로 만드는 검
은 가운 등 종교적 상징에 따르는 교역 같은 것이 있다. 그렇긴 하지만 대
부분의 상품은 절충적인 유형에 속하고 있다. 온화한 기후 풍토에서 의복
은 물리적인 필수품이지만, 의상의 패션은 취향에 달렸고, 실제로 매우 변
하기 쉬운 것이기도 하다. 음식의 경우에도 의복보다는 그 필요성이 더 절
박한 것이지만, 오늘날에 와서는 풍부한 선택지를 가지고 있다. 지금까지
고찰해온 것의 요지는 결국 상업에 관한 이설은 필요성, 습관, 기술, 그리
고 (널리) 보급된 지식 등에 관한 전제들에 기초해서 세워져야 한다는 것이
다. 그러나 습관이나 기술이나 지식은 시대에 따라 변하며, 임의의 한 시대
에서조차도 인간성이 다른 지역에서는 달라진다. 그렇기 때문에 상업에 관
한 이론은 해당되는 특정계층 주민들에 관한 전제(조건)에 달려 있으며, 보
다 광범위한 주민들에 대한 직접적 연구를 도외시하고는 이러한 한계를 넘

[역주2] 유니테어리언파는 기독교의 삼위일체 교리에 반대하는 교파로서, 16세기에 인문주의
   사조의 영향을 받아 유럽에서 일어났다. 영·미의 많은 지식인들이 받아들였다.

어서 확대시킬 수 없다. 예컨대 기술상의 상당한 변화는 실제로 주민들을 변화시켜가는 것이기 때문에, 상업이론에서도 이에 상응하는 변화가 필요한 것이다. 이러한 결론은 이미 경제이론의 대가들에게는 잘 알려져 있다. 하지만 이 사실에 대해, 상업의 이론과 실천 또는 정치적 규제에 관여하고 있는 대다수 사람들이 주의를 기울이지 않았다는 것은 분명하다. 19세기를 풍미했던 고전적 정치경제학은 대체로 18세기 북유럽 및 북아메리카 중산계층의 사회학적 관찰에 기초를 두고 있었다. 그것은 또한 초기 지중해 무역도 얼마간 참고하고 있다. 그밖의 것들, 즉 다른 지역의 유럽인들이나 다른 대륙에서 볼 수 있는 것들은, 완전한 상업을 순수하게 실천하는 데 부적절한 장애 요소로 여긴 나머지 주변으로 밀쳐놓았던 것이다.

실제로 경제학의 발전은 그것과 주로 관계되는 계층이 갖는 도덕적 경향에 의해 좌우되었다. 완성된 문명의 주요 직업으로서 상업적 활동의 이상은 타당성이 있어야 할 경제적 법칙의 고찰과 연결되었고, 실제로 타당성을 가지고 있었던 경제적 방법은 무시하는 데로 나아갔다. 예컨대 19세기 중엽 잉글랜드에서는 과격한 제조업자들이 불순물 금지법의 제정에 반대하였는데, 이는 '구매자 위험부담'(Caveat emptor)[역주 3]의 원칙에 따르는 행위이기도 하였다. 이 사례에서 그들의 개인주의 사회관은 존경할 만한 남자와 여자들이 주로 그들의 상업적 이익을 지키는 데 종사한다는 전제와 결합해 있었다. 그 결과 이 사회관은 일반적으로 받아들여지고 있는 사실의 문제들을 무시하는 데로 나아갔다. 관념을 연구함에 있어, 융통성이 없는 완고한 명석성만을 고집하는 것은 사실의 어려운 문제를 은폐하는 희미한 안개처럼, 감상적인 느낌으로부터 생겨나게 된다는 점을 기억해둘 필요가 있다. 어떠한 대가를 치르더라도 명식성을 고집하겠다는 것은, 인간 지성의 기능양태에 관한 순전한 미신에 근거를 두고 있는 것이다. 우리의 추론(推論)은 전제를 위해서 지푸라기를 잡으려는 것이며 연역을 위해서 공

[역주3] *Caveat emptor.* 각별한 보증이 없는 한 파는 사람이 상품의 품질에 책임을 지지 않는다는 원칙.

중의 거미줄에 매달리는 것이다.

제3절

또 하나의 잘못된 판단으로 인해 단순화된 예로는 '맬서스의 인구론'의 이용이다. 이 이설은 이치에 맞도록 정확하게 진술한다면 부정할 수 없다. 인구의 증가는 충동이나 출산, 생존 등을 억제하지 않으면 기하급수와 유사한 법칙으로 진행된다. 그리고 이것들에 대한 억제가 없으면 기하급수적 증가의 수적 요인은 무시할 수 없는 차이를 통합한 것보다 더 크게 늘어난다. 그리고 생존의 수단—식품, 의복, 주거—은 일정한 유형의 장치에 의해 공급되는 한, 이러한 유형의 장치를 추가적으로 생산할 때만 증가될 수 있게 된다. 이러한 부가적 생산은 비록 가변적이라 하더라도 일반적 유형의 산술급수에 따르지 않으면 안된다. 그러나 기하급수는 항상 산술급수를 추월하게 된다. 그래서 맬서스의 법칙은 다음과 같은 결론을 내리게 되었다. 즉 인구는 항상 생존의 수단을 추월하게 될 것이라는 사실이다. 이로부터 다시 추론을 발전시켜나갈 때 예외적인 단기간을 제외한다면 사회의 정상적 구조는 비교적 부유한 소수가, 굶주림이나 그밖의 고초를 겪으며 억압당하고 신음하는 수많은 인구의 노동으로 생존해가는 구조가 된다는 것이다.

만일 이러한 사회학적 결론이 틀림없는 것이라면, 그것은 우리가 사용해오고 있는 확장된 의미의 상업에 매우 중요한 것이 된다. 왜냐하면 첫째로 사회의 정상적인 구조가 지금 정의되었기 때문이다. 사회는 행운의 소수와 대체로 빈곤한 다수로 구성된다. 따라서 생산자는 결국 이러한 유형의 고객에 알맞은 제품을 만들도록 디자인을 해야 한다. 또 공장의 사회적 여건을 인도적으로 조정하면서 사회제도를 개선해보겠다는 희망도 포기해야 한다. 물론 그것은 여기저기 고립된 자선사업의 결과로서 가능할 수도 있다. 그러나 결국은 생존을 위한 임금 때문에 노동을 해야 되는, 굶주리고 빈곤한 노동자 수가 충분해야 한다. 그처럼 값싼 노동력을 이용하여 이득을 취하는 공장은 공상적인 인도주의적 노선으로 운영되는 공장을 추방하고 말 것이다. 이렇게 해서 사회제도의 최종적 개선책은 결국 환상이 되고 만다. 의약품이 생명을 구해낸다고 하더라도 그만큼 굶주리는 자가 늘어날 뿐이다.

'맬서스의 법칙'으로부터 이끌어낸 이러한 사회학적 결론은 다음과 같은 것들을 전제로 하고 있다. 첫째, 인구증가의 모든 억제책은 인구 과잉으로 말미암아 압도적으로 강화되기까지 2차적인 효력밖에 없다는 것이다. 둘째로, '맬서스의 법칙'이 작용하는 데 필요한 기간 내에는 기술의 개선에 따르는 급격한 생산력의 증가는 받아들이지 않을 것이라는 사실이다. 아마도 이러한 기술 개선은 인구 증가를 필요로 하게 될지도 모른다. 셋째로, 해당 인구의 지리적 상황은 주거 이동으로 인한 영향을 심각하게 받지 않게 되리라는 것이다. 실제로는 많은 요인들의 균형에 좌우되는 복잡한 상황 같은 것이 존재한다. 임의로 하나 내지 두 요인을 인출하고 나머지는 혼란을 야기시키는, 이차적인 위치로 추방해버린다면, 거의 어떠한 인구 법칙이라도 이끌어낼 수 있다. 그렇기 때문에 '맬서스의 법칙'은 그 사회학적 귀결과 함께 철칙이 아닌 것이다. 그것은 사실 속에 내재해 있는 하나의 가능성이며, 이는 어떤 인간 사회, 아마도 모든 인간 사회의 상황에 대한 해석을 제공해줄 수 있을 것이다.

관찰에 호소해보면 맬서스 학설의 중요성은 즉각 드러난다. 중국과 인도는 그의 법칙을 예증해주는 사회의 전형을 제공해준다. 이 두 나라는 생활 수준이 겨우 생존하기에 급급한, 거대한 인구를 안고 있다. 그러므로 우리는 인류의 거의 절반에게 과거의 수세기 동안 일어났고, 앞으로도 장기간 계속될 듯한, 몇몇 지배적인 역사적 사실들에 대한 해석을 맬서스가 제시해준 것이라는 결론을 내리지 않을 수 없다. 인도와 중국은 최근의 역사에서 장기간의 기술 정체와 지리적 위치가 고정된 채 스스로를 유지했던 문명사회의 실례가 된다. 그것들은 '맬서스의 법칙'의 중요성을 뒷받침하는 조건들을 제공하였다.

유럽의 민족들에게 눈을 돌려보면 사태가 보다 더 복잡하다. 표면적인

사실로는 샤를마뉴 대제^[역주 4]의 시대로부터 오늘에 이르기까지, 11세기 동
안의 인구 증가는 생활수준의 지속적인 상승을 동반했다. 그렇기 때문에
인구 밀도와 생활필수품의 부족을 단순하게 상호 연관시키는 맬서스적 시
각은 맞지 않는다. 물론 이러한 결론에 대한 흔히 있는 해답은, 맬서스주의
를 선도하는 사람들이 명백히 인정하고 있는 여러 억제적 요인들이 개입해
서 피할 수 없는 결과를 지연시키고 있다는 것이다. 그러나 유럽은 서구에
서도 넓은 지역이고, 1천 년이라는 시간도 역사에 기록된 과거의 전 문명
가운데 6분의 1에 해당되는 긴 기간이다. 여기서 명백히 드러나는 진실은
이 기간에, 그리고 이 지역에서 소위 억제적 요인들이라는 것은, 맬서스 법
칙이 실현될 수도 없고 중요한 것일 수도 없다는 가능성을 드러내는 정도
라는 사실이다. 또한 이러한 억제적 요인들은 인구 밀도와 비례해서 나타
나지도 않았다. 예를 들면, 전염병은 주로 비위생적 습관이나 쥐, 해충, 미
생물 등의 수가 증가할 때 생겨난다. '흑사병'이 번지던 시대에 과잉 출생률
을 논하는 맬서스주의자들의 논의는 당치도 않은 허튼소리를 지껄인 셈이
될 것이다. 이러한 상황을 해결해줄 열쇠는 비누나 물 그리고 배수시설이
었다. '30년전쟁'은 독일의 인구를 절반이나 감소시켰다. 그것은 수많은 원
인들——그중의 몇몇은 믿을 수 있지만 대부분은 믿을 수 없다——에서 기
인한다. 그런데 독일에서는 인구의 과잉이 그 원인 가운데 하나로 언급된
적이 한번도 없었다. 물론 중세기에는 비참한 일이 많이 있었고, 르네상스
시기에도 그러했다. 예를 들면, 독일의 농민봉기에서 우리는 그것을 읽을
수 있다. 그러나 이러한 비참함(빈곤)이 인구 밀도에 비례해서 만연한 것은
아니었다는 것이 분명하다. 그리고 16세기 초엽에 인구 밀도가 높았던 플
랑드르 지방은 이 시기에 농민봉기가 있던 독일의 전원지대보다도 훨씬 더
번창하고 있었다. 물론 이러한 차이가 생겨나게 되었던 이유는 명백하다.

[역주4] 샤를마뉴(Charlemagne, 742~814)는 서로마제국을 재건한 프랑크족의 왕. 칼 대
제(大帝)라고도 불린다. 교권(敎權)과 제권(帝權)의 결합을 통해서 '비잔틴으로부터
해방'을 추진하여 고대로마, 기독교, 게르만 민족정신의 세 문화요소를 융합하여 중
세유럽 공통의 출발점을 마련하였다.

그러나 이러한 이유 가운데에서, '맬서스의 법칙'이 유럽의 사회학적 조건에 대한 논의에서는 대체로 부적절하다는 사실이 대두된다.

제4절

그럼에도 불구하고 이와 관련을 갖는 계기들이 줄곧 있었다. 서구의 발전 그 자체만을 분리해서 논한다는 것은 잘못이다. 유럽의 역사는 결정적으로 근동(近東)과의 반작용에 의해 영향을 받았다. 여기서 근동이라는 용어를 사용하게 된 것은, 해안선으로 구획된 세 개의 주요도시 지역——콘스탄티노플, 메소포타미아, 그리고 나일 삼각주——을 포함하며, 주변에 비옥한 토지를 가지고 있는 아라비아 사막, 소아시아의 고원이나 산맥을 포함하는 저 광대한 영역을 표시하기 위해서이다. '고대 세계'의 문명사는 아시아의 외변(外邊)을 연결하는 네 개의 대륙, 즉 중국, 인도, 근동과 유럽의 내적 발전의 역사이다. 이 네 개의 역사는 이들의 광대한 지역 상호간의 반응에 관한 연구를 떠나서는 이해될 수 없다. 예컨대 그리스 시대와 헬레니즘 시대[역주 5]는 어떻게 근동의 고대 문명이 유럽의 새로운 문명을 탄생시켰는지, 그리고 어떻게 유럽 문명은 자신을 육성시켜준 그러한 사회제도의 독립을 주장하게 되었는지에 관한 이야기로 이루어져 있다. 뒤이은 그보다 오래된 고대 문명의 붕괴는 역사의 비극이며, 로마제국은 그 제국의 제도가 동방의 이상[역주 6]을 역행했던 것으로서 그 쇠퇴는 이러한 비극의 전조가 되었다.

중세기 유럽과 근동 간의 상호반응은 '맬서스', '종교', '기술', '상업'이라는 네 개의 항목으로 분류될 수 있다. 하지만 이 이야기 속의 주요 위기는 모두 많은 원인들이 동시 작용해서 촉진되었다는 점을 잊어서는 안된다.

〔역주5〕 Hellenic과 Hellenistic의 구별은 알렉산더 대왕 이전의 희랍과 그 이후의 헬레니
즘기(期) 문화를 구분할 때 사용된다.
〔역주6〕 여기서 말하는 동방의 이상은 이 책에서 자주 언급되는 '전제군주 대 노예'의 세계관
을 가리키는 것으로 보인다.

사회학의 이론에서 활동에의 충동을 처참한 빈곤과 결부시키는 것은 큰 잘못이다. 사실상 일정 구역의 인구가 살아가기 위한 최저의 생활수준으로 떨어졌을 때, 생활의 빈곤은 모험의 충동을 약화시킨다. 맬서스의 법칙에서 말하는 정복의 충동이 일어나게 되는 것은, 거대하게 자라난 강건한 인구가 그 자원에 가하는 압력을 느끼기 시작할 때뿐이다. 중앙아시아의 궁궐 안이나 리비아 부족들 가운데서 굶주림이 있었다는 증거는 없다. 아마도 활기 없는 생명이 만연해서 불안한 마음을 불러일으키게 했을 것이다. 그러나 타타르나 아라비아 부족들의 폭발을 적극적으로 자극한 것은 모험, 터무니없는 사치의 꿈, 종교 등이었다. 사치의 꿈은 인구에 가해지는 맬서스적인 압력에 있어 최초의, 그리고 보다 위험한 양상이다. 그것은 약체화가 엄습해오기 전에 일어난다. 그러나 원초적인 정서적 불안의 국면은 보다 지적인 형태를 취할 수 있고 종교적 관념의 의상을 걸칠 수도 있다. 그렇게 되면 새로운 대중 종교가 '대지'를 지배하고 불신자들을 타도하려는 사명감을 가지고 일어날 수 있다. 사실상, 인구의 자원에의 압력이 넓은 지역 간의, 그리고 동일한 사회체제 내에 여러 계층 간의 파국적 반응의 주요 구성요소가 된다는 것은 역사의 상식이다. 전체적으로 놓고 볼 때, 파국은 문명의 파멸을 초래한다. 그것은 미지의 것으로 뛰어든다는 것을 말한다. 문명이란 가공하지 않은 자연을 평균화한 것이 아니다. 문명이란 선택하는 작인의 장기간에 걸친 작용에 의하여 좌우된다.

유럽에서는 어째서 천년이 넘도록 그 내재적 조건들이 '맬서스의 법칙'의 작용을 무의미한 것으로 만들었는가를 설명해줄 세 가지 이유가 두드러지게 드러난다. 그것들은 '상업의 팽창', '기술의 발달', '비어 있는 대륙의 발견'이다. 이 세 원인들은 서로 연관되어 있다. 또한 각 원인 속에 포함되어 있는 활동은 생존수단을 추구하는 데에 기인하는 것으로 설명될 수 있겠다. 그러나 문제의 핵심은 인류가 정서적 기능과 지성적 기능에 관해서 불안정한 감수성을 발전시켜왔다는 것이다. 그렇기 때문에 복받은 사회에서는 희미한 경제적 궁핍의 조짐이 물리적으로나 지성적으로나 불균형 형태의 모험을 발전시킨다. 본업이란 생계의 수단으로 시작되어 열정으로 마감한다.

유럽에서의 결과는 '새로움', '상업', '과학적 기술', 그리고 '지리상의 발견' 등의 도입이었으며, 이것들은 맬서스형의 사회학적 귀결들을 완전히 은폐시켜왔다.

다른 두 원인의 발전을 촉진시켰던 중심적 활동은 '상업'이었다. 우리는 지금 '샤를마뉴 시대' 이후의 유럽을 화제로 삼고 있다. 만일 이 시대 전의 6백 년 간을 포함시켰더라면, 유럽 내부의 '민족 대이동'이 하나의 주요요인이 되었을 것이다. 하지만 지금 화제로 삼고 있는 이 시대에 이르러서는 대이동이 이미 끝난 상태였다. 고대 스칸디나비아 사람들의 지역적 확산은 아직도 진행중에 있었다. 하지만 이 이동은 대이동으로까지 확대되지는 않았다. 그것은 일찍이 유럽에서 있었던 가장 유능한 지배계급의 확산으로 보는 것이 가장 좋다. 크누트(Canute)와 그의 덴마크 사람들과 프랑스, 잉글랜드, 남이탈리아의 노르만 귀족들이 그들이다. 또한 그들의 직접적 활동은 '맬서스의 법칙'을 은폐하는 그런 성격의 것은 아니었다. 그들은 질서를 도입하였던 바 정돈된 질서는 인구 증가의 한 조건인 것이다. 질서 그 자체는 인구 증가로 일어나는 결과를 모면할 수 있는 어떤 이유도 제공하지 않는다. 그리고 그 시대의 주요 관심사의 몇 가지를 열거한다 해도 결과는 마찬가지이다. 예를 들면, '가톨릭 교회'의 다양한 활동, 스콜라 철학적 논쟁, 신성로마제국, 건축, 르네상스기의 미술적 관심과 문학적 관심, 종교개혁 등은 인구 증가로 일어나는 맬서스적 결과를 회피하는 것과 직접적인 관계가 없었다. 인구 증가를 위해서 역사는 다만 세 가지의 회피 방법을 보여주었을 뿐이다.──즉 '상업'의 확대, '기술'의 개선, 그리고 공한(空閑) 지역의 이용이다. 모든 사회학적 분류 가운데서 가장 기본적인 것은, 위의 조건들 가운데 하나 이상이 작용하고 있는 문명사회와 그것이 작용하지 않고 있는 문명사회를 나누어보는 분류이다. '상업'은 이 말의 포괄적 의미에서 위의 세 조건을 망라하고 있다. 그렇기 때문에 '상업'은 문명이 번영하기 위한 필수적인 핵심요인 중의 하나이다. 그것이 저해받게 될 때 확대도 개선도 새로운 이용도 멈추게 되고, 해당 지역 사람들에게 서서히 그리고 부지불식간에 어두운 그림자를 드리우게 된다. 중국과 인도는 절망적인 빈곤으로 시들어버린 인구를 안은 채 살아남았다. 그러나 로마제국은 그러한 어두운 그림자로 말미암아 붕괴되고 말았다. 근동(近東)은 고대의 장관(壯觀)이 기록되어 있는 매몰된 도시들의 보고(寶庫)이기도 하다. 중심적인 요인은 '상업', 아니 그보다도 모험적으로 전개된 '상업'인 것이다.

샤를마뉴 이후 봉건제도가 서서히 발전해갔던 처음 3백 년 동안, 사람들은 고된 노역을 하고도 생활의 양식조차 구하기 어려웠다는 것을 알게 된다. 이러한 사태는 '맬서스의 학설'이 문명의 원시적 단계에 적용된 사례를 예시해준다. 인구 증가를 극복하는 유일한 방법은, 또 다른 산림을 개간하여 밭의 수를 산술적으로 추가하는 가운데 비옥한 토지를 늘려가는 것이었다. 토지의 생산력(비옥도) 그 자체도 고갈된 상태였기 때문에 18세기 말엽까지는 휴한지(休閑地)가 늘어나서, 자연이 농사에 가하는 냉엄한 한계를 증언해주고 있다. 기술의 본질은 인류로 하여금 그러한 통제 불능의 자연적 한계를 넘어설 수 있게 해주는 데 있는 것이다. 예를 들면 곡물의 윤작(輪作)이라든지 화학비료나 유전학에 관한 과학적 이해는 이미 식량생산의 한계선을 변화시켜왔던 것이다.

옛날에는 맬서스의 법칙이 생활을 제한하였다. '억제력'이 작동해서 인구는 거의 증가하지 않았다. 완만한 '상업'의 성장, 자치 시읍의 시민이나 길드가 특권을 쥐고 있는 무역센터의 설립, 유태인들의 낯선 지식, 순례자들, 지중해 연안 무역을 통해 얻은 근동의 견문, 그후의 십자군, 대수도원에 저장된 지성 ──이 모든 요인들에 의해서, 인간 존재의 가능성을 억압하는 생경한 자연은 점차적으로 제거되어갔다. 유럽 생활은 기술과 일반적인 상업 활동에 관한 한, 근동이나 중국의 수준 정도가 되기 시작하였다. 그러나 보다 낡은 이 문명들은 새로운 한계에 직면하고 있었다. 이 새로운 한계 또한 그 기술 수준과 사회조직의 단계를 인정한다 하더라도, 여전히 냉혹한 것이었다.

제5절

생활에 제한을 가하는 철석 같은 자연이 세상 일반인들의 정신상태와 대응해 있기는 하지만 자연에는 유연한 데가 있다. 근대의 역사는 유럽인들이 그들 자신으로 하여금 새로운 선택적 작인을 도입할 수 있도록 하는 새로운 이해 단계로 진입하면서 시작된다. 이러한 새로운 작인은 낡은 문명으로는 짐작도 하지 못한 것이었다. '자연'과 '인간'으로 나누어 생각하는 것은 잘못된 이분법이다. 인류는 '자연' 속의 요소로서, 자연의 성형(成形) 가능성을 가장 강하게 드러내는 존재이다. 성형 가능성은 새로운 법칙의 도입이다. '자연의 제일성(齊一性)'에 대한 주장은 광막한 '우주'와 조정되지 않으며 보호막도 없는 부분적 진리의 표현으로서 마술과 기적에 관한 이설과 병치되어야 한다. 경험에 대한 우리의 해석은 우리가 이 세계와 더불어 할 수 있는 것의 한계를 결정한다.

중국, 인도, 근동을 궁극적으로 묶어놓았던 여러 제약으로부터 어떻게 유럽인의 생활이 벗어나게 되었는가를 이해하기 위해서는, 여러 시대를 통해서 지배적이었던 '상업'에 대한 태도를 상기하는 것이 중요하다. 내가 말하고자 하는 것은 상거래의 기록들이 아니라, 상거래상의 제반 관계를 결정하고 있는 여러 종류의 정신성에 관한 기록들이다. 한 사회를 이해하기 위해서는 그 사회에서 어떤 종류의 사람들이 어떤 종류의 역할을 했느냐를 알아야 한다. 중국이나 바그다드에서는 그들의 전성기에, 우리 자신의 것보다 더 품위 있는 여러 방식으로 인간생활의 제반 형태를 보여주고 있다는 것을 잊어서는 안된다. 그것들은 위대한 문명이었다. 하지만 그것들은 정체(停滯)하고 말았다. 그리고 그 정체야말로 우리가 규명하고자 하는 점이다. 우리는 그 위대성의 근거와 함께 전진을 가로막았던 최종적인 장애물도 이해해야 한다. 물론 그런 야심적인 시도가 얼토당토 않은 것이긴 하다. 하지만 그렇게 할 수 있다면 사회학의 주된 문제는 해결을 본 것이 될 것이다. 할 수 있는 것이 있다면 그것은 여러 시대의 다양한 지역에 분명하고도 광범위하게 전파되어 있던 정신의 연관된 색조들의 징표를 읽는 일이다.

에게 해의 그리스 이전 시기와 그리스기와 동시대에 고대 중국과 근동에는 활발한 '상업' 활동이 있었다는 다양한 증거들이 있다. 거기에는 상업상의 문제들을 결정하는 '법전'이 있다. 또한 바빌로니아와 니네베에서 발견된 고대 기록들 가운데는 상인들 간에 사적인 거래가 많았다는 기록들이 들어 있다. 3천 년 전, 메소포타미아나 중국에서도 신용이 중요하다는 것이 뉴스거리는 아니었을 것이다. 또한 근동의 경계선을 넘어선 외국 무역도 있었다. 인도와 이집트 사이뿐만 아니라 어쩌면 스리랑카를 중개 지점으로 해서 중국과 이집트 간에도 해운 무역이 있었을 것으로 짐작하게 하는 증거가 있다. 또한 중앙아시아는 사막 속에 매몰되기 전 마지막 번영단계에 접어들고 있었다. 그것은 중국과 근동 간에 번창했던 육로 무역을 위한 통로였던 것으로 보인다. 이렇게 해서 이들 대문명은 내부적인 무역과 상호간의 외부 무역으로 유지되고 있었다. 또 한편으로는 반야만국이었던 유럽의 해안선 전역——즉 흑해 연안, 유럽 대서양 연안——에 걸친 지역도 존재하고 있었다.

그 당시의 항해술이 15세기와 16세기의 기술에 비해 상대적으로 뒤지고 있다는 것을 감안한다면, 페니키아 뱃사람들의 대담성과 상인들의 진취적인 기상은 후대의 그 어느 위업에도 못지 않은 것이었다. 그것은 절대적인 대담성 이외의 다른 것일 수 없다. 그리고 고대인들이 희미한 지리적 지식밖에 가지고 있지 않았던 점을 고려해본다면, 페니키아인들은 상당히 용기를 발휘했던 사람들이라는 찬사를 받기에 마땅하다. 그리스인들도 용감한 뱃사람들이었다. 그러나 페니키아인들이 그 길을 개척했다. 후대에 그리스나 로마의 배가 일찍이 페니키아의 상인들이 방문해보지 않았던 해안선을 목격했다는 믿을 만한 근거는 없다. 또한 기원전 6세기의 한노(Hanno)[역주 7]의 항해를 상기해본다면, 아프리카의 전 해안선은 근동의 사람들에 의해서 이

[역주7] 한노(Hanno, 연대 미상)는 카르타고의 항해자로, 기록으로 남겨진 최고(最古)의 아프리카 항해자이다. 그의 항해기는 그 자신이 크로노스 신전에 봉헌하였다고 전해지고 있으며, 뒤에 희랍어로 번역되어 현존해 있다. 이 기록에 의하면 그는 서해안을 따라 팔마스 근해까지 이르렀다고 한다. 헤로도토스에 의하면 기원전 5세기의 일이었다.

미 답사되었다는 것을 알 수 있다. 이 아프리카는 서구인이 2천 년 정도가 경과할 때까지도 모험을 시도해보지 않았던 곳이다. 지난 수백 년 동안 유럽 민족들은 근동의 중요성을 잊고 있었다. 근동의 사람들은 그들의 지표가 될 만한 선배도 없이, 토양으로부터 절반 정도 몸을 일으킨 데 불과했던 반미개인의 상태로부터, 예술에 있어서나 종교에 있어서나 모험에 있어서나 유래가 없는 문명생활의 절정으로 인류를 끌어올렸다. 아직까지도 문명은 이것을 능가하지 못하고 있다. 그들의 문명은 그 전성기에 있어 '상업의 확대', '기술의 발전', '빈 대륙의 발견'에 기초를 두고 있었다. 그러나 이 일람표에는 한 가지 항목이 빠져 있다. '인간의 영혼'이 그것이다.

근동의 활력은 광범위한 유럽 문명을 확립시키려는 노력이 시작됐던 시기에도 여전히 살아남아 있었다. 유럽의 이러한 시도는 로마제국의 서부지역에서 구현되었다. 그것은 450년 내지 5백 년 간 유지되었다. 그 기간은 대체로 카이사르와 아우구스투스를 기점으로 하여, 기원후 410년 알라릭이 로마를 정복할 때까지가 될 것이다. 로마의 실패는 그 정치제도의 쇠퇴와 몰락에 있었던 것이 아니다. 그와 같은 국가체제는 문명의 표면에 있는 일시적 방편에 지나지 않는다. 그 실질적인 실패는 기원후 600년대의 서구가 기원후 100년경의 문명보다도 수준이 낮고, 기원전 3, 4세기의 동지중해 지방보다도 훨씬 뒤지고 있다는 사실에 있다. 소포클레스나 아리스토텔레스, 에라토스테네스나 아르키메데스에게 대교황 그레고리우스는 보잘것없는 친구였을 것이다. 그는 그 시대에 적합한 인물이었다. 하지만 그 당시에는 예술에서나 사상에서나 인간의 행위에서나 문명이 갖는 섬세함이 경시되고 있었다.

그 어느 의미로 보거나 서로마제국에는 팽창력이 결여되어 있었다. 라인 강과 다뉴브 강 건너 연안의 북방 산림은 미개척 지역이었다. 서방에서는 대서양에 항로가 없었다. 브리튼 섬의 정복이라는 사소한 예외말고는, 바루스가 아우구스투스의 군단을 상실한 후, 물리적인 확장을 노리는 모든 시도는 중단되고 말았다. 서로마제국은 그 모든 세부적인 측면에서 보자면 사회적 기능에 있어서나 외부에 대한 행동에 있어서 순수하게 방어적인 기구였다. 그 학문에는 사변적 모험이 결여되어 있었다. 아무리 과장된 비유를 사용한다 해도 거기에는 결코 '새로운 세계'를 발견하는 일이 없었다. 불행하게도 생명이란 공격적이며 우주의 반복적인 메커니즘에 저항하도록 되어 있다. 사회적 방어의 책략이란 실패하기 마련이라는 것이 이 논의의 주제이다. 우리는 생명이 요구하는 확장과 새로움을 제공하는 사회적 기능의 유형들을 분석하고 있는 것이다. 생명이란 그 환경 조건이 허용하는 완전성을 지향하는 것으로서만 이해된다. 그러나 이러한 지향은 언제나 달성된 사실을 초월해 있다. 목표로 삼고 있는 것은, 아무리 낮고 기본적으로 육감적인 것이라 하더라도 어떤 완성된 유형의 사물이다. 무기적 자연은 사실을 그대로 받아들이는 데 그 특징이 있다. 자연에서는 식물의 뿌리가 영양의 원천을 추구하고 있을 때, 토양은 정지해 있다. 서로마제국에서는 추구라는 것이 전혀 없었다. 그 잔존하는 감수성에도 초월적인 지향이 결여되어 있었다.

물론 기독교는 두드러진 예외가 된다. 그러나 전체적으로 놓고 보면 그 직접적 효과에 있어 파괴적인 작인이었다. 그것은 묵시적 예언에 따라 현세의 사실을 지나치게 무시하고 있었다. 기독교는 탄생 후 수세기가 지나서야 기복적(祈福的) 세속성을 획득하기 시작했다. 실제로 동방의 사고양식——셈적, 그리스적, 이집트적——이 서구에 이식되었을 때, 그것은 문명의 이상적인 측면을 본래 그것이 있었던 지역과 시대에서보다도 더 추상화되어 나타나게 한 불행한 결과를 동반했다. 그것이 근동 자체에서 이러한 결과를 낳게 되었던 것은 시간의 경과에 따라 사정이 변화했을 때였다. 고대 히브리인들에게 그들의 '신'은 직접적인 정치적·사회적 사정에 의해서 표현될 수 있는 목적을 지닌 인격이었다. 그들의 종교적 착상은 이상하게도 '피안의 세계'와 별로 관계가 없었다. 그리스 철학자들이 그들 시대의 도시생활에 몰두했다는 것은 분명하다. 그러나 시대가 바뀌고 장소가 달라지자 그러한 사상이나 이상은 추상적인 색조를 띠게 되었다. 그것들은 실제적 응용력을 상실하고 있었다. 문화인이나 이상적 목적을 가진 사람은 바쁜 세상에서는 일종의 기인(奇人)이라는 생각들을 하고 있었다. 사실상 이

러한 생각은 늘 플라톤의 머릿속을 맴돌고 있었다. 그러나 그것은 아우구
스티누스를 지배하였다. 그럼에도 불구하고 아우구스티누스의 시대에는 콘
스탄티누스 이후의 세기말에 다가서면서, '차안의 세계'를 개혁하기 위한
교회의 전도사업이 첫발을 내딛게 되었다. 이 '현재 세계'의 집요한 생존이
초기 기독교도의 비세속적인 전술을 뒤덮고 있었던 것이다.

그러나 주변의 비잔틴을 포함하는 근동의 문명은 그 서방적 소산의 퇴락
으로부터 스스로를 지키려는 또 다른 활력의 원천을 내포하고 있었다. 알
렉산더의 진정한 후계자들, 즉 근동의 문명을 티그리스로부터 지중해 서해
안까지 확장시키려 했던 알렉산더의 동화 같은 꿈을 실현시킨 사람들은 유
스티니아누스의 시대와 이슬람교의 확장기에 살았던 사람들이었다. 유스티
니아누스의 업적은 불완전하였다. 그것은 거짓된 여명이었다. 그러나 문명
부흥의 운명을 담당하게 되었던 두 위대한 적자(嫡子)인 헬레니즘과 히브
리즘에 도입된 새로운 성분을 근동이 흡수한 다음에는 이슬람교도들이 근
동의 완전한 승리를 대변하고 있다. 그래서 '근동문화'에는 두 개의 정점이
있다. 보다 고대의 것은 고도로 발달했던 바빌로니아와 이집트의 문명으로
서, 최초에 알려진 여러 사례들 속에 구현되어 있다. 여기에서 정점이라는
비유는 적절하지 않다. 왜냐하면 이 고대 유형의 생활은 장기간에 걸쳐 유
지되었기 때문이다. 페르시아인의 도래는 과도기를 나타낸다. 그들은 대체
로 이슬람교도들의 선구자가 되었다. 하지만 시기가 성숙해 있지 않았다.

비잔틴인들과 이슬람교도들을 로마인들과 구별짓게 하는 것은 로마인이
자기네들이 넓혀온 문명을 밖으로부터 이끌어 들여왔다는 사실이다. 그들
의 손아귀에는 그 문명이 동결된 형태로 전제되어 있었다. 사상은 정지해
있었고, 문예는 단순한 모방이었다. 비산틴인들과 이슬람교도들은 그들 스
스로 문명화하였다. 그렇기 때문에 그들의 문화는 그 고유의 활력을 지니
고 있었으며, 물리적 및 정신적 모험으로 유지되고 있었다. 그들은 극동과
교역하였고, 서방으로 뻗어나갔다. 그들은 법률을 편집하고, 새로운 형식
의 예술을 전개하였다. 또한 여러 신학체계를 구축하였고 수학을 개량하
고 의학을 발전시켰다. 이 근동의 마지막 위대한 시기에 유태인이 행한 역

할은 그리스인들이 페르시아 제국의 시기에 했던 것과 똑같은 것이었다. 문명의 중심으로서 근동은 결국 타타르인과 터키인들에 의해 파괴되고 말았다.

유럽에서 보자면 다행스럽게도, 러시아를 횡단하고 다시 북방으로 돌입했던 타타르인들은 폴란드의 산림과, 보다 남쪽의 구릉이나 산맥에 의해서 차단되었던 것으로 보인다. 근동의 이들 정복자들은 어떠한 의미로나 결코 문명화되었다고 할 수 없다. 보다 후대의 수세기 동안 터키가 유럽에 가했던 압박은 보다 열등한 문명, 즉 원시적인 난폭성과 퇴폐적인 세련성의 정교한 복합체에 의해 산출되었던, 유럽에 대한 위협에 지나지 않았다. 18, 19세기에는 터키인들이 이전의 근동 문명을 본래적으로 대표하고 있다는 인상에서 다수의 역사서가 집필되었다. 그래서 초기 그리스인은 근동 문명의 후계자로 등장한 것이 아니라 그 적대자로서 등장하게 되었던 것이다. 유럽이 오랫동안 근동의 생도였다는 생각은 사실상 전적으로 잘못 표상된 것이었다.

제6절

'암흑시대'의 말기에 유럽은 세 가지 주된 강점을 가지고 제2의 문명화를 향한 노력에 착수하였다. 그 첫째의 강점은 기독교 윤리이다. 그 둘째는 지역적인 경계를 초월하는 법률적 조직에 대한 본능으로서, 이는 '교회'와 (로마)'제국'의 회고에 기원을 두고 있다. 그리고 셋째는 그 이전의 사상에 대한 광범위한 계승이다. 이 사상은 히브리, 그리스, 로마의 문예로서 차츰 드러나고 있다. 무엇보다도 그 총체적인 효과는 인간의 인간으로서의 존엄성에 대한 감각이 늘어났다는 점이다. 거기에는 인간 생명의 귀중함에 대한 존경심이 요동치는 가운데 서서히 성장해가고 있었다. 이것은 1천 년에 걸쳐 느리게 떠오르는 태양처럼 점차적으로 출현하는 인도주의적 정신(humanitarian spirit)이다.

세계의 창조는——플라톤은 말한다——힘에 대한 설득의 승리이다. 인간의 가치는 설득에 응하는 능력을 지니고 있다는 데 있다. 인간은 선악의 선택지를 보여줌으로써 설득할 수도 설득될 수도 있다. 문명이란 보다 고상한 선택지를 구현하는 것으로서, 그 자체에 내재하는 설득력에 의해 사회 질서를 유지하는 것이다. 힘에 의존한다는 것은 아무리 불가피한 것일지라도 일반 사회에서나 살아남은 개인에게나 문명의 파탄을 드러내는 일이 된다. 그렇기 때문에 활기찬 문명에는 항상 불안의 요소가 있게 마련이다. 왜냐하면 관념에 대한 감수성은 호기심이나 모험이나 변화를 의미하는 것이기 때문이다. 문명적인 질서는 그 스스로의 공적에 의해서 살아남으며, 자신의 미완성을 인지하는 능력에 의해서 변형된다.

개인 간의 교섭이나 사회집단 간의 교섭은 두 가지 형식, 즉 힘이나 설득 가운데 어느 한 형식을 취한다. '상업'은 설득이라는 방법에 의한 교섭의 대표적인 사례이다. 전쟁이나 노예제도나 행정적 강제는 힘의 지배를 예증하는 것들이다. 근동 문명의 약점은 힘에 크게 의존했다는 데 있다. 사회 조직 내에서 설득적인 교섭력의 성장은 정지하기에 이르렀다. 이러한 문명에서는 정복자가 피정복자에게 행사하는 지배력에 주로 의존하거나 개인적인 노예소유자들이 노예에 대한 통제력에 크게 의존하는 일이 근절된 적이 없었다. 이러한 지배의 습관은 이런 지배력의 한계를 넘어서까지 확대되어갔다. 남성의 여성 지배는 고도로 문명화된 사회의 전통적인 특징 가운데 하나로 남아 있었다. 그것은 야만의 유물로 남아 있었던 것이다. 그런데 그것이 갖는 비도덕적 효과는 문명과 더불어 증대해갔다. 이 남녀간의 불평등은 육체적인 우월성과 여성이 출산과 육아에 전념한다는 데에 기인된 것으로 보인다. 어쨌든 그 결과 여성은 남성의 지위 아래에 놓이게 되었다. 그래서 이 동방 민족들은 두 개의 수준을 갖는 문화로 자신을 유지하면서 피지배자들을 제3의 수준에 놓아 지배한다는 치명적인 실험을 감행했던 것이다. 힘의 향유는 생명의 섬세함에 치명적인 것이다. 지배층은 속이 들여다보이는 만족에 탐닉하기 때문에 타락하고야 만다.

'상업'은 소집단들 사이에서 쉽게 이동할 수 있는 수단이 점차 마련되면서 나타나게 되었다. 공동체 전체는 방황하면서 별개의 환경으로 이미 이동하고 있었다. 그러나 여행하고 돌아온다는 것은, 그것이 소집단에 의해서 행해지는 경우는 물론이고 개인에 의해 행해지는 경우에도, 그러한 이동과는 전혀 성격이 다른 일인 것이다. 그것은 장애가 될 숲이 없는 개방된 토지이든가, 강이나 바다에서의 항해를 필요로 한다. 낯선 (타국) 사람들이 소집단으로 모여든다. 그래서 그들은 지배하려는 유혹에 빠지는 일이 없으며, 공포를 불러일으키지도 않는다. '상업'은 견고한 전통적인 방식에 따라 안정될 수 있다. 이러한 진보의 중단은 넓은 지역에서 장기간에 걸쳐 일어났다. 그러나 전체적으로 놓고 보면, 상업은 안정된 것이 아니다. 그것은 상이한 생활양식, 상이한 기술, 상이한 사고방식을 갖은 인간집단들을 맺어준다. '상업'이 없었더라면, 나침반과 그것이 시사해주는 방대한 이론은 결코 대서양 연안까지 미치지 못했을 것이고, 인쇄술도 북경에서 카이로까지 전파되지 못했을 것이다.

중세기와 근대 유럽에서 '상업'의 확대를 촉진시켰던 것은 무엇보다도 로마제국의 유산인 도로, 그리고 톱니꼴의 해안선을 이용할 수 있게 한 항해술의 개량 및 '가톨릭 교회'와 '기독교 윤리'에 의해 촉진된 통일성의 감각(sense of unity)이었다. 거기에는 해적도 있었고, 봉건적 전쟁도 있었으며, 조잡하고 산발적인 무질서도 있었다. 그러나 지역을 달리하고, 민족을 달리하고, 일을 달리하는 사람들이 자유로운 설득이라는 것을 공통 기반으로 해서 한자리에 모이고 있었다. 심지어 봉건 영주의 성곽도 종종 악당 패거리들의 심성을 가진 사람들의 은신처가 되는 일이 있긴 했지만, 공격보다는 방어지향적이었다. 또한 봉건제하의 인력 징집은 그들의 짧은 봉사기간에도 불구하고 방어적 힘으로서 아주 효과적인 것이었다. 나중에 가서는 이 체제의 해악이 그 공적을 웃돌게 되었다. 그러나 그 기원에 있어서 그것은 근대적 군대와 비교되는 것에 못지 않게 근대적 경찰과도 비교될 수 있다. 물론 그것은 군대나 경찰과 다른 것이긴 하다. 문제의 핵심은 봉건영주의 성곽이 평화 지역에서는 대개 자기 방어를 위한 현명한 방법이었다는 것이다. '상업'의 장점은 기술과 밀접한 관계를 가지고 있다는 데에 있다. '상업'으로 촉진되는 경험의 새로움은 생산방법의 다양한 선택지를 시사한다. 게다가 유럽의 과학기술은 별개의 원천으로부터 자양분을 섭취하고 있었다. 명석한 사고, 전제들에 대한 비판, 사변적인 가설, 연역적 추론 등의 기술, 이런 위대한 기술은 적어도 그 초기에는 그리스인에 의해 발견되고, 유럽에 의해 계승되었다. 그러나 그것은 다른 발명들과 마찬가지로 종종 처참하게 오용되었다. 하지만 그것이 지적 능력에 끼친 영향은 오직 불과 철과 강철이 다마스쿠스와 톨레도의 칼날의 생산에 끼친 영향과 비교될 수 있을 뿐이다. 인류는 이제 물리적으로뿐만 아니라 지적으로도 무장하기에 이르렀던 것이다.

호기심은 이제 진취적인 것이 되었다. 솔로몬의 「잠언」과 성서의 「지혜의 서」의 정태적인 지혜는 '유클리드의 원론', '뉴턴의 물리학', 산업의 근대기에 의해 대체되었다. "모든 강물은 바다로 흐르며, 태양 아래에 새것은 없다"라는 것이 근동의 최종적 판단이었다. 우리는 그 모든 찬란함과 다채로운 활동양식들을 인정하지만, 이 위대한 문명은 결국 환멸을 느낀 관능주의자들의 메마른 비판을 받으며 몰락하고 말았다. 자신을 신으로 보려는 지배자들의 이상이, 3백 명의 처와 7백 명의 첩이 있던 장대한 솔로몬 궁전의 어떤 변형물에 집중되고 있다는 것은 힘의 지배와 힘의 숭배에 대한 인과응보인 것이다. 이때의 변형은 품위 향상으로 나아갈지는 모르지만, 퇴폐적이라는 데도 변함이 없다. 기독교만은 같은 상처를 입으면서도 근동에서 탈피해왔다.

제7절

이처럼 문명의 흥망을 서둘러 개관하면서 우리는 사회집단의 운명을 결정적으로 지배하는 네 가지 요인에 주목해왔다. 첫째로는, 어떤 초월적 목표가 없으면 문명생활은 쾌락에 빠지게 되거나, 느낌의 강도가 시들어지면서 불모의 반복으로 서서히 빠져들어가게 된다는 냉엄한 법칙이 있다는 것이다. 둘째는, 식량, 의복, 주거 등의 신체적 필수품의 공급에는 자연의 냉혹한 강제성이 엄존한다는 것이다. 이에 의해 사회적 존재의 양태들에 부과되는 엄격한 한계는 오로지 인간과 인간 이외의 자연과의 교섭을 조정할 수 있는 이해의 성장으로 완화될 수 있다. 셋째로, 사람이 사람을 강제적으로 지배하는 데는 양의성(兩義性)이 있다. 그것은 사회복지에 필요한 행동의 조정을 확보하는 한에서는 자비로운 효과를 갖는다. 하지만 이때 지배가 이러한 조정에 필요한 한계 이상으로 확대될 때에는 치명적인 것이 된다. 진보하는 사회란 네번째의 요인인 설득의 길을 가장 결정적으로 신뢰해왔던 사회를 말한다. 모든 인류 활동 가운데서 인간생활 속의 이 마지막 요인을 주로 촉진시켜온 세 가지 활동이 있다. 그것은 성관계와 자녀의 양육을 통해서 각성하게 된 가족애와, 여러가지 아이디어(觀念)의 교환을 즐기는 방향으로 나아가는 지적 호기심과——대규모 사회의 출현과 동시에 성행하게 되는——상업이다. 그러나 이러한 특수 활동을 넘어서서 보다 큰 공감대가 출현하였다. 이 공감대란 힘에 대한 존경심의 성장, 즉 자연으로 하여금 이상적인 목표를 품게 하고, 그러한 목표를 의식적으로 식별할 수 있는 개개의 존재자를 낳게 하는 그런 힘에 대한 존경심의 성장이다. 이러한 존경심은 인간으로서의 인간에 대한 존경심의 토대가 된다. 그래서 이러한 존경심은 이 '대지'에서 생명의 모험이 비상하는 데에 필요한 사상과 행동의 자유를 보증해준다.

제6장
예견

제1절

'역사적 예견'(Historical Foresight)이라는 말로 내가 뜻하는 바는 엄밀한 '과학적 귀납법'의 행사와는 전혀 다르다. 대체로 과학은 일반성과 관계된다. 일반성은 적용되는 것이긴 하지만 사실에 의지하지 않고서는 역사의 경로를 결정하지 않는다. 같은 법칙에 의해 조건지워져 있는 상이한 역사의 경로들이 다수 존재할 수 있다. 필경 우리가 그 법칙들을 충분히 인식하게 된다면 우리는 과거로부터 미래로의 발전이 과거의 세부적인 사항들에 의해서, 그리고 모든 발생을 조건지우는 과학적 법칙들에 의해서 완전히 결정되는 것이라고 이해하지 않으면 안될 것이다. 불행하게도 과학적 법칙에 대한 우리의 지식은 결함투성이이며 현재와 과거의 유관한 사실들에 관한 지식도 빈약하기 짝이 없다. 따라서 이러한 과학의 온갖 결함으로 말미암아 우리는 지구상에 존재하는 생명의 미래에 대하여 무지하며, 인류의 미래에 대하여 무지하며, 일 년 앞의 역사의 경로에 대하여 무지하며, 내일의 가정 생활의 세세한 대부분의 것들에 대해서 무지하며, 우리의 생존 그 자체에 설정되어 있는 한계에 대해서조차 무지하다.

이러한 무지의 일람표는 우리가 전적으로 지식의 부재 상태에 있는 것은 아니라는 점을 곧바로 일깨워준다. 우리의 무지는 예견으로 충만해 있다. 또한 예견에 있어 우리 결함의 기초는 과학적 법칙을 적용하는 데 필요한, 과거와 현재의 중요한 사항들의 세부에 관한 우리 지식의 빈약성이다. '천문학'에서처럼 여러 사정이 비교적 단순한 경우, 여러 사실과 천문학의 법칙이 지극히 엄밀한 예측 도구를 제공하고 있다는 것을 우리는 알고 있다. '역사적 예견'에서 주된 어려움은 우리가 원하는 특정 유형의 예견과 관련되는 사실들을 수집하거나 선택하는 능력이다. 과학방법에 관한 논의는 실험에 관한 논의로 이어진다. 그러나 실험이란 법칙을 예증하기 위한 사실들을 요리하는 하나의 방법에 지나지 않는다. 불행하게도 역사적 사실들은 심지어 개인의 역사에서조차도 그 규모가 지나치게 크다. 그러한 사실들은 파도처럼 밀려오기 때문에 제어하기 어려운 것이다.

그래서 '역사적 예견'이라는 이 논제는 어떤 일정한 방법을 명쾌하게 기술하는 것만으로는 철저히 규명되지 않는다. 거기에는 두 가지의 난점이 있게 되는데, 과학의 경우에는 한 가지뿐이다. 과학은 법칙만을 추구하지만, '예견'에는 이것 외에도 미래에 출현하게 될 관련 사실들에 대한 적절한 강조가 필요하다. '예견'에 필요한 이 두 과제 중에서, 어수선한 상태에서 선택한다는 과제가 더욱 어렵다. 아마도 '예견'에 관한 논리정연한 학설 같은 것은 불가능할지 모른다. 하지만 인간 활동의 한 분야에 집중적으로 유의하면서, 그 분야 내에서 '예견' 달성을 위해 필수적이라고 생각되는 유형의 정신성을 기술하는 일은 가능하다. 세계의 현상태나 이 책에서의 논의 과정은 '상업상'의 관계라는 분야를 시사하고 있다. 따라서 예측과 목적에 대비한 관념의 기능을 예시하기 위해 이 분야를 선택해보기로 하자.

오해를 피하기 위해 말해두어야 할 것은, 상업에 개인적 경험이 없는 사람이라도 상세한 상업 활동에 필요한 유익한 시사를 제공할 수 있다는 식의 어리석은 생각은 내가 부인한다는 사실이다. 직접적인 실천을 대신할 만한 것은 존재하지 않는다. 여기서 '상업'(commerce)이라는 말은 다양한 활동을 포함하는 가장 넓은 의미로 사용되고 있다. 특정한 사례에 직접 적용 가능한 쓸모있는 이론이라는 것은, 문제의 특정 사업이 번창하고 있는 사회나 국가 그룹의 남녀 성원들의 적절한 반응에 대한 직접적 지식에 의거해 있지 않으면 안된다. 앞으로의 논의에서 그와 같은 세밀한 지식을 내세울 생각은 추호도 없다.

그렇지만 세계적인 현 상황에서 상업 공동체의 일반적 성공을 촉진시키는 정신성의 일반적 유형에 관한 문제는 여전히 남아 있다. 물론 그러한 유형은 매우 복잡한 것이다. 그러나 그 가운데서도 우리는 의심의 여지가 없는 한 요소, 즉 '예견'에 대해서 고찰하고 있는 중이며, 예견의 발전과 그 성공적인 행사를 위한 조건들에 관해서 논하게 될 것이다.

타고나면서부터 경탄할 만한 정신적 기능을 지니고 있는 사람들이 있다. 예컨대, 복잡한 계산을 한순간에 암산해낼 수 있는 소년이 있고, 예지(豫知)라는 또 다른 특수 재능을 지니고 있는 사람들도 있다. 특히 좁은 범위 내에서 직접적 고찰만으로 상황을 빈틈없이 판단하는 능력을 지닌 사람들도 있다. 그러나 은행가는 결국 그들의 부하직원이 산술법을 배우기를 바라며, 훈련된 지질학자 쪽이 점지팡이(divining rod, 수맥이나 광맥 탐지에 쓰는 끝이 살라신 개암나무 지팡이)를 쥔 사람보다 선호되고 있다. 이와 마찬가지로 더 넓은 유형의 예견능력 발전을 촉진시키는 훈련의 일반적인 조건이 있다. 이러저러한 기능을 지닌 자와 그렇지 못한 자로 사람들을 엄격하게 나눈다는 것은 큰 잘못이다. 이렇게 명확하게 구분한다는 것은 단적으로 어리석은 짓이다. 대개의 사람들은 어떤 소질을 타고난다. 그러나 이러한 소질은 행운의 상황 속에서 활동의 장으로 이끌려나오지 않으면 대개 잠재적인 것으로 머물고 만다. 만일 어떤 사람이 특정의 소질을 지니고 있지 않다면, 아무리 훈련을 한다 하더라도 그것을 이끌어내지 못할 것이다. 그러나 그런 소질을 타고났다면 그것을 훈련하는 방법에 대해서 논해 볼 수 있다. 예견은 이해에 의존해 있다. 실제적인 일들에 있어 예견은 하나의 습성이다. 그러나 예견하는 습성은 이해하는 습성에 의해서 이끌려나온다. 어느 정도까지는 이해를 의식적인 노력으로 얻어낼 수 있으며, 그것을 가르칠 수도 있다. 그렇기 때문에 '예견'의 훈련은 '이해'를 매개로 해서 이루어진다. '예견'은 '통찰'의 산물이다.

제2절

이해되어야 할 일반적 논제는, 기술(技術)이나 기술이 의거하고 있는 생물학적·물리학적 법칙들을 포함하고 있으며 기본적인 심리학적 원리에 의존하는 인간의 사회적 반응을 포함하고 있는 인간 사회의 전체적인 내적 기능이다. 실제로 이 일반적 논제는 가장 넓은 의미의 사회학으로서, 그 보조 과학들까지도 포함한다. 물론 그와 같은 이해의 넓이는 한 인간이 파악할 수 있는 한계를 넘어서고 있다. 그러나 그러한 이해의 어느 부분도 사업을 위한 예견을 준비하는 것과 전혀 무관한 것이 아니다. 그러한 완전한 이해는 하나의 협동적 기업이며, 하나의 기업체는 그 평균적 예견이 그러한 이해의 어떤 접근에 의해 지배되고 있는 한 장기간 성공을 유지해간다.

이해라는 것과 관례적인 방식과의 대조를 고찰하는 것으로부터 시작한다면, 우리는 이러한 이상적 기업체의 일반적 장비를 완성해가는 개별적 이해의 다양성을 더 잘 파악할 수 있게 될 것이다.

관례는 모든 사회조직의 신(神)이다. 그것은 사업의 제7천국[역주 1]이며, 모든 공장의 성공을 위한 본질적 구성요소이며, 모든 정치가의 이상이기도 하다. 사회라는 기계는 시계장치처럼 진행되어야 한다. 모든 범죄에는 체포가 뒤따라야 하며, 모든 체포에는 재판이, 재판에는 유죄선고가, 유죄선

[역주1] '7'이라는 수는 『성서』에서 흔히 최종수를 의미한다. 제7천국은 최상천(最上天)을 말하는 것으로 신과 천사가 사는 곳으로 생각된다.

고에는 처벌이, 그리고 처벌에는 교화(敎化)가 뒤따라야 한다. 또는 이와 유사한 자동차 제조에 관한 관례적 방식을 생각해볼 수 있다. 그것은 광석에 들어 있는 철과 광산의 석탄에서 시작되어, 공장으로부터 자동차가 달려나오고, 그 회사의 사장이 배당증서에 서명하고, 광산회사와의 계약 경신으로 끝난다. 이러한 관례에서는 최하위의 광부로부터 당당한 사장에 이르기까지 누구나 자기의 특수 업무에 맞추어 제대로 훈련되어 있다. 광부나 사장의 일거수 일투족은 유행하고 있는 생리학적 용어로 말한다면 일종의 조건반사적 산물이다. 관례적 방식이 완전할 경우, 광산 갱도의 붕괴나 가뭄의 장기화 또는 독감의 유행과 같은 익숙한 사고들에 대처하는 데 필요한 지성의 사소한 번득임 같은 것을 제외한다면, 이해라는 것은 도외시될 수 있다. 조직은 지성의 소산이다. 그러나 충분한 관례가 확립되면, 지성은 소멸되고, 조직은 모든 조건반사를 조정함으로써 유지된다. 그때 인간에게 요구되는 것은 특수훈련을 받아들이는 일이다. 사장으로부터 광부에 이르기까지 아무도 조직을 전체적으로 이해할 필요는 없다. 거기에 예견은 없겠지만 관례의 유지라는 점에서는 완전히 성공하게 될 것이다.

사회생활이 관례에 따르고 있음을 이해하는 데서 곧 지혜는 시작된다. 사회 구석구석까지 관례가 충만해 있지 않으면 문명은 소멸하고 만다. 예리한 지성에서 나온 사회학의 많은 학설들이, 이 기본적인 사회학적 진리를 망각함으로써 와해의 길을 걷고 있다. 사회는 안정성을 필요로 하며, 예견 자체가 안정성을 전제로 하고 있다. 안정성은 관례적인 방식에서 나온다. 그러나 관례적인 방식에는 한계가 있으며, 예견이 필요하게 되는 까닭은 이러한 한계를 식별하고, 그 결과로 나타나는 행동을 준비하기 위한 것이다.

인간 사회에서 완전한 이해와 완전한 관례라는 양극단이 실현되는 법은 결코 없다. 그러나 이 둘 중에서 관례가 이해보다 더 기본적이다. 여기서 이해란 한정된 범위 내에서 지성의 작은 섬광에 의해 수정된 관례인 것이다. 실제로 이해가 행동을 완전히 제어한다고 생각하는 것은 실제 생활과는 동떨어진 구름잡기식의 이상에 지나지 않는다. 하지만 우리는 관례에 의해 완벽하게 지배되는 사회적 실례들을 수없이 찾아볼 수 있다. 곤충들의 미묘한 사회조직은 철저한 관례의 실례라고 볼 수 있다. 그러한 조직은 멀리 떨어져 있는 복잡한 목적을 달성한다. 그러한 조직 속에는 젖소에서 농노(農奴), 농노에서 노동자, 노동자에서 전사, 전사에서 문지기, 문지기에서 여왕에 이르는 온갖 계층의 차이가 포함되어 있다. 그러한 조직은, 특히 개개 곤충의 비교적 짧은 수명을 측정단위로 삼을 경우 먼 미래의 수요도 고려하고 있는 것이다.

이러한 곤충 사회는 생존능력에 관한 한 놀라운 성공을 거두어왔다. 그것은 수만 년 혹은 아마도 수백 만 년에 걸친 과거를 가지고 있는 것으로 보인다. 정교한 사회조직을 만들기 위해서 고도의 인간 지성이 필요하다고 생각하는 것은 가장 큰 오류이다. 이러한 오류의 특수한 한 가지 사례는 널리 유포되어 있는 다음과 같은 가정이다. 즉 그것을 분석해보아도 무엇 때문에 존재하는지 알 수 없는 그런 사회적 관례는 그 때문에 어리석은 것으로 평가되어야 한다는 생각이다. 우리는 곤충들이 정교하게 관례적으로 행동하는 것을 관찰하게 되는데, 그들이 그러한 행동을 무엇 때문에 하는지 이해하고 있을 가능성은 없다. 그렇긴 해도 그러한 행동은 곤충 자신의 개체적 생존이나 종족의 생존을 위해서 필수적인 것이다.

이 곤충 사회에는 하나의 공통된 커다란 특징이 있다. 즉 그들은 진보를 하지 않는다는 것이다. 인류 공동체와 곤충 공동체를 구별할 수 있게 하는 것은 바로 이러한 특징이다. 게다가 이 진보성이라는 위대한 사실은, 그것이 나쁜 상태에서 좋은 상태로 향하는 것이건, 좋은 상태에서 나쁜 상태로 향하는 것이건 간에 우리가 근대로 다가감에 따라 서양문명에서 그 중요성이 갈수록 증대되었다. 변화의 속도는 나의 생애중에도 증대되었다. 아마도 미래에 인류는 다시 안정된 사회 상태로 되돌아가게 될 것이다. 그러나 그러한 회귀는 우리가 고려해볼 필요가 있는 시간대 내에서는 거의 일어날 것 같지 않다.

제3절

　역사를 검토해보면, 사회적 관습상의 현저한 변화들 사이의 시간 간격이 근년에 와서 축소되어가고 있음이 분명해진다. 본래 그것은 물리적 원인들의 어떤 완만한 발전에 의존해 있었다. 예컨대 산맥의 융기(隆起)와 같은 물리적 지형의 점진적인 변화에서 소요되는 시간대는 백만 년을 단위로 한다. 기후의 점진적인 변화에서도 소요되는 시간대는 5천 년을 단위로 한다. 그리고 어떤 공동체에 의해 점유되어 있는 지역이 점진적으로 인구과잉의 결과로 새로운 영토를 흡수하게 될 때가 있는데, 이러한 변화에 소요되는 시간대는, 과학 이전 시대의 높은 사망률을 고려해본다면, 5백 년 정도를 단위로 한다. 부싯돌 깎기, 불의 발명, 동물의 가축화, 야금술(冶金術)의 발명 등과 같은 새로운 기술의 산발적인 발명의 경우, 과학 이전 시대에 이러한 변화에 소요된 평균적 시간대는 최소한 5백 년을 단위로 한다. 로마 제국의 절정기였던 서기 100년경 서쪽 메소포타미아의 기술문명과 중세기 말인 1400년경의 기술문명을 비교해보면, 사실상 기술상의 진보를 전혀 발견하지 못한다. 다만 야금술에서 얼마간의 진보, 시계장치에서 얼마간의 정교한 마무리, 후대에 가서야 그 영향이 나타났던 화약의 발명, 또한 후대에 가서야 비로소 영향을 끼치게 되었던 항해술의 발전 같은 것들이 있기는 하였다. 그러나 1400년과 1700년을 비교해보면, 거기에는 커다란 진보가 있었다. 화약, 인쇄술, 항해술 그리고 상업 기술이 효과를 나타내고 있었다. 그러나 그 당시에도 18세기의 생활과 고대 로마 전성기의 생활과의 유사성은 매우 컸기 때문에 라틴문학의 특이한 연관성이 생생하게 느껴지기도 하였다. 1780년과 1830년 사이의 50년 동안에 많은 발명들이 속출하여 실용화되었다. 증기력과 기계의 시대에 진입했던 것이다. 그러나 1830년에서 1890년에 이르는 두 세대 동안, 사회구조와 사업 관행을 규제하는 기술상의 원리들에는 기묘한 일률성이 있었다.

　지금까지 개관으로부터 하나의 중요한 결론을 이끌어낼 수 있다. 우리의 사회학적 이론, 정치철학, 사업상의 실제적인 준칙, 정치경제학, 교육에 관한 학설 등은, 기원전 5세기의 플라톤 시대로부터 지난 세기 말엽에 이르는 동안 위대한 사상가나 실제적인 범례(範例)의 끊임없는 전통에서 생겨난 것들이다. 그런데 이 전통 전체는, 각 세대가 본질적으로 그 조상의 생활을 지배해왔던 조건들 속에 살면서 그 조건들을 후손들의 생활도 똑같이 지배하고 형성하도록 후손들에게 넘겨주리라는 잘못된 가정에 의해 왜곡되고 있다. 우리는 이와 같은 가정이 잘못된 것이 되고 있는 인간 역사의 최초 시기에 살고 있는 것이다.

물론 과거에는 전염병, 홍수, 야만인의 침입 등과 같은 큰 재해가 있었다. 그러나 그러한 큰 재해를 물리치고 난 다음에는 안정되고 잘 알려진 문명생활의 상태가 유지되었다. 이러한 가정은 정치경제학의 전제에 미묘하게 침투해 있고, 정치경제학으로 하여금 단순화된 인간 본성의 복제물에 주의를 집중하도록 해왔다. 신뢰할 만한 실업가란 어떤 기술에 통달하고 계약된 지평밖에는 결코 보지 않으려는 사람이라는 우리들 생각의 기초에는 이러한 가정이 있다. 그것은 과거의 경험을 압도적으로 강조하려는 우리의 정치철학이나 교육 이론을 윤색하고 있다. 반복의 색조가 과거의 지혜를 지배하고 있으며, 심지어 그것의 현대적 적용이 오류라는 것이 분명히 밝혀진 후에도 여전히 반복의 색조는 여러 형태로 끈질기게 되풀이되고 있다. 여기서 중요한 점은 과거의 중요한 변화에 소요되는 시간대는 한 사람의 수명보다 훨씬 더 길었다는 것이다. 그래서 인류는 고정된 조건에 자신을 적응하도록 훈련되어왔던 것이다.

오늘날에 와서는 이 시간대가 인간의 수명보다 더 짧아졌다. 그렇기 때문에 개개인이 새로운 조건에 대처할 수 있도록 훈련이 준비되어야 한다. 하지만 미지의 것에 대한 준비를 할 수는 없다. '예견'이라는 당면 논제에 지금 되돌아가려는 것은 바로 이 때문이다. 우리는 직접적인 미래에 상당한 영향을 끼치게 될 새로움을 파악하는 데 어떤 도움이 될 수 있는, 현상태에 대한 이해를 필요로 하고 있다. 또한 붕괴되지 않고 있는 그 어떠한 사회에서도 관례적 방식이 지배적이라는 학설은 결코 간과되어서는 안된다. 그러므로 인간의 본성과 성공적인 목적 충족에 뿌리를 두고 있는 근거들, 즉 현행의 관례적 방식을 위한 근거들이 이해되어야 하며, 이와 동시에 사회적 효과가 나오기 시작한 여러 종류의 새로움도 낡은 관례와 비교해서 신중히 고려되어야 한다. 이런 방식으로, 직접적 미래에 나타나는 변형의 유형과 지속의 유형이 예견될 수 있을 것이다.

제4절

　이제는 지금까지 주장에 대해서 얼마간의 예증을 제시할 단계에 이르렀다. 사회학, 정치철학, 대기업의 실제적 운영 그리고 정치경제학 등의 여러 전통적 학설이, 사회조직을 안정되고 불변의 것으로 암암리에 가정함으로써, 크게 왜곡되어 손상을 입고 있다는 우리의 주된 결론에 대하여 고찰해 보자. 이러한 가정에서는 단순화된 인간성의 모델에 추론의 기초를 둔다 해도 비교적 안전하다. 왜냐하면 잘 알고 있는 조건하에서 작용하는 주지(周知)의 자극은 주지의 반응을 낳기 때문이다. 이런 경우에 인간의 본성은 어떤 주된 자극에 대한 어떤 주된 반응이라는 견지에서 기술될 수 있을 것이라고 상정해도 무방하다. 예컨대 우리는 경제인(經濟人)이라는 오랜 친구를 상기해볼 수 있겠다.

　이 경제인이라는 것의 아름다움은 그가 무엇을 추구하고 있는가를 우리가 정확히 알고 있다는 데 있다. 그의 욕구가 무엇이건 간에 그는 그것을 알고 있었고 그의 이웃들도 알고 있었다. 그의 욕구는 윤곽이 뚜렷한 사회조직 속에서 전개된 것이었다. 그의 아버지나 할아버지도 같은 욕구를 가졌고, 같은 방법으로 그것을 충족시켰다. 그래서 부족함이 있을 때는 언제나 누구라도——경제인 자신도 포함해서——무엇이 부족한가를 알고 있고, 소비자를 만족시킬 방법을 알고 있었다. 실제로 소비자 자신도 무엇을 소비하고 싶은가를 알고 있었다. 수요란 이런 것이었다. 생산자는 필요한 물품을 생산하는 방법을 알고 있었다. 그래서 공급이 있게 되었다. 가장 먼저 가장 저렴한 가격으로 상품을 현장에 공급한 사람이 재산을 일구었고, 다른 생산자들은 배제되었다. 이것은 건전한 경쟁이었다. 이것은 상당히 단순한 것이고, 적당히 공만 들인다면 명백한 진리이기도 한 것이다. 그것은 충분히 시험된 안정적인 조건이 있는 한 지배적인 진리를 정확하게 표현해주고 있다. 그러나 우리가, 중요한 점에서 변화하고 있는 사회조직을 문제삼고 있을 경우에는 종래의 그러한 단순화된 인간관계의 개념에 엄격한 조건을 붙일 필요가 있다.

물론 지난 30년 내지 40년 간 정치경제학의 전반적 조류가 이러한 인위적 단순화를 멀리해왔다는 것은 상식에 속한다. '경제인', '수요와 공급', '경쟁'과 같은 윤곽이 뚜렷한 개념들은, 근대의 상업이 주는 자극에 대한 주민들의 다양한 현실적 반작용들이 상세히 연구되어감에 따라 이제는 희석되어가는 과정에 있다. 이는 앞에서 말한 주된 논제를 정확히 예증하고 있다. 낡은 정치경제학이 애덤 스미스의 시대로부터 1백 년 동안 군림했던 것은, 그 당시와 과거의 무수한 세계에 걸쳐 지속되어왔던 일반적인 생활환경에 그 정치경제학의 주요 가정들이 적용되었기 때문이다. 그러한 환경은 이미 그 당시에 사라져가고 있었다. 그러나 상업적 관계에 있어 사람들이 매우 익숙한 자극에 대한 정직한 반응에 의해 지배되었다는 것은 여전히 압도적인 진리로 남아 있었다.

현대에서 생활이 가져오는 새로움의 요소는 상당히 중요한 요소이기 때문에 결코 무시될 수 없다. 10년마다 사회생활에 도입되는 새로움의 요소에 대하여 인간성이 어떠한 성격과 강도로 반응하는가를 결정하기 위해서는, 다양한 인간성에 관한 보다 깊은 지식을 필요로 한다. 이러한 보다 깊은 지식의 가능성이 우리가 지금 논의하고 있는 '예견'의 구성요소가 된다.

사회환경적인 습관과 관계가 있고, 따라서 사업관계나 재산의 가치변동과도 관계가 있는 또 하나의 사례는 도시의 역사 속에서 발견된다. 오늘날까지 전 문명기간을 통해서 우리가 도시라고 부르는 밀집된 인간집단의 성장은 문명의 성장과 떼어놓을 수 없는 하나의 부수물이다. 여기에는 다수의 명백한 이유가 있다. 즉 축적된 부를 도시의 성벽 안에서 수호하는 것, 제조에 필요한 물자를 모으는 것, 인간 근육의 형태로, 그리고 나중에는 이용 가능한 열에너지 형태로 힘을 집중시키는 것, 사업관계에 필요한 상호

교섭이 용이하다는 것, 미적·문화적 기회의 집중에서 오는 즐거움, 정부
기관 및 그밖의 행정, 사법, 군사 등과 같은 지도적 기관을 집중시킴으로써
얻게 되는 이점 등이 그러한 이유들이다.

도시에는 불리한 점도 있다. 아직까지 지속적으로 자립해온 문명은 없었
다. 모든 문명은 태어나고, 절정기를 맞으며, 또 쇠퇴해간다. 이 불길한 사
실은 도시의 밀집생활에 내재하는 생물학적 결함에 기인한다는 증거가 널
리 퍼져 있다. 이제는 천천히 그리고 처음에는 희미하게 그것과 반대되는
경향이 그 모습을 드러내기 시작하고 있다. 도로나 운송수단이 더 좋아지
면서 처음에는 비교적 부유한 계층이 도시 주변에 살게 되었다. 방위를 위
한 긴급 수단의 필요성도 사라졌다. 이제 이러한 경향은 급속도로 쇠퇴해
가고 있다. 그러나 일련의 새로운 조건들이 모습을 나타내기 시작하였다.
18세기와 19세기를 거쳐 오늘날에 이르기까지 이 새로운 경향으로 말미암
아 가정은 도시의 바로 근교에 놓이게 되었지만, 생산활동, 사업관계, 정
부, 향락 등은 도시의 중심에 집중되었다. 어린아이의 보호나 순수한 휴식
을 별문제로 한다면 활동적인 생활은 도시에서 이루어진다. 몇 가지 점에
서 이러한 활동적인 생활의 집중화가 더욱 강화되기조차 하였다. 그리고
가정은 불편한 장거리 통근이라는 희생을 지불하면서까지 도시 밖으로 밀
려나게 되었다. 하지만 지난 한 세대 동안의 기술 경향을 검토해보면, 이러
한 집중화의 이유들은 대개 사라지게 된다. 그뿐 아니라 도시를 어디에 둘
것인가를 선택하는 이유도 변하고 있다. 기계적 힘을 몇백 마일 떨어진 곳
까지도 전달할 수 있게 되었고, 사람들은 전화로 거의 한순간에 의사소통
을 할 수 있게 되었다. 대조직의 기관장들은 항공기 편으로 이동할 수 있
고, 영화로 어느 마을이나 희곡을 상연할 수 있으며, 음악, 연설, 설교도
방송으로 할 수 있다. 문명의 성장과 동시에 이루어지는 도시 성장의 거의
모든 이유가 크게 수정되었다.

그렇다면 3백 년 뒤, 1백 년 뒤, 심지어 30년 뒤에 나타나게 될 도시의
미래는 어떤 것일까? 나로서는 알지 못한다. 그러나 추측해볼 수는 있다 :
이 예견에서 상당한 행운을 누린 사람들은 재산을 모으게 되겠지만, 그렇

지 못한 사람들은 계산 착오로 몰락하게 될 것이다.

도시 부지의 선정을 위한 이유도 변하고 있다는 나의 두번째 논점은 내 조국 잉글랜드에서 최근에 일어나고 있는 변화에서 예증되고 있다. 18세기와 19세기의 새로운 산업시대가 끼친 영향은 탄광 주변 지역에 인구를 집중시키는 일이었다. 따라서 탄광 북단의 잉글랜드 중앙부는, 그 각 지역마다 각기 다른 명칭이 붙여져서 은폐되어 있긴 했지만, 하나의 거대한 도시를 이루고 있었다. 그러나 새로운 조건으로 말미암아 지역민이나 제조업자들은 지중해, 남대서양, 파나마 운하를 멀리 바라보는 남쪽 대항구에 가까운 남잉글랜드 쪽으로 이동하고 있다. 그 항구들은 항해에 가장 적합하며, 주위에 인구가 밀집해 있지 않은 토지를 가지고 있는 가장 적합한 항구들이다. 현재는 권력을 전달하는 일이 잉글랜드 정부의 가장 중요한 당면과제로 되어 있다.

도시 부지의 선정이나 도시 변혁에 대해 새로운 기술이 끼치게 되는 영향은 사업관계의 예측을 포함한 모든 사회환경론적 이론이 다루어야 할 하나의 기본문제가 된다. 여기에 열거한 특정 사례의 중요성을 과장해서는 안된다. 그것들은 동일한 교훈을 가진 무수한 실례로 분석 가능한 하나의 전체적 상황에서 뽑아낸 두 가지 실례에 지나지 않는다. 나는 모든 실업가가 도시의 미래를 숙고해야 한다는 바보같은 말을 하자는 것이 아니다. 그 주제는 대다수 미래 실업가들의 활동과 전혀 무관할 수도 있다. 나 또한 그들이 어느 정도로 정치경제학을 배워야 하는가에 대해서는 아는 바가 없다.

하지만 우리는 유동적이며 변동하고 있는 직접적 미래의 상황에 직면하고 있다. 경직된 격언, 눈대중으로 하는 관례적 방식, 틀에 박힌 특정 학설 등은 급기야 파멸을 가져오고야 말 것이다. 미래의 경영은 지난 몇 세기와는 조금 다른 유형의 사람들에 의해 운영될 것이 틀림없다. 유형은 이미 변화하기 시작했고 지도자와 관계되는 한 이미 변화해왔다. '대학의 경영학부'[역주 2]는 필요에 부응하는 정신성을 산출해낼 목적으로, 세계에 이러한

[역주2] 이 책의 서문에서 밝힌 바와 같이, 이 장(章)은 하버드 대학 경영대학원에서 행한 강

새 유형을 전파시키는 일에 관여하고 있다.

제5절

　나는 이 장을, 미래의 '기업정신'에 대한 개괄적인 기술로 맺어보려 한다. 무엇보다도 관례에 순응하며, 관례를 감시하며, 관례를 만들며, 관례를 그 내적 구조와 외적 목적에서 이해하는 능력이 있어야 한다는 것이 기본이 된다. 그러한 능력은 실제적인 효과를 발휘하기 위한 기초가 된다. 그러나 필요로 하는 '예견' 능력을 얻기 위해서는 그 이상의 것이 요구된다. 그러한 특별한 자질은 오직 다양한 인간 사회의 복잡한 흐름을 이해하는 철학적 능력으로 기술될 수 있을 뿐이다. 예를 들면 삶을 위한 다양한 필수품, 진지한 여러 가지 목적, 하찮은 갖가지 오락 등에 주목하는 습관이 그것이다. 그러한 사회적 흐름과 유관한 특성을 본능적으로 파악한다는 것은 무엇보다도 중요한 일이다. 예를 들면 다양한 유형의 사회적 행동에 소요되는 시간 길이는 정책 효과의 기본이 된다. 널리 퍼져 있는 유형의 종교적 관심과 그로부터 파생되는 행동양식은 대략 백여 년 동안 지배적인 생명을 유지하지만, 의상의 유행은 고작 3개월에서 3년 정도밖에는 지속되지 않는다. 농업의 방법은 느리게 변화한다. 그러나 과학계는 광범위한 생물학적 발견의 문턱에 와 있는 것으로 보인다. 그렇기 때문에 농업의 변화가 완만하다는 가정은 주의깊게 음미되어야 한다. 기간에 관한 이러한 실례는 일반화될 수 있다. 사회적 변화의 양적 측면은 기업관계의 본질을 이룬다. 그러므로 질적 변화의 관찰을 양적 평가로 전환시켜보는 습관은 기업정신의 특색이 되어야 한다.

　나는 지금까지 근대의 상업정신이 과학적이고도 사회학적인 많은 훈련 요소들을 필요로 한다는 것을 충분히 지적하였다. 그러나 연관된 지식의 상세한 내용들을 예측할 수 없다는 것은 근본적인 사실로서 여전히 남아

연을 토대로 하고 있다.

있다. 그러므로 삶의 본성에 관한 문제를 떠나, 단지 삶에서의 성공을 위해서만이라도 특수한 것으로부터 일반성을 이끌어내며, 다양한 환경 속에서 다양하게 예증되어 있는 일반성을 찾아내는 비전문화된 재능이 필요한 것이다. 그러한 반성적 능력은 기본적으로 일종의 철학적 습관이다. 그것은 일반성의 관점에서 사회를 바라보는 것이다. 새로움을 서슴지 않는 이러한 일반적 사유의 습관은 가장 넓은 의미에서의 철학이 주는 선물인 것이다.

제6절

그러나 성공하려는 동기만으로는 불충분하다. 그것은 자신의 번영의 원천을 무너뜨리는 근시안적 세계를 낳는다. 세계를 괴롭히고 있는 주기적인 불경기는 기업관계가 근시안적 동기라는 병원균에 철저하게 감염되어 있다는 것을 경고하고 있다. 노상강도 귀족들[역주 3] 가운데 일부는 부유한 가운데 침상에서 죽은 사람들도 있었지만 중세 유럽의 번영에 기여하지는 않았다. 그들의 존재는 우리의 문명에 경종을 울리고 있다. 또 우리는 기업경영 세계를 다른 공동체의 부분과 분리시켜서 생각하는 오류를 범해서는 안된다. 기업경영 세계는 바로 우리의 연구주제인 공동체 그 자체의 주요 부분인 것이다. 그 공동체의 행동은 대부분이 기업경영의 정신에 의해서 지배되고 있다. 위대한 사회란 기업가가 자신의 역할을 위대하다고 생각하는 사회이다. 저급한 사상이란 저급한 행동을 의미하며, 저급한 행동은 생활수준의 하향을 의미한다. 양적으로뿐만 아니라 질적으로도 공동체의 일반적 위대성은 패기있고, 자립적이며, 신용있는 착실한 번영을 위한 첫째 조건이 된다. 오늘날 우리가 갖고 있는 뛰어난 모든 사상의 기초를 마련했던 저 희랍의 철학자[역주 4]는 그의 가장 경탄할 만한 대화편의 마지막 부분을

[역주3] 도둑 귀족(robber baron). 중세기 잉글랜드에서 자기의 영토를 통과하는 과객에게 노상 강도질을 한 귀족을 말한다.
[역주4] 플라톤을 가리킨다. 이 대화편은 그의 『국가』를 말한다.

철학자가 왕이 되기까지는 이상국가가 결코 도래하지 않을 것이라는 성찰로 끝맺고 있다. 민주주의 시대인 오늘날에 왕은 다양한 직업을 추구하는 보통 시민이다. 일반 교육이 철학적 전망을 전달하지 않는 한 민주적 사회는 번영할 수 없다.

철학이란 고귀한 정서의 단순한 집합이 아니다. 그러한 정서의 범람은 좋은 것이기보다 해로운 것이다. 철학은 일반적이면서 동시에 구체적이며 직접적 직관에 대해 비판적이면서 동시에 우호적이다. 그것은 성급한 교수들 사이의 과격한 논쟁이 아니다.――또는 적어도 그런 것이어서는 안된다. 철학은 가능성을 검토하며, 그 가능성과 현실성을 비교 검토한다. 철학에서는 사실과 이론과 선택지와 이상이 하나같이 중요시된다. 철학이 주는 선물은 통찰과 예견, 생명의 가치에 대한 감각, 요컨대 모든 문명적 노력을 고취하는 중요성의 감각(sense of importance)[역주 5]이다. 인류는 보다 낮은 삶의 단계에서는 전적으로 미개한 사상의 섬광만으로도 번창할 수 있다. 그러나 문명이 절정기에 올라섰는데 공동체 전체에 걸쳐 삶을 조절하는 철학이 결여되었을 때는 퇴폐, 권태, 그리고 노력의 둔화 등이 생겨나게 된다.

모든 시대의 성격은 그 시대 사람들이 부딪치는 물질적 사건(material event)에 그들이 어떻게 반응하느냐에 따라 결정된다. 이 반응은 그들의 기본적 신념――그들의 희망, 공포, 가치 있는 것이 무엇인지에 대한 그들의 판단――에 의해서 결정된다. 그들은 굉장히 좋은 기회를 포착하여, 자신의 드라마를 움켜쥐고, 예술을 완성시키고, 모험으로 이늑을 얻으며, 바로 그 시대의 존재방식을 구성하는 망상조직의 관계들을 물리적으로 혹은 지적으로 터득할 수 있다. 반대로 난관에 부딪혀 무너질 수도 있다. 이들이 어떻게 행동하느냐는 것은 부분적으로는 그들의 용기에 달려 있고 또 부분

[역주5] 화이트헤드의 『사고의 양태』(Modes of Thought) 제1부 제1장에서는 '중요성'이라는 개념을 중심개념으로 보는 견해가 상론되고 있다(이 책의 한국어판은 오영환·문창옥 역, 『열린 사고와 철학』, 고려원, 1992, 13~33쪽 참조).

적으로는 그들의 지적인 파악에 달려 있다. 철학은 성격의 밑바닥에 깔려 있는 주의의 초점을 최종적으로 결정하게 되는 기본적 신념을 분명히 밝히려는 시도이다.

오늘날 인류는 사물을 보는 자신의 관점을 변화시켜보려는 보기드문 분위기 속에 있다. 전통에 의한 단순한 강요는 그 힘을 잃었다. 사회를 혼란에 빠지지 않도록 하는 위엄과 질서의 요소들을 포함하고 있을 뿐만 아니라 불굴의 합리성이 철저하게 깃들어 있는 하나의 세계관을 재창조하고 재가동시키는 것이, 우리 즉 철학자, 학생, 기업가들의 책무인 것이다. 그러한 세계관은 플라톤이 덕과 동일시했던 지식이기도 하다. 그 발전의 한계 내에서 이러한 세계관이 널리 퍼져 있던 시대야말로 인류의 기억에서 사라지지 않고 남아 있는 시대인 것이다.

우리의 논의는 미처 깨닫지 못하는 사이에 일반화되고 말았다. 그것은 '상업적 관계'라는 논제를 뛰어넘어, 인류의 목적을 이끌어가는 데 있어 구체적인 철학이 수행해야 할 역할의 문제로 넘어가고 만 것이다.

에필로그

이 단계에서 우리는 인류가 상호 교섭하는 가운데 취하는 행동체계의 문명화에 가장 직접적으로 공헌한 일군의 관념에 대한 고찰을 끝맺으려 한다. 이러한 개선은 상호간의 존경, 공감, 일반적인 친절 등의 점차적인 성장에 기초하고 있다. 이러한 느낌들은 최소한의 지성과 공존할 수 있다. 이들의 기초는 정서적인 것이며, 인간성은 자연의 추이 속에서 생각 없이 행동함으로써 이러한 정서를 획득하게 되었던 것이다.

그러나 정신성(mentality)은 그것이 조절된 활동 속에 나타날 때, 선택하고, 강조하고, 분해하는 데 눈부신 능력을 발휘한다. 우리는 지금까지 여러 관념이 다양한 활동 속에 나타나는 것을 고찰해왔다. 그리고 관념들은 자신의 모태인 활동을 변화시켜가는 힘을 갖는다는 점도 고찰해왔다. 관념은 관습에 대한 설명으로 등장하고, 새로운 방법과 새로운 제도를 구축한

다음에는 사라진다. 지금까지 여러 장에서 우리는 관념들이 이 두 양태의 기능 중 한쪽 기능에서 다른 쪽 기능으로 넘어가는 여러 사례들을 살펴보았다.

제❷부
우주론적 관점에서

제7장
자연의 법칙

제1절

　우리는 앞서 인간의 영혼에 관한 플라톤과 기독교의 설(說)이 유럽 민족들의 사회과 발전에 끼친 영향을 다룬 비 있다. 그러나 이 자리에서 내가 다루고자 하는 문제는 유럽 문화에 끼친 과학적 관념(scientific ideas)의 영향과 그 영향으로 형성된, 그리고 거기에 전제되어 있는 보다 일반적이고 우주론적인 관념들(cosmological ideas)이다.

　여기에 주어진 지면의 범위에서 과학사를 서술하려는 것은 무익한 시도일 것이다. 따라서 나는 과학의 발전 전체의 기초에 있는 가장 일반적인 몇 가지 관념들(ideas)로 논의의 범위를 한정시키고자 한다. 이 몇 가지 관념이란 '사변'(思辨)과 '학문'의 개념 및 '자연의 질서'와 '자연' 그 자체에 관한

여러 개념을 말한다. 요컨대, 나의 주제는 '고대와 근대의 우주론', 그리고
이러한 우주론을 탄생시키는 데 사용된 여러 사변적 방법과 학문적 방법에
관한 것이 될 것이다. 학문의 개별적인 특수한 발전은, 단지 '서양문화'의
변천하는 시대 속에서 특수화된 일반적 관념들을 예증하기 위해 인용되는
데 그칠 것이다.

근대의 유럽과 미국은 그 문명을 동지중해(東地中海) 주변에 있는 여러
나라의 민족으로부터 얻어왔다. 앞의 여러 장에서 지적했듯이, 그리스와
팔레스타인은 인간성의 본질에 관한 여러 관념의 최초 표현형식을 마련한
지역이었다. 그러나 과학의 역사를 검토해볼 때 이 두 나라에 이집트를
추가하지 않으면 안된다. 이들 세 나라가 근대문명의 직접적인 선조인 것
이다.

물론 이러한 나라들의 배후에는 오래된 문명의 설화(說話)가 있다. 메소
포타미아, 크레타, 페니키아, 인도, 중국 등도 기여했다. 그러나 과학적 내
지 종교적 가치 가운데서 근대생활에까지 전해내려온 것은 모두 궁극적으
로 이들 세 나라, 즉 이집트, 그리스, 팔레스타인을 매개로 해서였다. 이들
나라 중에서 이집트는 3천 년에 걸친 안정된 문명에서 유래하는 성숙한 기
술(mature technology)을 제공하였고 팔레스타인은 궁극의 종교적 우주
론을 제공하였으며 그리스는 철학과 과학으로 이어졌던 명확한 일반화
(clear‐cut generalizations)를 제공하였다. 그리스의 이러한 논리적 명
석성(logical lucidity)은 그밖의 유산, 즉 그리스의 예술이나 상상적 문학
도 물들이고 있다. 그리스 조각들은 하나같이 미(美)와 기하학적 형태의 규
칙성과의 조화를 표현하고 있으며, 그리스의 연극들은 어느 것이나 자연의
질서에 따르는 물리적 환경과 도덕적 질서에 의해 촉진되는 정신상태와 긴
밀한 상호결합을 탐구하고 있다.

"그대는 음미함으로써 신을 찾아낼 수 있는가?"(Canst thou by searching
find out God?)라는 말은 히브리어로는 좋은 뜻이지만 그리스어로는 나쁜 뜻
이다. '우주'(the Universe) 속에 질서를 이끌어들인 크나큰 사실을 이해
하려는 노력은 플라톤과 아리스토텔레스가 서양사상의 불멸의 기원을 형성

하는 일련의 일반적 관념들을 정의했던 그리스의 사상가들을 전성기에 이르게 하였다. 이 작업은 가까스로 때를 맞추어 완성되었다. 아리스토텔레스의 생존시에 이미 정치적·문화적 장벽이 무너졌으며, 그 이후의 알렉산드리아와 그밖의 지역에서 헬레니즘의 발전은 그리스인, 이집트인, 셈족 및 시리아와 소아시아의 잡다한 민족의 공동사업으로 이루어졌다. 운좋은 사변적 통찰에 의해서 파악되는 사물의 깊은 곳에 투명성이 있다는 확고한 믿음은 이 시기 이후 완전히 사라지고 말았다. 이전보다 더 우둔한 사람들이 한정된 범위의 정확성에 만족하면서 특수과학을 구축하였고, 우둔한 지성은 세계의 밑바닥이 꿰뚫어볼 수 없는 자욱한 안개 속에 있다는 생각을 자랑스레 내세우고 있었다. 그들은 '신'을 자기 자신의 모습으로 상상하였고, 정해진 방법론을 넘어서 이해하려는 노력을 아주 혐오하면서 신을 묘사하였다. 사탄(Satan)이 지적 성격을 갖고 있었고, 그 결과 자기의 '창조주'를 이해하려는 부질없는 욕망 때문에 멸망하고 말았다는 것이다. 이것은 그리스의 몰락이었다.

제2절

인류의 진보는 우여곡절을 겪고 있다. 그 마지막 시기의 중심지를 아테네로 하는 찬란한 그리스시대로부터 알렉산드리아를 지적 수도로 하는 헬레니즘시대로의 변천은, 그대로 건설적 정신의 새로운 방향과 일치한다. 특수과학들의 기초가 다져졌다. 그 원리가 성의되고 그 방법이 정해지고 타당한 추리방법이 마련되었다. 학문이 안정되기에 이르렀던 것이다. 학문은 방법을 갖추게 되는 한편 근대형(近代型)의 대학교수들에게 맡겨졌다. 의학박사, 수학자, 천문학자, 문법학자, 신학자들이 6백 년 이상이나 알렉산드리아의 학파들을 지배하면서, 교과서와 논문을 저술하고, 논쟁하며, 교리(教理)를 정의하였다. 문학은 '문법'으로 대치되고, 사변은 '학문의 전통'으로 대치되었다.

이 사람들은 학문을 판에 박힌 것으로 만들었다. 그러나 그들은 학문을

안정시켰다. 그들의 연구는 그리스도교의 흥기와 마호메트교의 흥기라는 2
대 종교개혁을 거쳐 살아남았다. 그것은 이들 종교에 철학적 신학을 제공
하고 이단설(異端說)과 정통파설(正統派說)을 이들 종교와 조화시켰다.

　서로마제국에서는 헬레니즘의 사상으로 무장한 그리스도 교회가 승리에
들뜬 야만족의 지성을 사로잡았으며, 서구를 문명화하여 북극에까지 이르
게 하였다. 마호메트교의 정복자들은 지중해의 남단을 따라, 아라비아인,
유태인, 페르시아인의 정신성(mentality)에 의해 물들여진 헬레니즘 사상
을 아프리카를 거쳐 스페인에까지 전하였다. 스페인에서, 마호메트교적인
알렉산드리아 문화와 유태적인 알렉산드리아 문화는 그리스도교적인 알렉
산드리아 문화와 접촉하였다. 이 융합이 13세기에 그리스도교적 스콜라 철
학이라는 눈부신 결실을 낳았을 뿐 아니라 17세기의 스피노자를 낳았다.

　헬레니즘의 기조는 기쁨, 사색, 담론조(談論調)의 문학이며, 헬레니즘적
알렉산드리아의 기조는 주의집중, 철저, 특수한 논제에 관계되는 특수한
유형의 질서에 관한 연구이다. 위대한 알렉산드리아인들은 옳건 그르건 어
느 하나였다. 즉 유클리드는 그 '기하학' 교과서를 논리적으로 일관된 것으
로 만들든가 아니든가 둘 중의 하나였으며, 프톨레마이오스의 천동설(天動
說)은 참이든가 거짓이었으며, 아타나시우스는 아리우스[역주1]에, 키루스는
네스토리우스에 정면으로 반대하였다. 알렉산드리아의 신학논쟁과 가장 비
슷한 것은 원자의 성질에 관한 수리물리학자들 사이에 있었던 근대의 논쟁
이다. 이 양자에 있어 전문적인 논제는 다소 다르지만, 방법이나 사람들에
서 보자면 동일하다.

[역주1] 325년에 개최된 니케아 공의회에서 그리스도의 인성(人性)을 중시하는 아리우스
　　　(Arius, 250경~336)의 설이 논의되었는데, 그 회의에 참석했던 아타나시우스
　　　(Athanasius, 295경~373)는 삼위일체설을 내세워 아리우스설에 반대하였다. 이
　　　회의에서 아리우스와 그 일파는 이단으로 몰려 추방되었다.
　　　　네스토리우스(Nestorius, ?~451경)는 그리스도의 신성(神性)과 인성(人性)의
　　　일치를 부정하였고, 마리아는 신의 생모(生母)가 아니라고 하였다. 이에 대하여 키
　　　루스(Cyril)는 정통신교를 옹호하였고 431년의 에페소 공의회에서 교황 대리로서
　　　네스토리우스 일파를 이단으로 몰아 배척하였다.

알렉산드리아 사람들에 관해 우리가 질문을 던지는 것과 같은 엄밀한 의미로, 플라톤에 대해서 그가 옳으냐 그르냐를 당돌하게 묻는다는 것은 무의미하다. 만일 어떤 저명한 학자가 플라톤에 대해 일관된 체계를 부여함으로써 그를 존경할 만한 교수로 변모시킨다고 해보자. 그때 우리는 플라톤이 대화편을 차례차례 집필해나가는 가운데 자기 자신의 기본학설에 배치되는 거의 모든 이설(異說)들을 써놓았다는 것을 깨닫게 될 것이다. 이것은 마치 프톨레마이오스가 아리스타르쿠스의 생각을 말한다든지 아타나시우스가 아리우스의 신성모독을 시사하는 것과 같은 것이다.

나는 사람이 나이를 먹어가거나 지식의 증감에 따라 의견이 달라진다는 단순한 사실을 말하고 있는 것이 아니다. 중요한 점은 의견을 견지하는 방식과 특정의 진술방식에 부여되는 가중치이다. 성 아우구스티누스는 그의 견해를 바꾸었다. 그는 개종(改宗)이 가져온 비극적인 강렬한 감정을 생애의 모든 시기에 걸쳐 공개했을 뿐 아니라, 자기의 새로운 학설을 엄밀하게 진술하는 일에도 전념하였다. 그는 플라톤주의자로 남아 있었고, '은총설'에 대한 그의 관심은 플라톤적인 관심, 즉 유일한 인간의 삶이 어떻게 '신의 완전성'(the Divine Perfection)에 참여하는가를 정확하게 표현하는 일이었다. 그는 야만족의 도래 직전에 서구에 몇 개의 큰 문제에 관한 엄밀한 정의(定義)를 제공함으로써 문명에 커다란 공헌을 하였다. 그는 서양의 그리스도교가 후세까지 계속된 아비시니아적 유형의 미신으로 전락함이 없이 항상 문명적인 힘으로 존속할 수 있도록 해주었다. 그러나 자기의 학설에 대한 아우구스티누스의 태도는 플라톤의 경우와 많이 달랐다. 플라톤이 자신의 착상을 말하고 있는 일부의 구절들을 고찰해보자. "그렇기 때문에 소크라테스여, 우리가 여러 신이나 우주의 생성에 대한 지금의 이야기를 모든 측면에서 일관되고 완전한 것으로 만들 수 없다는 것을 발견한다 해도 놀랄 필요는 없다. 그보다는 우리가 다른 사람에 뒤지지 않게 그럴듯한 설명을 제시할 수 있다면 그것으로 만족해야 한다. 말을 하고 있는 나나 듣고 있는 당신도 결국은 인간일 수밖에 없다는 것을 기억해야 하며, 그럴듯한 이야기 이상의 것은 찾지 말고 그것으로 만족해야 한다."[원주 1]

아마 그들은 궁할 것이다. 만일 그것이 사실이라면 실재(實在)의 본질에 관한 우리의 제안을—어차피 그들 자신은 제안할 아무것도 없기 때문에—그들이 받아들일 가능성도 있다.[원주 2]

아우구스티누스가 '은총의 본성에 관한 우리들의 제안'을 가지고 펠라기우스에게 도시인답게 접근하는 것을 상상할 수 있는가? 유럽의 치욕이 된 무신론자에 대한 온갖 박해를 정당화하는 구절을 플라톤에게서—특히 그의 『법률편』에서—인용할 수 있다는 것은 명백한 사실이다. 그러나 위에 인용한 구절은 플라톤이 그의 대화편에서 사변적인 관념에 대한 정확한 표현을 문제삼을 때 흔히 발견할 수 있는 일반적 색조를 보여주고 있다.

제3절

여러 가지 점에서 아리스토텔레스와 에피쿠로스는 그리스의 사변에서 알렉산드리아의 엄밀한 학문으로의 변천을 예시(豫示)하고 있다. 이 양자에게서 우리는 명백히 진술되고 엄밀하게 표현되는 체계에 대한 노력을 엿볼 수 있다. 물론 에피쿠로스의 학설에 관해서는 루크레티우스가 우리의 주된 전거(典據)가 된다.

만일 엄밀한 과학적 연구의 큼직한 학파들이 아리스토텔레스나 에피쿠로스를 잇는 다음 시대에 일어났더라면 틀림없이 근대의 비판적인 학문은 그런 학파들의 빛나는 기원을 아리스토텔레스의 영향으로 돌렸을 것이다. 우리는 순수한 사변의 불모성과 아리스토텔레스의 상세한 관찰력이 지닌 다산성을 상상 속에서 대조시켜볼 수 있다.

불행하게도 냉엄한 사실은 정반대의 방향으로 나아갔다. 무엇보다도 아리스토텔레스 자신은 자기 사상의 원천을 플라톤의 이론적 활동에서 끌어냈다. 아리스토텔레스는 플라톤의 생각을 염두에 두고서 어류(魚類)를 해

[원주1] 『티마이오스』(*The Timaeus*), 테일러(A. E. Taylor) 역에 의거함.
[원주2] 『소피스테스』(*The Sophist*), 조윗(Jowett) 역에 의거함.

부하였다. 그는 뒤얽혀 있는 플라톤의 주장들을 조직화하여, 자신의 연구 과정에서 이를 수정하고 개선하거나 개악(改惡)하였다. 그러나 그는 천문학 이외의 다른 여러 과학에다가, 단순한 이론을 넘어서 세부를 직접 관찰하는 데 크게 도움이 되는 조직적인 방법을 도입하였다. 하지만 이 방면에서 그의 업적은 그후 어느 시대에도 직접 영향을 주지 못하였다.

사실상 알렉산드리아 문화는 플라톤에 직접 연유한 것이었다. 그 문화의 사상은 과학과 신학에 있어서 철저하게 플라톤적이었다. 그러나 알렉산드리아가 오래되고 안정된 기술이 번성하던 땅에 자리하고 있었다는 것은 여러 가지 중요한 사실들을 함축하고 있다. 거기에는 과거 몇천 년에 걸친 세부적인 전통을 지닌 기능직과 전문직이 있었다. 알렉산드리아의 학교에는 성직자, 야금술사, 관개(灌漑)와 농사에 필요한 기구 제조업자, 토지측량사와 같은 사람들의 자제가 몰려들었다. 플라톤의 사색이 오래된 직업활동들을 갖는 지역에 옮겨졌을 때, 근대의 대학에서 연구되는 것 같은 근대적인 학문이 처음으로 출현하게 되었다는 것은 결코 놀라운 일이 아니다.

그리스의 정신과 중세의 스콜라적 학문 사이의 간극은 천년 동안에 걸쳐 지속적으로 축적된 결과를 동반했던 여러 가지 영향에 기인된 것이었다. 그러나 이 추이에서 최대의 간극은 최초에 생긴 것, 즉 지중해 세계의 학문의 수도가 아테네에서 알렉산드리아로 옮겨졌을 당시에 생겨난 것이다. 서양문명의 문화적 발전에 있어 일반적인 유형은 그 당시에 이미 결정되었던 셈이다. 과학은 어떻게 발전되어야 할 것인가, 수학은 또 어떻게 전개되어야 하며, 종교, 즉 유태교, 그리스도교, 마호메트교는 각기 그 신학을 어떻게 구축해야 할 것인가 하는 것들이 그때에 이미 결정되었다. 근대 세계는 근본적으로 알렉산드리아적이었다. 다만 콘스탄트 공의회와 1527년의 '로마의 약탈' 사이에 있었던 백년 정도의 짧은 기간만은 아테네적 정신이 지배하였고, 어쩌면 훨씬 그 이전에 아우구스투스 시대의 이탈리아도 그러했을 것이다. 이 양자, 즉 그리스적 유형의 정신과 헬레니즘적 유형의 정신 간의 차이는 대충 사변과 학문의 차이로 볼 수 있을 것이다. 진보를 위해서는 이 양자가 모두 필요하다. 그러나 사실상 역사의 무대에는 그것들이 적

대자로 등장하는 경향이 있다. 사변은 서로 양립할 수 없는 이런저런 이론들을 함축하기 때문에 표면상으로는 회의적이며, 이미 확립되어 있는 형식의 선입견들을 불안하게 하는 요인이 된다. 그러나 이 사변은 그 충동을 깊은 근원적 신념에서, 즉 사물의 본성은 어디까지나 이성[역주2]에 의해서 통찰될 수 있다는 신념에서 얻고 있다. 학문은 이미 용인되고 있는 방법론에 엄격히 유의하기 때문에 표면상으로는 신념을 좀처럼 바꾸지 않으려 한다. 그러나 그 정신의 색조는 근본적인 부정을 지향한다. 학자에게 무릇 정당한 논제(論題)라는 것은 보통 이 주제라든지 저 주제라든지 하는 어떤 고립된 영역에 갇혀 있게 된다. 흔히 말하는 철저한 학자란 그 자신의 단편적인 지식과 다른 사람의 지식을 결합시키는 종잡을 수 없는 사변에 분개하는 사람이다. 그는 자기의 기본적인 생각이 해석되고 뒤틀리고 변경된 것을 발견하게 된다. 그는 자기 사상의 기본원칙 그 자체를 해치는 불쾌한 개괄(槪括)을 추구하는 사변 때문에 자신이 만든 성곽의 주인 노릇을 못하게 된다. 교황 하드리아누스 6세는, 루터 신학의 저작에는 많은 오류가 있어서 어떠한 초심자도 지적할 수 있다고 언명함으로써 자신이 전형적인 학자임을 과시했다.

사상의 새로운 경향은 학문의 영역 속에 새로운 소재를 이끌어들이는 직관의 섬광으로부터 생겨난다. 그러한 새로운 경향은 성급한 사색의 순수한 모험으로 시작된다. 어쩌면 그것들은 재빨리 받아들여지는 행운을 누릴 수도 있고, 학자 간에 시비의 도화선이 됨으로써 사색의 색조를 상실할 수도 있다. 교황 레오 10세가 루터파의 논의를 성직자들의 싸움이라고 규정하였을 때, 그는 아테네적 시대의 쇠퇴를 웅변으로 말하고 있었던 것이다.

세밀한 사실에 관한 학문이나 엄밀한 논리의 학문에 의해 단련되지 못한 순수한 사변은 대체로 사변에 의해 구제받지 못한 순수한 학문보다 더 무

[역주2] reason은 인간에 속한 것일 때는 '이성'(理性)이며, 자연에 속했을 때는 '합리성' 혹은 '이유' 등으로 번역될 수 있다. 여기서는 이 양자를 겸비한 로고스(logos) 같은 것을 가리킨다고 볼 수 있다.

익하다. 학문이 진보하는 데 있어 이 두 요소의 적절한 균형은 그 시대의 성격과 특정한 개인의 능력에 달려 있다. 그리고 대조를 이루는 여러 요소 간에 '중용'(Golden Mean)의 법칙이란 것이 있기는 하지만 어떤 과도(過度)함이 모든 위대성에 필요한 요소인 것처럼 보인다는 것은 그리스 사상에서 찾아보기 어려운 기묘한 사실이다. 어떤 방향으로든 우리는 순수이성의 분석에 의해 보증되는 것을 넘어서는 것에 전념하지 않으면 안된다.

관념의 모험의 한 측면은 이 사색과 학문의 상호작용의 역사, 즉 진보의 시대들을 통해서 계속되어온 갈등의 역사이다. 이 역사는 위대함이 절정에 달하고 있는 시기에 달성된 사변과 학문 사이의 운종은 균형을 보여주고 있으며, 그것은 또한 그와 같은 달성의 모든 정점에 있는 과도함의 색조를 보여주고 있다. 그렇게 함으로써 이 역사는 인간의 삶에 있어서 최고의 순간이 비극적으로 짧은 것이 되는 이유를 제시해주고 있다.

제4절

'법칙'의 개념, 말하자면 어느 정도의 규칙성(regularity)이나 지속성(persistence) 또는 반복(recurrence)과 같은 개념은, 기술, 방법론, 학문, 사변 등을 향하는 충동에 있어 본질적인 요소이다. 사물의 본성에 있어서 어떤 유연성(smoothness)을 떠나서는 지식도 유용한 방법도 지적 목적도 결코 존재할 수 없다. 법칙의 요소를 도외시할 때, 단지 세부적인 것들의 혼란만이 남아 있게 된다. 이러한 혼란은 과거나 미래 또는 현재 주위에 있는 다른 혼란들과 비교되는 데 필요한 토대조차 지니고 있지 못하다. 그러나 이 법칙의 개념을 정확하게, 그리고 인간의 여러 가지 목적 속에 사실상 전제되고 있는 것을 고려하면서 표현하기는 매우 어렵다. 비교적 일반성이 높은 모든 관념(ideas)의 역사와 마찬가지로 법칙의 개념도 각 시대의 뚜렷한 의식 속에 들어올 때는 그것이 당대 우주론 속의 다른 요소와 융합하는 데서 생긴 특수한 형태를 지니게 된다.

이와 같이 극도로 일반적인 모든 개념에서의 난점은 경험에 주어져 있는

'당연한 것'(matter of course)에 대해서는 보통 주의하지 않는다는 데 있다. 대개 주의는 '새로운 사건'에 집중되기 쉽고, '새로운 사건'은 어떤 변덕스러운 묘미를 풍기는 법이다. 인간의 역사 가운데서 그 직접적 증거를 확보할 수 있는 범위를 넘어서는 시대까지 거슬러 올라간다는 것은 무익한 일이다. 그러나 인류학자는 부족(部族)의 의식(儀式)이 어떤 계절, 그중에서도 특히 '봄'이나 '추수기'나 '한겨울'에 행해지는 것이 전세계적인 현상이라고 보고하고 있다. 이제 내가 말하려는 것은 이러한 의식이 명백하게 농업과 관계된다는 것이다. 그런데 농업은 근대문명을 향해 내디딘 결정적인 첫걸음을 상징한다. 농업의 도입은 사건의 경과에 대한 고도의 반성의 단계가 도래했다는 것을 의미한다. 농업에는 자연의 경과에 대한 몇 달 앞선 예측이 필요하다. 많은 유인원들은 2~3분 후 자연의 경과에 대해서 생각하지 않고 다른 사람이나 동물의 머리를 치기 위해 돌을 움켜잡았을 것임에 틀림없다. 또한 그는 어떤 돌이 흉기로서 더 좋은지를 알았을 것이고, 그것을 깎아서 흉기를 만들기까지 했을 것이다. 그때 그는 문명에 다가서고 있었던 것이다. 그러나 그는——아니 그녀라고 함이 더 옳을지도 모른다——작은 구획의 땅에 씨를 뿌리고 계절을 기다릴 때, 대분수령(大分水嶺)을 넘어섰던 것이 된다.

분명히 계절의 의식은 농업도입(農業導入)보다 훨씬 앞선 시기부터 있었음이 틀림없다. 계절의 차이는 동식물을 막론하고 모든 생물의 행동 변화를 강요한다. 동면(冬眠)이나 이주와 같은, 습관의 변화를 지향하는 계절에 따른 충동은 틀림없이 정서적 불안의 어떤 표현을 낳았을 것이다. 농업의 의의가 전면에 떠오르게 되는 것은, 무수한 시대에 걸쳐 부족이 행하여온 계절 의식에 대한 다음 해석을 우리가 고찰할 때이다. 문명은 행동양식을 결정하는 사회계약에서 비롯된 것이 아니다. 그 최초의 노력은 이미 사람들의 생활을 지배하고 있던 여러 가지 행동양식이나 정서표출들을 설명하는 관념들을 서서히 이끌어들이는 것으로 나타났다. 확실히 관념은 실천을 변경시킨다. 그러나 대체로 실천이 사상에 앞서며, 사상은 주로 기존 상황을 정당화하거나 변경시키는 데 관여한다.

그런데 동물의 습관을 보면 주로 계절, 즉 더위와 추위, 장마와 한발, 밤과 낮 등과 같은 자연의 반복에 기초를 두고 있다. 정서의 리듬과 의식(儀式)[역주3]을 동반하는 완강하게 반복되는 사실이 있었다. 종잡을 수 없는 의문이 예외적인 몇몇 사람들을 괴롭혔을지는 모르지만, 부족의 관심을 불러일으킬 만한 의문은 거의 없었다. 그러나 주의를 끌었을 만한 몇 개의 사례가 틀림없이 있었을 것이다. 왜냐하면 우리 선조의 몇몇 부족에게는 보다 나은 생활에 도달하려는 노력이 있었기 때문이다. 그러나 나는 지금 문명 사상의 기묘한 가속화를 초래했으리라고 여겨지는 분수령을 명확히 해보려 하고 있다. 보다 초기의 단계에서 편리한 시간 단위는 10만 년이었다. 그후 계속되는 단계에서는 1만 년, 5천 년, 1천 년, 1백 년으로 축소된다.

아마 여기에는 많은 원인들이 복합적으로 작용했을 것이다. 그러나 이러한 여러 원인 가운데서도 농업의 도입이 진보를 촉진시켰던 힘으로서 높이 평가되어야 한다. 농업은 곧장 날씨의 변덕스러움을 부족적 관심을 끄는 주요 화젯거리로 만들었다. 농업은 또한 발아(發芽)의 신비에 대해 주목하게 하고, 식물의 성장이 계절의 변화에 의존한다는 사실에 주목하게 하였다. 농업은 부족으로 하여금 전반적인 당연한 추세에 수동적으로 묵묵히 따르는 상태를 벗어나 하나하나의 세부적인 것에 능동적으로 관심을 갖도록 강요한 셈이었다. 그것은 부족으로 하여금 예비적인 대책을 세우도록 하였다. 그리고 발견을 하는 데는 이해가 필요한 법이다. 물론 주지하는 바와 같이 새로운 상황이 반드시 모든 부족을 향상시키는 것은 아니었다. 게다가 인류의 대다수는 언제나 어떤 안정된 습관에 도달하는 데서 진보를 멈추는 경향이 있다. 그러나 인간의 생활은 그때 이미 명백한 문제가 능동

[역주3] 여기서 '의식'(儀式)으로 번역한 ritual은 같은 의식이라는 말로 앞에서 번역한 ceremony보다 관습에 더 가까운 것으로서 예배를 드릴 때의 형식 또는 의식의 관계를 통틀어 말한다(이에 대하여 ceremony는 종교적 또는 공식적 式典 같은 다소라도 격식을 차린 엄숙한 의식을 말한다). 화이트헤드는 그의 『종교의 형성』(Religion in the Making)에서 종교의 구성요소로서 이 의식(ritual), 정서, 믿음(信, faith), 합리적 설명이라는 네 가지를 들었고, 의식은 정서보다 더 원시적이며 동물의 수준으로까지 거슬러 올라갈 수 있다고 보았다.

적 정신에——이런 정신이 존재하는 곳이면 어디에서나——제시되는 단계에 도달한 셈이 된다.

우리는 사물의 신비 속에 법칙과 변덕스러움이 교차되고 있는 것을 특이한 방식으로 표현하고 있는, 섬뜩하고 무섭고 아름다운 갖가지 전설을 물려받아 가지고 있다. 그것은 선과 악의 문제이다. 법칙이 좋고 변덕스러움이 나쁠 경우도 있고, 법칙이 냉혹하고 나쁘며 변덕스러움이 자비롭고 좋은 경우도 있다. 그러나 야만족의 전설로부터, 욥과 그의 친구들과의 대화를 중간단계로 하여 흄의 문명적인 『자연종교에 대한 대화』에 이르기까지 결국은 같은 문제가 논의되고 있다. 과학과 기술은 법칙에 기초를 두고 있다. 인간의 행동은 충동에 의해 완화된 습관을 나타낸다. 그렇다면 '자연의 법칙'이라는 개념은 엄밀한 의미에서 무엇을 뜻하는 것일까.

제5절

오늘날 '자연의 법칙'에 관해서 널리 알려진 주요 학설로는 네 가지를 들 수 있다. 즉 법칙을 내재(immanent)하는 것으로 보는 학설, 법칙을 부과(imposed)된 것으로 보는 학설, 법칙을 관찰된 계기(繼起)의 질서(observed order of succession)로 간주하는 학설, 다시 말하면 법칙을 단순한 기술(記述, description)로 이해한 학설——그리고 법칙을 규약(規約)에 의한 해석(conventional interpretation)이라고 보는 비교적 최근의 학설이 그것이다. 먼저 오늘날의 입장에서 택할 수 있는 이들 네 학설을 논하는 것이 편리할 것 같다. 그렇게 함으로써, 우리는 문명화된 사상에 있어서 이 (자연의 법칙이라는) 개념의 변천사를 이해하는 데 보다 유리한 입장에 서게 될 것이다.

법칙을 내재하는 것으로 보는 학설에 의하면 자연의 질서는 자연에서 볼 수 있는 모든 존재자를 공동으로 구성하고 있는 현실적 사물의 성격을 표현하고 있다는 것이다. 우리가 이러한 사물들의 본질을 이해할 때 우리는 이들 사물의 상호관계를 알게 된다. 따라서 그들 사물의 다양한 성격에 공통요소가 존재한다는 사실에 부응하여, 이들 사물들 사이의 상호관계에도 그에 상응하는 동일성이 필연적으로 존재하게 될 것이다. 다시 말해 자연 사물들의 다양한 성격에 있어서 어떤 패턴의 부분적인 동일성은 결과적으로 그 사물들의 상호관계에 있어서 패턴의 부분적인 동일성을 낳게 된다는 것이다. 이러한 상호관계에 있어서 패턴의 동일성이 곧 '자연의 법칙'이다. 거꾸로 말하자면, 법칙이라는 것은 자연을 구성하고 있는 사물들 속에 널리 퍼져 있는 성격에서 공통성을 설명하고 있다는 것이다. 이 학설이 '절대적 존재'를 암암리에 부정하고 있다는 것은 분명하다. 그리고 이 학설은 사물의 본질적인 상호의존을 전제로 하고 있다.

이 학설에는 몇 개의 귀결(歸結)이 있다. 첫째로 이 학설의 입장에서 본다면 과학자는 설명(explanation)을 추구하고 있는 것이지, 자신의 관찰 내용에 대한 단순화된 기술(記述)을 추구하고 있는 것이 아니다. 둘째로 어떠한 법칙이건 자연이 그것과 엄밀하게 일치한다는 것은 기대하기 어려운 것이다. 만일 해당되는 사물 모두가 필요한 공통 성격을 가지고 있다면, 그 성격을 표현하는 상호연관의 패턴은 정확하게 예증(例證)될 것이다. 그러나 일반적으로 우리가 기대해볼 수 있는 것은 대부분의 사물은 필요한 성격을 가지고 있지만, 소수의 것은 그런 성격을 갖고 있지 않다는 것이다. 이러한 경우에 법칙이 그 사례를 확보할 수 없다면, 이들 사물의 상호관계는 엄밀한 법칙에서 벗어나는 것으로 나타나게 된다. 우리가 다수의 혼잡한 그대로의 결과에 관심을 가지는 한, 법칙은 통계적 성격을 갖는다고 할 수 있다. 19세기에 알려진 물리학의 법칙들 가운데 대부분은 이러한 통계적 성격을 갖는다는 것이 오늘날 물리학자들의 공통된 의견이다.

셋째로 자연의 법칙은 자연을 구성하는 사물들의 개별적 성격에 의존하고 있기 때문에 사물이 변하는 데 따라 법칙도 변하게 될 것이다. 그러므로 물리적 우주에 대한 오늘날의 진화론적 견해가 고려하지 않으면 안될 것은 환경을 구성하고 있는 사물이 진화함과 동시에 자연의 법칙도 진화한다는 점이다. 따라서 우주가 온갖 움직임을 통제하는 고정적인 영원한 법칙에 따라 진화한다는 생각은 버리지 않으면 안된다. 넷째로 어떤 제한된 범위에서만 귀납을 믿어야 하는 한 가지 이유가 이제 지적될 수 있게 되었다. 왜냐하면 만일 우리가 그 본성을 얼마쯤 이해하고 있는 그런 종류의 존재들로 구성되어 있는 환경을 상정한다면, 우리는 그 환경을 지배하는 자연의 법칙에 대한 얼마간의 지식을 갖게 될 것이기 때문이다. 그러나 그런 전제와, '내재적 법칙'을 주장하는 학설을 떠날 때 우리는 미래에 관한 어떠한 지식도 가질 수 없게 된다. 그렇게 될 때 우리는 전적으로 무지하다는 것을 인정해야 하며, 개연성(蓋然性, probability) 운운해서도 안될 것이다.

다섯째로 우리가, 어떤 그럴듯한 형이상학설 즉 자연 속의 법칙과 관련된 여러 사물의 성격은 그 사물들 사이의 상호연관의 결과이며, 그들 사물의 상호연관은 그러한 사물들의 성격의 결과라고 하는 설득력 있는 형이상학설을 구성할 수 없는 한, '내재적 법칙의 학설'은 지지될 수 없다. 이것은 '내적 관계'에 대한 어떤 학설을 포함하고 있는 것이다.

마지막으로 내재의 학설은 철저하게 합리주의적인 학설이다. 그것은 자연 이해의 가능성을 설명하고 있는 것이다.

제6절

'부과된 법칙의 학설'(the doctrine of Imposed Law)은 앞의 경우와 대비되는 또 하나의 형이상학설, 즉 자연의 궁극적 구성요소인 존재들 간의 '외적 관계'(External Relations)를 주장하는 형이상학설을 채택하고 있다. 따라서 이들 궁극적인 사물들 각각의 성격은 그 각 사물 자체의 고유한 규정성으로 간주될 수 있다. 이러한 존재는 그밖의 어떤 존재와도 완전히 분리시켜 그 자체만으로 이해될 수 있으며, 근본적으로 보자면 그러한 존재는 존재하기 위해 그 자신 이외의 아무것도 필요로 하지 않는다.[역주 4]

[역주4] 데카르트는 신(神) 이외에 정신과 외적 세계가 각각 독립된 별개의 실체로 보았으나, 외계에 관해서는 빛깔, 향기, 소리 같은 감각적 성질들이 모두 주관에 속한 것에 지나지 않는다는 생각에서 진정으로 외계에 실재하는 것은 기하학적인 연장(延長)만을 본질로 삼는 입자(粒子)의 충만된 세계라고 보았다. 그리고 이러한 입자들이 서로

그러나 사실상 이러한 존재들의 각각에는 자연의 다른 궁극적 구성요소와 관계를 맺지 않으면 안될 하나의 필연성이 부과되고 있다. 그리고 이들 부과된 운동 패턴이 '자연의 법칙'인 것이다. 그러나 관계의 법칙을 어떻게 연구하건 그것으로써 관계항(關係項)의 본성을 발견할 수는 없다. 반대로 관계항의 본성을 탐사함으로써 법칙을 발견할 수도 없다.

'부과의 학설'에서 설명은 '이신론'(理神論)의 어떤 유형을 시사하지만 반대로 만일 이신론적 신념이 전제되어 있었다면, 그 신념의 결과이기도 하다. 예컨대 뉴턴 자신의 진술로부터 우리는 이제 말한 바와 같은 것이 뉴턴에게서 이신론의 문제가 생겨나게 된 요인이 되었다는 것을 알 수 있다. 그는 태양계를 형성하는 천체들이 서로 연관되어 움직이는 방식은, 이 모든 것을 좌우하는 제 원리를 부과한 존재로서의 신을 필요로 한다고 명확하게 말했던 것이다. 그는 확실히 '만유인력의 법칙'이 신에 의해 부과된 제 원리에 대한 궁극적인 언명인지를 의심했을 뿐 아니라, 의심보다 더한 생각을 하고 있었음이 분명하다. 그러나 그는 확실히 그가 쓴『프린키피아』(Principia)에서 제시한 태양계에 대한 생각이, 법칙을 부과하는 신의 필요성을 분명히 밝히기에 충분할 만큼 궁극적인 것이라고 생각하였다. 뉴턴은 '부과의 학설' 전체가 그것과 연관되는, 법칙을 부과하는 초월적인 신에 관한 학설을 떠나서는 중요하지 않다고 하는 범위 내에서는 옳았다. 이것은 데카르트의 학설이기도 하다.

'부과의 학설'은 데카르트의 '실체'(實體) 개념으로부터 지극히 자연스럽게 파생된다. 실제로 "존재하기 위해서 그 자신 이외의 아무것도 필요로 하지 않는다"는 표현은 데카르트의 '철학의 원리'[역주 5]에서 찾아볼 수 있

운동을 주고받으면서 움직이고 있는 것으로 보았다. 따라서 이러한 물질입자는 전적으로 수동적인 것으로서 자기 자신이 고유하게 갖는 '힘' 같은 것은 전혀 존재하지 않는다. 이러한 관점에 서 있는 데카르트 역학은 두 물체가 운동을 주고받음에 있어 운동량(運動量)이 항상 일정하게 유지되어 있다는 '운동량 보존의 법칙'을 기본으로 하여 세워져 있으며, 따라서 세계 전체의 운동량도 불변하는 것이 되며, 이런 일정한 운동량은 최초에 신이 세계에 부여한 것이라고 하였다.

[역주5]『철학원리』제1부 제53절.

다. 데카르트의 '이신론'을 위한 장치, 즉 실체적 유물론(substantial materialism)[역주 6]과 부과된 법칙은, 물리적 관계를 단순한 공간적·시간적 성격만을 갖는 상관운동의 개념[역주 7]으로 환원시키는 처사와 결합하여 단순화된 '자연' 개념——결국 갈릴레이, 데카르트, 뉴턴으로 하여금 근대과학을 크게 성공시킬 수 있게 했던 개념——을 구성하고 있다. 만일 성공이 진리를 보증하는 것이라면, 인류가 사고를 하기 시작한 이래 다른 어떠한 사상체계도 일찍이 이와 같은 성공의 10분의 1조차 맛본 적이 없었다. 불과 3백 년도 안되는 동안에 그것은 인간의 삶을 그 내면적 사상, 그 기술, 그 사회적 행동, 그 포부에 있어 획기적으로 변형시켰던 것이다.

이 개념 전체의 일부분인 '이신론'으로부터 '자연의 법칙'은 엄밀하게 복종되어져야 할 것이라는 사실이 따라나온다. 확실히 신은 그가 의도한 바를 해냈다. 그가 "빛이 있으라" 하자 '빛'이 있었지 단순한 모조품이나 통계적 평균이 있었던 것은 아니다. 그러므로 통계적인 개념이라는 것은 우리의 혼잡한 지각(知覺)에 따르는 몇 가지 사실을 설명하는 것일 수는 있지만, 부과된 궁극적 법칙에는 적용되지 않는다.

그러나 데카르트 이전에도 과학적 탐구의 원동력이 되었던 것은, 어떤 형태의 부과(imposition)와 그에 따르는 엄밀성에 대한 묵시적인 신념이었다. 그렇지만 대체 어째서 교육받은 지성인들이, 발견될 그 어떤 것이 있으리라고 믿지 않으면 안되었을까? 내재의 학설이 유럽과 마호메트교의 아시아를 풍미했다고 가정해보자. 어째서 사람들은 세심한 관찰이 미치는 한

[역주6] [역주 4]에서 밝힌 바와 같은 데카르트의 입장을 가리켜서 화이트헤드는 여기서 '실체적 유물론'(substantial materialism)이라고 불렀던 것이 아닌가 생각된다. 그의 『과학과 근대세계』 제1장에서는 이와 동일한 개념이 실은 근대과학의 근본 전제로 상정되어 있다는 의미에서 '과학적 유물론'(scientific materialism)이라고 부르고 있으며, 이에 대한 철저한 비판이 화이트헤드 철학의 중요한 하나의 출발점이 되고 있다.
[역주7] 이것은 화이트헤드가 말하는 물질이 시간과 공간 내에 단순히 위치해 있다는 이른바 단순정위(單純定位, simple location in space and time)를 말한다. 이에 관한 화이트헤드의 상세한 논의는 『과학과 근대세계』 제3, 4, 5장 참조.

계 밖에서조차 세부적인 물리적 현상의 변덕스러운 외관 밑에 일정한 법칙이 깔려 있다고 생각하지 않으면 안되는가? 대규모의 뚜렷한 제일성(齊一性)은 있다. '밤이 낮으로 이어지며, 다시 밤으로 되돌아간다'든지, '산은 존속한다'든지, '출생은 진행의 과정을 더듬어간다'든지 하는 것들이 그것이다. 그러나 대규모의 규칙성 속에는 일견 변덕스럽게 보이는 세부 사항들이 도처에 편재해 있는 것이다. 야만인들까지도 이것을 깨달았기 때문에 두려움에 떨면서 악마 앞에 엎드려 빌었던 것이다. 그러나 내재의 학설을 이해하는 문명인은 마땅히 다음과 같이 결론내려야 할 것이다. 즉 자연의 온갖 구성요소를 통해 공통된 성격의 특징이 지배한다고 해도, 그것은 다만 지극히 부분적인 것에 지나지 않는다는 것이다. 그렇지 않으리라는 근거는 어디에도 존재하지 않는다. 하나하나의 세부적인 설명을 끊임없이 추구한다고 해도, 확률의 접근에 기초하지 않는 한 부질없는 일이다. 그러나 만일 과거에도 사람들이 이처럼 생각하고 있었더라면, 오늘날 어떠한 과학도 존재하지 않게 되었을 것이다. 오늘날에도 생리학에 관해서 우리는 거의 아는 바가 없다. 또 개개의 전자(電子)만 해도 그 행동을 예언할 수 없는 한 마리의 희귀한 새와 같은 것이다. 전자에 관해서 우리가 알고 있는 것은 주로 수백만 개의 전자군(電子群)과 관련된 것이다. 법칙의 지배 영역을 미세한 부분 쪽으로 한 걸음 더 진척시키려 할 때, 이러한 시도의 성공을 기대할 만한 어떤 근거가 있을까? 실제로 물리학자들은 최근의 연구에서 변덕스러움(capriciousness)에 대한 하나의 새로운 설명을 제시한 바 있다. 이와 동시에 '실증주의적' 학설로 단련된 이 물리학자들은 법칙에 대한 더이상의 탐구가 무익한 것임을 시사하였다. 만일 마음의 움직임을 다루는 심리학이 아직도 '이신론'적인 부과의 개념에서 오는 몇몇 흔적들을 포함하고 있지 않다면, 오늘날에도 과학의 진보는 희망의 상실로 인해 멈추게 될 것이다. 현대 철학의 상당한 부분이 섬세한 논의를 통해서 이 (법칙은 더 이상 찾아질 수 없다고 하는) 명백하고도 냉혹한 결론을 피하려는 노력으로 점철되어 있다.

　마지막으로 '부과된 법칙'에 대한 어떤 개념을 떠날 때 내재의 학설은 어째서 우주가 법칙 없는 혼돈(chaos)으로 끊임없이 거슬러 되돌아가지 않는가에 대한 어떤 이유도 제시하지 못한다. 실제로 내재의 학설에 따라 해석되는 우주는 어떤 안정된 현실태(actuality), 즉 그것과 그밖의 사물들 사이의 상호연관이 질서로의 불가피한 지향을 보증해줄 수 있는 안정된 현실태[역주 8]를 포함하는 것으로 나타나야 한다. 플라톤이 말하는 '설득'(persuasion)이 필요한 것이다.

제7절

앞의 세 이론 가운데 마지막으로 남은 것은 법칙에 관한 실증주의적 학설, 즉 자연의 법칙이란 단지 일련의 자연 사물들에 대한 관찰에서 지속적으로 발견되는 하나의 패턴에 지나지 않는다는 학설이다. 따라서 이때 '법칙은 단순한 기술(記述)'에 지나지 않는 것이 된다. 이 학설에는 어떤 매혹적인 단순성이 들어 있다. 앞의 두 학설은 내적 관계의 학설이라든지 신의 존재와 그 본성이라든지 하는 의심스러운 형이상학설로 우리를 이끌어갔다. 그러나 세번째 학설은 이런 난점들을 모두 피해가고 있다.

세번째 학설은 우리가 일련의 사물들을 직접 숙지(熟知)하고 있다는 것을 전제로 한다. 이 직접지(direct acquaintance)는 관찰된 그대로 일련의 사물들로 분석될 수 있다. 그러나 우리의 직접지는 단지 개별적인 사물에 대한 하나하나의 관찰 가운데만 있는 것이 아니라, 일련의 관찰들을 비교하여 얻은 지식도 포함한다. 그래서 직접지는 축적적이고 비교적인 것이다. 자연의 법칙은 비교되는 모든 관찰의 계열을 통해서 항상 발견되는 동일성(同一性) 이외의 것이 아니다. 그러므로 자연의 법칙이란 관찰된 사물에 대해서 무엇인가를 말할 뿐, 그 이상 아무것도 말하지 않는 것이 된다.

이때 과학이 전념하는 것은, 관찰되는 반복현상에 관해서 의미를 갖는

[역주8] 이 현실태(actuality)가 『과정과 실재』에서 하나의 '현실적 존재'(actual entity)로서 정의된 설득적 존재자인 '신'(神)으로 추정된다.

모든 것을 표현하는 데 협력하는 단순한 진술들을 추구하는 일이다. 이것이 과학이 말하는 전부이며, 그밖에는 아무것도 말하지 않는다. 이것이 19세기 전반에 주로 발달하여 그 이후 계속 영향력을 증대시켰던 위대한 '실증주의적 학설'이다. 이 학설은 우리에게 관찰되는 것을 붙잡아 가능한 한 그것을 단순하게 기술하도록 명한다. 이것이 우리가 알 수 있는 전부이다. 법칙은 관찰된 사실에 대한 진술이다. 이 학설의 기원은 에피쿠로스까지 거슬러 올라가 찾아볼 수 있다. 이 학설은 에피쿠로스가 형이상학이나 수학에서 떠나 보통 사람들의 마음에 호소한 바를 구현하고 있다. 관찰되는 명료한 경험의 사실만이 이해될 수 있다는 것이다. 그리고 또 '이해'(안다)라는 것은 '기술이 단순하다'는 것을 의미한다.

확실히 실증주의적 학설은 과학의 방법론에 관한 하나의 기본적인 진리를 포함한다. 예를 들어 과학적 일반화 가운데서 최대의 업적이라 할 수 있는 뉴턴의 '만유인력의 법칙'을 생각해보자. 이 법칙은 '두 질점(質點)은 그 질량[역주 9]의 적(積)에 정비례하고 거리의 제곱에 반비례하는 힘으로 서로 끌어당긴다'는 것이다. 그런데 '힘'의 개념은 어느 질점이건 그 가속도에 하나의 성분이 추가된다는 개념[역주 10]과 관계된다. 이 '힘'의 개념은 또한 이들 질점의 질량의 개념과도 관계되는 것이다. 다시 질량의 개념은 그 진술 속에 명시적으로 언급되고 있다.[역주 11] 따라서 질점들 상호간의 공간적 관계와 그 개개의 질량이 이 법칙에 필요하게 된다. 이 단계까지는 이 법칙이

[역주 9] 질점(particle of matter). 질량(mass). 뉴턴은 『프린키피아』의 처음 정의에서 물질량(quantitas material)을 물질의 밀도와 크기와의 곱으로 정의하고 있다. 그러므로 물질량은 물체(corps)와 덩어리(mass)라는 일상어를 양적으로 정의한 개념이다. 한국어에서는 물리학적 문맥에서 이 일상어 mass를 질량으로 번역하고 있다. 질점이란 이 질량으로부터 크기(체적)를 추상해낸 개념이다.

[역주10] 여기서 말하는 벡터 가속도(vector acceleration)는 방향의 변화라는 것도 일종의 속도 변화로 생각한 뉴턴의 체계를 잘 드러내준 말이다. 뉴턴이 남긴 공헌의 하나는 운동의 기본형을 원운동(渦動)으로부터 직선운동으로 옮겨놓았다는 데 있다. 『프린키피아』의 '공리' 또는 '운동 법칙'을 참조.

[역주11] 『프린키피아』 정의 1을 말한다.

해당 질점이 가지고 있는 것으로 가정되는 성격에 대한 표현이 되고 있다. 그러나 이 법칙의 형식, 즉 질량의 적(積)이나 거리의 제곱의 반비례는 순전히 관찰된 사실들에 대한 기술에 기초하고 있는 것이다. 뉴턴의『프린키피아』의 대부분은 이러한 기술이 그가 나타내려는 논점에 충분히 합치된다는 것을 증명하는 수학적 탐구에 매진하고 있다. 그것은 많은 세목(細目)들을 하나의 원리하에 모아놓은 것이다. 뉴턴 자신이 바로 이 점을 역설하고 있다. 그는 사변에 골몰하고 있지 않았다. 우리의 우주론적 학설이 어떤 것이건, 혹성(惑星)의 운동이나 돌의 낙하는 직접 측정된 한에 있어 뉴턴의 법칙에 따르고 있다. 뉴턴은 관찰된 사실들의 관찰된 상관관계를 표현하는 공식을 제시하고 있는 것이다.

추호의 의심도 없이 과학계 전체가 이상과 같은 방법을 자신의 근거로 삼고 있다. "관찰된 사실들의 관찰된 상관관계를 제시하라."——이것이 과학적 방법의 첫째 규칙이다. 그리고 이것은 "관찰에 관찰을 거듭하라. 결국 인과적 연쇄(連鎖)의 규칙성을 발견할 때까지"라는 위대한 베이컨의 주장이다. 스콜라 학자들은 형이상학적 변증법이 물질계와 영혼 세계 및 신의 존재를 포함하는 사물들의 본성에 관한 확실한 지식을 그들에게 제공한다고 믿고 있었다. 이로부터 그들은 '자연' 전체에 걸쳐 지배하는 여러 법칙들을 연역해냈다.

'스콜라 철학'과 '근대인'의 또 하나의 차이는 비판과 권위에의 의존에 관계된다. 그러나 이 구별은 지나치게 강조되었고 오해되었다. 스콜라 학자는 매우 비판적이었지만, 그들은 근대인의 마음을 사로잡고 있는 것과는 다른 사상 영역 안에서 비판적이었다. 또한 근대의 과학자도 권위에 의존하고 있지만, 그들은 스콜라 학자가 호소한 권위와는 다른 권위에 의존하고 있다. 확실히 후기의 스콜라 학자들은 그들이 선택한 권위였던 아리스토텔레스에 호소할 때는 무비판적이었으며, 매우 유감스럽게도 특히 아리스토텔레스의 자연학(自然學)에 관해서는 전혀 무비판적이었다. 근대인은 그 비판을 한 단계 더 발전시켰다. 그러나 스콜라 학자도 근대 과학자도 다 같이 알렉산드리아적 유형의 학자였다. 그들은 모두 비슷한 장점과 단점을 가지고 있다. 게다가 중세기의 대학에서 스콜라 철학의 박사였던 인물이 이제는 근대적인 대학의 과학교수인 것이다. 스콜라 학자들 사이에도 많은 의견 차이가 있었다. 초기의 사람들은 아리스토텔레스주의자들도 아니었고, 후기의 사람들이 모두 토머스주의자였던 것은 아니다. 그와 마찬가지로 근대 과학자들도 세부적인 것에 대해서나, 자연의 법칙에 관한 일반적인 학설에 대해서나 의견이 일치하는 것만은 아니다.

변증법적 논쟁의 영역에서 스콜라 학자들은 매우 비판적이었다. 그들은 아리스토텔레스를 믿었는데, 그 까닭은 아리스토텔레스로부터 정합적인 사상체계를 이끌어낼 수 있었기 때문이다. 이 믿음은 비판을 거친 믿음이었다. 유감스럽게도 이 스콜라 학자들은 아리스토텔레스의 주요 관념들 가운데 일부는 경험된 사실에 대한 그 자신의 직접지에 의존하고 있다는 것을 미처 생각하지 못했다. 그들은 체계의 논리적 일관성을, 아리스토텔레스의 주요 개념들의 무제약적 타당성을 보증하는 것으로 간주하였다. 그래서 그들은 아리스토텔레스가 범했던 표면적인 외관(外觀)과 지극히 일반적인 기본원리의 혼동——이런 혼동이 있는 경우——을 받아들였다. 자연에 대한 지식을 늘리고자 스콜라 학자가 취한 방법은, 직접적인 관찰에로의 복귀에 의해 완화되지 않는 끝없는 논쟁이었다. 불운하게도 그들에게 논쟁의 도구가 되었던 '아리스토텔레스 논리학'도 그들이 생각했던 것보다 훨씬 빈약한 무기였다. 자동적으로 그것은 보다 근본적인 사상의 논제들 가운데 일부를 배경에 감춰두고 있었다. 이런 논제들로는 수학에서 검토되는 양적 관계와, 하나의 체계에 있어서 다면적 관계의 복잡한 가능성을 들 수 있다. 이런 논제들은 아리스토텔레스의 논리학에 의해서 배경에 감추어진 채로 있었다.

다행히 알렉산드리아적 학문의 시대인 스콜라 시대가 몇 세기 동안이나 유럽을 지배하면서, 문명에 귀중한 사상의 보고(寶庫)를 제공해주었다. 이 시대는 거대한 진보의 시대였다. 그러나 학문의 시대는 엄격한 한계 내에서 그 효력을 발하는 법이다. 그리스 정신이 부활하여 중세의 헬레니즘적 통일을 압도한 것은 다행한 일이다. 플라톤이 무덤에서 되살아나기나 한 것처럼. 자유분방한 사변과 직접적인 관찰이 학문의 체계를 무너뜨렸다.

여러 가지 새로운 관심과 새로운 신들이 풍미하였다. 사상의 새로운 기초는 직접 관찰되고 직접 활용되는 사실에 관한 정보였다. 다행히 15세기 이탈리아 르네상스의 폭풍이 가라앉았을 때, 아테네로부터 알렉산드리아로 문화 이동의 드라마가 다시 되풀이되었다. 유럽은 서서히 새로운 학문의 시대로 들어갔다. 근대적인 역사가가 나타났고, 근대적인 비판적 저작들이 나왔으며, 근대적인 과학자와 근대적인 기술이 출현했던 것이다. 고대 이집트의 야금술사들과 셈족의 수학자들 및 중세의 스콜라 학자들은 소원을 성취한 셈이었다.

　그러나 근대의 학문과 근대 과학은 과거의 헬레니즘 시대와 스콜라 시대를 지배하고 있던 것과 똑같은 한계를 재현하고 있다. 이러한 근대의 학문이나 과학은 독단적으로 가정된 불충분한 형이상학적 가정에 따라 미리 결정된 한계 내에서 사고와 관찰의 길을 트고 있다. 근대가 가정하고 있는 것은 이전에 가정되었던 것과 다르다. 그러나 전체적으로 볼 때 반드시 더 나은 것은 아니었다. 그들은 존재의 궁극적 가치들 가운데 보다 많은 것을 합리주의적 사고로부터 제외시키고 있다. 직업화된 학문 깊숙이 깃들어 있는 소극성이 이성의 논제를 단순한 감각여건(sensa)이나 동어반복(tautology)과 같은 하잘것없는 주제로 축소시킴으로써 이성을 제한한다.[역주 12] 그래서 그 소극성은 나머지 경험을 합리적으로 설명할 수 없는 동물적 신념(animal faith)이나 종교적 신비주의(religious mysticism)

[역주12] 이 책의 내용을 소재로 하여 화이트헤드가 강연을 했으며 그의 대표작 『과정과 실재』가 출간되던 해는 1929년이었다. 한편 1929년에는 반형이상학을 표방하는 사상운동으로서 일단의 학자들이 '비엔나 학파' 즉 '논리실증주의'를 결성하기도 했다. 논리실증주의는 외계에 관한 지식이 그 소여(所與)로서 받아들여야 할 유일한 것은 감각 또는 관찰되는 감각여건이며, 이러한 감각여건을 기술하고 정리하는 도구인 수학은 단순한 형식적 연역체계, 즉 동어반복이라고 주장한다. 이러한 사상의 배경에는 화이트헤드가 지적하는 에피쿠로스를 비롯하여 버클리, 마하 등의 많은 조류가 있다. 그러나 이러한 사상경향 전체에 대해서 화이트헤드는 그것이 잘못된 형이상학적 전제에 따르는, 지극히 편협한 것으로서 결코 자연에 관한 학의 기초가 될 수 없다고 보았다. 이 점에 관해서 이 책의 이 장과 다음 장, 그리고 자신의 다른 여러 저작에서 상론하고 있다.

에 독단적으로 넘겨줌으로써 자신은 비판을 모면하는 것이다. 헬레니즘의 태양 빛이 하늘을 비추게 하지 않는 한, 세계는 다시 단조롭고 세밀한 합리적 사고에 싫증을 느끼게 될 것이다.

제8장
우주론

제1절

앞장의 논의는 법치의 개념적 분석에 관한 서로 대립하는 네 사상의 유파를 그대로 남겨둔 채 그치고 말았다. '내재파'(內在派), '부과파'(賦課派), '관찰, 즉 단순한 기술(記述)을 주장하는 실증주의파', '규약적 해석파' (Conventional Interpretation)가 그것이다. 우리는 이 학파들이 제각기 자신의 학설을 확증하기 위한 중대한 이유를 만들어낼 수 있다는 것을 확인했다.

사상의 진보에 있어서 초조한 당파적 태도 이상으로 방해가 되는 것은 없다. 도회풍의 세련된 태도, 즉 플라톤의 도회적인 태도와 그의 대화편을 믿어도 좋다면, 아테네 사회의 도회적인 태도가 당시 지적 정신의 일부를 이루고 있었다. 그로부터 몇 세기 후에 활동했던 신학자들의 악의에 찬 반목 때문에 당시의 신학자들은 그들이 결코 잊어서는 안되었던 중대한 문제를 인식하지 못하였고, 우리는 사상에 기여한 그들의 형이상학적 정신을 정당하게 평가하지 못했다.

　우리는 자연의 법칙에 대한 위의 여러 학설들 간의 정확한 차이와 그들이 받아들일 수 있는 조정책을 결정한다는 목적을 가지고, 이 학설들의 역사를 자세히 검토해봄으로써 다시 시작해보기로 하겠다. 앞장에서는 철학적 제안에 대한 플라톤의 도회적인 전제를 인용하였다. 지금 이 강의는 그 제안 자체와 관계된다.

　"나로서는 이렇게 말하고 싶다. 즉 그 어떤 것이건 간에 단 한순간이라도 다른 것에 영향을 끼치거나 다른 것의 영향을 받는 것은 그 원인이 아무리 보잘것없고 그 결과가 아무리 미소하고 순간적인 것이라 하더라도, 참으로 존재한다"는 것이다. 따라서 나는 있음(being)의 정의는 단적으로 힘(power)이라고 생각한다.[원주 1]

　이 대화편 그후의 부분에서 플라톤은 형이상학자로서 그의 천재성을 최고도로 발휘하고 있다. 그러나 그는 일상생활에서 숙지하고 있는 것들을 넘어서 있는 그 무엇을 언어로 표현하는 데 따르는 어려움과 씨름하고 있다. 새로운 사상과 둔탁한 언어와의 투쟁을 늘 염두에 두지 않고 관념의 역사를 연구하는 것은 흔히 오해로 이끌어가기 쉽다.

　다음과 같은 것을 알게 되는 것은 흥미로운 일이다. 즉 플라톤에 의하면 '소피스트'와 대비해서 '철학자'를 구별하는 징표는, 철학자에게는 각기 그 자신을 지지하는 확고한 근거를 가지고 서로 갈등하는 학설들을 조정시키려는 의연한 기도가 있다는 것이고, 관념의 역사에서는 '사색'에 관한 설이 사색을 위한 설들 못지 않게 중요하다는 것이다.

[원주1] 『소피스테스』 p.247, 조웻(Jowett) 역에 의거함.

제2절

다시 플라톤의 제안으로 되돌아가보자.

"그래서 나는 있음의 정의는 단적으로 힘이라고 생각한다."

이 진술은 부과된 법칙의 개념, 즉 법칙이란 각 존재에 외적으로 부과되는 것이라는 주장에 의거하여, 각 존재자는 다른 여러 존재자에 작용하는 일정한 원인작용과 상관관계를 갖지 않으면 안된다는 것을 이해하는 진술로 해석될 수 있다. 그러나 이러한 해석은 플라톤의 정확한 언어 구사를 무시하고 있다. 플라톤이 말하고 있는 것은 힘을 행사하고 힘의 작용을 받는 것이 '있음'의 정의(定義)라는 것이다. 이것은 있음의 본질이 다른 있음에의 원인작용 속에 포함되고 있음을 뜻한다. 이것이 '법칙'이 내재하는 것으로 보는 학설이다. 다시 그는 몇 줄 아래에서 다음과 같이 말하고 있다.

"알려지는 것으로서의 있음은 인식활동에 의해 작용을 받으며, 따라서 운동 속에 있게 된다. 그 까닭은, 우리가 주장하고 있듯이, 정지상태에 있는 것은 작용을 받을 수 없다는 데 있다.…… 우리는 있음을 생명도 없고, 마음도 없고, 엄숙하게 초연한 영원부동의 것으로 상상할 수 있을까?"

이 논의에서 작용을 받지 않는 것은 부동의 것이라는 점에 주의할 필요가 있다. 플라톤은 있음이 '엄숙하게 초연한 영원부동의 것'이라는 생각을 부정하고 있다. 따라서 그것은 작용을 받는 것이 된다. 이것은 그의 최초의 정의, 즉 '있음'은 작용의 주체인 동시에 작용의 수용자라는 정의와 일치한다. 따라서 지금까지 한 논의에서 볼 때 플라톤은 '작용과 반작용'이 '있음'의 본질에 속한다는 학설을 제기하고 있는 것이다.[역주1] 물론 이 경우 '생명과 마음'의 매개작용이 활동의 매개체를 제공하는 것으로서 도입

[역주1] 화이트헤드에게 존재의 기본단위인 '현실적 존재'(actual entity)는 '현실적 계기'(actual occasion)와 같다(『과정과 실재』)는 데서도 나타나 있는 바와 같이, 존재의 본질이 '사물'로서의 실체가 아니라, 작용하는 '사건'적인 것이라는 견해가 화이트헤드 철학의 기조를 이루고 있다. 여기서 그가 그러한 생각을 플라톤에게서 발견하고 있다는 데 주목할 필요가 있다.

되고 있다.[역주 2] 있음의 영원성과 생성의 유동성을 연결시키는 이 매개체라는 개념은 플라톤의 여러 대화편에 다양한 형태로 나타나 있다. 어쩌면 그의 대화편에서 우리는 지금의 학설과 양립되지 않은 구절들을 찾아볼 수 있을 것이며, 아마도 거의 확실히 그럴 것이다. 여기서 흥미로운 사실은 대화편의 그런 구절들 속에서 '법칙'을 내재하는 것으로 보는 학설에 대한 분명한 언명을 찾아볼 수 있다는 점이다.

초기 셈족계 일신교——유태인이나 마호메트교도——의 순박한 경향은 유일신의 명에 의해 부과된 '법칙'의 개념으로 흐르고 있다. 그후의 사변은 이 양극단, 즉 내재설과 부과설을 조화시키기 위해 그 양자 사이를 방황하고 있다. 다른 대개의 경우와 마찬가지로 여기에서도, 서양 사상의 역사는 그 기원을 주로 그리스에 두는 관념들과 셈족계에 두는 관념들을 융합시키려는 시도 속에 있는 것이다. 사변적인 근대의 학자는, 자기가 이어받은 그리스와 셈족의 유산을 토대로 해서 자신의 지혜를 활용하고 있는 이집트인의 위상과 유사하다.

이 경우 '법칙'에 관한 두 학설의 양극단 가운데 한쪽은 신을 본질적으로 초월적이라고, 즉 오직 우연적으로만 내재하는 존재라고 보는 극단적인 일신론적 학설로 나아가며, 다른 한쪽은 신을 본질적으로 내재하는 존재로서 결코 초월적인 것이 아니라고 생각하는 범신론적 학설로 나아간다.

『티마이오스』에서 플라톤은 법칙에 관해 각기 이처럼 '내재'와 '부과'를

[역주2] 플라톤에게는 생명의 원리이자 이지(理知)의 자리가 되는 '영혼'의 역할이 중요하다. 앞에서 화이트헤드가 인용한 『소피스테스』의 일련의 구절은 그 진의가 무엇이냐에 관해서, 혹은 다른 저작에서 보게 되는 플라톤의 설과의 관계에 관해서 고전학자들 사이에 다양한 논의가 있었는데, 그중에서 특히 주목되는 것은 적어도 이데아처럼 영원불변한 것만을 실재(實在)로 고집할 것이 아니라는 견해와, 살아서 움직이고 있는 영혼의 실재를 인정하려는 태도, 대체로 이 두 가지를 엿볼 수 있다. 『티마이오스』의 우주론에서도 생성하는 영역의 것과 영원불변의 영역의 것과의 양자를 성분(成分)으로 갖는 '우주의 영혼'을 우주의 끊임없는 움직임과 질서의 원인으로 보고 있으며, 이러한 플라톤설과 "어째서 우주가 법칙 없는 혼돈으로 착실히 역행하지 않는 것일까"(제7장 제6절)라는 화이트헤드의 말은 흥미있는 비교가 된다.

주장하는 두 학설 사이를 방황하는 첫 사례를 보여주고 있다. 무엇보다도 플라톤의 우주론에는 자신의 구상을 '우주'에 부과시키고 있는, 윤곽이 뚜렷하지 않은 그림자와 같은 궁극의 창조자[역주3]가 들어 있다. 둘째로, 내부 구성요소의 작용과 반작용은 플라톤에게 세계의 유동에 대한 자기 충족적인 설명이 된다 : ──"아무것도 우주로부터 방출되지 않았으며 아무것도 우주 속에 들어오지 않았다. 우주 그 자체 이외에는 아무것도 없었던 것이다."[역주4] 우리는 근대가 태동하기 이전에 이교(異敎), 그리스도교, 마호메트교의 세계를 지배한, 초기 우주론의 기본적인 개념을 지금까지 검토해오고 있다. 이 개념은 아리스토텔레스에 의해서, 알렉산드리아의 사람들에 의해서, 또 스콜라 학자들에 의해서 수정되었다. 그러나 '부과'와 '내재'의 학설의 이와 같은 융합은 17세기 초엽까지 최고의 권위로 군림했던 탁월한 개념이었다.

제3절

그러나 그리스 사상은 그것과 대립되는 하나의 우주론을 '원자론'의 형태로 제시하였다. 이 원자론은 데모크리토스에 의해 그 윤곽이 그려졌고[역주5]

〔역주3〕『티마이오스』는 우주의 제작자(Dèmiúrgos)가 영원의 이데아를 모델로 해서 우주를 제작하였다는 것으로 그 서두를 시작하고 있다(28A 이하). 이 제작자는 신으로 불리기도 하지만(30A 기타) 그 작용은 '이지'(埋知, nous)의 작용과 동일시된다(47E). 그러나 이러한 신과 이 우주론 속에서 신이 만든 것으로 전해지는 '영혼'(psyche, 134C 이하)의 '이지'의 부분과의 관계는 적어도 플라톤의 문맥에서는 분명치 않다. 그래서 신 즉 제작자는 결국 영혼의 이지의 부분을 가리킨다는 해석도 성립될 여지가 있다. 화이트헤드는 우주의 '영혼'이 궁극의 창조자가 아니라는 것을 확인하고 있다(이 장 제6절 참조). 하여간 이 양자의 관계를 어떻게 보느냐에 '내재설'과 '부과설'의 향배가 달려 있다.

〔역주4〕『티마이오스』33C 참조.

〔역주5〕데모크리토스(기원전 460경~370경)는 이미 파르메니데스의 불생불멸(不生不滅), 따라서 '변화'는 있을 수 없다는 '유'설(有說)을 받아들이는 동시에 '변화'라는 현상을 설명하기 위하여 결국 '비유'(非有)인 공허(空虛)를 대담하게 도입했다. 그 공허 속에 각각의 '유'로서 무수한 불생불멸의 불가분체(不可分體, atom)가 산재한다는 세

에피쿠로스에 의해 체계화됐으며, 마지막으로 루크레티우스에 의해 서사시 형식으로 설명되었다. 루크레티우스에 의하면 세계는 원자적 입자들의 끝없는 운동으로서, 이들 입자는 공간을 통해서 움직이다가 그 궤도를 벗어나 서로 뒤섞이고 흩어지고 다시 결합한다. 이 학설에서 질적 차이는 단지 서로 교차하는 궤도를 그리는 기하학적인 패턴에 대한 통계적 표현에 지나지 않으며, 이러한 기하학적인 패턴은 궤도에서 벗어난 원자들이 유한개수(有限個數)의 상이한 형태들과 결합하는 데서 빚어지는 결과물인 것이다.

플라톤과 루크레티우스는 둘 다 기하학에 호소하고 있다. 플라톤은 정다면체(正多面體, regular solids)에 호소하고 있으며, 루크레티우스는 궤도의 형태와 원자들의 불특정한 형태에 호소하고 있다. 이 점에서 그들의 일반적 태도는 근대과학에 의해 뒷받침되어왔다. 그러나 에피쿠로스는 공간과 운동의 문제를 다루는 데 있어 아무래도 뉴턴의 『프린키피아』에서 찾아볼 수 있는 것과 같은 순진한 형이상학적 태도를 취할 수밖에 없었던 것으로 보인다.[역주 6] 『티마이오스』에서 논의되고 있는 플라톤의 공간설에는 보다 뛰어난 형이상학적 치밀성이 있다. 그러나 본질적으로 어떠한 기하학적 형태도 지니고 있지 않은 것으로서 수용자(Receptacle)[역주 7]에 관한 플라

계상을 제시하고, 그것들의 원자(atom)의 결합·해체로 말미암아 그 집적체(集積體)로서의 가시적 사물이 변화와 다양성을 보여주는 것이라고 하였다. 그리고 이러한 원자의 와동(渦動)운동으로 세계가 형성된다고 보며, 각 원자의 형태와 크기는 무한히 다양하고 우연적이며, 각 원자는 다른 원자와의 충돌로 말미암아 필연적으로 움직이게 되는 것이라고 하였다.

[역주6] 루크레티우스가 묘사하는 에피쿠로스의 원자론은 데모크리토스의 경우와는 달리, 원자는 본시 위에서 아래로 쏟아지는 것으로 본다. 그러나 그것만으로는 세계 형성이 되지 않으며, 화이트헤드가 말하고 있는 바와 같이 에피쿠로스는 원자의 '일탈'(逸脫)을 도입한다. 그러나 이러한 일탈이 어째서 일어나느냐에 관해서는 데모크리토스의 원자론으로는 설명할 수 없으며, 화이트헤드가 말하고 있는 바와 같이 에피쿠로스는 당연히 새로운 형이상학적 근거를 자기의 설에 부여했어야 옳았다. 이것을 역으로 말한다면 데모크리토스의 원자론은 세계 형성을 설명할 수 없다는 것이 된다. 그래서 실제로 화이트헤드는 이러한 데모크리토스설에 아무런 설명도 없이 이 장의 여러 곳에서 '수학적 법칙'에 추가했던 뉴턴 등의 근대 학설에 비판을 가하고 있다.

톤의 학설은 루크레티우스의 '공허설'과 다소간 유사하다. 그렇지만 만일 루크레티우스가 에피쿠로스를 더 발전시켜 설명할 만한 통찰력을 가지고 있었더라면, 아마도 그는 다음과 같은 사실을 깨달았을 것이다. 즉 그것은 플라톤이 직접 추상적으로 생각해낸 '수용자'에 부과하기를 거부했고, 아리스토텔레스도 자신이 추상적으로 생각해낸 '질료'(質料, Matter)에 부과하기를 거부했던 바로 그 기하학적 형태를 에피쿠로스의 '공허'에는 부과하는 것이 필요하다는 사실이다.

[역주7] 『티마이오스』 48E 이하에 등장하는 개념. 플라톤은 '수용자'를 충만시키고 있는 다양한 성질 내지 힘(dynamis, 구체적으로는 불이나 물 등이 갖는 성질, 힘)에 정사면체, 정육면체, 정팔면체, 정이십면체를 대응시켜, 이러한 형태가 주어진 것을 각각 불, 흙, 공기, 물의 입자라고 하였다(『티마이오스』 52D 이하). 이러한 입자를 통해서 사물의 생성, 변화를 설명하는 플라톤의 말에는 엠페도클레스의 입자설이나 데모크리토스의 원자론과 현저하게 유사한 데가 있어 보인다. 그러나 데모크리토스와의 근본적인 차이는 첫째로 각 입자는 플라톤의 경우, 해체·재구성·상호변환이 가능하며, 둘째로 데모크리토스의 원자 형태가 무한히 우연적인 것인 데 대하여 플라톤의 경우는 여기에도 이지(理知, nous) 혹은 제작자의 개입이 있으며, 그렇기 때문에 기하학적인, 그러면서도 유한성(有限性)의 형태가 부여된다고 본 점이다. 한편 플라톤은 이른바 '불' '물' 등을 그 자체로는 어떤 자립적인 실체로 인정하지 않으며, 도리어 그와 같은 명칭은 어떤 동일한 성질이 반복하여 나타날 경우, 그런 성질에 붙여진 명칭이라고 생각한다. 그러나 플라톤은 그러한 성질이 어떠한 실체적인 기체(基體)의 성질이냐는 문제를 묻는 것이 아니고, 도리어 그러한 성질들이 거기에서 나타나게 되는 '장'(場)과 같은 것으로 생각하고, 그 장소, 혹은 공간, 혹은 수용자가 다양한 성질 내지 힘으로 충만되어 있다고 본다. 이러한 '수용자'는 다양한 힘으로 충만되어 그 속에서 예를 들어 '불로 화한 부분'이 불이라고 이름한 성실을 갖는 것으로 나타나며, '물로 화한 부분'도 이와 다를 바가 없는 결과가 된다는 것이다. 그러나 온갖 성질들 내지 힘이 그곳에 들어가거나, 그곳으로부터 나오거나 하는 문제의 수용자는 그 자체로서는 아무런 성질도 갖지 않는다고 보았다. 그리고 뒤에 수용자 속에 나타나는 여러 성질에 기하학적 형태가 주어지게 된다. 그러나 '수용자' 그 자체는 그러한 성질—따라서 그러한 성질에 대응하는 기하학적 형태—과는 무관하다(『티마이오스』 48E 이하). 한편 이것은 뉴턴이 채용한 우주론으로서 근대과학과 상통될 수 없는 것이지만, 전자나 소립자를 '장의 초점적 영역'(이 책의 제9장 제7절)으로 생각하는 드 브로이, 슈레딩거(E. Schrödinger)형의 현대 물리학과 상통한다고 볼 수 있다. 다만 플라톤은 필경 장의 중첩 같은 것을 생각한 것이 아니라, 수용자 그 자체에는 아무런 성질도 들어 있지 않기 때문에 이 점에서 '공허'(空虛)와 유사한 것이라고 할 수 있다.

플라톤의 우주론은 '부과'(賦課, imposition)와 '내재'(內在, immanence)
의 학설을 융합시키는 데 도움이 될 수 있으며, 에피쿠로스의 '원자론'은 '부
과'와 '기술'(記述)의 학설을 융합시키는 데 쉽게 기여할 수 있다.

이 두 우주론이 이처럼 서로 다른 까닭은 다음과 같은 데 있다. 즉 플라
톤에게 사물의 움직임은 해당 사물의 다양한 특성들——내재하는 영혼의
지적 활동이라든지, 내재하는 형태의 기하학적 필연성이라든지——의 기능
이다. 그러나 에피쿠로스에게 원자의 궤도는 원자의 본성이 갖는 어떠한
필연성에서도 파생되지 않는다. 원자가 공간 관계를 공유하며 가동적이라
는 것은 확실히 원자의 본성에 본질적으로 내재해 있는 것이다. 그러나 특
정한 원자의 특정한 궤도는 그 원자의 본성과 아무런 본질적 관계도 갖지
않는 하나의 단순한 사실인 것처럼 보인다. 오늘날 원자의 파동설은 데모
크리토스보다 플라톤에 가깝고, 뉴턴 역학은 플라톤보다 데모크리토스에
가깝다. 루크레티우스는 몇몇 구절에서 은연중에 내재설을 끌어들이고 있
다. 루크레티우스의 주요 관심사는 미신에 속는 사람들이 생각하는 귀신이
나 제신(諸神)의 변덕스러운 개입에 대립되는 법칙의 지배였다.

원자의 궤도에 관해서는 두 가지 견해가 있을 수 있다. 그 하나의 이론에
의하면 법칙은 부과된 것으로 생각될 수 있는데, 법칙이 부과되기 위해서
는 이것을 부과하는 초월적인 신이 필요하다. 이것은 사실상 뉴턴이 택한
우주론이다. 뉴턴이 말하는 힘이란 그것이 결국 어떻게 수학적으로 정식화
되건 간에, 신에 의해 부과된 조건 이외의 것이 아니다. 이러한 관점은 18
세기의 실용(작업)정식(working formula)이었다. '신'은 '제일 원인'(the
First Cause)이라는 딱딱한 이름으로 종교에 나타나서 하얗게 칠해진 교
회에서 적절히 숭배되었다.

원자의 궤도에 관해서 가능한 또 하나의 이론은 '단순한 기술(記述)'을
주장하는 실증주의파'가 채택할 수 있는 성질의 이론이다. 이런 이유 때문
에 루크레티우스적 유형의 원자론은 이 학파가 가장 선호하는 제일 원리
가 되었다. 분자의 궤도는 단순한 우연으로 돌릴 수 있다. 이 궤도는 아무
렇게나 배치되어 있고 각 궤도는 다른 궤도와 아무런 관계도 없다. 또한

궤도의 각 연속 부분은 같은 궤도의 선행 부분에 의해 조건지워지는 일도 없다.

따라서 우리가 인식하는 그대로의 세계는 복잡하게 뒤얽힌 궤도와, 전적으로 우연에 의해서 일어난 주변 상황들의 연쇄로서 우리의 혼란스런 지각에 나타난다. 우리는 일어난 것을 기술할 수는 있지만, 그 기술로 지식의 모든 가능성이 종결된다.

루크레티우스는 부과된 법칙의 개념과 우연의 개념 사이에서 동요하고 있다. 이는 다음과 같은 그의 표현에서 확인될 수 있겠다. "이것도 그대가 이해해주기 바란다. 물체(원자)가 그 무게 때문에 공허 속에서 곧장 아래로 향해갈 때, 어떤 시각, 어떤 장소에서 근소하게 그 진로를 벗어나게 된다는 것을. 적어도 우리는 이를 기울기의 변화라고 말할 수 있을 것이다. 만일 물체가 결코 빗나가는 것이 아니었다고 한다면 그것은 모두 아래를 향해서 마치 빗방울처럼 깊은 공허를 통해 떨어져가게 되었을 것이며, 그 원초적인 것(즉 원자)들 사이에는 충돌도 일어나지 않게 되었을 것이고, 충격도 생기지 않게 되었을 것인 바, 결국 자연은 아무것도 낳지 못하게 되었을 것이다."[원주 2]

그러나 루크레티우스는 그가 시사하고 있는 우연을 엄격히 제한하고 있다.[원주 3]——"그러나 살아 있는 것만이 이 조건에 따른다고 생각해서는 안된다. 이러한 법칙은 모든 사물들을 그들의 한계 내에 가두어놓고 있는 것이다."

극단적인 '실증주의설'에 대한 반론이 즉시 제기된다. 즉 지극히 멀리 떨어져 있는 성운들까지 포함하는 광대한 영역에 걸쳐 끝없이 긴 기간을 통해 거대하고도 정연하게 일어나는 진화는 단순한 우연의 산물이 아닌 것 같다는 것이다.

[원주2] 제2권 216~224행, 먼로(H. A. J. Monro) 역, (G. Bell and Sons간, Bohn's 총서 별권). 그리고 베일리(Cygril Bailey) 역, 『루크레티우스, 사물의 본성에 대하여』.(옥스퍼드대학 출판, 1928) 참조.

[원주3] 제2권 718행, 719행 참조.

이러한 반론에 대해서는 두 가지 답변이 있다. 우선 첫째는 다음과 같다. 즉 시간도 무진장하고 공간도 무진장하다. 우리가 다루고 있는 것은 무한에서 무한으로의 공간 전체와, 영원에서 영원으로의 시간 전체이다. 또 우리는 어떠한 유한수로도 헤아릴 수 없는 무수한 존재들 전체를 문제삼고 있다. 유한수의 원자들을 포함하는 어떠한 공간과 시간의 유한영역에 있어서도 예상할 수 있는 궤도의 배치상이 있다는 것은, 그 배치상이 아무리 단순하거나 아무리 복잡한 것이라 해도 사실일 것 같지 않다. 오히려 그렇지 않을 공산(公算, probability)이 매우 크다. 그러나 우리가 다루고 있는 것은 예상되는 관념이 아니다. 우리는 한정된 영역에서 실제의 사실을 관찰하고 있는 것이다. 어떤 실제의 사실이 있어야 하며, 우리가 관찰한 것은 실제로 있었던 사실이다. 거기에는 예상된 것이 아무것도 없다. 따라서 그렇지 않을 공산(improbability)이 매우 크다는 식의 문제도 존재하지 않는다. 온갖 기대가 우리 마음속에 떠오르는 것은 사실이지만, 그러한 기대는 실제로 일어났던 것에 대한 막연한 기억이 과거 사실에 대한 보다 세밀한 분석에 관한 생각들과 결부되어 나타난 것이다. 과거의 사실은 있음직한 것도, 있음직하지 않은 것도 아니다. 그것은 우리의 관찰이 미치는 범위 내에서 실제로 일어났던 것들이다.

둘째의 답변은 내재설에서 파생된 것과 같은 관점을 취한다. 관찰 가능한 시공적 영역(時空的 領域, spatio-temporal region)에 있어서 질서를 과대시할 필요는 조금도 없다. 아니, 실제로 그렇게 해야 할 이유는 털끝만큼도 없다. 멀리 떨어져 있는 장소나 시대와 관련해서 우리는 단지 질서의 극히 일반적인 측면들을 알고 있을 뿐이다. 오늘날 우리는 보다 상세한 것들을 알게 되기는 했지만, 우리의 관찰은 거칠고 부정확하고 산발적이다. 여기에서도 또한 이것이 우리가 알고 있는 전부인 것이다. 우리는 직접적인 지식을 단 한 걸음이라도 넘어서는 곳에서 원인을 찾아서는 안되며, 기대해서도 안된다. '실증주의자'는 직접적인 관찰을 넘어서서 사색할 때 의지할 수 있는 어떤 발판도 가지고 있지 않았다.

제4절

　루크레티우스의 시(詩)가 서사적으로 묘사하고 있는 위대한 '실증주의' 학파는 오늘날 과학의 영역에서 최고의 권위를 누리며 군림하고 있다. 이 학파가 지향하는 것은 모든 사변을 버리고 오로지 사실에만 주목하는 일이다. 그러나 불행하게도 견해를 달리한 여러 학파들 가운데서 이 실증주의 학파는 사실과의 대결에서 가장 큰 취약성을 드러내는 학파이다. 그것은 한번도 제대로 작동되어본 적이 없다. 왜냐하면 그것은 목적의 구상을 가능케 하는 미래 예측의 발판을 전혀 제시하지 못하기 때문이다.

　그러나 '실증주의'와 인류의 실제적인 처신을 대비시키기에 앞서, 새로운 원자론이 근대사상의 새로운 형태로 등장했다는 사실을 상기해보면 흥미롭다. 인식론(認識論, epistemology)이 대두되어 지식을 자부하는 모든 것에 대한 비판자로서 기능하였다. 오늘날에는 '우리는 어떻게 인식하는가'라는 문제가 '우리는 무엇을 인식하는가'라는 문제에 우선하고 있다.

　원자론의 학설이 다시 나타난다. 우주론에서 데모크리토스의 원자론이 인식론에서 흄의 원자론으로 대치된 것이다. 에피쿠로스는 물질적 우주의 궁극적 요소는 궤도를 복잡하게 교차시키면서 공간을 통해 뿌려지는 물질적 원자들이라는 학설을 제기하고 있다. 흄은 인식작용에서 주관적으로 주어지는 궁극의 요소는 다양한 감각인상(感覺印象)이며, 이것은 경험의 줄기를 따라 뿌려지며, 기어상(記憶像)으로 연합되고, 정서, 반성, 기대를 불러일으킨다는 학설을 제기하고 있다. 그러나 흄에게 감각인상은 미지의 원인으로부터 정신 속에 생겨나는 판명한 존재이다. 에피쿠로스도 흄의 것과 매우 유사한 인식론을 그의 학설의 근거로 삼고 있다.

　'실증주의'는 흄의 원자론을 움켜잡음으로써 흄을 그 선도자로 삼았다. 과학의 임무는 단지 각 경험의 흐름 속에 존속하면서 반복되는 것으로 관찰되는 동일 패턴을 정식화(formulation)하는 데 있을 뿐이라고 한다. 그러나 흄은 주관적 경험을 다루고 있기 때문에, 보다 객관적인 것을 다루고 있는 에피쿠로스의 학설에는 적용될 수 없는 하나의 추론 결과(corollary)

를 추가시킬 수 있다. 흄은 다음과 같은 것을 추가하고 있다. 즉 우리는 과거에 관찰된 반복이 미래에도 계속 반복해서 일어나리라고 기대하고 있다는 것이다.[역주 8] 여기에서 하스퍼 경(Hotspur)의 질문이 떠오른다. "그러나 찾아보기만 한다고 해서 나타날까?" 이 질문에 대해서 흄은 글렌다워 (Glendower)가 그랬듯이 아무런 대답도 하지 않는다. 기대된 반복이 반복해서 일어났던 것은 과거에 관찰된 사실이다. 그러나 '실증주의'의 과학은 오로지 관찰된 사실에만 관계되는 것이므로, 미래에 대해서는 어떠한 추측도 감행해서는 안되는 것이다. 만일 관찰된 사실이 우리가 아는 전부라면 그밖에는 어떠한 지식도 존재하지 않는 것이 된다. 그런데 개연성(蓋然性, probability)이란 지식에 관련된 개념이다. 그러므로 '실증주의 학설'의 범위 내에서 미래에 관한 개연성이란 것은 있을 수 없는 것이 된다.

물론 대다수의 과학자들과 다수의 철학자들은 번거로운 근본문제를 고찰할 필요를 피하기 위해——요컨대 형이상학을 피하기 위해——'실증주의 학설'을 이용하면서도, 과거는 사실상 미래를 지배하는 조건이라고 하는 그들의 형이상학적 확신에 암암리에 호소함으로써 과학의 중요성을 구제하고 있다.

사실상 흄이 지적한 바와 같이, 이러한 확신이 없이는 인간의 생활이 영위될 수 없는 것이다. 이런 방식으로 오늘날의 '실증주의 학설'은 어떤 형태 ——객관적이건 주관적이건——이든 원자론에 그 기초를 두고서, 과학이 해야 할 유일한 일은 관찰된 사물을 단순한 형식으로 잘 기술해내는 데 있다고 결론한다.

'실증주의'가 오직 관찰된 과거만을 그 주제로 삼아야 한다는 한계에서 벗어나는 데 통계라고 하는 수학상의 신비가 어떤 식으로든 도움이 된다고 하는 생각은 잘못된 것이다. 그러나 통계는 통계적 형태의 영속성을 전제로 하지 않고서는 미래에 대해서 아무것도 말해주지 않는다. 예를 들어 예측을 위해 통계를 사용하자면 평균치(the mean), 대표치(the mode), 확

[역주8] 『인성론』 제1권 제3부 제6절.

률 오차(the probable error), 함수적 상관관계(functional correlation)의 통계적 표현에서 대칭도(the symmetry) 또는 비대칭도(skewness) 따위의 안정도에 관한 가정이 필요한 것이다. 수학은 사람들이 믿고 있는 것의 논리적 귀결이 무엇인지를 알려줄 수 있다. 예를 들면, 어떤 사과가 유한 개수의 원자로 되어 있다고 치면, 수학은 그것이 홀수인지 짝수인지를 알려줄 것이다. 그러나 수학을 향해, 사과나 원자나 그 원자의 수 같은 것들을 마련해 달라고 요구해서는 안된다. 단순한 가능성에서 사실의 문제로의, 다시 말하면 수학에서 구체적 자연으로의 타당한 추론이란 것은 존재하지 않는다.

제5절

이제는 '실증주의 학설'을 '과학사'의 사실과 대비시켜보기로 하자. 우리는 과학자의 실제 행위에 나타나고 있는 목적의 유형이라는 것을 찾고 싶은 것이다. 편중된 선택이라는 의심을 받지 않기 위해서, 마침 이 글을 쓰고 있을 무렵에 미국 신문에 톱기사로 취급되었던 최근의 발견에 대해서 생각해보기로 하겠다. 그것은 애리조나의 로웰 천문대에서 이루어진 새로운 유성 발견[역주 9]이다. 이 발견에 대한 최종적인 해석은 문제되지 않는다. ──자연은 예상을 충족시킨다는 그 사실만으로도 종종 사람들을 놀라게 한다. 이것은 전에 있었던 해왕성의 발견이나 희미하게 보이는 이중성(二重星)의 거듭되는 발견, 또 달의 운동 공식에 있어서 유명한 경험항(經驗項, empirical term)[역주 10]의 발견 등에 딱 들어맞는 이야기이다.

[역주 9] 로웰 천문대는 퍼시벌 로웰(Percival Lowell, 1855~1916)에 의해 설립되었다. 그는 여기서 화이트헤드가 말하고 있는 바와 같이 그 당시에는 미지였던 명왕성의 존재를 추정하고, 천체역학의 계산을 통해서 그 존재를 예언하였는데, 그의 사후 1930년에 이 천문대의 통보에 의해 실제로 발견되어 명명되었다. 로웰 자신의 발의로 설치된 '로웰 강연' 강좌의 하나로 화이트헤드가 초청을 받아 행한 강연이 『과학과 근대세계』이다.

[역주10] 달의 운동에는 여러모로 불확정 요소가 많다는 것이 예로부터 알려져왔고 역학적

지금 화제로 삼는 최근의 발견은 천왕성과 해왕성의 궤도가 계산된 질서에서 빗나가고 있음이 관찰된 데 기초를 두고 있다. 이 궤도 계산은 '만유인력의 법칙'을 예증하고 있는 이 두 행성에 대해 태양계에 알려져 있는 천체 모두가 미치는 영향을 고려하여 이루어진 것이었다. 그런데 관찰된 이 두 유성의 운동은 이상과 같이 계산된 궤도에서 약간 빗나가고 있다. 그러나 관찰된 이 빗나감을 기술하는 수식을 만드는 데는 아무 어려움이 없다. 이러한 수식은 아주 초보적인 부류에 속하는 수학이다. 그것은 이 두 유성의 주기를 나타내는 수적 요소와, 각 앰플리튜드(amplitude, 천체의 출몰점과 正東 또는 正西에서의 거리차)를 나타내는 수적 요소[역주11] 및 각 신기원[역주12]——오늘날 흔히 말하는 '제로 타임'(zero time)——을 나타내는 수적 요소와 함께, 삼각법의 사인·코사인을 포함하는 약간의 항(項)으로 이루어질 것이다. 그것은 매혹적일 정도로 단순한 기술(記述)이어서, 수학의 미래에 관한 플라톤의 다시 없는 대담한 사변을 예증하는 것이기에 플라톤이 이를 보았더라면 매우 기뻐했을 것이다.

'실증주의자'는 누구나 전적으로 만족하였을 것임에 틀림없다. 관측된 사실과 합치되는 하나의 단순한 기술이 이것으로 마련되었던 셈이다. 그래서 그들은 이 수식이 미래에도 계속 천왕성과 해왕성의 운동을 기술할 것이라는 단순한 확신으로 되돌아갈 수 있었다. '실증주의'는 이로써 사명을 다한 셈이었다. 그러나 천문학자들은 만족할 수 없었다. 그들은 '만유인력의 법칙'을 잊지 않았다. 로웰(Percy Lowell)은 해왕성의 궤도보다 훨씬 더 멀리서 타원궤도를 그리며 태양의 주위를 운동하는 어떤 가상점(假想點)을 향해가는 가속도의 성분 벡터(Vector)의 방향과 크기를 계산하였다. 그는

해명도 시도된 바 있었으나 1923년에 E. W. 브라운이 근지점(近地點)의 황경(黃經), 교점(交點)의 황경, 평균 황경과 함께 궤도계산의 요소로 생각한 '경험항'은 유명하다.

[역주11] 천체의 출몰점과 동서간의 각(角)거리를 말한다.

[역주12] 혹성 궤도에서의 출발점, 성표(星表)의 기준연대를 말한다. 편각(偏角)과 함께 편이적인 기준.

그 가속도의 크기가 해왕성과 운동점의 거리의 제곱에 반비례해서 변화하도록 그 운동점의 가상 궤도를 선정하는 데 성공하였다. 하나의 새로운 기술(記述), 즉 그것을 천왕성의 각 위치와 관계시키기에는 약간의 복잡한 수학을 필요로 하지만, '뉴턴의 법칙'의 일반 형식과 일치하는, 하나의 새로운 기술이 확보되었던 것이다. 이는 일반성에서의 확대를 의미하였던 바, 기술상의 기교를 중시하는 사람에게는 기쁜 일이었을 것이다. 그러나 우리는 핵심이 되는 중요한 점을 잊고 있었다. 즉 우리는 로웰의 운동점의 방향을 향해서 하늘을 바라보기만 하면 되고, 그럴 경우 우리는 새로운 유성을 발견하게 될 것이라는 사실이다. 그러나 실증주의에 의하면 확실히 새로운 유성을 발견하게 되는 일은 결코 없을 것이다. 사람들이 눈으로 보아온 것은 사진판에 나타난 약간 희미한 작은 점들뿐이니까. 그런데 이 작은 점들은 사진술, 고성능의 망원경, 정교한 장치, 장시간에 걸친 노출, 맑은 밤하늘과 같은 조건들의 개입을 필요로 한다. 새로운 설명은 이제 망원경, 빛, 사진에 관한 혼잡한 물리적 법칙——단지 관찰된 사실의 기록임을 주장하는 데 그치는 법칙——등을 사변적으로 확장하는 일을 떠맡는 것이다. 이 새로운 설명은 이러한 여러 법칙을 천문대 내의 특수 상황에 사변적으로 적용시키지 않으면 안되지만, 그런 상황에 대해서 이들 법칙이 타당하다는 것이 동시에 확증되는 일은 없다. 미로 속을 헤매던 법칙에 대한 사변적 확장은 천왕성과 해왕성의 궤도 이탈을 사진판상의 작은 점과 결부시키는 결과를 얻게 된다.

지금까지 '실증주의 학설'이 요구하는 엄격한 조건에 따라 꾸며본 이야기는 단순한 사실을 익살스럽게 표현한 것이다. 문명세계는 홀로 멀리 떨어져 영구히 태양의 주위를 궤도에 따라 회진하면서 여러 사물의 추이에 미약하게나마 영향을 끼치고 있는 이 새로 발견된 유성에 골몰해왔던 것이다. 마침내 그것은 사물들의 본성을 통찰하고 그들의 상호연관의 필연성을 밝혀내는 인간 이성에 의해 발견된다. 법칙의 사변적 확장(the speculative extensions of law)은 비록 '실증주의 학설'에 의하면 근거가 없는 것이지만, 망원경, 천문대, 산, 유성 등과 같은 물체들이 그들 자신의 본성에 관

한 이론을 포함하는 우주의 필연성에 따라 서로 움직이면서 영속한다는 사
변적인 형이상학적 신뢰의 명백한 결과인 것이다. 여기서 중요한 점은 직
접적인 관찰을 초월한 사변적 확장이란 형이상학적인 개념들이 명료한 사
상 속에 아무리 막연하게 수용되어 있다고 하더라도, 그런 형이상학에의
어떤 신뢰를 뜻하는 것이라는 사실이다. 우리의 형이상학적 지식은 미미하
고, 피상적이며, 불완전하다. 그래서 오류가 몰래 끼여든다. 하지만 형이상
학적 전제를 떠나서는 어떠한 문명도 존재할 수 없다.

　　과학의 방법과 관련하여 이끌어낼 수 있는 하나의 교훈이 있다. 모든 과
학의 진보는 그 초기에 있어 관찰된 사실에 대한 일반적 기술(記述)을 제공
하는 하나의 정식(formula)을 마련하는 데 달려 있다. 로웰은 그의 손에
있는 그러한 공식, 즉 궤도 이탈에 대한 단순한 수학적 표현을 다루었다.
어떤 단계에서는 모든 발견의 방법이 '실증주의 학설'과 일치한다. 이렇게
의미를 한정시킬 때 '실증주의 학설'이 옳다는 것은 의심의 여지가 없다.

　　과학의 어떤 분야는 몇 세기 동안이나 바로 이러한 단계에 머문다. 이럴
때 해당 분야의 열성가는 무방비상태의 '실증주의 학설'을 신봉하게 되는
것이다. 그러나 과학자로 하여금 단순한 기술(description)에 만족하는
것을 넘어서, 심지어 일반적 기술에의 만족도 초월하여 앞으로 나아가게 하
는 하나의 동기가 있다. 그것은 관찰의 특정한 현실적 사례를 넘어서 법칙
을 사변적으로 확장시키는 것을 정당화시킬 수 있는 설명적 기술
(explanatory description)을 얻고자 하는 요구이다.

　　이 설명적 기술에의 충동은 과학과 형이상학이 상호영향을 주고받을 수
있게 한다. 형이상학의 학설은 문제되는 설명을 제공할 수 있도록 변경되
고, 과학의 설명은 그에 관계하는 과학자의 상상 속에 들어 있는 통속적인
형이상학에 의해 이루어진다. 플라톤의 시대로부터 현대에 이르는 사상사
의 한 측면은 자연법칙의 해석을 둘러싼 형이상학자와 실증주의자와의 싸
움이었다. 알렉산드리아 사람들과 구별되는 그리스인은 관념을 체계화시킨
사람들이라기보다는 관념을 발견한 사람들이라고 보아야 한다. 따라서 이
자연의 법칙이라고 하는 논제에 대한 플라톤의 태도가, 앞에서 인용한 몇

몇 구절들이 함축하고 있는 것처럼 분명하지 않다고 해서 놀랄 것은 없다. 그의 몇몇 대화편에서 그는 완전히 이해될 수 있는 영원한 이데아의 세계와, 영원한 이데아의 엄밀한 명석성에는 참여할 수 없는 감각에 의해서 식별되는 유동(流動)의 세계를 구별하는 데 전념하고 있었다. 그 정도로 감각된 세계는 이해를 위한 문이 닫혀 있는 세계이다. 감각된 세계의 역사는 완전한 합리적 설명이 불가능한 사실의 문제로 환원된다. 동굴의 벽에 비친 그림자의 신화를 썼던 플라톤[역주13]과 흄(즉 『인성론』을 쓰고 있던 흄), 밀, 콩트, 헉슬리 등의 완전한 '실증주의 학설'과는 일맥상통하는 데가 있다. 그런 분위기 속에 있던 플라톤과 근대인과의 중요한 차이점은——이것은 매우 큰 차이점이다——플라톤이 영원한 이데아 세계의 현저한 실재성(實在性)을 강조한 데 반해 대다수의 근대인들은 유명론(唯名論, nominalism)으로 그것을 대치시키지 않으면 안되었던 데에 있다.

그러나 후기의 대화편에서는 플라톤의 관심이 우주론에 집중되어 있고, 앞에서 인용한 구절이 보여주고 있듯이 그의 최후의 판단은——만년의 노쇠 현상 때문인지——그로 하여금 '내재된 법칙설'과 '부과된 법칙설'의 중간 입장을 취하도록 하고 있다.

제6절

"그래서 나는 있음에 대한 정의는 단적으로 힘이라고 생각한다"라는 제안을 했던 것은 이 후기의 분위기 속에 있던 플라톤이었다. 이 제안은 내재된 법칙설의 강령이다.

[역주13] 이것은 플라톤의 『국가』(제7권, 514A 이하)에 들어 있는 비유이다. 대체로 『국가』에서는 이데아의 세계와 감각의 세계가 완전히 존재하는 것과 존재와 비존재의 중간에 있는 것과의 관계에 놓여 있거나, 완전히 밝은 것과 어두운 것과의 관계에 놓여 있다. '동굴'의 비유에서는 동굴의 벽에 반영된 영상만을 보고 태양이 빛나는 외부 세계를 모르는 죄수가 그대로 참된 이데아 쪽을 보려 하지 않고 희미한 억견의 세계에 안주하는 인간의 모습으로 묘사되어 있다.

이 (자연의 법칙에 관한) 학설의 역사에서 그 다음의 획기적 사건은 그로부터 약 4백 년에서 6백 년 후에 알렉산드리아의 신학자들에 의해 일어났다. 세속의 철학사상에서는 신학을 과소평가하는 것이 통례로 되어 있지만, 이것은 크나큰 잘못이다. 거의 1천 3백 년이나 되는 기간에 가장 유능한 사상가는 대개 신학자들이었기 때문이다.

알렉산드리아의 신학자들은 신의 세계 내재(the immanence of God in the world)에 대해서 크게 부심하였다. 그들은 세계를 강력하게 질서로 이끄는 원인인 '근원적 존재'(the primordial Being)가 어떻게 해서 그의 본성을 세계와 공유하는가 하는 일반적인 문제를 고찰하였다. 어떤 의미에서 이 근원적 존재자는 덧없는 모든 사물의 본성을 구성하는 하나의 요소가 된다. 따라서 시간적 사물의 본성에 대한 이해는 영원한 존재(the Eternal Being)의 내재에 대한 이해를 수반한다. 또 이 학설은 부과된 법칙설과 내재된 법칙설을 의미있게 조화시킨다. 왜냐하면 이 학설에서는 질서로 향하는 경향의 필연성이, 초월하는 신의 의지가 거기에 부과되는 데서 생겨나는 것이 아니기 때문이다. 이 필연성은 자연 속의 존재자가 내재하는 신의 본성을 공유한다는 사실에서 생겨나는 것이다.

이 학설은 플라톤 자신의 학설로부터 자연스럽게 파생된 것이기는 하지만, 어떤 뚜렷한 형태에 있어서도 플라톤적인 것은 아니다. 그러나 『티마이오스』에서 플라톤은 분명히 궁극의 창조자가 아닌, 이 세계의 영혼을 제시하고 있다. 이러한 개념에 의해 플라톤은, 환상적인 유출설(流出說)을 제창하고 있는 그노시스파[역주 14]나 아리우스파의 선구자가 되었다.

『티마이오스』에서 이 학설은 하나의 비유로 나타나 있다고 할 수도 있겠다. 그럴 경우, 이 저작은 대체로 신화 형식으로 씌어진 플라톤의 가장 유감스러운 작품이 될 것이다. 유출(emanation)로서의 세계 영혼(World-

---

[역주14] 기원전 1~4세기경 로마, 그리스 이외에도 소아시아, 이집트 등지에 퍼져 있던 일종의 이단설을 제창한 일파로서, 신의 세계와 물질의 세계 간에 영적 존재인 천사, 인간, 악마가 있다고 하였다.

Soul)은 영속하는 실재와 유동하는 실재와의 관계를 모호하게 할 뿐인 유치한 형이상학의 모태가 되었다. 그런데 본래 중개자는 양자 공통의 요소이어야 하며 초월적인 유출이어서는 안된다.

성 아우구스티누스에 연유하는 서양의 은총설(doctrine of Grace)은 세계에 자신의 부분적인 은총을 내리는 완전한 초월적인 신이라는 개념으로 현저하게 기울고 있다. 사실 칼뱅이 엄격한 형식을 빌려 각색한 바로 이 학설은, 전적으로 악한 물질계가 신의 자유로운 선택에 의해 부분적으로 구제된다는 마니교[역주15]의 학설을 연상하게 한다. 칼뱅파의 사상에서 세계의 물질적 질서는 신의 의지가 자유로이 부과된 것이었다. 실제로 아우구스티누스의 학설은 그런 질서가 초월신의 의지에서 파생된 것인가, 혹은 내재신의 본성에 속하는가에 따라 상이한 모습을 띠게 된다.

이처럼 변화무쌍한 역사——플라톤과 에피쿠로스, 그노시스파, 알렉산드리아 신학자, 안티오키아와 몹수에티아의 합리론자, 마니교도, 아우구스티누스, 칼뱅 등을 포함하고 있는 역사——를 가진 이 질서에 대한 확고한 신념은 마침내 16세기에 이르러 근대세계 최초의 단계, 즉 모든 세부적인 것에 이르기까지 인간의 이해가 미칠 수 있는 자연의 질서가 존재한다는 것을 주저 없이 전제하는 단계의 밑거름이 되었다.

이 신념은 플라톤과 유태의 예언자들에게까지 거슬러 올라가 그 시초를 찾아볼 수 있다. 그러나 아마도 이 신념은 분명한 형식으로 표현되거나 일관되게 믿어진 것 이상으로 확고한 것이었을 것이다. 루크레티우스는 세부에 걸친 엄밀한 자연질서에 관한 학설을 가장 명확하게 정식화하고 있다. 그러나 이 루크레티우스조차도 "어디라고 확정되지 않은 공간의 부분과 언제라고 확정되지 않은 시점에서" 일어나는 원자의 빗나감에 모든 것을 맡겨 놓고 있다.

[역주15] 페르시아의 예언자 마니(216경~276경)가 창시한 종교. 빛과 그늘, 선과 악의 이원론을 내세운다. 지상의 빛의 분자를 구원하기 위해서 빛이 예언자를 보냈으나, 마지막 최대 예언자는 마니라고 한다.

제7절

17세기의 결론은 그후 2백 년에 걸쳐 우주론적 학설이 새롭게 안정되었다는 것을 나타내주고 있다. 우선 극단적인 '실증주의적 학설'이 추방되었다. 그러나 이상하게도 당시의 사상계를 지배하고 있던 세 사람의 위대한 인물들 즉 뉴턴, 라이프니츠, 로크는 플라톤과 루크레티우스의 문제에 대한 세 가지의 다른 해석을 내렸다.

뉴턴의 입장은 그 당시와 그 직후의 과학에 필요한 방법론을 정당화하는 것으로서 그만큼 유용한 것이었다. 뉴턴은 루크레티우스의 공허설의 가장 소박한 형태와 그의 물질 원자설(物質 原子說)의 가장 소박한 형태 및 '하나님의 뜻으로 부과된 법칙'의 가장 소박한 형태를 생각하고 있었다. 형이상학적 통찰에 이르는 뉴턴의 유일한 길은 그가 '공허'와 '신의 감각중추'[역주16]를 결합시키는 과정에서 오고 있다. 뉴턴의 우주론은 이해하기에는 아주 쉽고 믿기에는 아주 어렵다. 사실상 그것은 2세기 동안 최고의 권능으로 정당화되고 있었다. 그래서 그 진실성도 2세기 동안이나 실질적으로 인정되고 있었다. 그의 학설은 언제까지나 광범한 적용 범위를 갖는 하나의 명석 판명한 사상체계를 대변할 것이다. 어떠한 우주론이든 이 뉴턴의 체계를 해석하고, 그 한계를 표현할 수 있어야 한다.

라이프니츠의 모나드(monad)는 우주에 관한 원자설의 또 다른 형태를 이루고 있다. 사실상 뉴턴은 데카르트 물리학의 주요 입장을 의심하지 않고 채택하였다. 그러나 뉴턴은 데카르트가 처음으로 도입한 주관주의적 편견에 대해 아는 바가 전혀 없었다. 뉴턴은 데카르트적 방식으로 해석된 것

[역주16] 뉴턴은 『프린키피아』의 「일반 주해」에서 이 말을 사용하고 있는데, 이 대목에서 뉴턴은 자신의 기계적 역학체계에서 보여주고 있는 세계 속에 신의 본성과 위치에 대하여 해명하려고 하였다. 그리고 전기를 띤 인력과 배척력에 대해서도, 혹은 빛의 굴절이나 반사에 대해서도 모든 것에 침투하고 있는 미세한 영(靈)의 힘, 작용을 생각할 수 있을지도 모르겠다는 소견을 첨가시키고 있다. 그리고 『광학』(光學)에서 뉴턴은 '공간' 속에서 신의 힘과 의지가 물리적 세계를 지배한다고 하였으며, 이를 '신의 감각중추'(divine sensorium)라고 불렀다.

들을 자기로서도 많이 알고 있다고 생각했고, 그는 그렇게 해석된 이 지식을 성공적으로 체계화하였다. 그러나 데카르트는 물리학의 문제에 착수하기에 앞서 중대한 질문을 던졌다.——"어떻게 나는 인식하는가? 또 어떻게 나는 나의 지식에서 의심스러운 해석을 제거할 수 있는가?" 이 주관적 경향의 사상이 1세기에 걸친 철학적 사변을 통해 얻은 최종 결실은, 이미 앞장에서 논의된 바 있는 흄의 심적 원자론(心的 原子論, mental atomism)에 의해 주어지고 있다.

라이프니츠는 이와 같은 인식 비판의 문제를 예리하게 의식하고 있었다. 따라서 그는 객관적 관점에서 우주론의 문제에 접근했던 루크레티우스나 뉴턴과 달리 그 문제에 주관적 측면에서 접근하였다. 루크레티우스와 뉴턴은 은연중에 다음과 같은 질문을 던지고 있다. "원자의 세계는 이것을 관망하는 지성에게 어떠한 것으로 보일까. 이러한 지성은 원자적 우주의 광경에 대해서 무엇이라고 말할까." 이에 대한 답변은 불멸의 역작들인 루크레티우스의 서사시와 뉴턴의 『프린키피아』에 들어 있다.

그러나 라이프니츠는 또 하나의 물음에 답하였다. 그는 한 개의 원자라는 것이 어떠한 것이어야 하는가를 설명하였다. 루크레티우스는 원자가 다른 사람에게 어떤 것으로 보이는가를 말하고 있고, 라이프니츠는 원자가 그 자신에 대해 어떻게 느끼고 있는가를 말하고 있다. 이 설명에서 라이프니츠는 근대 우주론을 혼란시키고 있는 하나의 난제, 즉 플라톤, 아리스토텔레스, 루크레티우스, 뉴턴이 전적으로 무시하였던——아마 그들은 그러한 난점이 오류에 기인한다고 단언했을 테지만——난제와 씨름하고 있다. 데카르트는 사상의 새로운 학파를 창시한 사람들이 흔히 그러하듯, 낡은 노선과 그가 창시한 새로운 노선 사이에서 정확하게 균형을 유지하고 있었다. 근대의 시각은 2천 년 동안에 걸쳐 아리스토텔레스 논리학이 서서히 끼친 영향에서 생긴 것이다. 그리고 아리스토텔레스의 논리학은 가장 단순한 문장 형식의 분석에 그 기초를 두고 있다. 예를 들면 '이 물은 뜨겁다'라는 문장은 고온(高溫)이라는 특성을 특정한 욕조 속의 특정한 물에 귀속시키고 있다. '뜨겁다'는 성질은 하나의 추상개념이다. 다수의 다른 사물이 뜨

거울 수 있고 우리는 욕조 속의 어떤 뜨거운 특정 물체도 고려함이 없이 뜨거움을 생각할 수 있다. 그러나 현실의 물리적 세계에서 '뜨거움'이라는 성질은 현실적으로 '뜨거운' 구체적 사물의 특성으로서만 나타날 수 있다.

그리고 아리스토텔레스의 논리학에서 파생하는 관점을 고수하면서 우리가 물리적 세계에서 실재하는 특정 사물에 대한 완전한 설명을 구하려고 하면, 그 타당한 해답은 이상과 같은 추상적 특질들——즉 결합해서 하나의 개별화된 공재성(共在性, individualized togetherness)[역주 17]을 이루며, 이것이 곧 문제되는 실재의 사물이라고 할 추상적 특질들——의 조합에 의해 표현될 수 있다.

이 해답은 매우 단순하다. 그러나 이것은 현실의 사물과 사물 사이의 상호 연관을 전혀 무시하고 있다. 그래서 각 실체적 사물은 다른 어떤 실체적 사물과도 관계가 없고, 그 자체만으로 완전한 것으로 간주된다. 경험을 즐기는 궁극의 원자, 궁극의 모나드, 궁극의 주체 같은 것들에 대한 이러한 설명은 실재하는 개체들의 상호 연관된 세계를 이해 불가능한 것으로 만든다. 우주는 다수의 단절된 실체적 사물들로 분해되고, 이들 각 사물들은 저마다 독자적으로 각자가 소유하는 일군의 추상적 성질들——즉 그 사물 자체의 실체적 개별성에 공통의 근거를 두고 있는 일군의 추상적 성질들——을 예증하는 것이 된다. 그러나 실체적인 사물이 실체적인 사물을 불러들이지는 못한다. 실체적인 사물은 성질, 즉 신용장을 획득할 수 있다. 그러나 진짜 토지재산인 부동산은 결코 획득할 수 없다. 이런 방식으로 아리스토텔레스의 술어설(述語說, doctrine of Predication)과 제일 실체설(第一實體說, doctrine of Primary Substance)은 결과적으로, 속성들(attributes)의 연접(conjunction)과 제일 실체들의 이접(disjunction)에 관한 설을 낳게 되었다.[역주 18]

〔역주17〕 '개체화된 공재'에 관해서는 이 책의 제3부 제11장 제5절 참조.

〔역주18〕 아리스토텔레스의 논리학이 근대 원자론과 결부되어, 『과학과 근대세계』에서 말하는 '단순정위설'(單純定位說)을 낳게 했다고 보는 화이트헤드의 견해에는 설득력이 있어 보인다.

근대의 인식론과 근대의 우주론은 모두 이 문제와 씨름하고 있다. 이러한 인식론과 우주론에서는 어떠한 직접적인 교섭을 통해서도 결코 알 수 없는 어떤 신비적인 실재가 배후에 존재한다. 직접적인 향유의 전면에는 문제의 신비적 실체인 개체——즉 실체적인 단일체를 이루고 있는 고립된 각각의 개체——의 표면에 변화를 일으키는 성질들의 다양한 유희와 교차가 있게 된다.

그러나 경험하는 각 주체의 한 가지 특징은 그것이 향유하는 온갖 성질로 채색된 그 자신의 사적인 세계를 궁극적 실재 간의 복잡한 소통을 지시하고, 상징적으로 밝혀주는 것으로 해석하려는 충동을 갖고 있다는 점이다. 그러나 이러한 근대 우주론에 따른다면 이 소통의 방식이나 근거는 영구히 이성이 파악할 수 없는 것이 되지 않으면 안된다. 왜냐하면 이 학설에서 이성은 단지 개별적인 실체의 본성을 구성하고 있는 성질들의 조합을 식별할 수 있을 뿐이기 때문이다.

아리스토텔레스 논리학이 오랜 세월에 걸쳐 우주론에 끼친 영향은 이상과 같은 것이었다. 라이프니츠는 이 근대의 학설을 받아들이는 동시에, 그 난점을 정면에서 다루었던 최초의 가장 위대한 철학자였다. 그는 대담하게도 그 학설에서 신을 제외시켰다. 신과 개별적인 모나드 사이에는 교통이 있었다. 따라서 그의 학설에서는 신을 매개로 하는, 모나드 사이의 간접적인 교통이 있게 된다. 그러나 각 모나드는 신과의 교통에 의해 근원적으로 부여받은 그 성격에 따라 독자적으로 자기 자신의 경험을 전개시킨다. 이러한 예정조화(pre - established harmony)에 의한 '법칙'을 말하는 라이프니츠의 학설은 부과설의 극단적인 하나의 예가 되지만, 몇 가지 측면에서 신의 내재라는 개념으로 완화될 수 있는 것이기도 하다. 그러나 어째서 최고의 모나드인 신이, 고립이라는 공통의 숙명을 모면할 수 있는지에 대해서는 아무런 이유도 제시된 바 없었다. 이 학설에 따른다면 모나드들은 상호간에 창(窓)을 갖지 않는다. 어째서 그것들은 신을 향해서 창을 가지며, 어째서 신은 그들 모나드를 향해서 창을 갖는 것일까?

고대의 우주론자들——플라톤, 루크레티우스——이 어떻게 이런 난점을 피했는지를 묻는 것은 흥미로운 일이다.

우선 첫째로 플라톤의 대화편에는, 근대의 난점과 직결될 수 있는 부주의한 진술이나 사상의 흐름이 다수 발견될 수 있다는 점이 인정되어야 하겠다. 사실상 이런 점에서 아리스토텔레스 논리학은 플라톤에게서 맹아의 형태로 찾아볼 수 있다. 그러나 아리스토텔레스 자신의 질료설(質料說)을 포함하는 고대의 우주론에는, 또 하나의 사상 흐름을 찾아볼 수 있다. 그것은 사실상 실제적인 교통을 강조하는 학설이다. 실제적 수용자(the real Receptacle)에 대한 플라톤의 학설과 실제적 공허(the real Void)에 대한 에피쿠로스의 학설은 일부의 세부 사항에서 다르다. 그러나 그 두 학설 모두 궁극적인 실재 간의 교통(communication)을 역설하고 있다. 이 교통은 우연적인 것이 아니다. 각 물리적인 현실태 그 자체가 수용자를 한정하는 하나의 요소라는 점, '수용자'가 받는 한정이 그 현실태 자신의 성질에 들어온다는 점은 그 각 현실태의 본질적 성질의 일부를 이루고 있는 것이다. 플라톤에 의하면 다양한 현실태들로부터 추상(抽象)된 그 자체로서의 수용자는 어떠한 형상과도 관여하는 일이 없다. 그러나 플라톤은 이 수용자를 '모든 생성의 양모'(養母, the fostermother of all becoming)라 지칭하고 있으며, 같은 대화편의 뒷부분에서는 이것을 '모든 사물을 위한 자연의 모체'라 부르고 있다. 이 수용자는 온갖 현실태들을 포함함으로써 형상을 부여받으며, 어떤 점에서는 이러한 현실태들로부터 추상될 수 없는 것이다. 『티마이오스』에서 논의되고 있는 수용자는, 플라톤이 물리적 세계의 현실태들을, 상호간에 다른 현실태들의 본성을 구성하는 요소로 간주하는 방식이 되고 있다. '수용자'의 학설은 현실태들의 상호 내재로부터 파행되는 '법칙'의 내재설이다. 그것은 상호 교통의 매개에 관한 플라톤의 학설이라고 할 수 있다.[원주 4]

[원주4] 이 논제를 놓고 볼 때, 데카르트가 과연 운동에 관한 여러 다른 양태(樣態)를 구비한 하나의 개체적인 물체적 실체설을 내세웠던 것인지, 아니면 연장적 관계(延長的 關係)에 의해 본질적으로 연결된 많은 다른 개체적인 물체적 실체설을 내세웠던 것인가를 판단하기가 매우 어렵다는 점에 유의한다는 것은 흥미롭다. 거의 대부분의 그

 따라서 우리는 플라톤의 '수용자', 루크레티우스의 '공허', 라이프니츠의 '신'이라는 것들이, 우주론에서 동일한 역할을 하고 있다는 것을 알 수 있다. 또한 뉴턴은 그의 일반주(一般註, general scholium)에서, 루크레티우스의 '공허'와 라이프니츠의 '신'을 명확히 결합시키고 있다. 왜냐하면 그는 '공허'한 공간을 '신의 감각중추'(sensorium of God)라고 부르고 있기 때문이다. 여기서 우리는 각기 다른 정신의 사람들, 즉 플라톤과 아리스토텔레스, 에피쿠로스와 루크레티우스, 뉴턴과 라이프니츠와 같은 사람들이 크게 두각을 나타내고 있음을 보게 된다. 근대의 우주론은 모두, 우리가 지금까지 논의한 몇 개의 커다란 유형의 것들이 세분화되고 변형된 것들이다. 이러한 근대의 우주론들은 '법칙'에 대한 다양한 생각과 실재적 개체 간의 교통에 대한 여러 생각, 그리고 이러한 교통이 달성되기 위한 매개체를 이루는 기반에 대한 생각들의 주변을 선회하고 있다. 그런데 이러한 일반원리에서 파생되는 것으로서, 인간의 삶에서 보다 중대한 또 하나의 문제는 사물들의 구도 속에서 인간 정신의 지위에 관한 학설이다.

 우주론에 있어 보다 특수한 이 문제는 이 책 제1부의 주제였다. 인간 역사의 경과에 그것이 끼친 중요한 영향에 대해서는 실례를 들어 말했다. 그러나 우주론의 보다 일반적인 문제가 실천적 관심 밖에 있다고 생각해서는 안된다. 여러 시대에 있어서 인간 활동의 갖가지 경향이나 같은 시대에 있어서 그러한 갖가지 경향의 충돌은 인류 집단 속에 통속화된 우주론의 문제에 대한 졸속한 해결의 결과인 것이다. 무수한 사람들이 융통성 없는 알라(Allah)의 의지에 의해서 부과된 '법'(Law)——즉 각자에 불가피한 운명을 나누어주는 '법', 충성을 다하는 마호메트교도들에게 승리 아니면 죽음과 천국을 나누어주는 '법'——을 열렬히 신앙함으로써, 맹렬하게 싸움터로 나아갔다. 또한 무수한 불교도들은 맹렬한 마호메트교의 정서에 내재되어

의 표현은 이 점에 관한 한 모호하지만, 그의 『철학 원리』 제1부 '원리 60'만은 예외가 된다. 거기서 그는 모호함을 보이지 않고, 모든 물체적 실체에 대해서 논하고 있다. 이처럼——적어도 이곳에서는——실체의 다양성 쪽에 유리하게 결단을 내리고 있다. 그 어느 선택지를 택하든지 간에 그는 난점에 부딪히게 된다.

있는 악을 기피하였는데, 그것은 부처의 가르침에 의해 밝혀진 비인격적인 '법'의 내재에 대한 믿음 때문이었다. 무수한 사람들은 또 기독교의 플라톤주의에 기인하는, 이들 두 학설(극단적인 부과와 내재) 사이의 절충을 근간으로 하여 그 생활을 영위해왔다.

결국 관찰을 더욱 정밀하게 하고 설명을 더욱 상세하게 하려는 근대의 부단한 노력은 '법칙'의 지배에 대한 확고한 신념을 기초로 하고 있는 것이다. 이러한 신념을 떠날 때, 과학의 기도는 어리석고 가망없는 것이 되고 만다.

제8절

'자연의 법칙'에 관한 네 학설 중에서 보다 최근의 것 —즉 '규약적 해석설'(the Doctrine of Conventional Interpretation)이 앞으로의 논제로 남아 있다. 분명히 이 학설은 자유로운 사변이 '자연'에 대한 하나의 해석으로 뒤바뀌는 과정을 표현하고 있다. 우리는 사실 문제에 관한 직접적인 상세한 관찰을 떠나서, 관념의 체계를 정교하게 구축한다. 예컨대 하나하나의 상세한 관찰에 대한 이같은 무관심은, 표면상으로는 플라톤의 대화편의 특징인 것같이 보인다. 이들 대화편에서는 사실들로부터 참을성 있게 귀납해가는 자세를 찾아볼 수 없다. 그것들은 사변과 변증법에 의해 주도되고 있다. 수학은 특히 최근에 이르러 계층유형(types of order)에 대한 사변적인 관심에 의해서 발달되었다. 여기서 사변적 관심은 그러한 유형의 보기가 되는 특수한 존재들을 결코 문제삼지 않는다. 그러나 그후 '자연'은 그러한 수학적 법칙에 의해 해석되었다. 따라서 다음과 같이 결론을 내릴 수 있을 것 같다. 즉 자연은 흔히 우리가 관심을 갖게 되는 그런 법칙에 의해 해석될 수 있다는 것이다.

또 하나의 고찰이 이 관점을 뒷받침한다. 우리가 물리적 세계의 기하학적 성격을 해석할 때, 임의적인 선택의 요소가 개입한다. 수학자들은 유클리드형의 계량 기하학(metrical geometry)을 예증하는 임의의 영역이 타원형의 계량 기하학을 예증하고 포물선형의 계량 기하학을 예증한다는 것을 증명하였다.[역주19] 나아가 만일 우리가 이상 세 유형 가운데 어느 하나로부터 출발한다면, 우리는 나머지 두 유형 모두 같은 주제에서 각기 예증되는 것을 증명할 수 있다.

그러나 이러한 수학적인 진리가 임의적인 규약으로서 '자연의 법칙'이라는 개념과 어떤 관계를 갖는다고 추론하는 것은 비록 몇몇 수학자가 생각해오기는 했지만, 전적으로 잘못된 생각이다. 왜냐하면 같은 주제에 적용되는 세 개의 계량 기하학에 있어 거리의 정의는 각기 다르기 때문이다. 그래서 수학자들은 다음과 같이 증명하였다. 즉 별개의 거리에 관한 정의와, 그렇기 때문에 또한 별개의 합동(合同, congruence)의 정의를 가지고 있는 유클리드형의 계량 기하학이 있다면, 동일한 주제에 적용되는 타원형의 계량 기하학도 존재하게 된다는 것이다. 만일 그중의 하나가 존재한다면 다른 두 개도 존재하게 되는 방식으로, 같은 주제에 관련되는 세 개의 다른 체계가 존재하게 되는 것이다. 물론 또 한 조의 관계체계에 대한 기술은, 매우 어설픈 형태가 되기는 하겠지만, 다른 두 체계 가운데 어느 한 체계에 의해 이루어질 수 있는 것이다. 여기에는 우리가 임의로 선택한 일군(一群)의 사실에 주목할 수 있다는 명백한 사실 이외에는 '규약적인 것'이 아무것도 없다. 물론 문제는 남아 있다. 그것은 우리가 30마일을 걸어서 피로하다고 할 때, 어느 조의 기하학적 관계를 가리키느냐 하는 것이다. 즉 30유클리드마일이냐, 30타원마일이냐, 30포물선마일이냐는 것이다. 여기에서 기준은 어느 경우에도 같을 수 있다. 즉 워싱턴 특별구역에 고정된 두 특정 표지 사이의 간격일 수 있는 것이다.

[역주19] 유클리드 『기하학 원본』의 제5공준(公準), 즉 "평면상에서 일직선 밖의 한 점을 통과하여 그 직선과 평행하는 직선은 오직 하나만을 그을 수 있다"를 보정하여 "평행선은 무수히 그을 수 있다"(쌍곡선 형)고 하는 로바체프스키 기하학과 "한 개도 그을 수 없다"(타원형)고 하는 리만의 기하학이 있으며, 이를 '비(非)유클리드 기하학'이라고 한다. 이것들은 다같이 정합적인 체계가 된다. 『과정과 실재』 제4부 제5장 제5절 참조.

그러나 또 하나의 기하학적 모호성이 있다. 즉 같은 형의 기하학을 고수한다고 할 때——가령, 유클리드형으로 한다고 하자. 다른 두 유형 가운데 어느 쪽을 취해도 마찬가지이지만——다른 유클리드 기하학의 체계들을 낳을 수 있도록 거리를 정의하는 각기 다른 무수한 방법이 존재하게 된다. 따라서 하나의 유클리드 체계가 성립한다면 무수한 다른 유클리드의 체계들 또한 성립하게 된다. 그러므로 어떤 친구가 자동차로 10마일을 달려 우리를 만나러 왔다고 말한다면, 우리는 그가 어떤 특수한 기하학 체계를 채택했는지를 물어보아야 한다. 이때 그가 유클리드 기하학이라고만 대답한다면 이는 물음에 답한 것이 못된다. 게다가 이 차이는 사소한 것이라고만 할 수 없다. 한 체계에 있어서 두 도시 사이의 1천 마일이 다른 체계에 있어서는 2마일일 수도 있다. 그러므로 모든 입법기관은 채택할 계량체계를 주의 깊게 확정하지 않으면 안된다. 이 문제는 마일이나 킬로미터의 차이라든가 측정상의 단순한 부정확성 같은 것과는 아무 상관이 없다. 이런 것들은 훨씬 더 사소한 요소들이다.

지각(知覺)의 사소한 부정확성을 별개로 한다면, 우리 모두가 사실상 같은 체계를 채용하고 있다는 것은 아주 분명하다. 30마일이라는 거리가 누구에게나 보행거리로서 길다는 것은 당연한 사실이다. 거기에 규약 같은 것은 없다. 따라서 우리가 '자연법칙'의 규약성에 관한 문제를 논하고 있을 때는 수학에 호소하는 것이 고려될 필요가 없는 것이다.

제9절

그러나 '기하학'에서 유추해보면 하나의 중요한 사실을 시사받게 된다. '기하학'이 계량과 아무 관계 없이——따라서 거리와도 아무 관계없이, 그리고 점의 위치를 수량적으로 가리키는 좌표와도 아무런 상관없이——전개될 수 있다는 것은 잘 알려진 사실이다. 이렇게 전개되는 '기하학'은 '비계량 사영 기하학'(Non-metrical Projective Geometry)[역주 20]이라고 불린다. 다른 곳에서[원주 5] 나는 '교차 분류학'(the science of cross-classification)

이라고 이름을 붙인 바 있다. 아리스토텔레스의 분류학은 유(genera), 종(species), 아종(sub - species)으로 분류하는데, 이것은 서로 배제시키는 분류법이다. 이것은 플라톤이 '분할'(Division)의 방법에서 시사한 바를 발전시킨 것이다.[역주 21]

'사영 기하학'(Projective Geometry)은 교차분류의 유일한 사례가 된다. 이러한 과학은 다른 데서는 발달하지 않았다. 그 부분적인 이유는 그것을 뚜렷하게 응용할 필요성이 대두되지 않았고, 또 다른 부분적인 이유는 이러한 과학에 대한 순수한 이론적인 관심이 대다수의 수학자들이 갖고 있던 관심과 무관했기 때문이었다. 예를 들어, 『프린키피아 마테마티카』(수학원리, *Principia Mathematica*)[원주 6]의 제93절 「관계 영역의 귀납적

[역주20] '사영(射影) 기하학'은 19세기 초엽에 시작된 분야. 간략하게 말해본다면, 한 평면상의 도형을 다른 평면에 투영해서 얻은 도형과 그 본래의 도형과는 등가(等價)로 다루어진다. 즉 삼각형은 어떠한 삼각형도 결국 등가로 보며, 원과 타원도 등가로 본다. 따라서 '거리'나 '각도'는 무시된다. 화이트헤드는 특히 그의 대표작 『과정과 실재』에서 우주론을 재구성함에 있어 '점', '직선', '평면'을 계량적(計量的) 의미에서 생각하지 않고, '영역'과 '영역' 간의 가능한 '연결'이라는 근본적인 관점에 서서 추진하고자 하기 때문에 이와 같은 사영 기하학의 사고가 중요하게 된다고 할 수 있다.

[원주 5] 『사영 기하학의 공리』, 케임브리지 수학논집4, 케임브리지대학 출판부, 1906년. 이 언급에 관해서는 제1장 제3절 참조.

[역주21] 도형의 성질 중에서 계량과 관계없이 사영변환(射影變換)에 의한 불변의 성질을 고찰하는 사영 기하학은, 예를 들면 2개의 점이 하나의 선을 결정하고 3개의 점이 하나의 면을 결정한다는 식으로 점, 선, 면 등의 포함 관계만으로 논의를 진행시킨다. 화이트헤드에 의하면 사영 기하학의 중요한 공리인 '분류의 공리'는, 예컨대 '점은 직선이라는 클래스를 구성한다'거나, '임의의 2점을 포함하는 하나의, 그리고 오직 하나의 클래스가 존재한다'는 것처럼 점을 직선의 클래스로 분류한다. 그런데 17세기에 발견되고 후에 사영 기하학의 분야에 들어온 것으로 주목을 받는 데자르크정리(定理, 두 삼각형이 대응하는 정점을 연결하는 직선이 한 점에서 교차한다면, 대응하는 변의 교차점은 동일직선상에 있다는 정리)에서는 점과 직선이 상호간에 결정하는 것이 되며, 따라서 '점이 직선을 결정한다'는 것을 '점이 직선이라는 클래스를 포함한다'고 한다면 이 정리는 점과 직선의 포함관계가 서로 그 역의 관계에서도 성립한다는 것을 의미한다. 이와 같은 관점에서 화이트헤드는 유(類)를 종(種)으로 분류하고 있는 아리스토텔레스의 분류(이 경우에는 그 逆의 관계는 성립되지 않는다)에 대하여 사영 기하학의 '분류' 또는 '교차 분류'라고 말했던 것이다.

분석에 대하여」(On the Inductive Analysis of the Field of a Relation)는 이러한 형의 또 다른 과학을 시사한 것으로 볼 수 있다. 실제로 제2권 비수적 유사 기하학(non-numerical quasi-geometrical sciences)^[역주 22]의 창출과, 그것을 정교화하는 기법에 이바지하고 있다. 이 저서의 뒷부분은 수와 양을 포함하는 보다 특수한 수학을 전문적으로 다루고 있다.

『프린키피아 마테마티카』(1911~13)에 대한 이러한 언급은 측정에서 오는 수적 관계가 수학의 전문적인 발달을 돕는 주제를 이루고 있다는 것을 분명히 해두기 위해서였다. 이러한 발달은 아직까지 수학에서 이루어진 유일하게 중요한 발달이 되고 있다. 물론 보통 기하학이 어느 정도로까지 측정이나 수와 관계가 없는가 하는 것이 인상적으로 밝혀졌다는 것도 수학에서는 중요한 발달이라고 할 수 있다.

따라서 그 법칙, 그 규칙, 그 복잡한 정리(theorems)가 아직까지도 미발달상태에 있는 다수의 순수한 추상적 과학이 존재한다는 결론이 나온다. 우리는 '자연'이 그 과정에 있어 이러한 많은 과학들을 예증하고 있다는 결론을 거의 피할 수 없다. 우리가 이런 예증 사례들을 식별하지 못하는 것은 탐구해야 할 규칙성의 유형에 무지하기 때문이다. 그러한 경우 우리는 새로운 상황에 부착되고 있는 일종의 친숙감을 막연히 느끼면서도, 그 막연한 느낌을 분석할 방법에 대해서는 전혀 생각하고 있지 않을 수도 있다.

따라서 '자연의 법칙'의 몇 종류가 인간의 의식에 떠오르는 데에는 어느 정도의 규약이 있는 셈이다. 그리고 그것이 의식에 떠오르는 순서는 문명화된 인류가 사실상 발달시키려고 선택한 추상과학(the abstract sciences)

〔원주 6〕 케임브리지대학 출판. 1910년.
〔역주22〕 B. 러셀과의 공저『프린키피아 마테마티카』(수학원리)는 수학의 명제를 논리적으로 연역할 수 있는 가능성과 절차를 제시한 것으로 유명하다. 기하학에 대해서도 제4권에서 수, 양, 도형을 떠나서 논리적으로 전개시켜보려는 작업이 예정되어 있었으나 이에 대한 화이트헤드와 러셀 간의 철학적 견해의 대립으로 말미암아 실현을 보지 못했다. 그러나 이 문제에 대한 화이트헤드의 형이상학적 해결은『과정과 실재』의 제4부 '연장의 이론'에서 시도되었다고 볼 수 있다.

에 의존하고 있다.

그러나 이러한 '규약'을 다음과 같은 의미로, 즉 어떠한 자연의 사실도 우리가 지정하고 싶은 임의의 법칙을 예증하는 것으로 해석할 수 있다는 의미로 곡해해서는 안된다.

제10절

자연법칙의 여러 가지 가능한 형에 대한 지금까지 논의는, 철학적인 논의에서 언제나 유의해야 할 다음과 같은 세 가지 구별을 환기시켜준다. 즉 (1) 말로 표현하기에 앞서 우리가 향유하고 있는 그대로의 직관 내용, (2) 이러한 직관에 대한 언어적 표현의 실재적 양식 및 이러한 언어의 정식으로부터의 변증적 연역, (3) 순수한 연역적인 과학들 중에서 그들이 다루는, 가능한 여러 관계의 조직이 문명적인 의식과 친밀해질 정도로 발달한 그런 일군의 과학.

이 가운데 (3)항을 필두로 여러 과학은 경험의 깊숙한 측면에 대한 탐구에 주목하면서, (2)항에 속하는 언어적 정식을 제공하는 데 조력한다. 철학에서 가장 큰 위험은 불충분한 언어적 정식을 변증적으로 연역하는 가운데 우리의 직관 내용을 간과한다는 것이다. 사실 추상과학은 언어의 불충분성에서 오는 부정적인 결과를 바로잡고, 언어의 충분성을 전제하는 논리의 위험을 바로잡는 데 도움이 된다.

제9장
과학과 철학

제1절

　어떤 의미에서 '과학'과 '철학'은 인간 정신의 위대한 하나의 기도(企圖)에 있어 서로 다른 두 측면에 지나지 않는다. 이제 동물적 삶의 일반적 수준 이상으로 인간성을 끌어올리는 작업에서 양자가 어떻게 협력하는지에 관해 깊이 생각해보기로 하자. 낮은 단계의 동물적 수준에서도 미적 통찰, 기술적 달성, 사회적 조직, 정서적 느낌 등의 번득임이 엿보인다. 나이팅게일, 해리(海狸), 개미, 자애로운 새끼양육 등은 동물 세계에도 그러한 수준의 삶이 있다는 것을 증거하고 있다. 물론 이러한 기능양태는 인류의 경우 엄청나게 높은 수준으로 고양되고 있다. 인간의 경우, 이와 같은 여러 기능양태는 인간이 특수 환경에 보다 다양하게 적응하고 있다는 것을 보여준다.

그리고 그것들은 보다 복잡하게 얽혀 있다. 하지만 동물의 경우에도 의심할 여지없이 그러한 기능이 존재하고 있으며, 우리의 관찰에서 분명히 드러난다.

직접적 증거를 근거로 하는 한, 이 지구상에 살고 있는 생물 가운데서 오직 인간만이 '과학'과 '철학'을 소유하고 있다. 과학과 철학은 다같이 개개의 사실들을 일반 원리의 예증사례로 이해하는 데 관계한다. 원리는 추상 속에서 이해되고, 사실은 그 원리의 구현으로서 이해된다.

예를 들면, 동물은 물체가 낙하하는 습성에 익숙해 있는 것같이 보인다. 그들은 그런 현상을 보고도 놀라는 기색이 없으며, 종종 사물을 뒤집어엎기도 한다. 그러나 우리는 근대유럽 과학사의 아주 초기에 아리스토텔레스가, 물체에는 '지구'의 중심을 지향하는 경향이 있다는 법칙을 정식화했음을 발견하게 된다. 그런데 이 법칙은 아리스토텔레스의 발견이 아니라는 것이 거의 확실하다. 그것은 비록 아무런 이의 없이 용인된 것은 아니었지만, 그리스 사상에 있어 하나의 지배적인 상식이었다. 그러나 그것은 아리스토텔레스의 저작에서 분명히 설명되고 있다. 따라서 그 이상의 고고학적 추측을 시도하는 것은 우리의 논점에 비춰볼 때 불필요하다. 이 과학적 법칙은 우리에게는 시대에 뒤떨어진 것으로 보이고, 실제로 옳은 것도 아니다. 그것은 지나치게 특수하며, 그러면서도 어떤 정확성을 지닌 진술이 계량적 수단을 통해서 실증되기까지 엄격히 제한될 필요가 있다. 우리는 이 법칙의 역사와 계속적인 수정이 '과학'과 '철학'의 상대적 기능에 빛을 던지고 있다는 것을 발견하게 될 것이다.

먼저 아리스토텔레스의 법칙을 검토해보기로 하자. 이 법칙은 기원전 600년경에 살았던 밀레토스의 탈레스로부터 오늘에 이르기까지 '서양과학'의 역사에 있어 초기 학설 가운데 하나이다. 대체적으로 말해서 거기에는 약 2천 5백 년의 역사가 있다. 물론 이집트, 메소포타미아, 인도, 중국에서도 그러한 조짐이 있기는 하였다. 그러나 인간 정신의 호기심에 의해 촉진되고, 비판으로 충만해 있으며, 전해내려오는 미신을 배제했던 근대과학은 그리스인들과 함께 탄생하였고, 그중에서도 탈레스는 우리가 알고 있는 한 그 분야 최초의 대표적 주자였다.

이러한 일반적인 성격 묘사로는 과학과 철학이 구별되지 않는다. 그러나 호기심이라는 말은 인간을 몰고 갔던 저 내면적 동기를 다소간 하찮은 것으로 만들어버린다. 여기서 사용되고 있는 보다 넓은 의미의 '호기심'이라는 말은, 경험에서 식별된 사실은 반드시 이해되어야 한다는 이성의 열망을 뜻한다. 이는 혼잡하게 드러나는 사실에 만족하거나, 심지어 명백한 관례적 사태의 추이에 만족하기를 거부한다는 것이다. 과학과 철학의 첫 단계는 모든 관례적 사태가 그 특정의 예증(例證)을 떠나 추상적으로 진술될 수 있는 원리를 예증하고 있다는 사실이 파악되면서 이루어졌다. 문명을 과거의 안정된 상태로부터 몰아세우는 격렬한 자극요인인 호기심은 원리를 추상의 형태로 진술하고자 하는 욕구인 것이다. 이 호기심 속에는 결과적으로 장애가 될 비정한 요소가 들어 있다. 우리는 미국인 혹은 프랑스인 혹은 영국인이지만, 저마다 아름다움과 온기를 가지고 있는 우리식의 생활방식을 사랑한다. 그러나 호기심은 우리에게 문명을 정의하라고 부추긴다. 이런 일반화에 우리는 사랑하는 미국, 사랑하는 프랑스, 사랑하는 영국을 잃고 있다는 것을 곧 깨닫게 된다. 우리의 정서는 이러저러한 특수한 것에 집착하는 데 반해 일반성(the generality)은 냉정한 불편부당성을 동반하고 나타난다.

아리스토텔레스의 '중력의 법칙'을 검토해보면 과학 고유의 이러한 추상의 과정이 예증된다. 이 '법칙'은 우리 주위에 있는 사물들의 분류를 포함하고 있다. 아래쪽으로 떨어지려는 성질을 가진 무거운 물체가 있는가 하면, 지구 표면의 요소이면서도 위쪽으로 향해가려는 고유한 본성을 가지고 있는 불길과 같은 또 다른 원소들도 있다. 이렇게 위쪽으로 운동하는 사물들은 그 본래의 장소인 하늘로 향해가는 성향이 있다. 그런데 항성이나 행성은 그 자체의 본성상 하늘에 있고, 또 자존적(自存的)이며 불멸적인 사물이라고 하는 제3의 계층을 형성하고 있다. 그러나 이러한 물리적 자연요소의 분류에는 제4의 요소가 있는데, 그 성격은 독특하고 그 계층에는 오직 하나의 구성원밖에 없다. 이 요소는 우주의 중심인 지구이며, 다른 모든 유형의 존재들은 그와 관련하여 규정된다.

이와 같은 물리적 자연의 다양한 구성요소에 대한 분류를 통해서 아리스토텔레스는 '과학'과 '철학'에 물리적 자연의 사실들에 관한 최초의 포괄적인 분석을 제공하였다. 이 분류는 전적으로 기능과 연관시켜 추진되고 있으며, 매우 근대적 정신이 깃들어 있다는 것을 알 수 있을 것이다. 아리스토텔레스는 신비와 주술로 오염된 미해결의 늪을 걷어내고 지성에 투명할 뿐 아니라 명백하고 집요한 경험의 사실들에 기초를 둔 웅대한 통합적 구도를 우리의 지성 앞에 제시하고 있다. 그 시야의 일반성에서, 그것은 철학적인 동시에 과학적이었다. 그리고 후일 그것은 기독교의 구제(救濟)의 구도에 물리적 배경을 제공하기도 했다. 1800년이 흐른 후 루터도, 로마 교회도 그것을 타도하는 데 반대했다. 명백한 사실에 호소하면서도 사소한 차이의 나열을 무시하는 웅대한 귀납적 일반화의 사례로서, 물리적 우주에 관한 아리스토텔레스의 일반적 개념을 능가할 만한 것은 아직까지 없었다. 그중의 어떤 점을 취해보더라도 관찰에 호소하고 있으며, 호소하고 있는 그 어느 관찰을 취해보아도 그것은 무한히 반복될 수 있는 것이다. 아리스토텔레스와 에피쿠로스에 힘입어 근대문명의 과학은 청년기에 도달했던 것이다.

제2절

아리스토텔레스의 학설에는 플라톤의 우주론에 전적으로 결여되어 있는 현저한 명확성이 있다. 물론 플라톤도 아리스토텔레스도 그들의 독자적인 사고경로를 창시했던 것은 아니다. 그들의 배경에는 탈레스나 피타고라스 또는 이들 이전의 막연한 인물로까지 거슬러 올라가는 3, 4세대에 걸친 사상가들의 역사가 있었다. 또한 아리스토텔레스는 플라톤의 아카데미에서 20년 간이나 연구했고, 적극적이고도 사변적인 일군의 사상가들로부터 관념들을 이끌어냈다. 근대세계도 이 일군의 사상가들로부터 사변, 비판, 연역적 및 귀납적 과학, 그 종교적 개념을 갖는 문명 등을 이끌어내고 있다.

그들은 이집트, 메소포타미아, 시리아, 해상 경유의 희랍 문명 등 혼합된 전통이 통과한 좁은 통로가 되고 있었다. 이 아카데미와 아리스토텔레스의 후계자들에게서 다양한 노선의 사상들이 나오게 되었던 바, 그후의 알렉산드리아 학파는 이들을 근대의 자연과학과 인문과학의 초기 국면으로 전환시켰다. 물론 그후 세계는 생기를 잃었다. 왜냐하면 예언자가 학자에 의해 대체되었기 때문이다. 다시 말하면, 그러한 움직임이 사고의 습관에 침투해감에 따라, 직관적 확신은 비판에 직면해서 퇴조하고 말았던 것이다. 그러나 넘쳐나는 우주 속에서 망연히 방황하는 인간의 온갖 제약 아래서 지식은 인간의 삶을 다시 규정지어갔으며, 그러한 지적 분석의 척도를 필요로 하는 미덕을 가능하게 했던 것이다.

이런 와중에서 플라톤과 아리스토텔레스는 과학과 철학의 주된 연관성을 설명하는 데 성공했다. 과학은 개별적인 사건들에 대한 관찰과 귀납적 일반화에 역점을 두고 있는 바, 이는 결국 사물들의 기능방식에 따라, 다시 말하면 사물들이 예시하는 자연의 법칙에 따라 그 사물들을 광범위하게 분류하게 되는 결과를 낳는다. 철학은 그 보편적인 적용 때문에 분류가 거의 불가능한 그런 일반화에 역점을 둔다. 예를 들면, 모든 사물은 '우주'의 창조적 전진 속에, 즉 모든 사물이 항상 자기동일성을 유지한다고 해도 그 모든 사물에 영향을 끼치는 일반적인 시간성 속에 들어 있다. 그러므로 시간에 대한 고찰은 무게에 대한 고찰이 아리스토텔레스로 하여금 네 요소의 분류로 나아가게 했던 것과 똑같은 방식의 분류로 나아가게 하지는 않는다.

그런데 플라톤은 이미 아리스토텔레스적 분류의 개념, 즉 그가 '분할'(division)이라고 부른 개념의 중요성을 강조한 바 있다. 아마도 실제로 그 자신이 이 방법을 발견했을 것이다. 그렇게 했다는 것은 그의 명쾌한 지적 예민성과 아주 잘 부합했을 것으로 보인다. 그의 대화편에서 우리는 '논리학'의 최초의 명백한 정식들을 발견하게 된다. 그러나 그의 그러한 방법의 응용은 자연과학의 진보라는 관점에서 보면 지극히 빈약하다. 한편 아리스토텔레스는 평생의 작업을 통해서 분류의 일반 개념을 이용했기 때문에 종과 유(class)의 상호관계에 내재해 있는 복잡성을 훌륭하게 분석해냈다. 그는 또 자신의 이론을 동물학, 물리학, 사회학 등의 분야에서 직접적 관찰을 통해 수집했던 방대한 자료를 다루는 데도 응용하였다. 실로 우리는 자연과학이건 인간 영혼의 활동에 관한 과학이건 간에, 거의 모든 특수 과학의 기원을 그에게서 찾아낼 수 있다. 그는 제각기 주어진 상황을 정확히 분석해보려고 노력한 최초의 인물이었으며 그러한 노력이 결국은 근대 유럽 과학을 창조하게 되었던 것이다. 우리는 평생에 걸친 그의 작업에서 철학적 직관이 과학적 방법으로 옮겨가는 최초의 뚜렷한 사례를 목격할 수 있다.

제3절

철학적 직관으로부터 과학적 방법으로의 이러한 이행은 사실상 이 장의 전반적인 논제이기도 하다. 만약 철학적 체계라는 것이 그와 같은 모든 직관을 조정하려는 하나의 시도라고 한다면, 그것이 개별적인 과학에 대해서 직접적 중요성을 갖는 일은 드물게 될 것이다. 개별 과학은 그것의 관념들을 그 기초가 되는 개념으로까지 추적하지 않고 도중에서 그치고 만다. 개별 과학은 그 자체의 직접적 목적이나 직접적 방법을 위해서는 그 이상의 분석이 불필요한 개념 속에 안주할 장소를 찾는다. 그와 같은 기초적 개념들은 그 시대의 문명화된 사상의 배경을 형성하는 철학적 직관으로부터 특수화되어나온 것들이다. 이 기초 개념들은 과학에서 사용되는 경우를 별도로 한다면, 통상적인 언어에서는 좀처럼 정확하게 표현되지 않지만, 유통되고 있는 말이나 표현 속에 습관적으로 전제되어 있는 하나의 직관인 것이다. 예를 들면, '식탁', '의자', '바위'라는 말들은 17세기에서 19세기 말엽에 이르기까지 자연과학을 지배해왔던 물체(material bodies)라는 과학적 개념을 전제로 하고 있다.

그러나 개별 과학의 관점에서 보더라도, 완전한 포괄성을 지향하는 야심적 목적을 갖는 철학체계가 결코 쓸모없는 것은 아니다. 철학체계는 인간 정신이 보다 심오한 직관력을 연마하는 방법인 것이다. 그러한 체계는 초연한 사상에 생명과 운동을 부여한다. 초연한 사상은 그러한 조정의 노력 없이는 한가한 순간의 갑작스런 번득임으로 끝나거나 단지 스쳐가는 반성의 한 단면을 조명하고 이내 사라져 망각되고 말 것이다. 직관의 범위는 동등한 일반성을 갖는 다른 개념들과 조정됨으로써만 한정될 수 있다. 심지어 경합하고 있는 철학체계 간의 불일치조차도 진보를 위한 필수적 요인이 된다. 유럽사상의 역사는 오늘날에도 치명적인 오해로 얼룩져 있다. 우리는 그것을 '독단의 오류'(The Dogmatic Fallacy)라 명명해도 좋겠다. 이 오류는 현실 세계에서 그것들이 예증되는 데 필요한 복잡한 연관관계를 충분히 정의할 수 있는 그런 개념들을 산출할 수 있다고 하는 확신에 내재하는 것이다. 탐색을 통해 그대는 '우주'를 기술할 수 있는가? 산술적인 단순한 개념들을 제외한다면, 명백한 것으로 여겨지는 비교적 친숙한 관념들조차도 해결하기 어려운 모호성으로 오염되어 있다. 우리의 지적 진보의 방법에 대한 올바른 이해는, 우리 사고의 이러한 성격을 마음에 새겨두느냐 아니냐에 달려 있다. 모든 체계적 논제에 사용되는 개념들은 모든 관점의 전망으로부터 조망해볼 필요가 있다. 그러한 개념들은 논제의 범위 내에서 그것들 자체의 내적 일관성이라는 관점에서, 그리고 이와 유사한 일반성을 지닌 다른 논제의 관점에서, 또 보다 광범위한 철학적 논제의 관점에서 비판되어야 한다. 중세기 유럽의 신학자들은 독단적 종국성(dogmatic finality)을 내세운 주범들이었다. 마지막 3세기 동안에 신학자들의 이러한 악명 높은 습성은 과학자들에게 옮아갔다. 우리의 임무는 인간의 습관적 관념을 점진적으로 정의해가는 데 있어, 실제로 인간 정신이 어떻게 성공적으로 작동하기 시작하는가를 이해하는 일이다. 그것은 한 걸음 한 걸음 전진해가는 것이지, 종국적인 승리를 성취하는 것이 아니다. 우리는 어떤 완전한 형이상학을 구성하게 될, 잘 정의된 일반성의 최종적 조절(final adjustment) 같은 것을 산출하지는 못한다. 그러나 우리는 한정된 일반성을 갖춘, 다양한 부분적 체계를 산출할 수는 있다. 그러한 임의의 체계 내에서 관념들의 조화는, 그 사상 도식의 기초개념들의 범위와 생산성을 보여준다. 또한 체계와 체계 간의 불일치라든지, 각 체계의 부분적 조명 방식으로서의 성공은 우리의 직관을 둘러싸고 있는 한계를 경고해주기도 하다. 이러한 미발견의 한계야말로 철학적 연구의 주제가 된다.

우리의 최선의 관념이 따라야 할 한계가 있다는 이 학설은, 바로 앞에서 언급했던 물체 개념에 의해서 예증된다. 이 개념은 명백한 것이기 때문에 그 역사를 추적해볼 수 있는 한에 있어, 언어에 늘 붙어다녔던 것이라고 할 수 있다. 결국 17세기에 와서야 물리학의 목적을 위해서 그 개념에 새로운 엄밀성이 주어지게 되었다. 또한 물리학은 이처럼 재조정되면서 3세기 동안 압도적인 성공을 거두게 되었다. 그것은 사고를 전환시켰고, 인류의 신체적 활동도 전환시켰다. 인류는 마침내 모든 실천적 목적을 위한 기초적 개념에 도달한 것처럼 보였고, 그래서 그것을 넘어서는 일반화에는 정처 없는 사변만이 남아 있는 것처럼 보였다. 그러나 갈릴레오와 뉴턴에 의해 마련된 이 위대한 개념은 20세기에 와서 물리학의 기초개념으로서의 용도에 관한 한, 그 토대를 완전히 잃고 말았다. 현대과학에서 이 개념은 특수 목적에 한정적으로 적용되는 매우 제한된 개념이다.

이러한 19세기적 독단주의의 붕괴는 다음과 같은 점을 경고해주고 있다. 즉 개별 과학은, 과학적 설명이라는 과제에 아직도 이용되지 않고 있는 상상적 가능성을 인간의 상상력에 비축해둘 것을 요구하고 있다는 점을 경고해주고 있는 것이다. 우리는 이와 매우 유사한 것을 일부 동물이나 식물, 또는 미생물의 역사에서도 보게 된다. 그것들은 외부와 차단되어 있는 정글이나 늪지나 섬에 불분명한 자연의 부산물로서 몇 시대를 두고 잠복해 있다. 그 다음에 어떤 환경요인에 의해 외계로 빠져나와 문명을 변화시키고, 제국을 파괴하거나 대륙의 산림을 파괴하기도 한다. 이런 것이 여러 철학체계 속에 살아 있는 관념들의 잠재적 힘이다.

물론 과학과 철학 사이의 이러한 작용과 반작용에 있어 과학과 철학은 서로 도움을 주고받는다. 철학의 임무는 실재 세계의 구체적 사실들 속에 예증된 것으로 생각되는, 관념들의 조화를 연구하는 데에 있다. 철학은 완전한 사실의 실재성을 특징지우는 일반성을 탐구한다. 그러한 일반성이 없을 때 어떤 사실이든 추상으로 떨어질 것임에 틀림없다. 그러나 과학은 추상을 시도한다. 그리고 완전한 사실을 단지 그 일부의 본질적 양상과 관련해서만 이해하는 것으로 만족한다. '과학'과 '철학'은 서로 비판하며, 서로 상상적 소재를 제공한다. 철학체계는 과학이 추상화하는 구체적 사실에 대한 설명을 제공해야 한다. 또한 과학은 철학체계가 제시하는 구체적 사실들 속에서 자신의 원리를 발견하도록 해야 한다. 사상의 역사란 결국 이러한 공동작업에서의 실패와 성공의 정도에 관한 이야기인 것이다.

제4절

'과학'과 '철학'을 연결시키는 기초개념에 대한 플라톤의 공헌은 그의 생애 후기에 최종적으로 이루어진 것으로서, 사상의 진보를 위한 유용성에 있어서는 아리스토텔레스의 공헌과 다를 바가 없지만 그 효력에 있어서는 전혀 달랐다. 그것은 『테아이테토스』, 『소피스테스』, 『티마이오스』, 『법률편』의 제5권, 제10권 및 초기의 저작인 『향연』 등을 함께 읽어보면 찾아볼 수 있다. 그러나 우리는 결코 완전한 일관성을 찾을 수는 없다. 좀처럼 명쾌하지도 않으며, 모호성이 없는 경우도 드물다. 그는 난점을 느끼고 있으며, 곤혹을 표현하고 있다. 아리스토텔레스의 분류에 당혹해할 사람은 없겠지만, 플라톤은 마치 그 자신의 통찰 때문에 현기증을 느끼고 있는 사람처럼 단편적인 체계 속을 전전하고 있다.

소수의 주요 학설들은 독보적인 것으로서 가장 넓은 의미의 과학을 위해 엄청난 중요성을 지니고 있다. 그것들을 하나의 체계로 조정함에 있어 그는 비독단적이었고, 그래서 다만 '가장 그럴듯한 이야기'를 말할 수 있을 뿐이었다. 그뿐 아니라 그는 제7 '서한'[원주1]에서 궁극적 체계를 언어로 표현할 수 있다는 생각을 공공연히 비난하고 있다. 그의 후기 사상은 '이데아', '물리적 요소', '프시케'(Psyche), '에로스', '조화'(harmony), '수학적 관계', '수용자'(Receptacle)라는 7개의 주요 개념으로 짜여져 있는 논점을

[원주1] 341c를 참조.

중심으로 전개되고 있다. 이러한 개념들은 낡은 유형의 문명이 죽어가던 근대세계의 여명기에 그러했던 것처럼 오늘날의 우리에게도 중요한 것들이다. 아테네 사람들의 관점에서 보면, 소크라테스를 사형에 처한 것은 옳았다. 그리스 사상과 셈적인 사상이 합체된 뒤에 낡은 삶의 질서에 사형선고가 내려졌다. 서양문명은 명료하며, 인간적이며, 도덕적인 새로운 지성을 획득하게 되었던 것이다.

'이데아' 그 자체를 고려하면서 플라톤은 어떤 이데아들을 선택하더라도 이들이 공동으로 예증되는 데 있어 양립 가능하든가 불가능하든가 그 어느 한쪽이라고 말하고 있다. 그래서 그 결과도 그가 지적하는 바와 같이 양립 가능성과 양립 불가능성을 결정하는 것이 정합적인 사상의 관건이 되며 나아가 이 세계의 기능을 관념의 현세적(現世的) 실현을 위한 무대로 이해하는 관건이 된다. '아리스토텔레스 논리학'이라는 것은 이러한 일반적 개념으로부터 파생된 특수한 하나의 산물에 지나지 않는다.

그 다음에 플라톤은, 관념(이데아)으로 하여금 창조적 전진(creative advance)에서 효력을 발휘하게 하는 작용자에 대한 고찰로 나아간다. 그는 관념(이데아)을 추상적으로 고찰했기 때문에 그것들을 정적이고, 동결된, 그리고 생명 없는 것으로 발견하였다. 그것들은 살아 있는 지성(living intelligence)으로 영입됨으로써 '생명과 운동'을 얻게 된다. 이처럼 '관념을 응시'하고 있는 살아 있는 지성이 바로 플라톤이 명명한 '프시케'이다. 프시케는 영어로 'soul'이며 '영혼'으로 번역될 수 있다. 그러나 우리는 이 영어 낱말에서 연상되는, 몇 세기 동안의 기독교적 부가 의미를 조심스럽게 벗겨내야 한다. 플라톤은 관념을 적극적으로 파악함으로써 전 우주의 과정을 공평하게 조건지우는 기본적인 '프시케' 같은 것을 생각하고 있다. 이것이 최고의 장인(匠人, Supreme Craftsman)이며, 세계가 보여주고 있는 질서의 정도는 이 장인에 의존한다. 이러한 '프시케'에는 어떤 완전성이 있으며, 플라톤은 이를 그것의 설명력에서 발견하고 있다. 그리고 인간의 영혼을 포함하는 여러 등급의 유한한 영혼들이 있으며, 이것들은 모두 관념(이데아) 고유의 설득성에 의해 자연을 조건지우는 역할을 연출하고 있다.

　그러나 단순한 지식, 즉 단순한 이해라는 개념은 플라톤의 사상에 전혀 이질적인 개념이다. 학자들의 시대는 당시까지도 도래하지 않고 있었다. 플라톤의 견해로는 관념(이데아)을 마음에 품는 것은 내부의 발효, 즉 직접적 향유(immediate enjoyment)인 주체적 느낌의 활동과 본질적으로 결부되어 있으며, 행위와 융합되는 욕구와도 본래적으로 결합되어 있다. 이것이 바로 플라톤이 말하는 '에로스'(Eros)이다. 그는 이것을, 관념을 마음에 품음으로써 영혼이 그 창조적 기능을 향유한다는 생각으로까지 승화시키고 있다. '에로스'란 말은 본래 '사랑'을 의미한다. 그리고 『향연』에서 플라톤은 이상적 완전성으로 향해가는 충동이라는 에로스의 최종적 개념을 점차적으로 밝혀주고 있다. 그러나 플라톤은 어떤 면에서 불완전한 실현 속에 잠재해 있는 공포를 곰곰이 생각하는 '복수의 여신'이라고 명명함직한 대화편의 자매편을 분명히 썼어야 했다.

　플라톤은 이에 해당하는 대화편을 쓰지 않았지만, '자연' 속의 혼란이나 무질서를 간과하지도 않았다. 그는 이 '최고의 장인'(匠人)이 전능성(全能性, omnipotence)을 갖는다는 것을 분명히 거부하고 있다. 이데아의 영입은 설득적으로 영향을 끼치며, 그래서 오로지 가능적인 질서를 산출할 수 있을 뿐이다. 하지만 이 점에서 그는 흔들리고 있고, 때로는 마치 '장인'이 그 최고의 의지로 세계를 운영하고 있는 것처럼 쓰고 있다.

　이러한 탁월성(excellence)의 개념은 부분적으로 달성되었고 부분적으로 달성되지 않았지만, 플라톤 시대의 그리스 사상을 크게 단련시켰던 또 다른 문제를 제기하고 있다. 그 문제는 여러 가지 특수한 형태를 취할 수 있다. 예를 들면, 음악에서 멜로디의 아름다움, 조상(彫像)의 아름다움, 파르테논과 같은 건축의 아름다움 같은 아름다움은 어디에 있는 것인가? 또한 행동의 올바름과 같은 별개 형태의 아름다움도 있다. 하지만 이러한 소박한 형태로는 이 질문에 답하지 못할 것이다. 왜냐하면 '선'(The Good)은 그 자체 이외의 어떤 것에 의해서도 분석되지 않는 궁극적인 규정성이기 때문이다. 그러나 우리는 그리스 사상에서 일치된 답변이 확보되었던 그와 유사한 질문을 던져볼 수 있다. 즉 아름다움이라는 개념은 어떤 종류의 사물에 적용될 수 있는가? 특히 그것을 환기시키는 데는 어떤 종류의 조건이 필요한가? 이 후자의 두 물음에 대한 그리스의 답변은, 아름다움은 복합적인 사물에 귀속되며, 그러한 복합체가 아름답게 되는 것은 그것을 구성하고 있는 많은 요소들이 어떤 의미에서 적절한 비율을 확보했을 때라는 것이다. 이것이 그리스의 '조화'(harmony)설이며, 적어도 이 점에 관해서는 플라톤도 아리스토텔레스도 주저하는 일이 없었다.

그리스인들은 '조화'에 관해서 사상사에 이정표가 될 만한 발견을 하였다. 그들은 '기하학'이나, 측량의 수적 비례에 존재하는 정밀한 '수학적 관계'가 아름다운 구성체의 여러 뚜렷한 사례들에서 실현되고 있다는 것을 발견하였다. 예를 들면 아르키타스(Archytas)는, 현(弦)의 소리는 다른 조건이 동일하다면 현의 길이에 의존한다는 것, 소리의 아름다운 구성은 현의 길이의 비례에 관한 일정한 단순법칙에 순응한다는 것을 발견하였다. 그리스인들은, 건축미는 여러 차원의 적절한 비율의 유지에 의존한다는 것을 연구하였다. 이것은 이 세계의 질적 요소가 수학적 관계에 의존하고 있다는 거대한 발견이었다. 이러한 사실들은 이미 수천 년 동안 점차적으로 축적된 것이었다. 초기 바빌로니아인들은 계절의 추이라는 질적 사실이 일정한 날짜 수의 경과에 의존한다는 것을 알고 있었다. 실제로 그들은 매우 믿을 만한 달력을 만들고 있었다. 그러나 그리스인들은 그들의 일반화 능력을 통해서, 질적 사실이 기하학적·양적 구성과 서로 얽혀드는, 완전한 법칙을 파악하였다. 그들은 천부적 재능을 타고난 사람들이었다.

플라톤이 이끌어낸 결론은 자연계 특히 그 물리적 요소를 이해하는 열쇠가 수학에 있다는 것이었다. 플라톤의 아카데미 연구활동의 대부분은 수학 연구에 할당되어 있었다고 믿을 만한 충분한 이유가 있다. 그 다음 세대의 수학자들과 천문학자 프톨레마이오스와 히파르쿠스로 끝나는 그 다음 2백 년 동안의 수학자들은 플라톤의 범례와 학설에 의해 조성된 체계적 전통의 산물이다. 물론 아카데미는 '수학'에 관한 피타고라스학파의 전통을 계승하고 있었다.

이렇게 플라톤과 아리스토텔레스로부터 새로운 시대가 시작되었다. '과학'은 논리적이고도 수학적인 투명성으로 정화되었다. 아리스토텔레스는 종(種)과 유(類)로 이루어지는 과학적 분류의 중요성을 확립하였고, 플라톤은 미래 응용수학의 전망을 내다보고 있었다. 불행하게도 그후 플라톤 학설의 공식적인 발전은 종교적 신비주의자, 문학에 밝은 학자, 문예적 예술가들의 손에 전적으로 맡겨졌다. 수학자로서 플라톤은 오랫동안 공식적인 플라톤적 전통에서 사라지고 말았다.

'조화'(Harmony)와 '수학적 관계'(Mathematical Relations)라는 개념은 보다 일반적인 철학적 개념, 즉 다자(the many)의 다양성을 일자(the one)의 통일성으로 전환시키는, 사물들의 일반적인 상호 연관성(general interconnectedness)이라는 개념의 특수한 예증사례에 지나지 않는다. 우리는 '우주', '자연', '과정'(Process)으로 번역될 수 있는 피시스(φύσις)를 단수로 말한다. 한 '우주'의 전진하는 역사인 하나의 포괄적인 사실이 있다. 그리고 세계라고 하는 이 공동체, 즉 모든 산출의 모태이며 연관성(connectedness)을 지닌 과정(process)을 본질로 하는 이 공동체야말로 플라톤이 명명했던 '수용자'(Receptacle, ὑποδοχή)이다. 여기서 그가 의미한 바를 추측해보려고 할 때, 우리는 수용자는 모호하고 난해한 개념이며 그 자체의 본질상 전혀 형상을 갖지 않는 것이라고 한 플라톤의 말을 상기할 필요가 있다. 그렇기 때문에 그것은 수학적 관계를 구비한 보통의 기하학적 공간이 아닌 것만은 확실하다. 플라톤은 그 '수용자'를 '모든 생성의 양모(養母)'라고 부른다. 그는 분명히 그것을, 우리의 '자연' 분석에 있어서 그것 없이는 완성시킬 수 없는 필요불가결한 개념으로 생각하고 있었다. 플라톤의 직관을 무시한다는 것은 위험한 일이다. 그것을 언급할 때면 그는 그의 표현에 주의깊게 변화를 주면서, 그가 한 말은 가장 추상적 의미로 취해야 한다는 것을 넌지시 암시한다. '수용자'는 생겨나는 모든 것에 어떤 공통된 관계를 부과하지만, 그 관계가 어떠한 것이 되느냐를 결정하지는 않는다. 그것은 아리스토텔레스의 '질료'보다도 좀더 미묘한 개념인 것처럼 보인다. 물론 그것은 갈릴레오나 뉴턴의 '물질'(matter)은 아니다. 플라톤의 '수용자'는 모든 개별적인 역사적 사실로부터 추상된 역사적 경로가 자리하는 필연적인 공동체로 간주될 수 있을 것이다. 내가 '수용자'에 관한 플라톤의 학설에 주목해온 까닭은 오늘날 플라톤 사후 그 어느 시점보다도 물리학이 그것에 근접에 있다고 보기 때문이다. 현대 수리물리학의 시─공은 그 속의 사건들에 적용되는 특수한 수학적 공식들로부터 추상해 생각해 볼 때, 거의 확실한 플라톤의 '수용자'이다. 수리물리학자들은 이러한 공식들이 엄밀하게 무엇이냐에 관해서는 확실하게 알고 있지 못하며, 단순한 시─공의 개념으로부터 이러한 공식들을 이끌어낼 수 있다고 믿지도 않는다는 점에 우리는 유의할 필요가 있다. 그래서 플라톤이 선언한 바와 같이, 시─공 그 자체는 형상을 하나도 갖고 있지 않은 것이다.

제5절

앞에서 그려본 밑그림에서는, 아리스토텔레스의 전 생애의 방대한 노작(勞作)에 들어 있는 한 가지 논제로부터 선택한 단 하나의 부수적인 일반화만이 밝혀졌다. 아리스토텔레스는 과학자인 동시에 철학자이며, 문학비평가인 동시에 정치이론가였다. 특히 가시적 우주를 구성하는 사물들의 분류에 대하여 지금까지 상세하게 논해온 까닭은, 그것이 근대의 과학철학이 역설하는 모든 조건을 충족시키는 과학적 귀납법의 거의 완벽한 사례가 되고 있기 때문이다. 그것은 관찰된 사실의 일반화였으며, 반복되는 관찰에 의해서 확증이 가능한 것이었다. 그 전성기에 있어──이는 무려 1천 8백 년 동안이나 지속된 것이었지만──그것은 대단히 유용한 것이었다. 그런데 그것이 죽어버린 지금에 이르러 그것은 화석이 되었고, 고고학적 호기심의 대상에 지나지 않게 되었다. 과학적 일반화라는 것은 그것의 엄격한 과학적 목적과 관련지어서 고찰하는 한, 이렇게 되는 것이 운명이다. 이 학설은 그 긴 수명이 다해가면서 실효성을 상실했고, 마침내 장애물로 변질되고 말았다.

지금까지 고찰해온 일군의 플라톤적 개념에는 아리스토텔레스적인 도구

장치가 지니고 있는 장점 같은 것이 하나도 없다. 사실상 그것들은 철학적인 것이지, 좁은 의미에서의 과학적인 것은 아니다. 그것들은 세밀한 관찰 같은 것을 시사하지 않는다. 그뿐 아니라 개별적인 사실들의 관찰에 대한 관심을 멀리했다는 것이, 늘 플라톤에게 가해진 비난이었다. 정치이론에 관한 한, 특히 법률학에 관한 한, 이러한 비난은 정녕 진실이 아니거니와 그것은 '대화편'의 문학적 탁월성에만 집중적으로 관심을 쏟는 습성에서 생긴 것이다. 그렇긴 하지만 물리과학에 관한 한, 그러한 비난은 정당하다. 그러나 플라톤은 또 다른 메시지를 가지고 있었다. 아리스토텔레스가 '관찰하라' 그리고 '분류하라'고 말했던 데 반해, 플라톤의 가르침에 들어 있던 교훈은 수학연구의 중요성이다. 물론 이들 중 어느 누구도 관찰을 멀리하라고 말하거나, 다른 한편으로 수학의 효용성을 부정할 만큼 어리석지는 않았다. 아마도 아리스토텔레스는 그 당시의 수학적 지식이 물리과학의 목적을 위해서 그만큼 필요한 것이라고 생각했을 것이다. 다만 그는 그 이상의 진보가 있더라도, 미묘한 추상화에 대한 비실용적 호기심을 충족시키는 데 도움을 줄 뿐이라고 생각했을 것이다.

수학적 관계에 대한 지식이 '자연'의 관계성의 비밀을 푸는 열쇠가 될 것이라는 강한 신념은 플라톤의 우주론적 사변의 배후에 늘 있었다. 한 구절에서 플라톤은 수의 비율로 표현할 수 없는 비례의 학설을 배우지 못한 사람들의 돼지[원주 2]와 같은 무지를 책망하고 있다. 거기서 그는 '조화'(Harmony)의 본질을 섬세하게 해명할 기회를 어리석게도 상실하고 있음을 분명히 느끼고 있다. 자연의 경과에 대한 그 자신의 사변은 모두 어떤 수학적 구성의 추측적인 응용에 기초를 두고 있다. 내가 기억하고 있는 한, 모든 경우에 있어 그의 사변적 감각은 크게 과녁을 빗나가고 말았다.

비록 『티마이오스』가 광범위하게 영향력을 행사하긴 했지만, 그들의 시대 이후 약 1천 8백 년 동안 아리스토텔레스는 옳았고, 플라톤은 틀렸던 것으로 간주되었다. 약간의 수학적 공식들이 과학의 관념과 얽혀 있었지만,

---

[원주2] 『법률』 제7권. 819D 참조.

아리스토텔레스는 그의 시대에 이르러 정교화된 것을 제외한다면 이런 공식들에 관해 완전히 정통해 있었다. 활동적인 과학자들의 우주론적 구도는 사실상 아리스토텔레스의 것이었다. 그러나 플라톤의 예견은 철학에 있어 또 다른 중요한 기능을 예증해준다. 그것이 관심을 불러일으키는 논제는 자연적 힘의 상호작용에 대한 우리의 조잡한 이해와는 여전히 동떨어진 것이다. 미래의 과학이 신속하게 진보하느냐의 여부는 아직도 관찰되지 않은 채 자연 속에 들어 있는 가설적인 연관의 복합체에 대한 선행적 해명에 달려 있다. 플라톤의 수학적 사변은, 이탈리아 르네상스의 문학적 전통에 따르는 학자들에 의해 전적으로 신비적인 것으로 간주되었다. 사실 이 사변은 신비적 세계에 대한 지성적 탐구의 미래를 곰곰 생각하는 천재의 소산이다.

그리스인, 이집트인, 아랍인, 유태인, 메소포타미아인은 플라톤의 가장 격정적인 꿈 이상으로 수학을 진전시켰다. 그러나 불행하게도 플라톤의 관심이 갖는 이러한 측면이 기독교인들에게는 없었다. 내가 믿기로는 르네상스기 과학이 부흥하기 전에 기독교인 중에서 수학에 독자적인 공헌을 한 사람은 아무도 없었다. 교황 실베스터 2세—기원후 1000년에 재위한 게르베르트—는 수학을 연구했다. 그러나 그가 그 이전의 연구에서 새로 추가한 것은 아무것도 없었다. 로저 베이컨은 수학의 중요성을 선언하면서 동시대 수학자들의 이름을 명기해두었다. 그리고 13, 14세기 옥스퍼드 대학에서는 수학을 상당히 존중했다. 그러나 중세기 유럽인 중에서는 아무도 이 주제를 진전시키지 않았다. 13세기 초엽에 활약했던 피사의 레오나르도 만은 예외로 보아야 한다. 그는 역사의 초기에, 헬레니즘의 그리스와 근동과의 문화적 통일을 예증하고 있는 과학을 진전시켰던 최초의 기독교인이었다. 이러한 단서를 붙인다면, 16세기 수학은 전적으로 비기독교적 원천에 기초를 두고 있었다. 기독교인들 사이에서는 수학과 마술이 혼동되고 있었다. 교황 자신도 이 양자를 거의 구별하지 못하고 있었다. 문명에 있어 각 시대와 각 학파들이 지니고 있는 이러한 기묘한 한계를 보다 더 적절하게 예증하기를 바라기는 어려울 것이다. 이는 기독교 사상에 대한 플라톤의 지배적 영향이라는 견지에서 볼 때 특히 흥미를 끄는 대목이다.

그러나 '조화'와 수학적 관계가 얽혀 있다는 플라톤의 학설은 성공리에 입증되었다. 성질을 표시하는 술어에 기초한 아리스토텔레스의 분류법은, 수학적 공식의 도입을 별문제로 한다면 매우 한정된 응용력밖에 없다. 그뿐 아니라 아리스토텔레스의 논리학은 그 수학적 개념을 무시했던 탓으로, 과학의 진보에 도움이 된 것 못지 않게 해독을 끼치기도 했다. 우리는 결코 다음과 같은 물음들을 모면할 수 없다.——즉 얼마만큼의 양인가, 어떤 비율인가, 다른 사물들과 어떤 패턴의 배치구조로 관계하고 있는가라는 것이다. 엄밀한 화학적 비율의 법칙은 온갖 차이를 만들어낸다. 이산화탄소(CO_2)는 두통만을 일으키지만, 일산화탄소(CO)는 사람을 죽게 한다. 그리고 이산화탄소는 대기중의 산소를 희석하는 데 필수적인 요소가 되지만, 과다하거나 과소하면 다같이 유해하다. 비소(砒素)는 환경의 패턴 속에서 그 비율에 따라 건강을 가져다주기도 하고 죽음을 가져다주기도 한다. 이산화탄소와 산소가 건강을 가져다줄 수 있는 비율(health - giving proportion)로 존재할 경우에도, 이러한 탄소와 산소와의 비례적 양을 일산화탄소와 산소로 재배열하게 되면 유독한 혼합물이 생겨나게 될 것이다. '정치경제학'에서 '수확체감의 법칙'(Law of Diminishing Returns)은 일정량의 자본으로 최대의 효과를 거두기 위한 조건을 지적해주고 있다. 실제로, 제기해야 할 물음 중에는 어느 정도의 양인지, 어떠한 환경의 패턴인지에 관한 여러 조건을 가지고 대충 답변해서는 안되는 것이 거의 존재하지 않는다. 아리스토텔레스의 논리학은 수학이라는 후견인이 없으면 오류를 양산하는 모태가 되고 만다. 그것은 전제된 배경이 무시되는 일상회화에서 흔히 찾아볼 수 있는 것과 같은 고도의 추상을 표현하는 데만 적합한 명제형식을 다루고 있다.

그러나 적어도 수학을 그후에 발전한 분야를 의미하는 것으로 본다면, 수학에 호소하는 것조차 지극히 협소하다는 것은 분명하다. 일반 과학으로서 수학은 결합성의 패턴을, 개개의 관계항과 개개의 결합양태로부터 추상하여 연구한다. 양과 수의 개념이 지배적인 주제가 되는 것은 오직 수학의 어떤 특수분야에서만이다. 실질적인 요점은 사물의 본질적 결합성이 결코 간과될 수 없다는 것이다. 이것은 철두철미한 상대성(thoroughgoing relativity)의 학설로서, 이 상대성은 우주에 영향을 끼치며, 생겨나는 모든 것을 통일시키는 '수용자'처럼 사물의 전체성을 만들어낸다.

그리스의 '구성'(composition)과 '조화'(harmony)의 학설은 사상의 진보로 말미암아 그 정당성이 입증되었다. 그런데 그리스인들의 생생한 공상은 '우주'의 각 요소에 독립적 개체성 같은 것을, 예를 들면 플라톤의 초기 사상을 지배했고 후기 대화편에도 단속적으로 끼여들고 있는, 자기충족적인 관념의 세계와 같은 성질을 부여하는 경향이 있었다. 그러나 이렇게 과도한 개체화를 했다고 해서 그리스인을 비난해서는 안된다. 모든 언어는 같은 오류를 증거해주고 있다. 우리들이 습관적으로 돌, 행성, 동물 등과 같은 것들을 말할 때, 그러한 개체적 사물이 일시적인 한순간이라도 그 자체의 본성상 실제로 필수적 요건인 환경과 분리되어도 존재할 수 있는 것처럼 말한다. 이러한 추상은 사고의 불가결한 요소로서, 조직적인 환경의 필수적 배경은 전제될 수 있다. 그것은 사실이다. 그러나 그 결과, 사물들의 궁극적 본성에 대한 어떤 이해와, 그러한 추상적 진술에 전제되어 있는 배경에 대한 이해가 모두 결여되어 있는 경우, 모든 과학은 그들이 서로 모순된 배경을 암암리에 전제하는 다양한 명제들을 결부시키는 과오를 범하게 된다. 어떠한 과학도 그 과학이 암암리에 전제하고 있는 무의식의 형이상학보다 더 확실한 것은 있을 수 없다. 개체적 사물은 필연적으로 그 환경의 한 변형이며, 그것과 분리시켜 이해될 수 없다. 어떤 형이상학에 대한 언급 없는 모든 추론은 불완전하다.

제6절

그렇기 때문에 '과학의 확실성'이란 일종의 망상이다. 그러한 것들은 전인미답의 한계에 둘러싸여 있다. 과학적인 학설을 다룰 때 우리는 우리 시대에 유포되어 있는 형이상학적 개념들에 의해서 통제받는다. 그렇게 하더라도 우리는 늘 잘못된 기대로 이끌려간다. 그리고 어떤 새로운 방식으로 관찰되는 경험이 획득될 때면 언제나 기존의 낡은 학설은 부정확성의 안개 속으로 흩어지고 만다.

우리의 조정된 지식 ── 일반적 의미의 용어로 말하면 과학 ── 은 두 가지 경험 질서의 만남으로 형성된다. 그 하나의 질서는 특정한 관찰의 직접적이고도 즉각적인 식별에 의해서 구성된다. 그리고 또 하나의 질서는 우리가 '우주'를 일반적으로 파악하는 방법에 의해서 구성된다. 이들은 '관찰적 질서'(Observational Order)와 '개념적 질서'(Conceptual Order)로 불리게 될 것이다. 그런데 여기서 제일 먼저 기억해두어야 할 점은, 관찰적 질서는 예외없이 개념적 질서에 의해서 공급되는 개념으로 해석된다는 것이다. 어느 쪽의 질서에 우선권이 있느냐의 문제는 이 논의의 목적을 위해 비실용적인 문제일 것이다. 우리는 관찰적 질서, 즉 실제로 식별되는 사물의 유형을 계승하고 있다. 또한 우리는 개념적 질서, 즉 실제로 그것에 의해서 해석하는 대체적인 관념체계도 계승하고 있다. 우리는 이 두 질서의 상호작용이 인류의 역사에서, 혹은 동물의 역사에서조차 언제쯤 시작되었는지를 지적하지 못한다. 또한 새로운 관찰이 개념적 질서를 수정한다는 것도 사실이다. 그러나 이와 동시에 새로운 개념은 관찰에 의한 식별의 새로운 가능성을 시사하기도 한다.

관찰적 질서의 중대한 약점을 고려하지 않고서는 사상의 역사를 이해할 수 없다. 관찰에 의한 식별은 공평한 사실이 지시해주는 것이 아니다. 그것은 취사선택한다. 그리고 그것이 취하는 것은 모두 우선성을 갖는 주관적 질서 속에 재배치된다. 이러한 관찰에 있어서 우선성의 질서는 실제로 사실들을 왜곡한다. 그렇기 때문에 우리는 나타나는 사실로부터 있는 그대로의 사실을 규명해내야 한다. 우리는 버려진 사실들을 규명해야 하며, 그 자체가 하나의 관찰의 사실이 되고 있는, 우선성을 갖는 주관적 질서를 버려야 한다. 예컨대, 문명의 초기단계에서 관찰된 사실들을 고찰해보자. 관찰된 사실은 평탄한 '대지'와 아치 모양의 둥근 '하늘'이었다. 교황 실베스터의 동시대인들도 대척지(對蹠地)를 생각조차 못했고, 교황이 그러한 존재를 믿고 있었다는 평판은 이 늙은 마술사 교황에게 영예가 되지 않았다.

날씨가 좋은 대낮에 하늘을 보면, 하늘은 푸르고 햇살이 찬란하다. 직접적으로 관찰된 사실은 유일한 광원으로서의 태양과 드러난 하늘이다. 에덴동산의 아담과 이브의 신화에 나타난 인간 생활의 첫날을 상상해보자. 그들은 일몰을 바라보고, 별들은 나타난다.

"그리고 보라! 사람의 눈앞에 펼쳐진 피조물을."

과도한 빛은 사실을 드러내기도 하지만 그것을 은폐하기도 한다. 그것은 인간의 관찰을 위해서 사실을 왜곡한다. 관찰을 기만적인 완결성으로부터 벗어나도록 촉구하며, 과학의 학설을 그 기만적인 궁극성의 외관으로부터 벗어나도록 촉구하는 것 또한 사변(speculation)이 해야 할 일 중의 하나이다.

이제야 우리는 중세기의 우주관으로부터 우리의 현대적 관점으로 전환하는 역사를 간단히 특징지워볼 수 있게 되었다. 이러한 전환을 가져왔던 효과적인 작인은 물리적 관찰이 전혀 없었던 약 1천 8백 년의 역사를 가지고 있다. 그것은 추상적 사유, 즉 수학의 발전사이다. 이 수학 발전의 동기가 되었던 관심은, 이론적 개념들을 조정하거나 그러한 개념들의 지배로 생겨나게 되는 이론적 구성에 대한 관심이었다. 그러나 만일 다수의 근대 철학자나 과학자가 그들의 방법을 가지고 있었더라면, 그리스인, 유태인, 이슬람교도들에게 그러한 무익한 연구, 즉 어떠한 예견적 통찰로도 응용의 흔적을 예측하지 못하는 순수한 추상은 하지 말도록 설득했을 것이다. 다행히 그들은 그들의 조상이 도달했던 경지까지는 가지 못했다.

제7절

뉴턴적인 '자연의 체계'가 인류에게 베푼 은혜는 헤아릴 수 없다. 이 체계는 플라톤, 아리스토텔레스, 에피쿠로스에게서 유래되는 관념들을, 무수히 관찰된 사실을 해명해줄 일관된 사고의 구도와 결합시켜 하나가 되게 하고 있다. 이를 통해서 인간은 '자연'에 대한 새로운 전망을 얻을 수 있게 되었다. 우리는 이전에 복종하던 곳에서 이제는 명령을 하게 되었다. 그러나 뉴턴의 우주론은 급기야 무너지고 말았다.

이 와해의 역사는 한 세기 이상 지속되었다. 이 대부분의 기간 동안, 과학자들은 자신들이 서서히 순차적으로 도입하고 있던 관념들이 최종적으로는 자신들의 사고를 지배하고, 자신들의 표현양태를 이루고 있는 뉴턴적 관념과 모순되는 일군의 사상으로 축적되어가고 있다는 것을 전혀 깨닫지 못하고 있었다. 이 이야기는 빛의 파동설에서 시작되어 물질의 파동설로 끝난다. 그것은 결국, "파상(波狀)진동이라는 이 수학적 속성을 나타내는 구체적 사실은 대체 무엇인가?"라는 철학적 의문을 우리에게 남겨주고 있다.

이 이야기의 세부적인 사항은 근대 물리학의 역사가 되는 것으로서, 이 논의의 범위를 벗어난다. 우리로서는 뉴턴 물리학과 현대물리학에서 각기 기초가 되고 있는 가장 일반적 개념들 간의 대조(contrast)를 이해하는 것으로 족하다. 뉴턴 물리학은 독립된 물질 입자의 개체성에 기초를 두고 있다. 각각의 돌은 다른 물질 부분과의 연관을 도외시해도 충분히 기술될 수 있는 것으로 생각되고 있다. 그것은 '우주' 속에 고독하게 존재하는, 단일 공간의 유일한 점유자이다. 그것은 여전히 있는 그대로의 돌일 것이다. 또한 그 돌은 과거나 미래와는 아무런 관련 없이도 충분히 기술될 수 있을 것이다. 또한 그것은 전적으로 현재의 순간 속에 구성되어 있는 것으로서 충분하고도 완전하게 파악될 수 있다.

이것이 뉴턴저 개념의 전부이지만, 현대 물리학이 전진해감에 따라서 조금씩 무너지거나 해소되거나 하였다. 그리고 이 개념은 '단순정위'(單純定位)와 '외적 관계'에 관한 일관된 학설이다. 외적 관계에 관한 의견에는 약간의 차이가 있다. 뉴턴 자신은 서로 접촉하는 물체 간의 충돌과 압력으로 그것을 이해하려는 경향이 있었다. 그러나 로저 코트와 같은 그의 직계 제자들은 그것에 원격력(遠隔力)의 개념을 추가하였다. 그러나 그 어느 쪽의 개념을 선택하든 간에 전적으로 완전히 현재의 사실, 즉 서로 접촉해 있건 떨어져 있건 간에 두 물질입자 간의 외적 관계의 사실임에는 다를 바가 없었다. 이와 반대되는 내적 관계의 학설은 뉴턴형의 외적 관계의 전제에 적합한 언어로 기술됨으로써 상당 부분 왜곡되었다. 브래들리와 같은 내적 관계의 지지자조차도 이런 함정에 빠져 있다. 따라서 관계가 관계항의 성질을 수정하는 것과 마찬가지로, 관계항이 관계의 성질을 수정한다는 점을 잊어서는 안된다. 관계는 보편자가 아니다. 그것은 관계항과 동격의 구체성을 구비한 구체적인 사실인 것이다. 원인이 결과에 내재한다는 생각은 이 진리를 설명해준다. 그러므로 물리적 기능과 정신적 기능 간의, 과거와 현재 간의 구체적 관계성(concrete relatedness)을 표현해주는, 그리고 개체적으로는 다양한 물리적 실재의 구체적 구성을 표현할 수 있는 자연관을 발견해내야 한다.

현대물리학은 "단순히 위치를 점한다"(單純定位, simple location)는 학설을 포기하였다. 별, 행성, 물질의 덩어리, 분자, 전자, 양자, 에너지의 양자 따위로 불리고 있는 물리적 사물이라는 것은, 각각 그 전 영역에 걸쳐 있는 시−공 속의 변용으로 이해되어야 한다. 초점적 영역이라는 것이 있는데, 일상적인 표현방식으로 하자면 사물이 있는 곳에 해당된다. 그러나 그 영향은 그로부터 시간과 공간의 가장 먼 깊숙한 곳을 거쳐 유한한 속도로 흘러나온다. 물론 이처럼 변용된 초점적 영역을 가리켜 거기에 위치하고 있는 사물 그 자체라고 말한다면 이는 당연한 말이 되겠고, 또 어떤 목적을 위해서는 전적으로 타당하다. 그러나 이런 생각을 지나치게 발전시켜 나갈 때 난점이 생기게 된다. 물리학에 있어 사물 자체는 그 사물이 행하는 것에 지나지 않으며, 그 사물이 행하는 것은 이처럼 발산하는 영향의 흐름인 것이다. 또한 그 초점적 영역은 외적 흐름과 분리될 수 없다. 이는 순간적 사실(instantaneous fact)로 간주되기를 한사코 거부한다. 초점적 영역이란, 그 속에서는 그러한 흐름이 단지 현저하게 지배적이라는 점에서, 이른바 외적 흐름과 다를 뿐인 그런 진동 상태(a state of agitation)를 말한다. 또 우리는 이러한 물리적 사물의 어떤 일정한 순간의 존재를 어떻게 정확하게 표현할 것인가를 놓고 당황하게 된다. 왜냐하면 초점적 영역 내에서이건, 외부에서이건 간에 모든 순간적 점−사건(instantaneous point - event)[역주 1]에 있어 이 사물에 귀속되어야 할 변용은, 그 사물에 의해서 별개의 점-사건에 도입된, 대응하는 변용에 선행하고 있거나 후속하고 있기 때문이다. 그렇기 때문에, 만일 문제의 물리적 사물의 존재의 완전한 사례를 생각해보고자 할 때, 우리는 공간의 일부분이나 시간의 한 순간만으로 한정시킬 수 없는 것이다. 물리적 사물이란 공간들과 시간들의, 또 그러한 시간들 속의 공간들에 있어서 조건들의 어떤 조정이며, 그러한 조정은 수학적 관계로 표현될 수 있는 어떤 일반적 규칙의 한 예증사례라는 것이다. 여기서 우리는 다시 기본적인 플라톤의 학설로 되돌아가게 된다.

그뿐 아니라 "단순히 위치를 점한다"는 것을 부정하는 한편, 시-공의 그 어느 영역에도 무수한 물리적 사물이 어떤 의미로는 중첩되어 있다는 것을 인정해야 한다. 그러므로 시-공의 각 영역에 있는 물리적 사물이란 '우주' 도처에 펼쳐져 있는 물리적 존재들이 그 영역에 대해서 의미하는 바를 합성한 것이라고 할 수 있다. 그러나 완전한 존재는 어떤 수학적 공식, 즉 단순한 공식의 구성체가 아니다. 그것은 어디까지나 공식을 예증하고 있는 사물들의 구체적인 구성체인 것이다. 거기에는 양적이고 질적인 요소들이 서로 얽혀 있다. 예컨대 하나의 생명체가 음식물을 섭취한다고 할 때, 이 사실은 단지 하나의 수학공식이 다른 수학공식을 흡수하는 것일 수가 없다. 그러한 사실은 단지 2 더하기 3은 5와 같다든가, 3 곱하기 3은 9와 같다라는 사실을 흡수하는 것일 수 없으며, 11이라는 수가 16이라는 수를 흡수한다는 것도 있을 수 없는 것이다. 이러한 수학적 개념은 예증될 수 있겠지만, 사실은 예증되는 공식 이상의 것이다.

제8절

마지막 문제는 완전한($\pi\alpha\nu\tau\epsilon\lambda\bar{\omega}\varsigma$) 사실[원주 3][역주 2]을 고찰하는 일이다. 이

[역주1] 원어는 point-event. 시-공(時-空)에 '단순히 위치를 점하는' 물질이라는 사고방식을 버리고, 지극히 짧은 시간 동안 사물의 상태를 표기하는 데 사용되고 있다.

러한 개념은 실재의 본질에 대한 기본적인 관념들에 의해서만 형성된다. 여기서 우리는 철학으로 되돌아오게 된다. 몇 세기 이전에 플라톤은 사실과 얽혀 있는 7개의 주요 요인을 예측한 바 있다. 즉 '이데아', '물리적 요소', '프시케', '에로스', '조화', '수학적 관계', '수용자'가 그것이다. 모든 철학체계는 이러한 성분들의 직조물을 표현하려는 시도이다. 물론 우리의 근대적 개념과 플라톤의 이러한 고대적 사상을 동일시한다는 것은 지극히 비학문적인 생각이다. 우리에게는 모든 것이 미묘하게 다르다. 그러나 이 모든 차이에도 불구하고 인간의 사고는, 이제 자연 구성의 유사한 요소들을 표현하려고 노력하고 있다. 그것은 다만 희미하게 식별할 뿐, 잘못 기술하고, 잘못 연결시키고 있다. 그러나 거기에는 언제나 우리를 유혹하는 동일한 지표가 남아 있다. 과학과 철학의 체계들이 왔다가는 사라진다. 저마다 한정된 이해의 방법은 마침내 고갈되고 만다. 각 체계는 그 전성기에 빛나는 성공을 거두고, 쇠퇴기에는 장애물이 되고 만다. 결실이 풍부한 새로운 이해로의 이행은 상상력을 북돋우는 가장 심오한 직관으로 되돌아감으로써 달성된다. 최종적으로——최종이란 없는 것이지만——달성되는 것은 보다 큰 기회를 낳게 하는 관점의 넓이이다. 그러나 기회는 위로 이끌기도 하지만 아래로 이끌기도 한다. 사려가 없는 '자연'에서, '자연도태'는 '낭비'와 동의어가 된다. 철학은 이제 그 마지막 봉사를 해야 한다. 그것은 단순한 동물적 향유 이상의 가치에 예민한 한 생물계의 종족이 광범위한 붕괴를 모면하기 위한 통찰을, 비록 그것이 희미한 것이라 하더라도, 탐구해야 한다.

[원주3] 『소피스테스』 248E 참조. τω παντελω̃ς ὄντι, 여기서 παντελω̃ς는 '절대적'이라고 오역되고 있다. 플라톤의 '절대'와 '상대'에 관한 언급은 『소피스테스』 255c 참조.

[역주2] 원주에서 '완결된'(a complete fact)을 문제로 삼아 거론하고 있지만, 그보다는 흔히 '有' 내지 '존재'로 번역되는 [ὄντι]를 '사실'(fact)로 화이트헤드가 번역하고 있다는 데 주목할 필요가 있다. 이 점에 관해서, 르클레악(Ivor Leclerc)은 그의 『화이트헤드의 형이상학』(*Whitehead's Metaphysics*, London : George Allen and Unwin, 1958), pp.19~20에서 상세히 논하고 있다.

제10장

새로운 종교개혁

제1절

이 장의 주제는 어떤 대조(contrast.)에 주목하는 가운데 부각시켜볼 수 있다. 프로테스탄트 기독교는 루터, 칼뱅, 영국 국교에서 파생된 것으로서, 3백 년 동안 융성했던 그 제도와 교리에 관계되는 한, 이제는 끊임없는 쇠퇴의 징조를 보여주고 있다. 그 교리는 더 이상 지배하지 않게 되었고, 그 분파는 이제 더 이상 흥미를 끌지 않게 되었으며, 그 제도는 이제 더 이상 생활패턴의 방향을 제시하지도 않는다. 이것이 대조의 한쪽 측면이다.

다른 한쪽 측면은, 종교적 정신이 인간사의 효과적인 요소로서, 바로 얼마 전(1931년 4월)에 그 하나의 가장 주목할 만한 승리를 거두었다는 점이다. 인도에서는 지배자와 국민 간의, 인종 간의, 종교 간의, 사회적 계층

간의, 폭력과 투쟁의 힘 ─ 폭력으로 몇천, 몇백만의 사람들을 억압하려고 위협하는 힘 ─ 이러한 힘이 종교적 확신의 도덕적 권위를 가지고 행동하는 두 사람, 마하트마 간디와 인도총독(어원 경)에 의해 종식되었다.

그들은 실패할지도 모른다. 2천여 년 전에 가장 지혜로운 사람은 신적인 설득력이 세계 질서의 기초라고 선언했다. 그러나 그는 그것이 산출해낼 수 있는 것은 야만적인 힘의 한가운데서 달성할 수 있는 정도의 조화뿐이라고도 선언했다. 나는 이 선언이, 펠라기우스나 아우구스티누스의 '은총' 학설을 이보다 7백 년 앞서 플라톤이 예견한 것이라고 생각한다.

그러나 간디와 총독에 의해 이루어진 이 극적인 힘의 저지는 인도, 잉글랜드, 유럽, 그리고 아메리카의 무수한 사람들의 효과적인 응답을 필요로 하는 것이지만, 이는 종교적 동기가 ─ 이것을 나는 신적 설득에 대한 응답이라고 보는데 ─ 그 낡은 힘을, 심지어 그 낡은 힘 이상의 것을, 인간의 정신과 양심에 대해서 가지고 있다는 증거가 된다. 이러한 응답에서 대영제국의 프로테스탄트 교도들, 그리고 이보다 중요한 것으로서 더 먼 곳에 있는 미국의 프로테스탄트 교도들이 그 역할을 담당했다. 우리는 역사의 경로가 종교적 여론에서 생기는 조용한 합리성에 의존하는 시점에 서 있다. 최초의 승리를 이미 획득한 것이다.

여기에 쇠퇴와 생존의 대조(contrast)가 있다. 우리는 쇠퇴한 것과 생존한 것을 올바로 평가해야 한다. 그리고 현 시점에서 새로운 종교개혁이 본격적으로 진행되고 있다는 것이 나의 주장이다. 그것은 하나의 재편성(Reformation)이다. 그러나 그 귀추가 행운이 될지 불행이 될지는 비교적 소수 사람들의 행위에, 그중에서도 특히 지도적 위치에 있는 신교 목사들의 행위에 전적으로 달려 있다.

나는 세부적인 신앙적 일치가 가능하다거나, 그것이 바람직하다고 생각하지 않는다. 그러나 형이상학적 통찰에서 드러나는 강조점의 차이나 역사적 사건에 관한 공감적 직관의 차이에서 생기는, 신앙적 다양성의 한가운데서도 ─ 그러한 다양한 차이의 한가운데서도 우리의 우주적 전망을 통해서 요구되는 완성으로서 신의 내재라는 궁극적 주제를 예증하기 위해 우리

가 선정하는 요소에 관해서, 친근한 인간적 경험이나 일반적 역사 속에서
일반적 합의를 본다는 것은 가능하다. 달리 말하면, 우리는 여러 설명의 형
식에 대해서 동의를 하지 않더라도 종교적 사실들의 질적인 양상에 관해서,
그리고 형이상학적 이론에서의 일반적인 조정 방법에 대해서 합의를 볼 수
있을 것이다.

　그렇지만 이 문제는 지금까지 말한 서론이 시사해주는 것만큼 단순하지
않다. 우리는 복합적이고도 다면적인 문제를 다루고 있는 것이다. 그것은
우리의 가장 깊은 직관을 조화시키는 것으로서의 이해에 대한 진술을 포함
하고 있다. 사상의 정식화와 행동의 양태에 대한 정서적 응답도 거기에 들
어 있다. 또한 목표의 방향과 행동의 변용도 이에 포함된다. 그것은 인간적
실존의 어느 국면에도 내재되어 있다. 종교적 문제에 관한 한, 수월한 해
결은 엉터리 해결이다. 성경에 "누구든지 달려가면서도 읽을 수 있게 하
라"[역주1]고 씌어 있다. 그러나 그가 그 성경전서를 제공한다고는 말하지 않
는다.

　왜냐하면 종교는 우주의 궁극적 신비로 향하는 직관의 개인적 정도에 따
르는 목적과 정서에 대한 우리의 반응과 관계되는 것이기 때문이다. 단순
성을 요구해서는 안된다. 체계적 정식화야말로 강조와 순화(純化)와 안정
의 잠재적 원동력이라는 것을 역사와 상식이 우리에게 입증해주고 있다.
기독교는 최초부터 오늘에 이르기까지 유지되어온 레반틴(동부지중해)과
유럽의 지적 운동이 없었더라면, 이미 옛날에 불건전한 미신으로 전락하고
말았을 것이다. 이 운동은 정밀한 신학체계를 마련하겠다는 '이성'의 노력
이다. 실제로 이러한 합리화의 노력이 수그러들었던 변경의 교구에서는,
종교가 사실상 노쇠한 실패로 침몰하고 말았다.

[역주1] "달려가면서도 읽을 수 있다"(He who runs, may read.)라는 말은 '간단 명료하
　　　게'라는 의미로 사용되는 관용구. 『구약성서』「하박국서」 제2장 제2절, "너는 이 묵시
　　　를 기록하여라. 판에 똑똑히 새겨서, 누구든지 달려가면서도 읽을 수 있게 하여라."

제2절

그래서 18세기와 19세기에, 자유주의적 성향의 목사와 평신도의 체계적 신학에 대한 공격은 전적으로 잘못 생각된 것이었다. 그들은 미신이 지니고 있는 야생적인 감정을 방지할 안전장치를 유기하고 있었던 것이다. 문명화된 종교는, 인간 역사의 위대한 시대에 강렬한 영향을 끼친 형이상학적 직관의 문명화된 합리적 비판에서 자연스럽게 생겨난 정서의 훈련을 지향해야 한다. 역사에 호소한다는 것은 우리 자신의 개인적 존재에 있어, 어떠한 직접적 명석성도 초월한 최고의 도달점에 호소한다는 것이다. 그것은 권위에의 호소이다. 이성에 호소한다는 것은 모든 권위가 고개를 숙이는, 보편적이면서 각자에게 개별적인, 저 궁극적 심판에 호소한다는 것이다. 역사는 어느 정도의 합리적 해석을 허용하는 한, 오로지 그런 한에 있어서만 권위를 갖는다.

그렇기 때문에 체계적 사상에 대한 공격은 문명에 대한 반역이다. 그럼에도 불구하고 우리 근대 정신의 기초를 세웠던 위대한 정신의 소유자들— 예를 들면 존 로크—이 전통적인 독단적 신학에 불만을 가졌던 것은, 비록 그들이 그러한 태도가 의거해야 할 근거를 어느 정도는 오해하고 있었지만, 그럴 만한 이유가 있었던 것이다. 그들의 진정한 적은 '신학', '과학', '형이상학'을 통해서 한때 번창했고 같은 세력으로 지금도 번창하고 있는 독단적 궁극성의 학설(doctrine of dogmatic finality)이었다. 그리스인으로부터 오늘의 시대에 이르기까지 합리적 사상의 방법론은, 이러한 기본적인 오해로 말미암아 손상을 입어왔다. 이러한 잘못은 비단 종교적 사상에만 국한된 것이 아니다. 그것은 모든 분야를 오염시키고 있다. 그 전체적 효과는 각 시대에 독단적 의미의 궁극성을 도입하는 일이었다. 확실성이 잘못된 곳에서 강조되고, 같은 잘못이 독단적 거부로 나타났던 것이다.

비판적 사유가 맨 처음 시작되었을 때부터 우리는, 확실한 인식이 가능한 논제와 단순히 불확실한 억견일 수 있는 논제와의 구별을 발견하게 된다. 이러한 구별을 명쾌히 마음에 품기 시작한 것이 근대정신의 시작이다.

그것은 비판을 이끌어들인다. 이러한 개념은 성경의 어느 서(書)에도, 여호
와의 마음에도, 여호와를 믿는 어느 신자에게도 거의 들어오지 않는다. 이
새로운 구별이 가져온 최초의 결과는 불행한 것이었다. 왜냐하면 지나치게
단순해서 확실성의 영역이 잘못 생각되었기 때문이다. 그 예로는, 플라톤
이 노후에 종교적 박해를 주장하고, 논제의 중요성과 자기 주장의 확실성
을 내세워 그 자신을 정당화하고 있는 것을 들 수 있다.[원주 1]

　내가 시사하고 있는 것은, 체계적 신학의 발전에는 언어적 표현과 우리
의 가장 길고도 가장 끈덕진 직관과의 관계에 대한 비판적 이해가 반드시
수반되어야 한다는 것이다. 언어는 실제적 행동의 자극에 응답하는 가운데
발전해왔다. 그것은 두드러진 사실들과 관계된다. 그러한 사실들은 직접적
인 합목적적 행위로 이끌어가는 정서적 응답을 지향하는 의식에 의해 파악
되어 상세히 검토되는 사실들이다. 이러한 두드러진 사실에는 다양한 것들
이 있다.——호랑이의 출현, 천둥 소리, 통증 같은 것들이다. 그것들은 우리
의 오관을 통해 경험 속으로 들어오는 사실들이다. 이로부터 경험의 기원
이 되는 여건(data)에 관계하는 감각주의적 학설[역주 2]이 나오게 된다.

　그러나 이 두드러진 사실은 표면적인 사실이다. 그것은 표면적이기 때문
에 달라지게 되며, 변화하기 때문에 의식에 의한 식별 속으로 들어온다. 우
리의 경험 속에는 의식의 가장자리에서 우리의 경험을 실질적으로 규정하
는 별개의 요소가 있다. 이러한 별개의 요소와 관련하여 흔들리는 것은 우
리의 의식이지 사실 그 자체가 아니다. 그러한 사실은 언제나 요지부동하
게 있으며, 거의 식별되지는 않지만 불가피하게 거기에 존재하고 있다. 예
컨대 4분의 1초 전이라는 직접적 과거로부터 우리가 유래되고 있다는 것을
생각해보자. 우리는 그것에 연속되어 있으며, 그것과 동일하며, 그 정서적

〔원주1〕 플라톤의 『법률』 제10권 참조.
〔역주2〕 데카르트를 비롯한 근대철학자들은 인식론에서 경험을 주로 오관에 의한 감각만으로
　　　　보려는 경향(특히 D. 흄의 경우)이 있었는데, 화이트헤드는 이러한 경향을 가리켜서
　　　　감각주의적 학설(sensationalist doctrine)이라고 불렀으며 그의 『과정과 실재』
　　　　서문에서 부정해야 할 9가지 사고 습관 가운데 하나로 열거하고 있다.

색조를 연장하며, 그 여건을 향유하고 있다. 또 우리는 새로운 요소로 그것을 변용시키고, 굴절시키고, 그 목적을 변화시키고, 그 색조를 바꾸고, 그 여건을 재조절하기도 한다.

우리는 이 과거를 어떤 전망(perspective)으로 환원시키긴 하지만, 그럼에도 불구하고 우리는 그것을 현재 순간의 실현의 기초로서 유지한다. 우리는 그것과 다르면서도 그것과 개체적 동일성을 유지한다. 이것이 곧 인격적 동일성의 신비, 과거가 현재에 내재하는 신비, 무상성의 신비이다. 어떠한 과학도, 어떠한 설명도, 이러한 파생적 경험에서 생기는 개념을 필요로 하는 법이다. 그러한 직관에 관한 한, 언어는 지극히 부적당한 것이 된다. 우리의 분석력, 표현력은 우리의 의식과 함께 흔들리게 된다. 인간의 의식에는 내부적으로는 명석한 식별이 있고 그 너머에는 단순한 어둠이 있을 뿐이라는, 그런 한정된 영역이 존재한다는 것은 사실이 아니다. 그리고 경험적 요소의 중요성이 의식 내의 그 명석성과 비례한다는 것도 사실과 다르다. 이러한 인간 경험의 복잡한 성격 때문에 역사에 호소하는 일이 중요해지게 된다. 형이상학과 신학은 똑같이 이를 필요로 한다. 한 시대에 총명한 소수 사람들이 행하는 단순한 직접적 내관(內觀, introspection)의 행위만으로 필요한 증거가 얻어지는 것은 아니다. 망각의 홍수가 인간의 기억을 압도한다 하더라도 우리는 이러한 내관을 통해서 다시 곱셈 구구표를 되찾을 수 있을 것이다. 그러나 그 이상의 것은 할 수 없다. 각 시대의 세계에서 인간의 행위와 감정, 동기, 목적에 관한 인간의 해석이 경험의 심층에 빛을 던져주고 있다. 산다는 것, 행위한다는 것, 느낀다는 것의 의미를 이렇게 해명하는 것은 각 시대마다 다르다. 이러한 역사적 증거를 식별함에 있어 취향에 따르는 비판과, 논리적 분석과 귀납적 개연성에 따르는 비판이 필요하게 된다.

이 비판의 두 기초, 즉 미적 기초와 논리적 기초는 역사적 시기들을 서로 비교해보기 위한 이성의 최종적 판단에서 하나로 융합한다. 각 시대는 사물의 본성에 숨겨진 성격의 메시지를 퇴적시켜놓는다. 또 문명은 오로지 문명화된 사람에 의해서만 이해될 수 있다. 그리고 그들은 문명을 이해하는 가운데 문명을 자신의 것으로 만듦으로써 우리 자신의 본성에 관한 진실을 드러낸다는 특성을 가지게 된다. 관객 앞에서 상연되는 위대한 비극은 정서의 정화작용을 한다고 한다. 이와 마찬가지로 역사상의 중요한 시기는 하나의 계몽(enlightenment)으로서 작용한다. 그것은 우리 자신을 우리 자신에게 보여준다.

제3절

기독교는 초기 히브리 예언자나 사학자들로부터 아우구스티누스에 의한 서양 신학의 확립에 이르기까지 약 1천 2백 년 동안, 불규칙적으로 산재해 있는 역사적 사건들의 의의에 대한 철저한 연구에 그 기초를 두고 있다. 이 이야기는 예언자들의 팔레스타인으로부터 플라톤의 아테네에 이르는 동부 지중해 연안을 둘러싸고 전개된다. 그것은 갈릴리와 예루살렘에서 절정기를 맞는다. 그 주요 관심사는 안티오키아, 에베소, 이집트, 로마, 콘스탄티노플, 아프리카 사이에서 앞서거니뒤서거니 하며 불확실하게 흔들리고 있다. 아우구스티누스가 죽었던 430년경 유럽 민족의 종교에 그 주요 윤곽이 마련되고 있었다. 다양한 형태를 취하게 될 모든 가능성이 이미 그 속에 처음부터 갖추어져 있었다. 로마 가톨릭교회, 동방교회[역주 3], 위클리프[역주 4]와 후스, 루터와 칼뱅, 크랜머 대주교[역주 5], 조나단 에드워드[역주 6]와 존 웨

[역주3] 동방교회는 로마제국이 동·서로 갈라지면서 동로마에서 발달했던 교회이다. 당초에는 로마 교황을 영입하였으나, 후에 로마교회로부터 분리되었다. 희랍정교회라고도 불린다.

[역주4] 존 위클리프(John Wycliffe). 영국의 선구적 종교개혁자. 가톨릭의 성직계급 제도를 비판했을 뿐만 아니라 지상의 성속(聖俗)에 대한 권위를 비판하였다. 콘스탄트 공의회(公議會)는 후스(Huss)를 화형에 처했을 뿐만 아니라, 이미 20년 전에 죽은 위클리프의 유체도 소각했다고 한다.

[역주5] 토머스 크랜머(Thomas Cranmer, 1489~1556). 영국의 종교개혁자. 헨리 8세의 이론에 대하여 은밀히 그 정통성을 논함으로써 교황에 저항하였다. 옥스퍼드에서 교황측의 재판에서 끝까지 자기 주장을 굽히지 않았고, 끝내는 화형당했다.

[역주6] 조나단 에드워드(Jonathan Edwards, 1703~58). 미국의 초기 신학자. 그의 신

슬리, 에라스무스, 이그나티우스 로욜라, 소시니주의자들[역주 7], 조지 폭스[역주 8], 바티칸 공의회[역주 9] 등은 모두 동등한 권리로 역사에 호소할 수 있었다. 그러한 호소로부터 도출된 결론은 선택을 이끌어줄 가치판단과, 일관된 신학의 개념을 결정할 형이상학적 전제에 전적으로 의존하고 있다. 이 호소는 초기시대 지중해 연안의 위대한 인물들과 위대한 사건들이 효과적으로 작동시켰던 행동, 사상, 정서, 제도에 대한 호소이다.

이렇게 역사에 호소함에 있어 우리가 기억해야 할 것은 현존하는 복음서나, 복음서와 관계되는 사건들 간의 시간상의 차이이다. 즉 설명상의 불일치, 언어에서 언어로의 전승을 번역한 것, 의심스러운 구절, 또한 직접적인 역사상의 증거에 대한 외관상의 무관심 등이 그런 것이다. 이 마지막 사실은 특히 성 바울이 그의 주를 만난 적이 있던 제자들에게 의지하는 것이 당연하다고 보아야 할 시점에 아라비아에 은퇴했다는 대목에서 두드러지게 드러난다.[역주 10] 이러한 점은 여러 문헌에 기록되어 있다. 그렇지만 내가 이를 언급한 까닭은 어떠한 근대적 종교개혁이든 그 시대 전체에 산재해 있는 도덕적·형이상학적 직관에 제일 먼저 주의를 집중시켜야 한다는 의문의 여지없는 결론을 이끌어내고자 한 데에 있다. 이 결론은 현대 사상에서 하나의 상식에 속한다.

이 광범위한 역사에 관한 문헌에 대하여 전문지식이 전혀 없기 때문에 자신이 없지만, 내가 시사하려는 것은 이 역사에서 이끌어낼 수 있는 교훈

앙운동은 일대 각성운동(Great Awakening)으로 불렸고, 독일의 경험주의, 웨슬리의 감리교와 제휴 협조하면서 나아갔다.
〔역주 7〕16세기 말에서 17세기 초엽에 소시니(Socini)를 시조로 하여 이탈리아에서 생겨난 삼위일체론에 반대하는 교설. 오늘날의 유니테어리언 교파의 선구자.
〔역주 8〕조지 폭스(George Fox, 1624~91). 영국 퀘이커교파의 창시자.
〔역주 9〕1869~70년에 바티칸에서 개최되었다. 중심의제는 '교황불가류론'(敎皇不可謬論)이었고, 논의 결과 불가류성(不可謬性)의 선언을 하게 되었는데, 그 결과 독일이나 스위스에서는 이 교회를 떠나는 자가 속출하게 되었다. 1962~65년의 제2차 공의회(公議會)와 구별하여 이를 제1차 바티칸 공의회라고도 부른다.
〔역주10〕『신약성서』「갈라디아서」제1장 제17절과 「사도행전」제9장 제4~9절, 제9장 제26~29절의 기술 내용에는 약간의 차이가 있다.

에 새로이 호소해야 할 여지가 지금 있다는 것이다. 이 장에서는 전적으로 일반 원리만을 다루게 될 것이다. 종교 재건의 세부사항에 관한 나의 개인적 결론은 학문에 기여할 만큼 중요하지 않다. 또한 허심탄회하게 말해서 나는 이 시기의 어떠한 사건도 그밖의 다른 유사한 사건들에서 나타나는 발생유형에서의 일정한 척도를 벗어나는 것으로 평가하지 못한다. 그러나 이 시기의 절정을 이루는 점들이 최근의 문명 발전을 특징짓는 도덕적·지적 직관을 표현함에 있어 최대의 전진을 구현하고 있다고 나는 생각한다.

이 시기는 전체적으로 놓고 볼 때 야만으로 시작해서 실패로 끝난다. 그런데 이때의 실패는, 야만적인 요소와 지적 이해력의 결함이 제거되지 않은 채 정통파나 이단을 불문하고 기독교 신학의 다양한 정식화 속에서 본질적인 요소로 남아 있다는 사실에 있다. 이 점에 있어서는 후기 신교의 종교개혁도 가톨릭 신학을 전혀 개선하지 않았다는 점에서, 더욱 완벽한 실패였다. 아마도 퀘이커교도는 이러한 진술에 대해서 조그만 예외 사례가 될지도 모른다. 그러나 조지 폭스가 살았던 시기는 루터보다도 백년이나 뒤였다. 이러한 실패가 몰고 온 결과는 기독교의 비극적 역사로 나타나고 있다.

제4절

이 시기를 전체적으로 놓고 볼 때 신학의 언어로 말해서, 삼중의 계시(啓示)를 구성하는 세 개의 절정 국면들이 있다고 생각한다. 처음과 마지막의 두 국면은 주로 지적인 것으로 그 배경에 도덕적 통찰을 갖추고 있었다. 종교의 추진력을 이루고 있는 그 중간의 국면은 놀랄 만한 아름다움을 정교하게 표현하는 지적 통찰을 충분히 갖추면서, 주로 도덕적 직관을 생활 속에서 현시하고 있다. 이 세 국면은 지적인 발견으로서, 그 다음은 예증으로서, 마지막으로는 형이상학적 해석(metaphysical interpretation)으로서 총괄된다. 발견과 예증은 역사적으로는 상호간에 의존 관계가 없다.

그 첫째 국면은 플라톤이 그의 만년에[원주 2], 세계의 신(神)적 요소는 설득적인 작인으로 간주되어야 하며 어떤 위압적인 작인으로 간주되어서는 안된다는 그의 궁극적인 확신을 공개한 것으로 이루어져 있다. 이 견해는 종교사상 가장 위대한 지적 발견의 하나로 보아야 한다. 플라톤은 비록 그것을 그의 나머지 형이상학 이론과 체계적으로 조정하지는 못했지만, 분명히 그렇게 선언했던 것이다. 확실히, 플라톤은 체계화하는 데는 실패했고, 형이상학적 직관의 깊이를 보여주는 데는 성공했던 가장 위대한 형이상학자였으며, 가장 초라한 체계적 사상가였다. 그 당시나 오늘날에나 유력한 대안적인 학설은 여러 신들 속에서든 유일신 속에서든 천둥치는 궁극적인 위압적 힘을 발견하게 된다는 학설이다. 신을 강제성의 최고 작인으로 보는 이 학설이 형이상학적으로 승화될 때 신은 완전히 파생적인 세계를 전능적으로 처리할 수 있는 유일한 지고적(至高的) 실재(實在)로 변형되기에 이른다. 플라톤은 이러한 여러 상이한 개념들 사이에서 일관성 없이 흔들리고 있었다. 그러나 최종적으로 그는 그것으로 말미암아 이상이 이 세계에서 효력을 가지며 질서의 형식이 진화하게 되는 그런 신적 설득(divine persuasion)의 이론을 아무런 조건 없이 선언하고 있다.

두번째 국면은 기독교에 따를 때 종교사에 있어 최고의 계기가 된다. 기독교의 본질은 신의 본성의 계시이자 이 세계에서 신의 작인의 계시로서 그리스도의 생애에 대한 호소에 있다. 기록은 단편적이고, 일관성이 없으며, 불확실하다. 역사적 사실을 가장 그럴듯한 이야기로 적당히 재구성하는 것에 관해서 나는 아무런 의견을 표명할 필요가 없다. 그러한 절차는 무익하고, 무가치하며 이 책에서는 전적으로 부적절한 것이 된다. 그러나 기록 속의 어느 요소가, 인간의 본성 가운데 있는 최선의 모든 것으로부터 반응을 불러일으켰는가에 대해서는 의문의 여지가 있을 수 없다. '성모', '아기 예수', 꾸밈없는 말구유 : 평화와 사랑과 동정의 메시지를 간직한, 집 없고 무사무욕한 지체 낮은 사람 : 수난, 번민, 생명이 쇠약해졌을 때의 온유한

[원주2] 『소피스테스』와 『티마이오스』 참조.

말씀, 저 최후의 절망 : 최상의 승리의 권위를 수반하고 있는 저 모든 것.

나로서는 힘들여 마무리할 필요도 없다. 기독교의 힘은 플라톤이 이론적으로 예언했던 것을 그것이 행위로 계시한 데에 있다는 것에 의문이 있을 수 있을까?

세번째 국면은 다시 지적인 것이다. 그것은 주로 알렉산드리아와 안티오키아에 결합된 사상의 학파에 의한 기독교 신학이 형성되던 최초의 시기이다. 그들이 세계 사상에 기여한 독창성과 가치에 대해서는 지금까지 과소평가되어왔다. 이는 부분적으로 그들 자신의 잘못이다. 왜냐하면 그들은 자기네들이 그 옛날 성인들에게 부여되었던 신앙에 대해서 진술하고 있을 뿐이라고 고집스럽게 주장했기 때문이다. 하지만 그들은 사실상, 지극히 특수한 형태로 제시된 것이긴 하지만, 기본적인 형이상학적 문제의 해결을 모색하고 있었다.

이 기독교 신학자들은 기본적인 형이상학적 이론에 있어 플라톤의 이론을 개선한 유일한 사상가들이라는 특징을 지니고 있다. 이 시기의 기독교 신학이 플라톤적이라는 것은 사실이다. 그러나 플라톤이 기독교 신학의 이단이라든지 가장 빈약한 측면의 창시자가 된다는 것은 사실이다. 플라톤이 '신'과 '세계'와의 관계라든지 신의 본성에 있어 관조되는 '이데아(관념)의 세계'와의 관계를 표현하는 문제에 직면할 때면, 플라톤의 대답은 언제나 단순한 연극적 모방으로 구성되고 있다. 플라톤이 '신'이란 이데아들을 그 신저 본성 속에 포섭함으로써 그것들에게 생명과 운동을 부여하는 존재라고 생각한 다음에, '세계'에 눈을 돌렸을 때 그는 단지 2차적인 대용물을 발견할 뿐이지 그 원형을 발견하지는 못한다. 플라톤에게는 단순한 '우상'(Icon), 즉 하나의 심상(image)으로서의 세계로부터 파생된 2차적 신이 존재할 뿐이다. 또한 이데아(관념)를 찾고 있을 때도 그가 세계에서 발견하는 것은 단지 모사(模寫, imitation)뿐이다. 따라서 이 세계는 플라톤에게 '신'의 이미지(심상)와 신의 이데아(관념)의 모사를 포함할 뿐이지, '신' 그 자신과 신의 이데아(관념) 그 자체는 결코 포함하지 않는다.

플라톤은 이와 같이 일시적 세계와 '신'의 영원적 본성 간의 단절에 대한 명확한 이유를 가지고 있었다. 그는 가장 미약한 해결을 하고 있을 뿐이긴 하지만 난점을 회피하고 있다. 형이상학이 필요로 하는 것은 개체들의 다수성(多數性)을 우주의 통일성과 모순이 없는 것으로 드러내 보여주는 일이며, 또한 '세계'가 '신'과의 합일을 필요로 하며 '신'이 '세계'와의 합일을 필요로 함을 드러내 보여주는 일이다. 건전한 이론은 '신'의 본성 속에 있는 '이상들'이 신의 본성에 자리잡고 있음으로 해서 어떻게 창조적 전진에 설득적 요소가 되는가에 대한 이해를 필요로 한다. 플라톤은 이러한 신으로부터의 파생물은 신의 의지에 기초를 둔다고 보았지만, 형이상학은 '신'과 '세계'의 관계가 의지의 우연성을 초월한 데에 있어야 하며, '신'의 본성과 '세계'의 본성의 필연성에 기초를 두어야 한다는 것을 요구한다.

이러한 문제들이 지극히 특수한 형태로 기독교 신학자들에게 다가왔다. 그들은 '신'의 본성을 고찰해야 했다. 이 주제에 대하여 파생적 '이미지'(심상)의 생각을 품고 있던 아리우스파[역주 11]의 해결은 비록 기독교에서는 이단이라 하더라도, 정통적인 플라톤주의자임에 틀림없다. '신'의 본성 속에 있는 다수성의 각 구성원이 무조건적으로 '신적'인 것들이라고 하는 해결을 받아들이고 있는데, 여기에는 신성(神性)의 상호내재설(doctrine of mutual immanence)이 내포되어 있다. 나는 이 다수성이라는 독특한 가정의 정확성 여부를 감히 결정해볼 생각은 없다. 중요한 점은 상호내재설에 호소하는 일이다.

신학자들은 그리스도의 인격설도 구축하지 않으면 안되었다. 그리고 그들은 인격체에 있어 응답적 모사를 내포하고 있는, 인간적 개체와 신적 개체의 연합설을 받아들이지 않았다. 그들은 그리스도라는 하나의 인격 속에

[역주11] 아리우스(250경~366경)에 근원을 둔 4세기경의 기독교 이단설(異端說). 하나님의 말씀—로고스—과 아버지인 하나님을 본질적으로 구별하였고, 로고스는 비장물(祕藏物)이라고 하였다. 그러므로 인성(人性)을 구비한 로고스인 그리스도는 진정한 하나님이 아니라고 하였다. 화이트헤드는 이러한 그리스도론에서 플라톤의 일종의 '파생적 영상'(derivative Image)의 영향을 받은 것이 아닌가 보고 있는 것 같다. 아리우스파는 니케아 공의회에서 삼위일체에 배치되는 것으로서 이단시되었다.

'신'이 직접적으로 내재해 있다고 보았다. 이것이 '삼위일체'에 있어 제3의 인격설이다. 나는 그들의 세부적인 신학, 예컨대 '삼위 일체설'에 대하여 어떠한 판단도 내릴 생각이 없다. 나의 주안점은 플라톤의 2차적인 이미지와 모사의 해결법 대신에 그들이 직접적인 내재설을 요청하였다는 데에 두고 있다. 그들이 형이상학적으로 발견한 것은 바로 이 점인 것이다. 그들은 만일 플라톤적 형이상학이 신의 설득적 작인으로서 역할을 합리적으로 설명하려고 한 것이었다면, 플라톤적 형이상학이 전개해야 할 방향을 지적했던 것이다.

불행히 신학자들은 이것을 일반적 형이상학으로까지 발전시키지 못했다. 이를 가로막았던 것은 또 하나의 불행한 전제였다. 신의 본성은 이 일시적 세계의 개체적 사물과 적합한 모든 형이상학적 범주로부터 면제되어 있었다. 신의 개념은 그 야만적 기원으로부터 승화된 것이었다. 신은 고대 이집트나 메소포타미아의 왕들이 신하인 민중에 대해서 가졌던 관계와 동일한 관계를 '세계'에 대해서 가지고 서 있었다. 그리고 그 도덕적 성격에서도 매우 유사한 점이 있었다. 최종적인 형이상학적 승화단계에서 신은 모든 존재에 대한 유일하고 절대적이며 전지전능한 원천이며, 스스로 존재하기 위해서 그 자신 이외의 그 어떤 것과의 관계도 필요로 하지 않는 존재였다. 신은 내적으로 완전하였다. 그러한 개념은 플라톤의 종속적 파생설에 매우 적합한 것이기도 하였다. 그러므로 크게 요동한 뒤에 신의 내재를 최종적으로 주장하는 것은 초기 일부 기독교 신학자들의 보다 나은 형이상학적 상상력의 소산이었다. 그러나 '신성'(神性)에 대한 그들의 일반적 개념은 그 이상으로 일반화되지 않고 거기서 멈추고 말았다. 그들은 '신'을 해석하는 데 사용하는 형이상학적 범주로 세계를 사고하려는 노력을 전혀 하지 않았으며, '세계'에 적용되는 형이상학적 범주로 '신'을 사고하려는 노력도 전혀 하지 않았다. 그들에게 '신'은 독보적인 실재였으며, '세계'는 파생적인 실재였다. '신'은 세계에 필요한 것이었지만 '세계'는 '신'에게 반드시 필요한 것이 아니었다. 양자 사이에는 커다란 간극이 있었다.

간극이 있다는 것의 최대 결점은 상대 쪽에서 일어나고 있는 것을 서로 알기가 지극히 어렵다는 것이다. 이것이 전통적 신학에서 '신'의 운명이었다. 신이 존재하는 증거를 우리의 일시적 '세계'에서 수집하는 유일한 통로는 신비주의를 과장하는 길뿐이다. 또 무조건적인 전능이라는 개념의 최대 결점은 모든 사건의 모든 세부에 책임이 뒤따른다는 것이다. 이러한 논제는 흄이 그의 유명한 『자연종교에 관한 대화』에서 논하고 있다.

제5절

나는 프로테스탄트 신학이 그 기초로서 많은 다양성 속의 통일성을 파악하는 '우주' 해석을 전개해야 한다고 생각한다. 해석되어야 할 것은 양립 불가능한 것으로 보이는 것들의 화해이다. 그러나 이 양립 불가능한 것들은 가설적인 것이 아니다. 그것들은 엄연히 역사의 무대에 존재하고 있으며 해석을 필요로 하고 있는 것들이다. 오늘날에도 '기독교의 창시자'에게서 실현되었을 때와 마찬가지로 기능하고 있는 영원적 이상의 설득성, 변천하면서도 유지되어가는 물리적 자연의 강제성, 그리고 로마제국처럼 그 당시에도 오늘날에도 꿈이 되고 있는, 사회적 융합을 향해 나아가도록 하는 저 실현된 충동의 강제성이 공개적으로 존재하고 있다. 자연은 변화하면서도 유지되어간다. 이상(理想)은 초시간적인 것으로 자처하지만, 말하자면 깜박이는 불빛처럼 지나간다.

철학적 신학의 임무는 표면상으로는 무분별한 강제성의 충돌을 토대로 하여 세워진 세계 내에서 문명의 융성과 순수한 생명 그 자체의 민감성에 대한 합리적 이해를 제공하는 데 있다. 이러한 임무를 수행하는 데 있어 신학은 대체로 실패했다는 것이 나의 신념이며 이를 숨길 생각은 없다. 절대적 전제군주의 개념이 장애가 되었던 것이다. '은총'의 설은 그 품성을 떨어뜨려 왔고 '속죄'의 설은 대체로 조잡하기 짝이 없다. 지난 2백 년 동안 자유주의 신학의 결점은 어째서 사람들은 종래의 방식대로 계속 교회에 다녀야 하는가에 대한 사소하고도 맥빠진 이유를 시사하는 데만 자신의 임무를 국한시켜왔다는 데에 있다.

『성서』의 마지막 책 「요한계시록」은 기독교적 직관을 원상복구하기 위해 유지되어온 야만적인 요소를 예증하고 있다. 종교적 정서를 도외시하고 그 자체만을 놓고 본다면, 그것은 『흠정(欽定)영역성서』로서 상상적 문학의 가장 훌륭한 사례 가운데 하나이다. 또한 그것은 역사 기록으로서도, 그 기원이 기독교이건 유태교이건 간에, 기독교가 종교로서 형성되는 과정에서 융성했던 사상적 경향을 이해하는 데 대단히 귀중한 가치가 있다. 결국 이 책은 구약과 신약 전체에 걸쳐 산재해 있고 복음서 자체에도 있는 관념을 보다 예리하고, 보다 선명하게 진술하고 있다. 하지만 이 책은 종교적 정서 형성을 위해 보존되어왔던 반면, 아테네인의 문명의 이상을 기술하고 있는 페리클레스의 연설은 이와 관련하여 무시되었다는 것을 생각할 때 충격을 받게 된다. 내가 주장하고자 하는 것은, 이 권위있는 종교문학의 마지막 책에서 이러한 전환에 의해서 즉 성 요한의 계시록을, 아테네인들에게 행한 페리클레스의 연설에 대한 투키디데스의 풍부한 상상력에 의한 설명으로 대치시키는 것으로써 상징적으로 표현될 수 있겠다. 이 양자는 모두 사실 (史實)이 아니다. 성 요한이 그런 계시를 받은 것도 아니고, 페리클레스가 그런 연설을 하지도 않았다.

제6절

논외되어야 할 마지막 문제가 하나 남아 있다. 내가 강조해두고 싶은 것은 다양한 해석 가운데서도 종교 사상의 지도자들이 이제는 기독교의 전통, 특히 그 역사적 기원에 주의를 집중하는 것이 중요하다는 것이다. 비교적 보수적인 사상학파의 경우, 이러한 충고는 물론 불필요할 뿐만 아니라 사실상 무관한 것이기도 하다. 그러나 비교적 급진적인 학파에서는 어째서 과거에 대한 호소를 완전히 그치고 다만 동시대의 세계와 동시대의 사례에만 전적으로 집중해서는 안되는가라는 문제가 논의되어야 한다. 이에 대하여 개괄적으로 대답한다면, 그러한 전통에 대한 호소가 회피의 그늘이 없이 전적으로 진지하게 이루어지는 한, 일반적 효과에 있어 상당한 소득을 얻게 된다는 것이다.

문명을 구성하는 네 가지 요소로는 (1) 행동의 패턴, (2) 정서의 패턴, (3) 신앙의 패턴, 그리고 (4) 기술이다. 이 네 구성요소들은 서로 영향을 주고받기는 하지만 '기술'은 우리의 논제 밖에 있는 것으로 보아 일단 옆으로 밀쳐 놓아도 무방하겠다. 그리고 행동의 패턴은 정서의 패턴과 신앙의 패턴에 의해 장기간에 걸쳐 유지되고 변용된다. 정서와 신앙에 집중적으로 주의를 기울이는 것이 종교의 첫번째 과제가 된다.

그런데 신앙은 그 일반적 성격에 관한 한, 정서를 산출하기보다는 파괴하는 것이 더 수월하다. 관념의 모험을 개관하게 될 때면, 새로운 일반적 관념이 어느 정도의 강도를 구비한 적절한 정서적 패턴을 독자적으로 획득하는 데 있어 무기력하다는 것을 늘 발견하게 되는데 이는 참으로 놀라운 일이다. 심원한 통찰의 섬광이 몇 세기 동안이나 그 효력을 발휘하지 못한 채로 있는 것은 그것이 알려지지 않았기 때문이 아니라, 그러한 유형의 일반성에 대하여 반응하기를 억제하는 데 주로 관심을 두기 때문이다. 종교의 역사라는 것은 심원한 관념에 관심을 기울이게 되는 데 소요되는 무수한 세대들의 역사이기도 하다. 이러한 이유로 해서 종교란 그것이 번영시킨 문명 이상으로 흔히 야만적이기도 하다.

이렇듯 인간 정신에 끼친 일반 관념의 미약한 영향에는 또 다른 결과가 있다. 심지어 예리한 사상가들조차도 다양한 말씨로 표현된 관념들과 다른 종류의 예로 예증된 관념들 사이의 유사성을 이해하기 어렵다. 같은 관념을 다른 방법으로 표현한 데 지나지 않은 철학자들 간에, 지금까지 무모한 지적 논쟁이 있었다. 이러한 이유들 때문에 심원한 일반성을 갖는 관념에 기초를 두면서 종교상의 새 출발을 하려면 대략 1천 년은 족히 기다려야 한다. 종교는 동물의 종(種, species)과 같은 것이지만, 종적인 창조에 기원을 두고 있는 것은 아니다.

마지막으로, 언어적 표현의 독단적 궁극성은 잘못된 생각이라는 주장에 어떤 진실이 들어 있는 것이라면, 유사한 유형의 종교적 견해를 공통된 방법으로 유지할 때 커다란 이점이 있게 된다. 그것들은 서로 배울 수 있고,

서로 빌릴 수 있고, 개개인은 미세한 변화를 할 수 있다. 무엇보다도 상호 이해와 사랑을 배울 수 있다.

'종교'는 언제나 '증오'의 동의어로 남아 있어야 하는가? 종교에 대한 커다란 사회적 이상은 그것이 문명을 통일하기 위한 공통기반이어야 한다는 것이다. 그렇게 함으로써 종교는 폭력의 일시적 충돌을 초월하여 자신의 통찰을 정당화하게 된다.

지금까지 논의는 플라톤의 사상과 그리스도의 생애와 기독교 신학의 초기 형성기라는 세 개의 절정 국면에 주의를 집중시켰다. 그러나 전설적인 선행자들과 근대의 후계자들을 동반하고 있는 이 12세기라는 기간 전체가 기독교의 역사를 완성하기 위해 필요로 하게 된다. 이 역사는 어디까지나 여러 수준의 통찰에 속하는 관념들의 상호작용과 관계된다. 종교적 정신은 언제나 간단히 설명해버리거나, 왜곡되거나, 묻혀버리는 과정 속에 있다. 그렇지만 문명으로 향해 나아가는 인류의 여행이 시작된 이래로, 종교적 정신은 항상 거기에 건재하고 있다.

신학의 임무는 어떻게 '세계'가 단순히 변천하는 사실을 초월한 그 무엇에 근거하고 있는가를 보여주는 데에 있으며, 또 어떻게 '세계'가 소멸하여 가는 계기들을 초월한 그 무엇에 귀속되는가를 보여주는 데 있다. 시간적인 '세계'는 유한한 성취의 무대이다. 우리가 신학에 요구하는 것은, 소멸하여가는 삶 속에서도 우리의 유한한 본성에 고유한 완성을 표현하는 가운데 불멸하는 그런 요소를 표현해 달라는 것이다. 이렇게 하여 우리는 어떻게 해서 삶이 기쁨이나 슬픔보다도 더 깊은 만족의 양상을 포함하는가를 이해하게 될 것이다.

제❸부
철학적 관점에서

제11장

객체와 주체

> ……가지각색의 지각(知覺)과 지각에 의거한 판단이 거기서부터 생겨나게 되는, 각자에게 현존하는 마음 상태 …….『테아이테토스』 179C.

1. 머리말

데카르트, 로크, 흄은 경험을 분석할 때 자신의 경험 가운데서 지적 논의의 엄밀성에 적합한 명석 판명한 요소들을 이용한다. 플라톤을 예외로 한다면, 이러한 보다 기본적인 요인은 특별한 명석성을 띤 식별에 도움이 될 것으로 암암리에 가정되고 있다. 여기서는 이러한 가정을 직접 문제삼기로 한다.

2. 경험의 구조

경험의 객체−주체 구조에 관한 철학자들의 설명만큼 그들의 명석 판명

한 요소를 이용하려는 성향으로 말미암아 피해를 입은 논제도 없다. 첫째
로 이 구조는 인식자(knower)와 인식되는 것(known)의 표면적 관계와
동일시되었다. 주체는 인식자이고 객체는 인식되는 대상이다. 그래서 이러
한 해석은 객체－주체 관계가 인식자－인식되는 것의 관계가 된다는 것이
다. 그 결과로 이러한 관계의 사례가 식별되기 위해서 명석하게 부각되면
될수록, 사물들의 세계에 있어서 경험의 지위를 해석하는 데에 그러한 관
계를 더욱 안전하게 이용할 수 있게 된다는 것이다. 이로부터 명석성과 판
명성에 대한 데카르트의 호소가 나오게 된다.

　이러한 연역은 주체－객체 관계가 경험의 기본적 구조의 패턴이라는 것
을 전제로 하고 있다. 나는 이러한 전제에 동의한다. 그러나 주체－객체가
인식자와 인식되는 것 간의 관계와 동일시된다는 의미로는 동의하지 않는
다. 내가 보기에 단순한 지식이라는 개념은 고도의 추상이며, 의식적 식별
그 자체는 경험의 계기들(occasions of experience)을 더욱 잘 다듬어서
만든 사례들 속에서만 현존하고 있는 하나의 가변적 요인인 것이다. 경험
의 기본 토대는 정서적인 것(emotional)[역주 1]이다. 보다 더 일반적으로
말한다면, 기초적인 사실은 연관성이 주어진 사물로부터 시작되는 정감적
색조(affective tone)의 상승이다.

3. 표현법

　그래서 퀘이커교도의 '관심'(concern)이란 말은, 그것이 갖는 지식의 암
시를 제거한다면, 이러한 기본구조를 표현하는 데 보다 적합한 말이다. 주
체로서의 계기는 객체에 대하여 '관심'을 갖는다. 그리고 '관심'은 동시에 객
체를 주체의 경험에 있어서 구성요소로서 배치하고, 정감적 색조는 이 객

[역주1] 화이트헤드에 의하면, 경험의 밑바탕은 의식이 아니라 의식이 성립되기 이전의 보다
　　　원초적인 것, 즉 주어진 것을 있는 그대로 저쪽에서 이쪽으로 수용하는 작용으로서
　　　의 '느낌'과 관계되는 정서적(emotional)인 것이다. 이는 경험의 밑바탕을 의식으
　　　로 보는 전통적인 인식론적 견해와는 다르다고 할 수 있다.

체로부터 이끌려나오며, 그쪽 방향으로 향하게 한다. 이렇게 해석하면, 주-객 관계는 경험의 기본적 구조인 것이다.

퀘이커교도의 어법이 널리 보급되어 있는 것은 아니다. 또 그 각각의 표현법은 오해의 속출로 이끌어간다. 주-객 관계는 '수용자'(Recipient)와 '유발자'(Provoker)로 생각해볼 수 있으며, 거기서 유발한 사실은 유발된 경험에 있어서 유발자의 지위에 대한 어떤 정감적 색조이다. 그리고 유발된 계기의 전체는 이러한 여러 유발 사례를 포함하는 전체성이다. 여기서도 이러한 표현법은 부적당한 것이 된다. 왜냐하면 '수용자'라는 말은 수동성이라는 잘못된 생각을 시사하는 말이기 때문이다.

4. 파악

보다 형식적인 설명은 다음과 같다. 경험의 계기란 하나의 활동이며, 그 생성과정을 연대적으로 구성하는 기능양태로 분석될 수 있다. 각 양태는 활동적 주체로서의 경험 전체와 그 특수활동과 관계되는 사물 내지 객체로 분석될 수 있다. 이 사물은 하나의 여건, 즉 그 계기 속에 영입된 것과는 무관하게 기술될 수 있는 것이다. 객체란, 문제되고 있는 계기의 어떤 특수한 활동성을 유발하는, 이러한 여건의 기능을 수행하는 그 무엇이다. 그러므로 주체와 객체는 상대적인 용어이다. 계기는 객체에 대한 특수 활동성이라는 점에서 주체이다. 또한 그것이 무엇이건 간에, 주체 내의 특수한 활동성을 유발한다는 점에서 객체이다. 이러한 활동성의 양태를 '파악'(prehension)[역주 2]이라고 부른다. 그래서 파악은 세 가지 요인[역주 3]을 내포하고 있다. 경험의 계기(occasion of experience)가 있고, 파악은 그 내부에서의 세부적 활동성이다. 여건이 있고, 그 연관성이 파악의 창시를

[역주2] '파악'(prehension)이란 저쪽에서 주어진 것을 이쪽으로 수용하는 주체의 작용이다.

[역주3] 여기서 세 개의 요인이라는 것은 우선 첫째로 파악하는 주체이고 둘째는 파악된 객체(여건)이며, 셋째는 주체가 객체를 수용하는 방식, 즉 파악의 주체적 형식이다.

유발한다. 이 여건이 파악된 객체이다. 그리고 주체적 형식(subjective form)이라는 것이 있다. 그것은 그 경험의 계기에서 그 파악이 효과를 갖는 것을 결정하는 정감적 색조이다. 경험 그 자체가 어떻게 구성되느냐 하는 것은 그 주체적 형식의 복합성에 달려 있다.

5. 개체성

한 계기의 개체적 직접성은 절대적 실재로서의 계기인 주체적 형식의 최종적 통일성이다. 이 직접성은 순수한 개체성(individuality)을 지닌 계기의 순간이며, 이 순간의 전후는 본질적 상대성에 의해 제한된다. 그 계기는 연관된 객체들로부터 생겨나며, 다른 계기들을 위한 객체의 지위로 소멸된다. 그러나 그 계기는 정서적 통일성으로서의, 절대적 자기 성취라는 결정적 순간을 향유한다. 여기서 사용되고 있는 '개체'나 '원자'와 같은 낱말들은, 동일한 의미를 갖는 것으로서 그 구성요소에는 없는 절대적 실재성을 구비한 구성체로서의 사물에 적용된다. 이 낱말들은, 그 자신의 정서적인 자기 향유를 동반하고서 독자적으로 존재하게 되는 자기 성취라는 그 직접성에 있어서 현실적 존재에만 적용된다. '모나드'(單子)라는 용어도 그 탄생과 소멸 사이에 개재되는 결정적 순간에 있는 이러한 본질적 통일성을 표현한다. 이 세계의 창조성이란 새로운 초월적 사실 속으로 몸을 던지는 과거의 맥박치는 정서라고 할 수 있다. 그것은 루크레티우스가 말하고 있는, 세계의 한계를 초월하여 던져져 날으는 창과도 같다고 할 수 있다.

6. 지식

모든 지식은 경험된 객체를 의식적으로 식별(conscious discrimination)하는 것이다. 그러나 이러한 의식적 식별이 지식이기는 하지만 주체와 객체 간 상호작용의 주체적 형식에 있어서 추가적인 요인에 불과하다. 이 상호작용이야말로 유일한 '우주'의 실재성을 만들어내는 개체적 사물들을 구성하는 소재이다. 이러한 개체적 사물들이 경험의 개체적 계기이며, 현실적 존재들이다.

그러나 우리는 지식을 그렇게 쉽게 제거하지 못한다. 결국 철학자들이 탐구하고 있는 것은 지식이다. 모든 지식은 직접적인 직관적 관찰에서 도출되고 그것에 의해 검증된다. 나는 이처럼 일반적 형식으로 진술된 경험론의 공리를 받아들인다. 그렇다면 여기서 문제가 되는 것은 위에서 그 윤곽을 잡았던 경험구조가 어떻게 직접 관찰되느냐 하는 것이다. 이러한 질문에 답함에 있어 나는 옛날부터 내려오는 조언을 되새겨보게 되는데, 그것은 비판적 검토에 가장 잘 보답하는 학설이란 가장 오랫동안 의심받지 않고 남아 있는 학설이라는 것이다.

7. 감각지각

내가 염두에 두고 있는, 일군의 오래된 특수한 학설이란 다음과 같은 것들이다. 즉 (1) 모든 지각작용은 눈, 혀, 코, 귀와 같은 신체적 감각기관을 매개로 하여 이루어지며, 확산된 신체조직은 촉감, 통증, 그밖의 신체적 감각을 제공한다는 것, (2) 지각되는 모든 것(perception)은 유형화된 결합을 통해 직접적 현재 속에 주어지는 꾸밈없는 감각여건(bare sensa)^[역주4]이라는 것, (3) 사회적 세계에 대한 우리의 경험은 전적으로 이러한 지각작용에서 도출되는 하나의 해석적 반응이라는 것, (4) 우리의 정서적이고 목적적인 경험은 이 원초적 지각에서 도출되는 내성적 반응이며, 그것은 해석적 반응과 서로 뒤얽혀 있고, 부분적으로 그것에 형태를 부여하고 있다

[역주4] 여기서는 '지각되는 것'(percepta), 감각되는 것(sensa), 지각작용(perception) 등의 용어가 사용되고 있다. 지각되는 것이란 말할 것도 없이 지각작용에 의해 산출되는 것이지만, 그것은 파랑이나 견고성과 같이 동시적 공간영역 속에서 어떤 패턴과 결합되어 나타난다. 화이트헤드는 이렇게 지각되는 것을 '감각지각'(sense-perception)이라는 용어로 표현하고 있다. 그러나 화이트헤드는 지각에는 그것과 구별되는 보다 원초적인 형태가 있다고 보았으며, 그것을 '비감각적 지각'(non-sensuous perception)이라고 불렀다.

는 것. 따라서 이러한 두 가지 반응은 해석적·정서적 및 목적적 요인을 포함하는 동일한 과정의 상이한 국면이다. 물론 이러한 학설을 명백히 거부하는 유력한 철학파가 있다는 것을 우리는 잘 알고 있다. 그럼에도 불구하고 지금 말한 철학파에 속한 저작자들이 과연 이러한 거부를 진지하게 받아들였는지에 대해서 나는 확신할 수 없다. 지각된 사물에 관해서 직접적인 의문이 생겼을 때, 그 대답은 언제나 지각된 감각여건(sensa perceived)에 의지하는 것으로 생각된다.

8. 지각적 기능

감각주의적 학설을 검토함에 있어 먼저 물어보아야 할 질문은 우리가 '지각'(perception)이라고 명명하는 경험의 기능이 무엇을 의미하는가에 대한 일반적 정의와 관계된다. 만일 우리가 지각을 여러 신체적 감각기관의 자극으로부터 직접적으로 생겨나는 경험의 기능이라고 정의한다면, 그러한 논의는 끝난다. 이때 전통적 학설은 단지 '지각'이라는 낱말의 사용법을 정의한 것이 된다. 실제로 오랫동안의 용법에 비추어본다면, 이러한 제한된 의미에서의 '지각'이라는 낱말에 철학자들이 국한하는 것이 좋을 것이라는 데에 동의하고 싶어진다. 그러나 내가 강조하고 있는 점은, 이러한 의미는 제한된 것이라는 것, 그리고 '지각'이라는 말의 이러한 제한된 용법과 암암리에 동일시되어온 보다 넓은 의미가 있다는 것이다.

9. 객체

경험의 과정은, 그 과정에 선행하고 있는 존재들을, 그 과정 자신인 복합적 사실 속으로 수용함으로써 구성된다. 이러한 경험 과정의 요인으로서 수용된 그와 같은 선행 존재들은, 그 경험적 계기(experiential occasion)의 객체라고 불린다. 그러므로 '객체'라는 용어는 본래 이처럼 그 외연이 표시된 존재와 하나 또는 그 이상의 경험하는 계기와의 관계를 표시하는 말이다. 하나의 존재(entity)가 경험의 과정에서 객체로서 기능하기 위해서는 다음과 같은 두 개의 조건이 충족되어야 한다. 즉 (1) 이 존재는 선행적인 것이어야 한다는 것, (2) 이 존재는 그 선행성의 덕택으로 되는 것이어야 하며, 그것은 반드시 주어져 있어야 한다는 것. 이러한 객체는 수용된 것이어야 하며, 수용의 방식이거나 그 계기 속에서 산출된 것이어서는 안 된다. 이러한 경험의 과정은 객체들을, 과정 그 자체인 복합적 계기의 동일성 속으로 수용함으로써 구성된다. 일반적으로 과정은 스스로를 창조한다. 그러나 과정은 그 자신의 본성에 있어서 그것이 요인으로서 수용하는 객체를 창조하지는 않는다.

어떤 계기에 대한 '객체'는 그 계기에 대한 '여건'(data)이라 불릴 수도 있다. 어느 쪽 용어를 선택할 것인가는 전적으로 어느 쪽 은유를 선호하느냐에 달려 있다. 한쪽의 낱말이 문자 그대로 "…… 앞에 가로놓여 있다"라는 의미를 갖는 것이라면, 또 한쪽의 낱말은 문자 그대로 "……에 주어져 있다"라는 의미를 갖고 있다. 그러나 이 두 낱말은 모두, 경험의 계기가 다수 여건들의 혼합에 지나지 않는 수동적 상황에서 생겨난다는 것을 시사하는 난점이 있다.

10. 창조성

사실은 정반대인 것이다. 최초의 상황은 활동성이라는 요인을 포함하고 있는데, 그 요인이야말로 저 경험의 계기가 발생한 최초 상태의 근거가 된다. 이 활동성의 요인을 나는 '창조성'(creativity)이라고 불렀다. 이 창조성을 동반하고 있는 최초의 상황을 새로운 계기의 원초상(原初相)이라고 부를 수 있을 것이다. 그것은 그 계기와 관계되는 '현실세계'라고 부를 수도 있다. 그것은 그 자신의 일정한 통일성을 지니고 있으며, 이 통일성은 새로운 계기에게 필수적인 객체를 공급하기 위한 잠재력을 표현하고 있다. 그리고 최초의 상황은 그 연대적 활동성을 표현하고 있고, 이 활동성에 의해서 그것은 본질적으로 새로운 계기의 원초상이 된다. 그래서 그것은 '실재적 가능태'(real potentiality)[역주 5]로 불릴 수 있다. '가능태'는 수동적 능력과 관계되며 '실재적'(real)이라는 용어는 창조적 활동성 ── 여기서는 플라톤의 『소피스테스』에서의 '실재적'에 대한 정의를 참고로 하고 있다 ── 과 관계된다. 이러한 기본적인 상황, 이러한 현실세계, 이러한 원초상, 이러한 실재적인 가능태 ── 어떻게 그것을 규정하건 간에 ── 는 전체적으로 그것에 내속해 있는 창조성과 더불어 작용한다. 그러나 그 세부에서는 전체의 창조성으로부터 활동성을 도출하는 수동적 객체를 공급한다. 창조성이란 가능태를 현실화하는 것이다. 그리고 그 현실화의 과정이 곧 경험의 계기인 것이다. 이처럼 추상화해서 본다면 객체는 수동적인 것이지만, 결합 면에서 본다면 그것은 세계를 움직이는 창조성을 지니고 있다. 이 창조의 과정이 '우주'의 통일성의 형식인 것이다.

11. 지각

앞의 절에서, 객체는 경험의 요인으로 발견된다는 것을 설명하였다. 이 논의는 당장의 목적을 넘어서는 존재론의 견지에서 진술되었다. 그렇긴 하지만 객체의 지위는 경험에서의 기능, 다시 말하면 경험의 계기가 그 본성상 어째서 객체를 필요로 하는가를 설명해줄 존재론이 결여되어 있을 때에는 이해될 수 없다.

객체란 경험 내의 요인이며, 그 기능은 다른 사물들로 된 초월적 우주를 포함함으로써 생기는 계기를 표현하는 데에 있다. 이러한 경험의 각 계기의 본질에는 그 자체를 초월하는 타자성(otherness)과 관계되어 있는 요

[역주5] '실재적 가능태'(real potentiality). 가능태(잠재태)는 현실태에 대응되는 개념이다. 화이트헤드는 현실적 존재를 현실태라는 개념으로 받아들인다. 가능태란 현실태인 현실적 존재에 있어 현실화되는 가능성이다. 그는 가능태에 두 종류를 구별한다. 하나는 플라톤의 이데아와 맞먹는 영원적 객체이며, 또 하나는 생성에서 존재로 전화(轉化)된 현실적 존재이다. 전자는 '순수한 가능태'라 불리며, 후자는 '실재적 가능태'라 불린다.

인이 내재되어 있다. 계기란 여러 타자 가운데 있는 하나이며, 그 주변에 있는 여러 타자를 포함하고 있다. 의식이란 이러한 객체에 대한 선택을 강조하는 것이다. 그래서 지각이란, 이러한 강조를 위해 선택된 객체들과 관련하여 분석된 의식을 말한다. 의식은 강조의 극치이다.

이러한 지각의 정의는 감각지각과, 감각된 것과 신체적인 감각기관에 기초해서 내려진 좁은 정의보다 더 넓다는 것이 분명하다.

12. 비감각적 지각

이러한 지각의 보다 넓은 정의가 중요한 것이 되려면, 그러한 보다 넓은 영역에 들어갈 기능양태를 나타내는 경험의 계기들이 검출될 수 있어야 한다. 만일 그러한 비감각적 지각의 사례가 발견된다면 지각을 감각지각과 암암리에 동일시하는 것은 틀림없이 체계적 형이상학의 전진을 가로막는 치명적 오류가 될 것이다.

우리의 첫 단계는 감각지각의 영역에 내재하는 제한을 분명하게 인지해야 한다. 이 감각지각의 특수한 기능방식은 본질적으로는 지각된 것을 이곳에, 지금, 직접적으로, 그리고 분리되어 있는 것으로 보여준다. 감각인상은 어느 것이나 모두 판명한 존재라고 흄은 선언한다. 그리고 이 학설에 대한 정당한 의문은 있을 수 없다. 그러나 흄마저도 각 인상에 힘과 생기의 옷을 입히지 않았던가. 파악은, 적나라하게 감각된 것에 대한 파악조차도 그 정감적 색조, 즉 퀘이커교적 의미의 '관심'(concern)이라는 성격 같은 것을 박탈할 수 없는 것이라는 점을 분명히 이해해야 한다. 관심성 (concernedness)은 지각의 본실에 속한다.

예를 들어 붉은 반점을 응시한다고 하자. 하나의 객체로서 그 자체에 있어서, 다른 요인들에 대한 관심을 떠나서 놓고 볼 때, 이 붉은 반점은 현재의 지각 활동의 단순한 객체로서, 그 과거나 미래에 대해서 아무런 말이 없다. 그것이 어떻게 생겨나는지, 그것이 어떻게 소멸하는지, 실제로 과거가 있었는지, 그리고 미래가 있을 것인지는 이 반점 자체의 본성에 의해서는 드러나지 않는다. 감각된 것을 해석하기 위한 재료는 감각된 것이 완고하고, 알몸으로, 지금 그리고 직접적으로 우뚝 서 있을 때, 감각된 것 자체에 의해서는 제공되지 않는다. 우리는 그것들을 해석하는 것이지, 그것들을 해석하는 행위에 대한 찬사가 감각된 것에 돌아가는 것이 아니다. 지난 200년 동안 인식론은 통용되고 있는 언어 형식을 무비판적으로 사용함으로써, 부적절한 생각을 암암리에 이끌어들이고 있다. 그래서 간결한 문체 형식의 풍부한 사용은 읽어서 즐겁고, 이해하기 쉽고, 그러면서도 전적으로 잘못된 철학을 제공하고 있는 것이다. 그럼에도 불구하고 언어의 관용법이 입증해주는 바로는, 이러한 불모의 감각된 것에 대한 우리의 습관적인 해석이 특정 사례에서는 오류에 빠지기 쉬운 것이긴 하지만, 대체로 상식을 충족시켜준다. 그러나 이와 같은 해석이 의거하고 있는 증거를, 감각지각이 그것과 융해되어 있고, 그것 없이는 결코 있을 수 없는 그런 비감각적 지각(non-sensuous perception)[역주6]의 광범한 배경과 전경(前景)으로부터 전적으로 이끌어내고 있다. 우리는 전적으로 현재의 사실에만 관계되는, 윤곽이 선명한 감각지각을 인지하지 못한다.

인간의 경험에 있어 가장 압도적인 비감각적 지각의 예로는 우리 자신의 직접적인 과거의 지식을 들 수 있다. 내가 언급하고 있는 것은 하루 전의, 한 시간 전의, 혹은 일 분 전의 우리의 기억을 말하자는 것이 아니다. 그러한 기억들은 우리의 인격적 존재가 개입하는 계기들(occasions)에 의해서 희미해지고, 혼란되어 있다. 그러나 우리의 직접적 과거는 계기나 또는 일군의 융합된 계기들로 구성되어 있는데, 이 계기는 직접적 과거와 현재의 직접적 사실 사이에 개재하면서, 아무런 지각적 매체가 없는 경험과 관계를 맺는다. 개략적으로 말하면, 그것은 10분의 1초와 2분의 1초 전 사이에 있는, 우리 과거의 한 부분이다. 그것은 이미 지나가버렸다. 그럼에도

[역주6] 비감각적 지각(non-sensuous perception). 예컨대 '이 붉은 장미'에 대한 우리의 지각을 생각해보자. 이 경우, 눈앞에 공간적인 폭을 지닌 붉은 반점이 보일 것이다. 이렇게 보는 활동이 감각지각이다. 그러나 본다는 것은 눈으로 본다는 것이다. 이 '눈으로'라는 것이 '비감각적 지각'이다.

여기에 있다. 그것은 의심할 수 없는 우리의 자아이며, 우리의 현재적 존재의 기초이다. 그러면서도 현재의 계기는 자기동일성을 요구하는 한편, 모든 살아 있는 활동성에서 지나가버린 계기의 본성 바로 그것을 분유한다. 그럼에도 불구하고 그것을 수정하며, 그것을 다른 영향으로 조절하며, 그것을 다른 가치로서 완성시키며, 그것을 다른 목적으로 편향시키는 일에 관계하고 있다. 현재의 순간은, 현재의 직접성 속에서 직접적 과거가 연속적으로 살아 있는, 저 자기동일성 속으로 타자(the other)가 유입해옴으로써 구성된다.

13. 예시(例示)

한 예로 '미합중국'(United States)이라는 고유명사를 재빠르게 발음하고 있는 사람을 생각해보자. 여기에는 4개의 음절이 들어 있다. 제3 음절에 들어섰을 때, 아마도 제1 음절은 직접적 과거 속에 있다. 그리고 틀림없이 '국'(國, States)이라는 말이 발음되고 있는 동안에 이 말의 제1 음절은 현재의 직접성 저편에 가로놓여 있다. 말하는 사람 자신의 존재의 계기들을 생각해보자. 각 계기는 그를 위해서 소리의 직접적인 감각현시(immediate sense - presentation)를 성취한다. 보다 초기의 음절은 보다 초기의 계기 속에서, 그리고 '국'(國)이라는 말은 최종적인 계기 속에서 성취된다. 단순한 감각적 지각에 관해서 흄이 말한 바로는, '합중'(United)이라는 소리는 단순히 감각되는 것으로서, 그 본성상 '국'이라는 소리와 늘 아무런 연관성도 갖지 않는다고 했는데, 이는 옳은 말이다. 그러나 말하는 사람은 '합중'에서 '국'으로 이끌려가고 있으며, 이 양자는 결합하여 현재 속에 공생하고 있다. 이는 과거의 계기가 현재 속에서 살아 있는 결과로서 자기동일적인 존재를 요구할 때에 그 과거 계기의 활동에 의해서 살아남은 직접적 과거가 재차 현재에서 지속해 나간다는 것은 비감각적 지각의 탁월한 사례가 된다.

이 주제를 위해서 '관념 연합'(association of ideas)에 대한 흄의 설명은 중요한 의미를 지니고 있다. 그러나 그것은 지금 말한 예를 위해서는 적절한 것이 아니다. 말하는 사람은 미합중국의 시민이며, 미합중국이라는 말에 너무나 익숙해 있는데, 경우에 따라 실제로는 '연합 과일 회사'(United Fruit Company)——중요하긴 하지만, 30초 전까지만 하더라도 그가 들어보지 못했는지도 모르는 주식회사——라는 말을 발음했다고 가정해보자. 그가 경험한 바로는 이 말의 전반부와 후반부의 관계가 '미합중국'이라는 말에 대해서 상술한 것과 전적으로 동일하다. 이 후자의 예에서 유의해야 할 것은 관념이 연합하는 것이라면 그를 '국'으로 이끌어갔을 테지만, 직접적 과거가 활성화하고 있다는 사실이 현재의 직접성 속에서 그로 하여금 강제로 '과일'(Fruit)과 결합시키도록 하였다는 것이다. 그는 '연합'(United)이라는 말을 발음했을 때, '과일'이라고 감각되는 것을 동반한 직접적 미래를 비감각적으로 예기(豫期)하고 있었다. 그리고 그는 '과일'이라는 말을 발음했을 때, '연합'이라고 감각되는 것을 동반한 직접적 과거를 비감각적으로 지각하고 있었다. 그러나 그는 연합과일회사에는 익숙하지 않았기 때문에, '연합과일회사'라는 말에서 단어들을 결합하는 관념 연합을 갖지 않았던 것이다. 한편으로는 말하는 사람이 애국자였기 때문에 '미합중'과 '국'이라는 말을 연결시키는 지극히 강력한 관념의 연합을 가지고 있을 수도 있다. 어쩌면 실제로, 그는 이 회사의 창설자요, 회사이름도 창안했을지 모른다. 그래서 그는 영어로는 처음으로 '연합과일회사'라는 소리를 발음했다. 그에게는 그를 도와줄 만한 관념 연합의 흔적도 있을 수 없었을 것이다. 그리고 그의 신체로 하여금 '회사'라는 소리를 발음하도록 했던 경험의 최종적 계기는, 이 완전한 말의 발음을 획득하려고 의도하는, 주체적 형식을 동반한 전반의 계기에 그가 관심을 갖는다는 것으로서만 설명이 가능하다고 할 수 있다. 또 의식이 있었던 한에 있어서, 거기에는 현재의 사실 속에 완결을 찾고자 하는 의도와 함께 과거의 직접적 관찰이 있었다. 이는 감각주의자의 공식으로의 환원으로는 할 수 없는 직접적인 직관적 관찰의 한 사례가 된다. 그러한 관찰은 명확한 감각지각의 윤곽 같은 정밀성을 갖지 않는다. 그러나 그것들에 아무런 의문의 여지가 있을 수 없다는 것도 분

명하다. 예컨대 말하는 사람이 '연합과일'이라는 말 다음에 잠시 말을 중단
했다면, 그는 '나는 회사라는 말을 덧붙이려고 생각했다'고 말하면서 이야
기를 계속했을지도 모른다. 이렇게 중단되어 있는 동안, 과거는 그 자신 속
에 미완의 의도를 지니고 있는 것으로서 그의 경험 속에서 활성화되고 있
었던 것이다.

14. 느낌의 순응

이 설명에서 또 하나의 논점, 즉 자연의 연속성에 관한 학설이 등장한다.
이 학설은 경험의 각 계기가 절대적 개체성을 지닌다는 학설에 균형을 부
여하면서 한편으로는 그렇게 제약을 가하기도 한다. 직접적인 과거 계기의
주체적 형식과 새로운 계기의 성립에 있어서 그 원초적 파악의 주체적 형
식 사이에는 연속성이 있다. 많은 기초적 파악의 종합과정 속에 변형이 개
입한다. 그러나 직접적 과거의 주체적 형식은 현재의 그것과 연속해 있다.
나는 이러한 연속의 학설을 '느낌의 순응설'(Doctrine of Conformation
of Feeling)[역주 7]이라 부르고자 한다.

어떤 기간에 어떤 사람에게 화나는 일이 생겼다고 가정해보자. 4분의 1
초 전에 그가 화났다는 것을 지금 어떻게 알 수 있는 것일까? 물론, 그는
그것을 기억하고 있다. 우리는 그것을 모두 다 알고 있다. 그러나 내가 묻
고 있는 것은 바로 이 기억이라는 기묘한 사실이며, 나는 눈에 띄게 생생한
사례를 선정했던 것이다. '기억'이라는 이 낱말만으로는 아무것도 설명해주
는 바가 없다. 새로운 계기의 직접성에 있어서 제1의 위상은 느낌들의 순
응의 위상이다. 과거의 계기가 향유했던 느낌은 새로운 계기 속에서 느껴
지는 여건으로서 현재하고 있으며, 주체적 형식은 그 여건의 느낌의 주체
적 형식에 순응하고 있다. 그래서 만일 A가 과거의 계기이고, D가 화를 내

[역주7] '순응'(conformity)과 '연속성'(continuity)에 관해서는 『과정과 실재』 제2부 제7
장 참조.

고 있는 A로서 기술할 수 있는 주체적 형식으로 A에 의해 느껴지는 여건이라고 한다면, 이 느낌——즉 A가 노여움이라는 주체적 형식을 가지고 D를 느끼는 것——은 최초에는 새로운 계기 B에 의해 노여움이라는 동일한 주체적 형식을 가지고 느껴진다는 것이다. 이 노여움은 잇따라 일어나는 경험의 계기들을 통해서 연속되고 있다. 이러한 주체적 형식의 연속성이 B의 A에 대한 최초의 공감이다. 그것은 자연의 연속성에 있어서 주요 근거가 된다.

화를 내고 있는 이 남자를 좀더 파고들어가서 고찰해보기로 하자. 그의 노여움은 그가 여건 D를 느끼는 주체적 형식이다. 4분의 1초 후에 그는 의식적이건 무의식적이건 간에 그의 과거를 현재의 여건으로서 구현하고 있으며, 과거로부터의 여건인 노여움을 현재 속에 품고 있는 그 느낌이 의식의 조명권 내에 들어오는 한, 그는 과거 정서의 비감각적 지각을 향유하고 있다. 따라서 그는 이 정서를 객체적으로 과거에 소속된 것으로서 향유하며, 형식적으로는 현재 속에 연속된 것으로서 향유하고 있다. 이러한 계속이 자연의 연속성이다. 내가 이 논점을 상세히 논의했던 이유는, 전통적 학설이 이 점을 부인해왔기 때문이다.

이처럼 비감각적 지각은 자연의 연속성의 한 국면인 것이다.

15. 흄의 습관설

흄은 감각인상의 본질적 요인으로서 힘과 활기(force and liveliness)의 학설에 호소하고 있다. 이 학설은 다름아닌 주체적 형식설의 한 특수 사례에 지나지 않는다. 그는 경험에 있는 한 계기의 힘과 활기가 후속하는 계기의 성격 속에 개입한다고도 주장한다. 그의 '습관설' 전체는 이러한 가정에 의거하고 있다. 만일 계기들이 흄이 주장하고 있듯이 전적으로 분리되어 있는 것들이라면, 이러한 성격의 추이는 사물의 본성 속에는 아무런 근거도 없는 것이 된다. 흄이 기억에 호소하고 있다는 것은, 사실상으로는 주체적 형식의 연속성을 포함하면서 과거가 미래 속에서 관찰되어 내재하고 있다는 데에 호소하고 있는 것이다.

이렇게 추가한다면, 흄의 『인성론』제3권의 논의는 모두 받아들일 수 있게 된다. 그러나 그 결과로서 이러한 계기들 간에는 관찰된 인과관계가 있는 셈이 된다. 이 관찰된 관계의 일반적 성격은 기억과 인격적 동일성을 동시에 설명한다. 그것들은 모두 경험의 계기들이 상호간에 내재한다는 설의 다른 국면들이다. 다음과 같은 보충적인 결론, 즉 인과의 관념이 자연에 있어서 모든 사건의 이해에 적용되는 한, 이러한 사건들은 경험의 계기들에 적용되는 일반적 관념하에서 고찰되어야 한다는 것을 이끌어낼 수 있다. 왜냐하면 인과성(因果性)이란 이러한 계기의 관찰을 통해서만 이해될 수 있기 때문이다. 흄에게 이렇게 호소하는 것은, 오로지 현재 논제의 상식적 자명성을 예시하자는 데에 목적이 있다.

16. 에너지의 흐름

인간의 정신적 활동을 포함하는 경험의 계기는 자연을 구성하고 있는 사건들의 지평 한쪽 끝에 있는 극단적인 하나의 사례이다. 지금까지 논의는 이러한 극단에 주의를 고정시켜왔다. 그러나 인간의 경험을 자연 밖에 놓기를 거부하는 학설 모두는 인간의 경험을 기술함에 있어 덜 특수화된 자연적 사건들을 기술하는 데에도 개입하는 요인들을 발견해야 한다. 만일 이러한 요인이 없다면, 자연 내부의 한 사실로서 인간 경험에 관한 학설은 그 유일한 장점이라는 것이 고작 익히 안다는 것이 위안이 될 뿐인 막연한 말투에 근거를 둔 한갓 허세에 지나지 않게 된다. 그렇다면 우리는 이원론을 적어도 잠정적인 학설로서 인정하든가, 아니면 인간경험을 물리과학에 연결시키는 동일한 요소를 지적하든가 해야 할 것이다.

물리과학은 자연적 계기를 에너지의 장소(locus of energy)로 보고 있다. 그 계기가 다른 무엇이건 간에, 그것은 에너지를 품고 있는 개체적 사실인 것이다. 전자, 양성자, 광자, 파동, 속도, 투과성이 강한 방사선과 약한 방사선, 화학원소, 물질, 공허한 공간, 온도, 에너지의 저하 등등의 낱말들은 모두 다음과 같은 사실을 나타내고 있다. 즉 물리학은 각 계기가 그 에너지를 품고 있는 방식에 관해서 계기들 간에 질적 구별을 인정하고 있다는 것이다.

이러한 구별은 에너지의 흐름에 의해서, 즉 문제의 그 계기가 에너지를 자연의 과거로부터 계승하여 미래로 전달하려는 방식에 의해서 전적으로 이루어져 있다. '포인팅의 에너지 흐름'(Poynting Flux of Energy)에 관한 논의는 전기역학에 관한 가장 매력적인 장(章)의 하나이다. 47년 전, 젊은 대학원생 시절에 나는 J. J. 톰슨 경의 강의를 통해서 처음으로 그것을 청강하였다. 당시에 그것은 포인팅이 공표한 지 얼마 안된 새로운 발견이었다. 그러나 그 발견의 아버지는 필요한 모든 원리를 해명했던 위대한 클러크 맥스웰(Clerk Maxwell)이었다. 우리가 관심을 갖는 유일한 결론은 에너지는 시-공을 통해서 인지될 수 있는 경로를 가지고 있다는 것이다. 에너지는 특수한 계기로부터 특수한 계기로 통과한다. 각 점에 정량적(定量的) 흐름과 일정한 방향을 갖는 흐름이 있다.

이는 연속성에 의한 물리적 자연의 개념이다. 사실상, 연속성의 개념은 클러크 맥스웰의 사고에서 지배적 개념이었다. 최근의 물리학에는 대안이 되는, 구별 가능한 개체성의 개념이 다시 중요한 것으로 등장하였다. 전자와 양성자(陽性子)와 광자는 단위 전하(電荷, unit charges of electricity)이다. 또한 에너지 흐름의 양자(陽子)라는 것이 있다. 연속성과 원자성이라는 이러한 자연의 대비되는 양상은, 서구 사상에서 그리스인들에게서 이루어진 과학의 기원으로까지 거슬러 올라가는 긴 역사를 가지고 있다. 더욱 확실한 결론은 연속성과 원자성 중에 어느 것도 없어서는 안된다는 것, 그리고 우리가 목격하고 있는 것은 과학의 현단계와 관련된 그와 같은 대비의 현대적 국면에 지나지 않는다는 것이다.

17. 정신과 자연의 비교

내가 위에서 윤곽을 그렸던 인간 경험에 관한 학설은, 그 자체의 목적상,

분리된 경험의 계기가 되는 구별 가능한 개체성에 관한 학설과 하나의 계기로부터 다른 계기로 순응적으로 계승되는 주체적 형식의 동일성에 의해 표현되는 연속성에 관한 학설을 동반하고 있다. 물리적 흐름은 경험의 각 계기의 근저에 있는 순응적 계승과 대응된다. 이 계승은 주체적 형식의 연속성에도 불구하고 특정한 개체적 계기들로부터의 계승이다. 그래서 과거를 현재와 연결시키는 관계의 일반적 체계를 설명하는 데 있어 만일 유비(類比)가 타당한 것이 되어야 한다면, 우리가 기대해야 할 학설은 계기의 개체성이 연관성을 갖는 양자(量子)에 관한 학설과 주체적 형식의 순응적 전달이 지배적 사실이 되고 있는 연속성에 관한 학설이다.

그러므로 물리학의 기저에 있는 물리적 에너지의 관념은, 각 계기가 스스로를 완성하는 최종적 종합의 주체적 형식에 내속해 있는 정서적·목적적인 복합적 에너지로부터 추상된 것으로 보아야 한다. 그것은 각 경험 활동의 총체적 활력이다. "물리과학은 추상이다"라는 단순한 말은 철학의 실패에 대한 고백이다. 합리적 사고의 과제는 이러한 추상이 도출되는 보다 구체적 사실을 기술하는 데 있다.

18. 인격성

인간의 경험을 설명할 때 우리는 인격을 인간 경험의 계기들 간의 발생적 관계로 애소화시켜왔다. 그럼에도 불구하고 인격적 통일성은 피할 수 없는 사실이다. 플라톤적 '영혼설'과 기독교적 '영혼설', 정교한 아톰의 '집합'(Concilium)으로 보는 에피쿠로스의 설, '사유하는 실체'에 관한 데카르트의 설, 인간의 권리에 대한 인도주의설, 문명화된 인류의 일반적 '상식' ——이 학설들은 서구 사상의 범위 전체를 지배하고 있다. 여기서 해명되어야 할 사실이 있다는 것은 분명하다. 어떠한 철학도 인격의 동일성에 대한 학설을 제공해야 한다. 탄생에서 죽음에 이르기까지 각자의 생애에 있어 누구나 어떤 의미로는 통일성이 있다. 자기동일적 '영혼—실체관'을 가장 일관성 있게 거부한 두 근대 철학자는 흄(David Hume)과 윌리엄 제임스

(Williams James)이다. 그러나 그들에게는, 유기체의 철학에도 그러하
듯이, 환경의 혼란 속에서 스스로를 유지하고 있는 이 의문의 여지가 없는
인격적 통일성에 대한 충분한 설명을 제공해야 한다는 문제가 여전히 남아
있다.

19. 플라톤의 '수용자'

수학을 연구하는 데 있어 해결해야 할 문제가 있을 경우에는 그 해결과
무관계한 세세한 문제를 제거하면서 일반화하는 것이 건전한 방법이다. 그
러므로 그 인간성의 지엽말단적인 것들을 제거하면서, 이 인격적 통일성을
일반적으로 기술하도록 해보자. 이러한 목적을 위해서 플라톤의 대화편에
서 찾아볼 수 있는 하나의 구절은 그 이상이 없을 만큼 적절한 것이다. 나
는 몇 가지 구절에 대해서 '인격적 통일성', '사건', '경험', '인격적 동일성'이
라는 용어를 적용시키면서 요약해보겠다.

"사건들의 소용돌이와 그것들이 예시하는 형상(形相)의 관념에 덧붙여,
우리는 제3의 용어인 인격적 동일성을 필요로 한다. 그것은 당혹스럽고도
분명치 않은 개념이다. 우리는 그것을 우리의 경험적 계기들의 생성의 수
용자(receptacle), 말하자면 양어머니라고 생각해야 한다. 이 인격적 동일
성은 인간 존재의 모든 계기들을 수용하는 사물이다. 그것은 생명의 모든
추이에 대한 일종의 자연적 모체로서 거기에 있으며, 그 속에 들어오는 사
물에 의해서 변화되며 다채로운 형태를 취하기도 한다. 따라서 그 성격은
시기가 달라지는 데 따라서 달라진다. 그것은 모든 방식의 경험을 그 자신
의 통일성 속에 수용하는 것이기 때문에, 그것 자체는 일체의 형상이 없는
것이어야 한다. 만일 그것이 불가시적(不可視的)이고, 무형상적(無形相的)
이고, 전적으로 수용적인 것으로 기술된다면 크게 잘못된 것은 아닐 것이
다. 그것은 항존하는 장소이며, 모든 경험의 계기들을 위한 위치를 제공한
다. 그 속에서 일어나는 것은 그 자신의 과거의 강요에 의해서, 그리고 그
내재적 이상의 설득에 의해서 제약되어 있다."

이 기술(記述)은 내가 최소한의 수정을 가하면서 플라톤의 『티마이오스』[원주1]에서 발췌했다는 것을 독자는 간파했을 것이다. 그러나 이것은 플라톤의 '영혼'에 관한 기술이 아니다. 그것은 그 유일한 기능이 자연의 사건에 통일성을 부과하는 것이라는 그의 '수용자'(ύποδοχή) 또는 장소(χώρα)에 관한 학설이다. 그 사건들은 장소의 공동체 때문에 더불어 존재하며, 그 공동체 내부에 위치하기 때문에 현실성을 획득한다.

20. 내재성

이것은 자연의 통일성에 관한 학설인 동시에 각 인간 생명의 통일성에 관한 학설이다. 이로부터 이끌어내게 되는 결론은, 계기들로 된 우리의 수명에 편재해 있는 자기동일성에 대한 의식이라는 것이 자연의 일반적 통일성의 내부에 있는 특수한 통일성의 가닥(strand)에 대한 인식 이외에 다른 것이 아니라는 것이다. 그것은 전체 속에 있는 하나의 장소이며, 그 자신의 특수성으로 말미암아 구획되어 있지만 그밖의 다른 점에 있어서는 전체 구조의 일반원리를 보여주고 있다. 이 일반원리가 경험의 주객 구조인 것이다. 이와 달리 그것은 자연의 벡터 구조로서 기술될 수도 있다. 현재 속에서 활성화되고 있는 과거의 내재설로 생각해볼 수도 있다.

이 내재설(doctrine of immanence)은 실제 이집트의 기독교 신학자들이 윤곽을 보여주었던 학설이다. 그러나 그들은 이 학설을 모든 현실태에 적용시키지 않고, 오직 신과 세계의 관계에만 적용시켰던 것이다.

21. 공간과 시간

'시-공'의 관념이 표상하고 있는 것은 어떠한 형상도 부과하지 않는 플라톤의 기초적인 '수용자'와, 그것 자체의 다양한 형상을 부여하는 '현실 세

[원주1] 나는 테일러(A.E. Taylor)의 번역본을 사용했는데, 표현을 압축시키고 변경했다.

계'와의 절충안이다. 이 형상의 부과(imposition of forms)는 정감적 색조의 양립 불가능성에 의해 요구되는 전망적 제거에 종속된다.[역주8] 기하학이란 계승의 과정에서 전망을 부과하는 매개자의 장소에 관한 학설이다. 기하학에서 이러한 학설은 이 '우주'시대에 지배적인 조정의 가장 적나라한 일반성으로 제한되어 있다. 이러한 일반성은 오로지 사건들의 결합에서 영속적으로 예시되는 순차적 관계들의 부합체에만 관계된다.

이러한 '우주'의 기하학적 질서에 대한 우리의 지각이 가져다주는 것은, 계승을 다만 인격적 질서에만 국한시키는 것을 거부한다는 것이다. 왜냐하면 인격적 질서는 일차적인 순차적 질서를 의미하는 것이기 때문이다. 그리고 공간은 다차원적이다. 공간성은 매개적 계기들의 다양성 때문에 분리성을 내포하고 있다. 그것은 과거로부터 현재가 파생하는 데에 내포되어 있는 내재성 때문에 결합을 포함하고 있다. 그래서 물리적 자연에서 특정한 계기로부터 특정한 계기로의 에너지의 전이(轉移)와 인간의 인격성에 있어 한 계기로부터 다른 계기로의 정서적 에너지를 수반한 정감적 색조의 전이와의 사이에는 일종의 유비관계가 있다. 인간 경험의 객-주 구조(object to subject structure)는 물리적 자연에 있어서 이러한 특수로부터 특수로의 벡터 관계로 재현되어 있다. 그리스인의 자연 발생에 관한 분석의 결점은 겨우 새로운 추상적 형상의 유입이라는 견지에서만 생각했다는 데에 있었다. 이러한 고대인의 분석은 창조 과정에서 선행적인 특수자가 새로운 특수자에게 스스로를 부과하는 그러한 실재적 활동(real operation)을 파악하지 못했던 것이다. 그래서 사실 속에 예증되어 있는 기하학은 사실의 발생에 관한 그들의 설명과 분리되어 있었던 것이다.

[역주8] 현실세계는 다수의 현실적 존재로 성립되어 있다. 이러한 현실세계에 놓여 있는 현실적 존재는 다수의 여건을 저쪽에서 이쪽으로 수용한다. 이 경우에, 여건들은 문제의 현실적 존재에게 그것과의 관련성의 정도에 따라 전망(perspective)으로 수용된다. 문제의 현실적 존재와 양립 불가능한 여건은 긍정적인 수용에서 배제된다.

22. 인간의 신체

그러나 물리적 자연과 인간의 경험과의 유비(類比)는 한 인격성 내에서 인간적 계기들의 직선적인 순차성의 사실과 물리적 '시-공'에서 계기들의 다차원적 순차성으로 제한되어 있다.

이러한 (인간 경험과 물리적 자연과의) 불일치가 피상적인 것인지를 입증하기 위해서, 이제 남겨진 논의는 과연 직접 계승되는 인간의 경험이 공간의 다차원적 성격에 어떤 유사성을 제공하느냐 하는 것이다. 만일 인간 경험의 계기들이 본질적으로 일차원적인 인격적 질서에서 계승되는 것이라면 인간적 계기들과 자연의 물리적 계기들 간에는 간극이 있는 것이다.

인간의 신체가 갖는 특이한 지위는 인간적 계승을 위한 이와 같은 엄밀한 인격적 질서의 관념을 부정함으로써 그 자신을 나타낸다. 우리의 직접적인 과거로부터 우리의 압도적 계승은 다른 경로를 통한, 수많은 계승으로 밀고 들어간다. 각각의 계통 신경, 우리의 내장 기능, 우리의 혈액 구성물 속의 장애(교란)는 지배적인 계승의 선에 억지로 밀고 들어간다. 이렇게 하여 정서, 희망, 공포, 억제, 감각지각이 생겨나게 되고, 이것들을 생리학자들은 자신있게 신체적 기능에 돌린다. 이러한 신체적 계승은 그렇듯 친밀하고도 명백한 것으로 보이기 때문에 일상적 언어로는 인간의 신체와 인간의 인격을 식별하지 않는다. 영혼과 신체는 융합되어 있다. 또한 이러한 동일시는 인간 존재에 있어 영혼보다도 신체에 더 많은 시선을 보내기 쉬운 생리학자들의 과학적 탐구에도 불구하고 살아남아왔다.

그러나 인간 신체는 의심할 나위도 없이 공간적 자연의 부분을 이루는 계기들의 복합체이다. 그것은 두뇌 내부의 여러 영역에 그 계승을 주입하도록 기적적으로 조정된 일련의 계기들이다. 따라서 우리 신체의 일체감은, 우리의 인격적 경험에서 직접적 과거와의 일체감과 동일한 기원을 갖는다고 믿을 만한 충분한 이유가 있다. 그것은 여기서는 다만 엄밀한 인격적 질서만을 결여한 데 지나지 않고, 비감각적 지각(non-sensuous perception)의 또 하나의 사례이기도 한 것이다.

그러나 생리학자와 물리학자가 똑같이 동의하고 있는 점은 신체가 물리적 법칙에 따라 물리적 환경으로부터 물리적 조건을 계승한다는 것이다. 따라서 인간의 경험과 물리적 계기들 간에는 일반적 연속성이 있다. 이러한 연속성을 상세히 설명해주는 것이 철학의 가장 자명한 과제 중의 하나이다.

23. 이원론

지금까지의 논의는 하나의 복합적인 논변에 주의를 환기시켜왔다. 나는 연관된 하나의 일반적 문제에 주의를 돌림으로써 그것에 결말을 지어볼까 한다.

지금까지의 논의는 『이원론에의 반항』[역주 9]에 또 다른 예로 보아야 할 것인가? 우리 모두는 이 반항을 비판하는 러브조이 교수의 훌륭한 저서를 읽어보았다. 그런데 피상적으로 본다면 내가 여기서 제안해오고 있는 입장은 분명히 그가 비판하는 반항의 한 사례가 된다. 그러나 또 다른 의미에서, 나는 달리 해석되는 이원론을 옹호하려고 힘써왔다. 플라톤과 데카르트와 로크는 흄에게 이르는 길을 열어주었으며, 칸트는 바로 흄의 뒤를 이어갔다. 지금까지 논의해온 것의 논점은 흄이 철학적 전통에서 연역했던 것을 회피하는 동시에 그의 세 위대한 선철(先哲)로부터 물려받은 일반적 사고의 조류를 유지하는 하나의 다른 사고법(an alternative line of thought)을 제시하려는 데 있다. 후기 플라톤의 대화편에서 플라톤적 '영혼'과 플라톤적인 '물리적' 자연과의 이원론, 데카르트의 '사유하는 실체'와 '연장을 갖는 실체'와의 이원론, 로크의 '인간 지성'과 그를 위해 갈릴레오와 뉴턴이 기술했던 로크의 '외적 사물'과의 이원론——이 모든 유사한 이원론은 여기서 현실태의 각 계기 내부에서 발견된다. 각 계기는 그 물리적 계승

[역주9] 『이원론에의 반항』(*The Revolt against Dualism*, 1930). 러브조이(A.O. Lovejoy, 1873~1962)의 저서명이다.

과 그것을 자기 완성으로 몰고 가는 정신적 반응을 동시에 지니고 있다. 세계는 단순히 물리적인 것도 아니고, 단순히 정신적인 것도 아니다. 세계는 단순히 다수의 종속적 국면을 갖는 일자(一者)가 아니며, 또한 그것은 단순히 변화의 환상을 동반한, 그 본질에 있어 정태적인, 어떤 완결된 사실도 아니다. 그릇된 이원론(vicious dualism)은 언제나, 추상을 궁극적인 구체적 사실이라고 오인하기 때문에 일어난다.

우주는 가장 완전한 의미에서 무상하면서 영원적이기 때문에 이원적이다. 우주는 각 궁극적 현실태가 물리적이면서 정신적이기 때문에 이원적이다. 우주는 각 현실태가 추상적 성격을 요구하기 때문에 이원적이다. 우주는 각 계기가 그 형식적 직접성을 객체적 타자성(objective otherness)과 결합하기 때문에 이원적이다. 우주는 많은 최종적 현실태――혹은 데카르트의 용어로 말하면, 많은 진정한 사물(res verae)――로 전적으로 그리고 완전하게 분석될 수 있기 때문에 다자(多者)이다. 우주는 그 우주적 내재성 때문에 일자(一者)이다. 그리하여 통일성과 다수성 사이의 이러한 대비 속에 이원론이 있다. 우주 전체에 걸쳐 이원론의 근거가 되는 대립물의 결합이 지배하고 있는 것이다.

제12장

과거, 현재, 미래

제1절

과거의 계기가 그것과 관련된 미래의 계기 속에 내재한다는 학설에 관해서는 앞장에서 충분히 논의되었다. 과거는 그 자신을 넘어서는 미래 속에 가로놓인 현재 속에 객체적 존재를 가지고 있다. 그러나 미래가 그것에 선행하는 계기에 내재한다는 의미와 동시적 계기들의 상호간에 내재한다는 의미는 경험의 주객구조설로는 그다지 분명해지지 않는다. 먼저 미래와 현재와의 관계에 초점을 맞추는 것이 보다 간단할 것이다. 미래가 현재에게 그 무엇이라는 것은 분명하다. 인류의 가장 친숙한 습관이 이 사실을 증명해준다. 법률상의 계약, 모든 유형의 사회적 약정, 야심, 불안, 열차의 시간표 등은, 현재가 그 자신의 실현된 구조 속에서 그 자체를 초월하여 미래와 관계를 지니고 있다는 사실을 떠나서는 의미 없는 제스처가 되고 만다. 미래를 절단해보라. 그러면 현재는 그 고유한 내실이 공허해지고, 무너진다. 직접적 존재는 미래가 현재의 벌어진 틈에 삽입되기를 요구한다.

여기에서 다시 비판적 사고를 장기적으로 과거와 미래로 돌리는, 문학적으로 훈련된 습관이 철학에 불행한 결과를 가져오고 있다. 우리는 미래를 몇 세기라든지, 몇 년이라든지, 며칠이라는 시간대로 생각한다. 우리는 역사라고 불리는 방대한 우화를 비판적으로 깊이 생각한다. 그 결과, 우리는 특정의 사실에 관한 직접적 관찰이 결여된, 순수한 추상적 상상력의 노력으로만 과거나 미래와 연결된다고 생각한다. 만일 이러한 결론을 받아들인다면, 과거가 있었다거나 미래가 있을 것이라는 실재적 근거는 없게 된다. 이 점에 관한 우리의 무지는 거의 완벽하다. 우리가 관찰할 수 있는 것은 현재에 있어서 관념적 설득이 전부라는 것이다. 이것이 바로 장기적인 과거나 장기적인 미래를 깊이 생각한다는 문학적인 습관의 결과이다. 문학은 인류의 지혜를 보존해준다. 하지만 문학은 이러한 방식으로 직접적 직관의 강조를 약화시킨다. 과거나 미래의 직접적 관찰을 고찰하는 데에 우리는 1초라든지 1초의 몇 분의 몇이라는 크기의 시간대에 국한시켜야 한다.

제2절

이러한 짧은 범위의 직관에 의거해서 말한다면, 분명히 미래는 무(無)가 아니다. 미래는 그것에 선행하는 세계 속에서 살아 활동한다. 경험의 각 순간은 직접적 과거와 직접적 미래라는 두 세계 간의 추이라는 것을 알게 된다. 이것은 끊임없는 상식의 표명(表明)이기도 하다. 또한 이 직접적 미래는 어느 정도의 구조적 선명성을 가지고 현재 속에 내재하고 있다. 난점은 이러한 내재성을 경험의 주-객 구조로 설명하려는 데에 있다. 현재에서 미래의 계기는 그것 나름의 절대적 완결성을 수반한 개체적 실재로서는 비존재이다. 그래서 미래는 과거 개체적 계기의 객체적 불멸성과는 다소 다른 의미에서 현재 속에 내재하고 있어야 한다. 현재 속에는 미래에 속하는 어떠한 개체적 계기도 없다. 현재는 이러한 개체성이 실현되는 최대한도의 한계를 포함하고 있다. 미래에 관한 학설 전체는 각 개체적인 현실적 계기의 자기 완결 과정에 대한 설명을 통해서 이해될 수 있다.

이 과정은 재연(再演, re-enaction)으로부터 예기(豫期, anticipation)로의 이행으로 간단히 특징지울 수 있다. 이러한 추이에서 중간단계를 구성하는 것은 새로운 내용의 획득이며, 그 내용은 직접적 주체가 재연의 그 원초적 위상을 예기의 최종적 위상으로 재형성하기 위해서 개체로서 공헌한 것이다. 이 최종적 위상은 개체성에게 창조적 충동의 소진(消盡)을 표시하는 것이기 때문에, 일명 '만족'(충족, satisfaction)[역주1]이라고도 불린다. 이 새로운 내용은 긍정적인 개념적 파악(positive conceptual prehension), 즉 개념적 느낌(conceptual feeling)으로 구성되어 있다. 이러한 개념적 느낌은 선행하는 계기들의 물리적 파악(physical prehension)과 통합하게 되고, 그래서 과거에 관한 명제가 산출된다. 이 명제들은 다시 상호간에, 그리고 다른 개념적 느낌과 통합되고 재통합되며 또 다른 명제를 산출한다.

마지막으로 직접적 주체의 구조에 관한 명제가 출현한다. 이 주체가 객체적 불멸성으로 이행하게 되는 것은 그 주체의 본질에 속한다. 그래서 그 자신의 구조가 포함하고 있는 것은 자기 형성의 활동성이 타자 형성의 활동성으로 이행한다는 것이다. 현재 주체의 이러한 구조 때문에 미래는 현재 주체를 구현하게 될 것이며, 그러한 활동성의 패턴을 재연하게 될 것이다. 그러나 미래의 개체적 계기는 비존재이다. 유일한 직접적 현실태는 현재 주체의 구조이며, 그것이 구현하고 있는 것은 그것 자체의 자기 형성의 직접성을 초월하여 객체적 불멸성이 되는 것에 대한 사체적 필연성이다.

[역주1] 화이트헤드에게 현실적 존재는 다(多)의 일(一)에의 통합과정인데, 이러한 과정이 종식되고 생성이 존재로 전화(轉化)하는 최종 위상을 가리켜 '만족'이라고 한다. 그에 의하면 현실적 존재의 통합과정은 3개의 위상으로 되어 있다. 그 첫째는 호응적 위상, 즉 그 자신의 세계를 호응적으로 수용하는 최초의 위상과, 창조적으로 새로움을 산출하는 보완적 위상과, 마지막으로 만족이라고 하는 최종 위상이 그것이다.

이 객체적 불멸성이 미래에게는 일종의 완고한 사실이며, 그 전망을 갖는 재연의 패턴을 포함하고 있다.

예기의 최종적 위상은 양립 가능성이 허용되는 한에서 현재의 주체가 자신을 구현하고 재연하도록 미래에 부과하는 필연성들과 관련하여, 그 주체의 본질의 명제적 실현이다. 이러한 경험의 계기의 자기 향유는, 그 자신 속에 살아 있는 것으로서 과거에 대한 향유에서 시작하여 미래에 사는 것으로서 그 자신에 대한 향유로서 종결된다. 이것이 각각의 단독적인 개체적 계기 속에 기능하는 것으로서 우주의 창조적 충동에 관한 설명이다. 이런 의미에서 미래는 각각 현재의 계기 속에 내재해 있으며, 그 현재와의 특수관계는 다양한 정도의 지배관계로 정착되어 있다. 그러나 어떠한 미래의 개체적 계기도 현존하지 않는다. 예기적 명제(anticipatory proposition)는 모두 현재 계기의 구조와 그것에 내속하는 필연성과 관계되어 있다. 이 현재 계기의 구조는 미래가 있다는 것을 필연적인 것으로 하고 있으며, 미래 계기의 원초적 위상에서 재연되기 위한 기여의 몫(持分)을 필연적인 것으로 하고 있다.

기억해두어야 할 점은 각 개체적 계기가 창조적 충동을 초월한다는 사실이, 이러한 각각 계기의 본질적 구조에 속해 있다는 것이다. 그것은 이러한 임의의 계기의 완결된 구조와 무관한, 우연적인 것이 아니다.

현실태의 각 계기가 형성되는 데 있어 재연으로부터 예기로의 흔들림은 정신성의 개입에 기인한다. 새로운 개념적 파악에 의해서 이렇게 도입되는 관념이 낡은 것이건 새로운 것이건 간에, 그 관념은 그 계기가 과거와 상접(相接)한 결과로서 일어나고, 그 미래와 상접한 원인으로서 끝난다는 결정적인 성격을 가지고 있다. 이 양자 사이에는 우주의 목적론이 잠복해 있다.

만일 정신적 활동이 새로운 이념의 도입을 포함하지 않는다면, 개념적 느낌의 여건은 재연의 최초 위상에서 이미 예시된 단순한 영원적 객체일 뿐이다. 그러한 경우 최초 위상과의 재통합이란 최초의 순응적 수용을, 계승 속에서 이미 지배적인 것이 되어 있는 질서의 타입과 느낌의 패턴을 유지하는 예기로 전환하는 것에 지나지 않는다. 거기에 있는 것은 묵종(默從)

의 지배이다. 이렇게 해서, 그러한 계기들의 영역은 부과된 자연법칙으로 수동적 복종의 양상을 취하게 된다. 그러나 반복에 의해서 그리고 조정된 일련의 계기를 통해서 그것이 강조됨으로써 효과적인 것이 된 개념적 새로움이 있는 경우에 우리는, 인격에 의해 창시되고 그 인격의 환경 속에서 효과적인 것이 되는, 목적을 수반하며 존속하는 인격적 위상을 갖게 된다. 그래서 이러한 경우에 미래와의 유사성을 갖는 예기는 개념을 사실로 전환하는 목적의 형태를 취한다. 그 어느 경우에도 개념적 새로움의 있음, 없음과는 상관없이 개념적 파악의 주체적 형식은 우주의 충동(drive)을 구성하고 있으며, 그것으로 말미암아 각 계기는 자신을 미래 속으로 몰고간다.

제3절

이제야 미래가 현재 속에 내재한다는 의미를 결정할 수 있게 되었다. 미래는 현재가 그 자신의 본질 속에 그것이 미래에 대해서 가지게 될 관계를 지니고 있다는 사실 때문에 현재 속에 내재한다. 그로 인해서 현재는 그 본질 속에 미래가 순응하지 않으면 안될 모든 필연성을 포함하고 있다. 미래가 현재 속에 있게 된다는 것은 사물의 본성에 속하는 일반적 사실이다. 그리고 미래는 후속하지 않으면 안될 특정한 미래에 부과되는 특정한 현재의 본성 속에 존재하는 것이기 때문에 일반적으로 한정된 것으로서 존재한다. 이 모든 것이 현재의 본질에 속해 있으며, 이렇게 한정된 미래는 현재의 주체적 직접성에 있어서의 파악을 위한 하나의 객체를 구성한다. 이렇게 하여 각각 현재의 계기는 우주의 일반적인 형이상학적 성격을 파악하며, 그로 인해서 그것은 그 성격에 따르는 그 자신의 몫을 파악한다. 그래서 미래와 현재의 관계는 객체와 주체의 관계와 같은 것이 된다. 그것은 현재에 있어서 객체적 존재를 갖는다. 그러나 현재에 있어서 미래의 객체적 존재는 현재에 있어서 과거의 객체적 존재와는 다르다. 과거의 여러 특수한 계기는 현존하고 있으며, 현재 속에서 파악을 위한 대상으로서 각자가 기능하고 있다. 과거의 현실적 계기의 이러한 개별적인 객체적 존재는 각자가 각각 현재적 계기 속에서 기능하면서, 작용인(作用人)이 되는 인과관계를 구성한다. 그러나 미래 속에는 이미 구성된 현실적 계기가 존재하지 않는다. 따라서 현재 속에서 작용인을 행사하는 현실적 계기는 미래 속에는 존재하지 않는다. 현재 속에 개체로 있는 것은 현실적 계기의 미래가 있다는 필연성이다. 미래는 현재 사실의 본질에 속해 있으며, 현재 사실의 현실성과 별개의 현실성을 갖는 것은 아니다. 그러나 현재 사실에 대한 그 특수한 관계는 현재 사실의 본성 속에 이미 실현되어 있는 것이다.

제4절

동시적 사건들의 정의는 그것들이 상호간에 인과적으로 독립하여 발생한다는 것이다.[역주 2] 그래서 두 개의 동시적 계기는 그 어느 쪽도 다른 쪽의 과거에 속하지 않는다. 이 두 계기는 작용인과는 직접적 관계가 없다. 동시적 계기들의 방대한 인과적 독립성은 '우주' 내 자유행동 범위의 보고이다. 그것은 각 현실태에게 무책임성을 위한 적절한 환경을 제공한다. "나는 동생의 보호자인가"는 최초의 자아 의식을 표현하는 말이다. 자유에 대한 우리의 요구는 동시적 환경과 우리와의 관계 속에 뿌리박고 있다. 자연은 독립된 활동을 위한 영역을 제공한다. '우주'를 이해하려면 작용인, 목적론적 자기 창조, 동시적 독립 등의 다양한 역할들을 그것들 상호간의 독특한 관계에서 생각해볼 필요가 있다. 이러한 것을 충분히 생각해보기 위해서는 전망 제거, 광대한 우주시대를 지배하고 있는 질서의 유형, 소규모의 존속

[역주2] '동시적 사건'(contemporary events). 현실적 존재는 그 과거 속에 있는 다양한 여건에 의해 한정되며, 자신을 한정함으로써 거기에 새로움을 산출하는 자기 창조의 과정이 있다. 그리고 이러한 과정이 종식되었을 때 미래의 후속하는 다른 현실적 존재에 여건으로서 객체화되어간다. 이런 경우, 문제의 현실적 존재에게는 과거도 미래도 아닌 세계가 동시적 세계이다. 동시적 세계의 사건은 같은 세계를 공유하며 생성와 일치라는 점에서 연관되어 있기는 하지만 또 한편으로는 인과적으로 서로 독립해 있다. 거기서 각 사건은 타자의 영향을 받지 않고 자유롭게 다(多)의 일(一)에의 통합과정을 향유하면서 개체성을 실현해갈 수 있다.

물, 즉 그것들이 존재하게 되는 각각의 보다 큰 규모의 우주시대를 다양화하는, 그들 자신의 추가적 질서양태를 동반한 존속물 등등을 이해하는 것이 필요하다.

동시적 계기들의 상호 독립은 엄밀하게는 그들의 목적론적 자기 창조의 범위 내에 있다. 이 계기들은 공통의 과거에서 생기며, 그들의 객체적 불멸성은 공통의 미래 속에서 작용한다. 그러므로 과거의 내재와 미래의 내재를 매개로 해서 간접적으로 동시적 계기들이 결합된다. 그러나 자기 창조의 직접적 활동은 동시적인 것과 관계되는 한, 분리되어 있으며 지극히 사적이다.

그래서 동시적 계기들 상호간의 어떤 간접적 내재성이 있다. 왜냐하면 만일 A와 B가 동시적이고, C가 그 양자의 과거 속에 있다고 한다면, A와 B는 각각 미래가 그 과거에 내재적이라는 방식으로 어떤 의미에서 C에 내재하고 있기 때문이다. 그러나 C는 A와 B에게 객체적으로 불멸적이다. 그래서 이러한 간접적 의미에서 A는 B에, B는 A에 내재하고 있다. 그러나 A의 객체적 불멸성은 B 속에서는 작동하지 않으며, B의 객체적 불멸성도 A 속에서 작동하지 않는다. 개개의 완결된 현실태로서 A는 B로부터 은폐되어 있고 B는 A로부터 은폐되어 있다. 두 개의 동시적인 A와 B가 공통 과거를 향유한다는 것은 전적으로 진실이 아니다. 우선 첫째로, 예컨대 A의 과거 속에 있는 어떤 계기가 B의 과거 속에 있는 계기와 동일하다고 하더라도, A와 B는 지위의 차이 때문에 그 과거를 전망적 제거의 차이하에서 향유한다. 이처럼 A에서의 과거의 객체적 불멸성은 B에서의 그와 동일한 과거의 객체적 불멸성과 엄연히 다르다. 그렇기 때문에 서로 크게 소원해 있는 두 동시적 계기는, 실제로 각기 다른 과거로부터 도출된다.

최근 현대물리학에서 전개되었던 시간 관념에 따른다면, P가 B와 동시적이라고 했을 때, P가 A와 동시적이라는 것이 반드시 참인 것은 아니다. P가 B보다 더 먼저이든가, 혹은 더 나중이든가 하는 것은 가능하다. 그래서 A의 과거 속에 있는 계기조차도 B의 과거 속에 있는 계기와 전적으로 동일하지는 않은 것이다. A와 B가 인접하고 있을 때, 그것들의 과거 간의 이러한 차이는 무시될 수 있을지도 모른다. 그러나 그것들이 서로 소원해 있을 때, 이 차이는 매우 중요할 수도 있다.

지금까지 논의로부터 나온 결과는 다음과 같다. 즉 연관된 환경이 일률적인 유형의 조정으로 지배되고 있는 한, 계기는 그러한 유형의 질서가 과거를 초월해서 미래로 연장되는 것을 '예기'(anticipating)하는 것으로서의 과거를 경험할 것이다. 그러나 이 미래는 문제되는 계기와 그 동시적 환경을 포함하고 있다. 이렇게 해서, 그 계기에 있어서 그 동시적 세계의 간접적 내재라는 것이 있게 된다. 그것은 동시적 세계의 특수한 개체적 계기들로서의 내재가 아니라, 질서의 관계를 위한 일반적 기체(基體)로서의 내재이다. 따라서 이러한 유형의 질서는 동시적 세계의 부분들을 서로 관련시키며 동시에 그 부분들을 문제의 계기와도 관련시킬 것이다. 그러나 동시적 세계의 부분들은 다만 이러한 유형의 질서에 대해서 관계지워진 것이라는 기능에 있어서, 이 계기의 경험에 속하게 될 것이다. 이것이 동시적 세계가 어째서 일률적인 공간적 관계의 영역으로서 지각되어야 하느냐에 대한 일반적 설명이다. 그것은 어째서 임의의 특수한 관계의 체계가 이 우주시대를 지배해야 하느냐의 근거를 제시해주지는 않는다. 그러나 이 설명은 어째서 어떤 일률적인 관계의 체계가 동시적 세계의 지각을 지배해야 하느냐의 근거를 제시해준다. 그리고 그 본질적인 활동성은 상실되고 말았다. 동시적 세계는 관계와 성질이라는 수동적 주체로서 경험의 구성요소가 된다.

제5절

우주의 현실태는 경험의 과정이며, 각 과정은 하나의 개체적 사실이다. '우주' 전체는 이러한 과정들의 전진하는 집합체이다. 나는 모든 작인(agency)은 현실태에 국한된다는 아리스토텔레스의 학설을 받아들인다. 또한 존재한다는 것의 핵심적 의미는 '작인에 있어서의 요인이라는 것', 즉 '차이를 낳는 것'이라는 플라톤의 금언도 받아들인다. 그래서 '그 무엇이라는 것'(to be something)은 어떤 현실태의 분석에 있어서 하나의 요인으로서 발견될 수 있다는 것을 말한다. 이로부터 어떤 의미에서 어떠한 것이라도 그 자신의 존재 범주에 따라 '실재적'(real)이라는 결론이 나온다. 이와 같은 의미에서 '실재적'(real)이라는 낱말이 의미할 수 있는 것은, 어떤 소리 혹은 부호는 명시적 의미를 갖는 낱말일 따름이라는 것이다. 그러나 '실현'(realization)[역주 3]이라는 용어는 (실재적이라고 말하는) 문제의 존재를 그 구조의 적극적 요인으로서 포함하고 있는 현실적 존재와 관계되는 말이다. 이처럼 비록 모든 것이 실재적이라고는 하지만, 반드시 어떤 특정한 한 조(組)의 현실적 계기 속에서 실현되어 있는 것은 아니다. 그러나 그것은 반드시 어디에선가 발견될 수 있고, 어떤 현실적 존재 속에서 실현될 필요가 있다. 물리적이거나 개념적이거나 어떤 의미에서건 실현되지 않고 있는 것은 하나도 없다는 것이다. '실재적'이라는 용어는 물리적 실현과 개념적 실현 사이의 대비(contrast)에서 생겨나는 차이를 의미할 수도 있다.

제6절

임의의 현실적 계기의 한 조는 계기들의 상호 내재에 의해서 통일되어 있다. 한 조가 통일되어 있는 범위 내에서 그 계기들은 서로를 제약하고 있다. 일반적으로 한 쌍의 계기들의 이와 같은 상호 내재와 상호 제약이 대칭적 관계가 아니라는 것은 분명하다. 왜냐하면, 동시적인 것들을 도외시했을 때, 한쪽 계기는 다른 쪽 계기의 미래 속에 있게 될 것이기 때문이다. 그렇기 때문에 위에서 설명한 바와 같이, 선행하는 것은 작용인의 양태에 따라 후속하는 것 속에 내재하게 될 것이며, 후속하는 것은 예기의 양태에 따라 선행하는 것 속에 내재하게 될 것이다. 일군의 계기들을 이처럼 하나의 통일체로 결합된 것으로 생각한다면, 그것은 어느 것이나 결합체(nexus)[역주 4]

[역주3] '실현'(realization). 현실적 존재는 잠재적인 것들을 '실현'하는 과정이다.
[역주4] '결합체'(nexus). 현실적 존재는 세계를 구성하는 궁극적 사물로서 양자역학에서 소립자 같은 것에 해당된다. 우리가 소립자를 직접 만지거나 볼 수 없듯이 현실적 존재도 일종의 가설적 개념이다. 우리들이 직접 경험할 수 있는 '존속물'(enduring

라고 불리게 될 것이다. 그러한 결합체의 통일성은 만일 다양한 계기들이 서로 크게 다른 지위를 가지고 우주 속에 흩어져 있는 것이라면 하찮은 것일 수 있다. 결합체의 동일성이 압도적으로 중요한 것이 될 때, 여러 다른 유형의 결합체가 출현하게 되는데, 그것들은 각각 '영역'(Regions), '사회'(Societies), '인격'(Persons), '존속하는 객체'(Enduring Objects), '물체적 실체'(Corporal Substances), '살아 있는 유기체'(Living Organisms), '사건'(Events) 등으로 불리거나 그밖에 자연이 취할 수 있는 다양한 색조의 복합성에 대한 유사한 용어로 불릴 수 있을 것이다. 따라서 다음 장에서는 이러한 특수한 유형의 결합체 가운데 몇 가지를 지적하는 것으로 충분할 것이다.

제7절

우리는 강요와 자유를 이들과의 관계 속에서 실현된 가치에 의해서, 그것들 간의 대립에 의해서 이해한다. 그러나 그것들을 고찰하는 또 다른 방식이 있다. 자유를, 혹은 강요를 혹은 양자의 적당한 패턴에서의 양립 가능한 연합을, 물리적으로 실현시키고 있는 사물들의 물리적 본성 속에는 대체 무엇이 들어 있느냐를 물어보는 방식이다.

사실상 우리는 습관적으로 인류의 역사를 자유와 억압의 견지에서 해석하고 있다. 이러한 물리적 사건들에 있어서 대립되는 것들의 실현을 도외시한다면, 문명화된 인류의 역사는 물리적 사실과는 아무런 관계가 없는 개념들에 관한 정서의 유희를 포함하는 무의미한 사건들의 계기가 되고 만다.

동시적 계기들 간의 인과적 독립성은 우주 내부에 있어 자유의 근거이다. 동시적 세계 앞에 나타나는 새로움은 동시적 계기들에 의해서 분산적으로 해결된다. 여기에 완전한 동시적 자유가 있다. 생겨나는 것이 무엇이건, 그 즉시로 다른 모든 것에 부과되는 조건이 된다는 것은 사실이 아니다. 그러

---

thing)은 현실적 존재의 결합체를 형성하고 있다고 말한다.

한 완전한 상호 결정(complete mutual determination)이라는 개념은
'우주'의 공동체성에 대한 과장이다. '간헐적 사건'이라든지 '상호 무관련성'
이라는 관념은 진정한 사물의 본성에 적용된다. 주체적 형식의 양립 불가
능성에 의해 부과되는 전망은 별개의 방식으로 자유에 필요한 것을 제공한
다. 선행하는 환경은 그것에서 연유하는 계기의 최초 위상을 한정함에 있
어 전적인 효과가 있는 것은 아니다. 환경에는 새로운 창조에서 명백한 사
실로서 기능하지 못하고 배제되는 요인들이 있다. 흐르는 물은 그 자체를
맑게 하거나, 필경 보다 좋은 환경이었더라면 유지되었을 수도 있었던 특
성을 상실하기도 한다. 각각의 새로운 계기의 최초 위상이 보여주는 것은,
과거 속에서 자신을 초월하여 객체적 존재를 가지려는 투쟁의 귀결이다.
이 투쟁의 결정자는 현실태의 새로운 과정에 있어서, 개체적인 주체적 목
적의 최초의 위상으로서 실현되는 지상의 '에로스'[역주 5]이다. 그래서 '우주'
의 임의의 두 계기 속에는 그 어느 한쪽에게는 다른 쪽 구조와 무관계한 요
소가 들어 있다. 이러한 견해를 망각하는 것은 사물의 본성에 대한 견해에
과도한 도덕화를 초래한다. 다행히도 크게 중요하지 않은 많은 것들이 있
으며, 우리는 그것들을 마음대로 할 수도 있다. 이와 반대되는 견해가 광신
주의의 온상이 되어왔으며, 역사를 만행으로 물들게 했다.

[역주5] 화이트헤드에 의하면 순수한 활동으로서의 '창조성'(creativity)이 만물을 관통하고 있다.
창조성의 '최초의 피조물'(primordial creature)은 '신의 원초적 본성'(primordial
nature of God)이다. 원초적 본성에서 신은 모든 영원적 객체를 파악하고 있다.
이러한 '신의 원초적 본성'이 각각의 현실적 존재의 합생과정에 개입하기 때문에 각
각의 현실적 존재는 그 자신의 세계에 놓여 있으면서 창조적으로 '새로움'(novelty)
을 산출할 수 있게 된다. 여기서 화이트헤드가 에로스(Eros)라고 말한 것은, 각 현
실적 존재의 합생과정 때마다 내재하면서 그것이 놓여 있는 환경세계 속에서 최대한
의 강도 있는 경험을 산출하게끔 충동하고 '설득하는'(persuade) '신의 원초적 본
성'을 의미한다. 화이트헤드는 이것을 제12장 제2절 마지막 구절에서 '우주의 충
동'(drive of Universe)이라고 말하였다.

제8절

여기에서 제안되고 있는 유형의 형이상학으로 '우주'를 이해하기 위해서는 작용인, 목적론적 자기 창조, 전망제거, 동시적 독립성, 광대한 우주시대를 지배하는 질서의 법칙, 그리고 각 우주시대 내부의 존속물 등의 여러 역할이 그것들 상호간의 여러 관계를 통해서 이해되어야 한다. 이런 유형의 이해에 대한 또 다른 요약적 표현은 '억압과 자유', '생존과 파괴', '느낌의 깊이와 느낌의 하찮음', '개념적 실현과 물리적 실현', '현상과 실재'와 같은 구절 속에 들어 있다. 관념의 모험에 대한 모든 설명에는 이와 같은 표현들에 의해서 제시되는 선택지들 사이를 누비고 나아가는 관념들이 관련되어 있다.

우리가 우리 자신을 포함하고 있는 우주시대의 구조를 검토할 때, 이 구조는 여러 유형의 질서가 겹겹이 층을 이루고 있으며, 각 층은 어떤 보다 큰 환경의 질서의 보다 일반적 유형의 것과 공유하는 어떤 제한된 영역 내에서 어떤 부가적 유형의 질서를 도입한다. 그리고 이보다 큰 환경은 우리가 알고 있는 창조의 일반적인 우주시대 내부의 특수한 영역이 된다. 지배적인 한 조의 질서지워진 관계를 수반할 이러한 영역 각각은 그 부분들의 상호 관계의 관점에서 고찰될 수도 있고, 그것이 통일성으로서 외부 지각자의 경험에 미치는 영향의 관점에서 고찰될 수도 있다. 또한 앞의 양자를 결합시키는 제3 방식의 고찰도 있다. 지각자는 이러한 영역 내의 계기일 수 있고, 그래서 지각자 그 자신을 그 구성원으로 포함하는 일자로서 그 영역을 포착할 수도 있다.

첫째 방식으로 분석된 영역은 그로 인해서 특정의 '자연법칙'에 종속된 것으로 간주된다. 이러한 법칙들은 그 영역의 지배적인 한 조의 질서지워진 관계이다. 그런데 두번째 고찰방식에서는 분석이 종합으로 대체된다. 문제의 영역은 존속하는 통일성의 모습을 취하며, 그 통일성의 본질은 특정의 복합적인 내적 성격을 띠고 있다. 두번째 방식의 접근에서 나타나는 이러한 본질적 성격은 그 영역 내부를 지배하는 첫번째 방식의 접근에서 나타나는 한 조의 '자연법칙'이다. 그 어느 쪽 방식의 접근에서도 영역을 구성하는 많은 계기의 구체적 결합성에 편재하는 지배적 성격의 동일성에 역점을 두고 있다. 영역의 통일성은 이중적이다. 그 이유는 첫째로, 거기에 포함되어 있는 여러 계기의 상호 내재에서 생겨나는 단적인 결합성 때문이며, 둘째로는 다양한 부분들이 임의의 외적 계기에 있어 하나의 유사한 역할을 행하게 하는 편재적 성격의 동일성 때문이다. 그래서 '자연의 법칙'을 동반한 영역이라는 말은 '본질적 성격'을 동반한, 존속하는 실체라는 말과 동의어이다.

제13장

계기들의 군집

제1절

'계기들의 군집'(群集, the Grouping of Occasions)은 지각적 경험 (percipient experience)에 있어서 계기들이 수행하는 공동적 기능의 소산이다. 군집된 계기들은 통일성을 획득한다. 그것들은 지각자의 경험을 위해서 많은 계기들로, 또는 많은 종속적인 그룹의 계기들로 분할 가능하기 때문에 복합적인 하나의 사물이 된다. 그래서 종속적 그룹은 복합적 통일성이며, 그 각각은 전체 그룹과 동일한 형이상학적 존재범주에 속하고 있다. 이러한 성격, 즉 유사한 유형의 존재 그룹으로의 분할 가능성이 연장성의 일반적 관념이다. 어떤 우주시대의 연장적 그룹들 간에 체계적으로 스며들어 있는 특수한 관계는, (만일 그런 관계가 있다면) 그 시대에 편재

(遍在)하고 있는 기하학의 체계를 구성한다.

현실적 계기의 모든 그룹에 의해서 현시되는 일반적인 공통적 기능은 상호 내재(mutual immanence)이다. 플라톤의 언어를 빌린다면, 이것은 공통의 '수용자'에 속하는 기능이다. 만일 이 그룹이 상호 내재라는 기초적 특성에 관해서만 고찰될 경우, 비록 다른 점에서는 공통적 연관성이 없다 하더라도, 그 그룹은 이러한 일반적 결합성을 예증하는 것으로 간주되어서 '결합체'(Nexus)라고 불린다.

따라서 '결합체'라는 용어는 임의의 특수한 유형의 질서를 전제하지 않으며, 상호 내재라는 일반적인 형이상학적 제약 이외에 그 성원에 편재해 있는 어떠한 질서도 전제하지 않는다. 그러나 사실상 강도와 다양성을 목표로 하는 우주의 목적성은, 상호간에 직조되어 있는 종속적 결합체를 지배하는 여러 유형의 질서를 수반한 우주시대를 산출한다. 결합체는 공간적으로나 시간적으로나 그것을 확대시킬 수 있다. 다시 말하면, 그것은 상호간에 동시적인 몇 조의 계기를 포함할 수 있고, 상대적으로 과거이며 미래인 몇 조를 포함할 수도 있다. 만일 결합체가 순수하게 공간적인 것이라면 잇따르는 계기들의 쌍——이 쌍의 한쪽이 다른 쪽에 선행하고 있는 것——은 하나도 포함하지 않을 것이다. 이때에 결합체의 계기들 간의 상호 내재는 동시적 계기들에게 고유한 간접적 유형의 상호 내재가 될 것이다. 또한 외재성(外在性)의 관념이 공간에 대한 우리의 직관을 지배하고 있는 까닭도 바로 이것 때문이다. 만일 결합체가 순수하게 시간적인 것이라면, 그것은 동시적 계기의 쌍을 하나도 포함하지 않을 것이다. 그것은 단지 계기로부터 계기로의 한가닥 시간적 추이일 따름이다. 시간적 추이의 관념은 결코 '인과'의 관념과 완전히 단절될 수 없다. 인과의 관념이란 단지 과거가 그 미래 속에 직접적으로 내재하는 것을 고찰하는 하나의 특수방식에 지나지 않는다.

제2절

계기들의 인접성(contiguity)이라는 관념은 중요하다. 동시적인 것이 아닌 두 계기는 한쪽에 선행하고 다른 쪽에 후속하는 계기가 전혀 없을 경우, 시간 속에서 인접해 있다. 계기들의 순수한 시간적 결합체가 연속적인 것이 되는 것은, 처음과 마지막의 계기를 제외한 각 계기가 선행하는 계기와 후속하는 계기에 인접해 있을 때이다. 그때에 결합체는 시간적 혹은 계기적 질서에서 중단 없는 맥락을 형성할 것이다. 이러한 맥락의 처음과 마지막의 계기는 물론 그 맥락과의 일방적인 인접만을 향유하게 될 것이다.

공간적 인접성은 정의하기가 더욱 어렵다. 그것은 시간적 차원과의 연관을 필요로 한다. 그것은, 전적으로 공통된 과거로부터 도출되는 두 개의 동시적 계기는 없다는 학설에 힘입어 정의될 수 있다. 따라서 만일 A와 B가 동시적 계기라면, A의 과거는 B의 과거에 속하지 않은 약간의 계기를 포함하며, B의 과거는 A의 과거에 속하지 않은 계기들을 포함할 것이다. 그래서 A와 B는, (1) A와 B 양자 모두와 동시적인 것이면서 (2) 그 각각의 과거가 A의 과거와 B의 과거에 공통으로 속해 있는 모든 계기들을 포함하는 그런 계기가 없는 경우에 인접한다. 이러한 정의의 특수한 형태는 별로 중요하지 않다. 그러나 현재의 내적 관계가 과거와의 연관에서 도출된다는 원리는 중요하다. 그것은 어째서 동시적 세계가 부과된 성격을 수동적으로 예시하는 무생명적 실체들의 전시로서 경험되는가 하는 데에 대한 이유를 제시해준다.

어쨌든 인접은 시간적이건 공간적이건 내재설로 정의될 수 있다. 인접이라는 관념을 원용함으로써 한 영역(region)의 관념은 인접의 특정한 조건이 확보된 결합체를 표시하는 것으로 정의될 수 있다. 이러한 정의의 논리적 세부사항은 지금 논의와 관계가 없다.

지금까지 다양한 결합체의 종(種, species)들이 검토되어왔는데, 그러한 결합체의 유일한 통일성의 원리는 상호 내재라는 단순한 사실로부터 도출된다. 이러한 결합체의 유(類)는 그 종들이 드러낸 연장적 패턴의 차이에 의해서 식별된 유라고 불리게 될 것이다. 더 간단히 말하면, 그것은 '유형화된 결합체들의 유'(*Genus of Patterned Nexūs*)라고 불리게 될 것이다. 어떠한 결합체도 모두, 만일 그 유형 속에 직조되어 있는 질적 요인들이 추상된다면, 그 유 속에 있는 종에 속하게 된다.

제3절

이제 한 '사회'(society)의 일반적 관념으로 화제를 옮겨보기로 하자. 이 관념은 여러 유형의 질서와 질서의 발생적 전파에 관한 일반적 고찰로 이끌어간다. 이 정의는 '유형화된 결합체들의 유'에 대한 분석에서 간과되었던 요인들을 고려에 넣는 데에 의존하고 있다.

하나의 '사회'라는 것은 어떤 유형의 '사회질서'를 '예시' 내지 '분유'(分有)[원주 1]하는 결합체를 말한다. '사회적 질서'는 다음과 같이 정의될 수 있다. 결합체가 '사회적 질서'를 향유하게 되는 것은 (1) 결합체에 포함되어 있는 현실적 존재들 각각의 한정성(definiteness)에 예시된 형식의 공통요소가 있고, (2) 결합체의 각 구성원이 결합체의 다른 구성원들을 파악함으로써 그 결합체에 부과된 조건들에 의해, 이 형식의 공통요소가 결합체의 각 구성원에서 생겨나며, (3) 이 파악이, 그 공통형식을 포함하는[원주 2] 긍정적 느낌을 포섭함으로써 재생의 조건을 부과하는 경우이다. 이러한 결합체는 하나의 사회라고 불리며, 그 공통형식은 사회의 '한정 특성'(defining characteristic)이다.

동일한 정의를 다른 방식으로 내린다면[원주 3] 다음과 같이 된다. "여기서 사용되고 있는 바와 같은 '사회'라는 용어의 요점은 그것이 자립적이라는 데에 있다. 다시 말하면 그것은 그 자신의 존재 이유라는 것이다. 그래서

[원주1] 『과정과 실재』 제1부 제3장 제2절 참조.
[원주2] 『과정과 실재』 원문에는 '포함하는'(involving) 대신에 '그것의'(of that)으로 되어 있다.
[원주3] 『과정과 실재』 제2부 제3장 제2절 참조.

사회는 동일한 집합명(class‑name)이 적용되는 일련의 현실적 존재들
이상의 것이다. 즉 그것은 단지 '질서'의 수학적 개념 이상의 것을 포함하고
있다. 한 사회를 구성하기 위해서는 그 각 구성원이 동일한 사회의 다른 성
원들로부터 발생적으로 파생된다는 데 근거하여 그 각 구성원에 집합명이
적용되어야 한다. 그 사회의 구성원들은 그들의 공동 성격에 의해, 유사성
을 낳는 조건을 사회의 다른 구성원들에게 부과하기 때문에 유사한 것이
된다."

　여기서 사용되고 있는 바와 같은 '사회'라는 관념을 이렇게 기술함으로써
분명해지는 것은, 서로 동시적인 일련의 계기는 완전한 사회를 형성할 수
없다는 것이다. 왜냐하면 발생적 조건이 이러한 일련의 동시적인 것에 의
해서는 만족될 수 없기 때문이다. 물론 일련의 동시적인 것들은 사회에 소
속될 수 있다. 그러나 사회 자체는 선행자와 후속자를 포함해야 한다. 다시
말하면, 사회는 존속의 독특한 성질을 보여주어야 한다. 존속하는 실재적
인 현실적 사물은 모두 사회이다. 그것들은 현실적 계기가 아니다. 현실적
계기인 완전한 현실적인 실재적 사물과 사회를 혼동한 것이, 고대 희랍인
들의 시대로부터 서구의 형이상학을 좌절시켜온 중대한 오류인 것이다. 한
사회는 그 사회를 사회되게 하는 본질적 성격을 가지고 있으며, 상황이 변
함에 따라 변화하는 우연적 성질도 가지고 있다. 그래서 하나의 사회는 완
결된 존재로서 그리고 현실적 계기와 동일한 형이상학적 지위를 보유하는
것으로서, 상황의 변화에 따라 변화하는 반작용을 표현하는 역사를 향유한
다.[원주4] 그러나 현실적 계기는 이러한 역사를 가지고 있지 않다. 그것은
결코 변화하지 않는다. 그것은 다만 생성 소멸할 따름이다.[역주1] 그것이 소

[원주4] '사회'(society)의 이러한 개념은 데카르트의 '실체'(substance)의 개념과 유사하
　　　다. 데카르트의『철학원리』제1부, 원리 51~57 참조.
[역주1] 화이트헤드는 '변화'(change)와 '생성'(becoming)을 구별한다. 변화란 성질의 변화
　　　를 말한다. 그런데 현실적 존재의 합생과정은 '생성한다'고 말할 수는 있어도 '변화한
　　　다'고는 말할 수 없다. 현실적 존재는 그 성질이라는 점에서 자기동일적인 것이기 때
　　　문이다. 화이트헤드의 중기 과학철학을 형성하는 저서의 하나인『자연인식의 원리』
　　　(An Enquiry Concerning the Principcles of Natural Knowledge, 1919)

멸한다는 것은 우주의 창조적 전진에 있어 그것이 새로운 형이상학적 기능을 떠맡는다는 것을 말한다.

한 사회의 자기동일성은 그 사회의 한정 특성의 자기동일성과 그 계기들의 상호 내재에 기초를 두고 있다. 그러나 사회가 전적으로 과거에 속하는 경우를 제외한다면, 그 사회의 기본적인 결합체가 될 결정적인 결합체 같은 것은 존재하지 않는다. 왜냐하면 그 사회의 기초가 되는 실현된 결합체라는 것은, 미래를 향해 창조적으로 전진하면서 항상 그 자신에게 추가하고 있기 때문이다. 예컨대, 인간은 하루를 그의 생애에 추가하며, 지구는 또 다른 1천 년을 그 존재 기간에 추가한다. 그러나 인간의 죽음이나 지구의 붕괴에 이르기까지 무조건적 의미에서 인간이나 지구라는 결정된 결합체 같은 것은 존재하지 않는다.

제4절

사회가 존재하는 한, 비록 그러한 사회임을 주장할 수 있는 결합체 같은 것이 하나도 없기는 하지만, 각각의 결합체가 그것이 존재하는 단계에 이르기까지는 실현된 사회 전체가 되는, 그와 같은 결합체들의 계기(繼起)가 존재한다. 어떤 주어진 사회에서 그와 같은 계기의 다양한 성원들의 연장적 패턴은 같지 않을 수 있다. 이러한 경우, 연장적 패턴들은 그들이 서로 같지 않는 한, 그 사회의 한정 특성 내의 어떠한 요소도 될 수 없다. 그러나 이 계기의 여러 결합체들의 연장적 패턴은 동일한 것일 수 있고, 적어도 패턴의 어떤 특질을 공유하고 있을 수 있다. 이런 경우에 이 공통의 패턴 내지 공통의 특질은 문제의 사회를 한정하는 성격의 한 요소일 수 있다.

점진적으로 실현되는 계기적 결합체가 하나의 공통된 연장적 패턴을 가지고 있는 한, 사회의 가장 단순한 예는 이러한 결합체가 순수하게 시간적이며 연속적인 경우이다. 각 실현 관계에 있어서, 이 사회는 일련의 순차적

제5장 14. 3 참조.

질서에 있어 인접하는 계기들로 이루어져 있다. 존속하는 지각자로 규정되는 인간이 이러한 사회이다. 인간에 대한 이런 정의는 바로 데카르트가 사유하는 실체라는 말로 의미하고 있다. 여기에서 우리는『철학원리』(제1부, 원리 21, 그리고『성찰』3)에서, 데카르트가 존속은 신에 의한 계기적인 재창조 이외의 것이 아니라고 한 말을 상기하게 될 것이다. 그래서 인간의 영혼에 관한 데카르트적 개념과 여기서 제기하고 있는 개념과는 단지 신에 귀속시키고 있는 기능에서만 다르다. 이 두 개념은 모두 계기들의 계기(繼起)를 포함하고 있으며, 각 계기는 그것 나름의 직접적 완결성을 갖추고 있다.

그 속에 실현된 결합체들이 순수하게 시간적이고 연속적인 그런 일반적 유형의 사회는 '인격적'이라고 불릴 것이다. 이러한 유형의 사회는 '인격'(person)이라고 불릴 수 있다. 그래서 위에서 규정된 바와 같이, 인간은 하나의 인격인 것이다.

그러나 인간은 경험의 계기들의 계열적 계기(繼起) 이상의 존재이다. 그러한 인간 정의는 철학자들—예컨대 데카르트—을 만족시킬 수 있을 것이다. 그러나 그것은 일상적인 '인간'이라는 용어의 의미는 아니다. 동물적 정신뿐만 아니라 동물적 몸도 존재한다. 그리고 우리의 경험에서 이러한 정신은 항상 신체와 일체가 되어 나타난다. 그런데 동물적 몸은 시공적으로 조정된 방대한 수의 계기를 포함하는 사회이다. 따라서 온전한 일상적 용법의 의미에서 '인간'은 여기에서 정의된 바와 같은 의미의 '인격'이 아니다. 인간은 보다 광범한 사회의 통일성을 가지며, 거기서는 사회석 조정이 다양한 부분의 행동에 있어서 지배적 요인이 된다.

동물과 식물의 살아 있는 세계를 바라볼 때, 거기에는 온갖 유형의 신체가 존재한다. 살아 있는 각각의 신체는 하나의 사회이며, 그것은 인격적인 것이 아니다. 척추동물을 포함한 대부분의 동물은, '인격적'인 종속적 사회에 의해 지배되는 사회체계를 가지고 있는 것으로 보인다. 이 종속적 사회는 위에서 규정했던 인격의 정의에 의한다면, '인간'과 동일한 유형의 것이다. 물론 지배적인 인격적 사회의 계기들에 있어서 정신적 극(pole)은 인간 정신성의 수준에까지 이르지는 못하지만 말이다. 그래서 개는 어떤 의미로는 인격이며, 다른 어떤 의미로는 비인격적 사회인 것이다. 그러나 보다 낮은 형태의 동물생명과 모든 식물은 인격적 사회에 의해 지배되고 있지 않은 것처럼 보인다. 한 예로 나무는 일종의 민주국가[역주 2]와 같은 것이다.(A tree is a democracy.) 그렇기 때문에 살아 있는 신체는 인격적 지배에서 살아 있는 사회와 동일시되어서는 안된다. '생명'과 '인격성' 간에는 필연적 연관성이 없다. '인격적' 사회는 그 용어의 일반적 의미에서 살아 있을 필요가 없고, 또 '살아 있는' 사회는 '인격적'일 필요가 없다.

제5절

'우주'가 그 가치를 실현하게 되는 것은 그것이 사회들의 사회들로, 그리고 사회들의 사회들의 사회들로 조정되기 때문이다. 그래서 군대는 연대(聯隊)들의 사회이며, 연대는 인간들의 사회이며, 인간은 인격적인 인간 경험이라는 지배적 사회와 더불어 세포와 피와 뼈의 사회이며, 세포는 양성자와 같은 미소한 물리적 존재들의 사회이며, 그밖의 기타 등등이다. 그리고 이 모든 사회는 사회적인 물리적 활동성을 위한 주변 공간을 전제로 하고 있다.

상술한 '사회'의 정의가 이 말의 의미를 지나치게 단순화시킨 개념을 시사하도록 표현되었다는 것은 명백하다. 왜냐하면 한정 특성이라는 관념은 조정된 사회들의 관념을 포함한다고 해석되어야 하기 때문이다. 그렇기 때문에 다른 수준의 사회들이 존재한다. 예컨대, 군대는 연대와는 다른 수준의 사회이며, 같은 말을 연대와 인간에 대해서도 할 수 있다. 자연은 보다 큰 규모의 공간적·물리적 사회에서 종속적 요소로서 기능하는 존속물들의 복합체이다. 우리에게 이러한 보다 큰 규모의 사회는 자연적 우주이다. 그

[역주2] 나무는 부분들로 이루어져 있다. 이러한 부분들 간에는 지배-피지배의 관계가 없다. '나무는 민주주의제이다'란 말은 이런 의미로 이해될 수 있겠다.

렇지만, 그것을 현실적 사물의 무제한적 총체와 동일시할 근거는 없다.

테이블, 동물의 몸, 별과 같은 존속물의 각각은 그 자체가 종속적인 존속물을 포함하는, 종속적 우주이다. 우리가 직관을 통해 직접적으로 식별할 수 있는 엄밀한 인격적 사회는 우리 자신의 인격적 경험의 사회뿐이다. 우리는 또한 경험이 신체의 보다 앞선 기능으로부터 유래한다는 데 대한 막연하면서도 직접적인 직관을 가지고 있으며, 신체가 밖의 자연에서 유래한다는, 더 막연한 직관을 가지고 있다.

자연은 우리의 관찰에 간극을 시사하기는 하지만 그것을 문제로 삼으면 그 즉시로 그것을 철회하고 만다. 예컨대, 통상적인 물체는 견고성을 암시한다. 그러나 고체는 액체가 되고, 액체는 기체가 된다. 그리고 기체로부터 고체가 다시 복원될 수 있다. 고체 중에서 가장 단단한 고체는 일정한 목적을 위해서 점성(粘性)의 유체(流體)가 되기도 한다. 또한 불가침투성(不可侵透性, impenetrability, 두 물체가 동시에 같은 공간을 차지할 수 없다는 성질)은 쉽게 이해하기 어려운 개념이다. 한 예로 소금은 물에 녹는다. 그리고 물에서 회수할 수 있다. 기체는 액체에 침투한다. 분자는 원자들의 유형화된 침투에서 생겨난다. 음식물은 신체 내에 침투하며, 확산된 신체적 활력의 직접적 감각을 만들어낸다. 이는 특히 액체적 자극물에 해당된다. 그래서 불가침투성에 대한 즉각적인 직접적 경험은 문제가 될 때 그 뚜렷한 지위를 상실한다.

제6절

또 하나의 간극은 무생명체와 생명체 사이의 것이다. 그렇지만 생명체는 무생명성의 끝머리까지 추적해볼 수 있다. 또 무기물의 기능은 살아 있는 물질 기능의 한복판에 그대로 남아 있다. 살아 있는 것이 자명한 물체에 있어서는 궁극적인 계기에 내속하는 약간의 기능을 우세한 것으로 만드는 조정이 달성되어온 것으로 보인다. 무생명의 물질에 있어 이 기능은 서로 충돌하며, 평준화되어 무시될 수 있는 전체적 효과를 창출해내고 있다. 생명체의 경우, 조정이 개입하며, 따라서 이런 친밀한 기능의 평균 효과가 반드시 고려되어야 한다.

현실적 계기의 자기 형성 활동은 조정되기만 하면 살아 있는 사회를 산출하는 것이지만, 최초의 수용 위상을 최종적인 예기(豫期)의 위상으로 전환시키는 매개적인 정신의 기능을 하기도 한다. 계기들의 정신적 자발성이 서로 충돌하지 않고, 천차만별의 환경 속에서 공통 목표로 향하고 있는 한, 거기에는 생명이 존재한다. 생명의 본질은 객체적인 것에 순응하면서 목적론적으로 새로움을 도입하는 데 있다. 그래서 환경의 새로움은 안정된 목적에 적합한 기능의 새로움과 만나게 된다.

생명은 사회 전반에 확산되어 있는 일련의 계기들을 특징지울 수 있다. 그 사회의 계기들 전부를, 혹은 대다수를 반드시 포함하는 것이 아닐지라도 그러하다. 이 다양한 계기들을 특징짓는 목적의 공통요소는 그 사회를 한정하는 성격의 요소 가운데 하나로 간주되어야 한다. 이러한 생명의 정의에 따른다면, 단일의 계기를 살아 있는 것으로 부를 수 없다는 것은 명백하다. 생명이란 사회의 계기들을 통한 정신적 자발성의 조정을 말한다.

그러나 생명을 도외시한다면 개별적인 계기들의 고도한 정신성은 불가능할 것으로 보인다. 인격적 사회는 그 자체가 살아 있으면서 자신보다도 광범한, 살아 있는 사회에 유력한 영향력을 행사하고 있는데, 그것은 고도의 정신성의 계기들을 제공하는 유일한 유형의 조직체이기도 하다. 그렇기 때문에 인간의 경우, 생명체는 정신성에 관한 한, 낮은 정도의 계기들의 살아 있는 사회들로 충만해 있다. 그러나 그 전체는 고도의 계기들의 인격적으로 살아 있는 사회를 뒷받침하도록 조정되어 있다. 이러한 인격적 사회가 인격으로서 정의되는 인간이다. 그것은 일찍이 플라톤이 말했던 영혼이다.

이러한 영혼이 신체를 벗어나서 과연 어디까지 그것이 존재하기 위한 토대를 발견하느냐 하는 것은 별개의 문제이다. 어떤 의미로는 비시간적이며, 또 다른 의미로는 시간적인 신의 영속적인 본성[역주3]은 영혼과 특이하게 강

[역주3] 신은 그 원초적 본성에서는 비시간적이며, 그 결과적 본성에 있어서는 시간적이다.

력한 상호 내재의 관계를 맺을 수 있다. 따라서 어떤 중요한 의미에서 영혼의 존재는 그 신체적 조직체에의 완전한 의존성으로부터 해방될 수도 있는 것이다.

그러나 동물적 유기체가 다소간의 인격성을 갖는다는 점에 유의할 필요가 있겠다. 그것은 단지 영혼을 소유하느냐, 소유하지 않느냐의 문제가 아니다. 문제는, 만일 영혼이 있다면 그것이 어느 만큼이냐 하는 것이다. 고도의 다중적인 인격성으로 흐르는 경향은 상이한 목적들의 대립으로 말미암아 자멸하게 될 것이다. 다시 말하면, 그러한 다중적인 인격성은 목적에 순응한다는 생명의 본질 자체를 파괴하는 것이 되기 때문이다.

제14장
현상과 실재

제1절

경험의 한 계기 속에 객체적 내용은 두 가지 대조적인 성격——'현상'과 '실재'——으로 구분된다. 그러나 이것이 경험에서 드러나는 유일한 이분법이 아니라는 것을 유의해둘 필요가 있다. 물리적 극과 정신적 극[역주1]이 있으며, 파악된 객체와 파악의 주체적 형식이라는 것이 있다. 실제로, 이 마

[역주1] 현실적 존재는 이미 과거가 된 '물리적인 것'(the physical)으로서의 현실적 존재를 저쪽에서 이쪽으로 수용하는 측면과 '개념적인 것'(the conceptual)으로서의 영원적 객체를 수용함으로써 새로움을 산출하는 측면으로 이루어져 있다. 전자는 '물리적 극'(physical pole)이라고 불리며, 후자는 '정신적 극'(mental pole)이라고 불린다.

지막 쌍의 대립자인 '현상'과 '실재'는 다른 두 쌍만큼 형이상학적으로 기본적인 것은 아니다.

우선 첫째로, 현상과 실재의 구분은 경험의 전체를 망라하는 것이 아니다. 그것은 그 객체적 내용과 관계될 뿐이며, 문제의 직접적 계기의 주체적 형식을 생략하고 있다. 둘째로, 경험의 보다 고차적인 위상의 기능에서 정신적 기능이 물리적 기능과 각별히 복잡한 종합을 달성한 경우를 제외한다면, 이 구분의 중요성은 무시해도 무방하다. 그러나 이러한 고차원의 위상에서 '현상'과 '실재'의 대비는 각별히 판명한 의식 속에서 식별되는 경험의 요인들을 지배하고 있다. 따라서 형이상학의 기초는 경험의 주객 구조에 대한 이해에서, 그리고 물리적 기능과 정신적 기능의 역할에서 찾아야 한다.

불행하게도 의식에 있어서 '현상과 실재'의 대비가 월등하게 우세했던 탓으로, 그리스인들 이래로 지금까지 형이상학자들은 비교적 피상적인 특성들을 출발점으로 삼았다. 이 오류가 현대 철학을 고대나 중세기의 철학보다 더 광범위하게 왜곡시켰다. 이러한 왜곡은 모든 경험적 활동의 기반으로서의 감각주의적 지각에 일관되게 의존한다는 형식을 취해왔다. 그것은 '정신'을 '자연'과 결정적으로 분리시키는 결과를 가져왔으며 이런 식의 분리가 근대에 최초로 예증된 것이 데카르트의 이원론이다. 그러나 이러한 근대의 발전은 보다 낡은 서구 철학의 원리들을 일관성있게 전개시킨 것에 지나지 않는다는 점을 기억해둘 필요가 있다. 이러한 원리들이 내포하고 있는 그 온전한 의미가 17, 18세기 인간의 마음속에 떠오르기까지는 2천 년이 소요되었다.

제2절

'현상과 실재' 간의 구별은 각 현실적 계기의 자기 형성 과정에 기초를 두고 있다. 최초 수용 위상의 객체적 내용은 그 계기에게 주어진 것으로서 실재적인 선행 세계이다. 이것이 그 창조적 전진이 시작되는 '실재'(reality)

이다. 그것은 새로운 계기의 기초적 사실이며, 일치하거나 대립하는 것들은 새로운 피조물에 있어서 조정되기를 기다리고 있다. 거기에는 객체적 불멸성의 역할을 담당하는 현실적 과거의 실재적 작인을 제외한다면 아무 것도 존재하지 않는다. 이것이 바로 그 계기에 있어서 그 순간의 실재인 것이다. 여기서 '실재'(reality)라는 용어는 '현상'(appearance)의 대립자라는 의미로 사용되고 있다.

자기 형성의 중간 위상은 질적인 평가의 발효체(醱酵體)이다. 이와 같은 질적인 느낌들(qualitative feelings)은 최초의 위상에서 예시된 성질로부터 직접 도출되거나 그것들과 관련되어 간접적으로 도출된다.[역주 2] 이러한 개념적 느낌[역주 3]은 주체적 형식의 새로운 강조와 더불어 느껴지고, 새로운 상호관계로 이행한다. 이러한 평가의 발효는 물리적 극의 물리적 파악과 통합된다. 그래서 최초의 객체적 내용은 여전히 거기에 존재해 있다. 그러나 그것은 개념의 발효와의 통합에서 도출되는 새로운 혼성적 파악들(hybrid prehensions)에 의해 뒤덮이고, 그것과 섞인다. 더 고차원적 유형의 현실적 계기에서는 이제 명제적 느낌(propositional feeling)[역주 4]이 우세하게 된다. 이러한 확대된 객체적 내용은 새로운 계기의 주체적 목적을 충족시킬 향유와 목표에 그것을 적응하게 하는 조정을 획득한다.

정신적 극은 그 객체적 내용을, 물리적 극으로부터의 추상에 의해서 모든 이상적 가능성을 작동시키는 기초적 '에로스'의 내재성에 의해서 도출해왔다. 객체적 우주의 내용은 새로운 개체성을 기초로서의 기능으로부터 목적을 위한 도구로서의 기능으로 이행하였다. 이제 개별적인 과정은 그 자신의 완결을 느끼고 있다.──나는 생각한다. 그러므로 나는 존재한다.(Cogito,

---

[역주2] 이 논제는 『과정과 실재』에서는 '개념적 평가'(conceptual valuation)와 '개념적 역전'(conceptual reversion)의 두 범주 내에서 논의되고 있다.

[역주3] '개념적 느낌'(conceptual feeling)이란 현실적 존재가 어떤 영원적 객체를 수용하는 작용을 말한다.

[역주4] 화이트헤드에 의하면 주어·술어의 결합으로 성립되는 명제는 현실적 존재의 통합과정으로 수용되어 실현되는 가능적 존재이다. 이러한 가능적 존재로서의 명제가 실현되면 거기에 판단이 성립된다.

ergo sum.) 이와 같이 데카르트의 출현에 있어서 '사유'(cogitatio)는 단순한 지적인 이해 이상의 것이다.

물리적 극의 최초 위상에서의 객체적 내용과, 물리적 극과 정신적 극이 통합된 이후의 최종적 위상에서의 객체적 내용 사이의 차이는 그 계기의 '현상'(appearance)을 구성하고 있다. 다시 말하면, '현상'은 정신적 극의 활동의 결과이며, 이로 말미암아 주어진 물리적 세계의 성질들과 조정은 변형을 거치게 된다. 그것은 이상적인 것과 현실적인 것의 융합에서 생겨나는 것이다. 일찍이 바다에도 육지에도 존재하지 않았던 빛이 생겨나는 것이다.

제3절

어떻게 임의의 계기 내에서 현상과 그 현상이 유래하는 실재가 다른가를 결정해줄 일반적인 형이상학적 원리 같은 것은 있을 수 없다. 실재와 현상 간의 괴리는 문제된 계기의 환경을 지배하고 있는 사회적 질서의 유형에 의해 좌우된다. 이 논제에 관한 우리의 모든 정보는 직접적이건 추론에 의한 것이건 간에, 이 일반적인 '우주'시대와 관계가 있으며, 더 특수하게는 '지구'상의 동물 생명과 관계가 있다.

무기물의 사회 또는 소위 공허한 공간의 사회를 구성하는 계기들에 관련하여 보자면 정신적 활동이 최초 위상에서의 객체적 여건에 내속하는 기능에 엄밀히 순응하는 기능으로부터 어떤 중요한 측면에서 벗어나고 있다고 믿을 만한 아무런 근거도 없다. 그렇기 때문에 어떠한 새로움도 도입되지 않는다. 전망적 제거는 그 우주시대에 내속해 있는 '자연의 법칙'에 따라 이루어진다. 이와 같은 복합적 활동이 물리학의 법칙을 구성한다. 효과적인 '현상' 같은 것은 존재하지 않는다.

그러나 '지구'상에 있는 동물 생명의 구성요소가 되는 고등한 계기의 경우는 사정이 매우 다르다. 각 동물의 몸은 감각의 기관이다. 그것은 그 자신 속에 계기들의 지배적인 '인격적' 사회를 포함할 수도 있는, 살아 있는 사회이다. 그 '인격적' 사회는 동물의 개개 경험을 향유하고 있는 계기들로 이루어져 있다. 그것은 인간의 영혼이다. 정신성의 일반적 조정이 결국은 그 인격적 사회의 계기(繼起)하는 계기(契機)들에게 주입(注入)되도록, 신체 전체가 조직화되어 있다. 따라서 이러한 계기들의 구조에 있어서 현상은 효과적인 것이 되도록 충분히 조정된다. 또한 의식이라는 것은 보다 고등한 동물이 갖는 경험의 주체적 형식에서 생겨난다. 그것은 특히 정신적 기능과의 결합에서 생겨나며, 원초적으로는 이 정신적 기능의 산물과 관계된다. 이제 현상은 정신의 한 산물이다. 그래서 우리의 의식적 지각에서는 현상이 지배적인 것이 된다. 그것은 명확한 판명성을 가지고 있으며, 이러한 판명성은 그것이 현실 세계로부터 파생된 것이라는 데 대한 막연하고도 육중한 느낌을 동반하지 않는다. 현상은 파생(派生)의 색조를 미련 없이 버린 것이다. 그것은 우리의 향유와 우리의 목적을 위해, 우리에게 현시된 세계로서 우리의 의식 속에 살아 있다. 현상이란 부과된 활동성을 위한 주요 재료로 주어진 것으로서의 세계이다. 계기는 우주의 창조성을, 그 자신 파생의 원천인 실재적인 객체적 내용으로부터 추상하여 그 자신의 완결성으로 결집시켜왔던 것이다.

경험의 구성에 따르는 이러한 '현상'의 지위는, 수동적인 성질들을 예시하며 자기 향유를 결여하고 있는 물체에 관한 비극적인 형이상학적 학설의 근거가 되기도 한다. 명석성과 판명성이 형이상학적 중요성의 시금석이 되자마자 현상의 형이상학적 지위에 대한 완전한 오해가 개입된다.

제4절

정신성의 보다 고등한 기능이 한 유기체 속에서 사회적으로 자리잡게 될 때, 현상은 실재와 병합된다. 가장 현저한 예로서, 인간 생명에 있어서 경험의 인격적 계기(繼起)를 검토해보기로 하자. 이 인격적인 삶에 있어서 현재의 계기(契機)는 이 계기(繼起)에서 선행 경험들을 특히 우선적으로 계승한다. 그러나 이 선행 경험은 그 계기 속에 있는 것으로서 '현상'을 포함한다. 이러한 선행 경험은 직접적인 현재 계기의 원초적 위상에 있을 때, 실재적 현실세계의 실재적 기능의 일부가 된다. 세계가 인격적 삶의 이러한 선행 계기의 관점에서 나타났다는 것은 하나의 진정한 사실인 것이다. 그리고 보다 일반적으로 인격성의 특수 사례를 생략하고 본다면, 현재에 기능하고 있는 것과 같은 과거의 객체적 실재는 그 전성기에는 하나의 현상이었다. 그것들은 새로운 계기의 새로운 현상에 의해 강력하게 강조되어 윤색될 수도 있고 수정될 수도 있다. 이런 방식으로 현상과 실재 및 성취된 사실과 예기(豫期)는 복잡하고 긴밀하게 융합되어 있다. 사실상 우리는 인간의 경험이 철학적 분석을 위해서 제시해주고 있는 바로 그 상황을 지금까지 기술해오고 있다.

이러한 융합에 관해 우리는 보다 고등한 인간 존재의 관점에서 생각하기가 쉽다. 그러나 그것은 자연의 도처에서 진행되고 있는 융합이다. 그것은 참신성이 세계의 계기들 속에 개입해오는 하나의 본질적인 방식인 것이다.

제5절

인간 지성의 수준에서 정신적 기능의 역할이 경험 내용에 정교함을 추가하는 데 있다고 생각한다면 그것은 잘못이다. 사실은 정반대이다. 정신성은 단순화의 작인이다. 그러한 이유 때문에 현상은 지극히 단순화된 실재의 복제이기도 하다. 이러한 진술에는 패러독스 같은 것이 있을 턱이 없다. 한 순간의 내관(內觀)으로도 인간의 지적 활동의 유약성과 파생(derivation)이라는 느낌이 갖는 희미하고 육중한 복잡성 같은 것이 확인된다. 그리고 이러한 논의에서 생각해야 할 점은 동물 경험에서 어떻게 이와 같은 단순화가 이루어지느냐 하는 것이다.

이러한 단순화 과정의 가장 좋은 예는, 그 개별적인 구성원들과 이들의 상호 결합에서 도출된 성질들에 의해 특징지워진, 통일체로서의 사회적 결합체에 대한 지각에 의해 제공된다. 일부 특성들이 제거되면서 이루어지는 이 결합체의 한정 특성은 그 결합체를 통일체로 한정하는 것으로서 직접

지각된다. 이렇게 한정된 결합체에 대한 그와 같은 지각에서 이 성질을 일
자(one)로서의 그룹에 귀속시킬 것인지, 다자(many)로서의 개별적인 구
성요소에 귀속시킬 것인지를 놓고 망설이게 되는 일이 종종 있게 된다. 그
래서 교향악이 큰 음을 내게 되는 것은 하나의 존재(entity)로서이며, 개
개의 구성원들이 가지고 있는 악기 소리의 지각된 크기에 의해서이다. 개
개인으로부터 일자인 그룹으로의 성질의 전이(轉移)는 정신적 활동을 통해
서 설명될 수 있다. 거기에는 개개의 현실태에 의해서 예시된 성질들의 개
념적 회포(懷抱, conceptual entertainment)가 있다. 많은 개체에 의해
서 예시되는 성질들은 융합된 하나의 지배적 인상이 된다. 이러한 지배적
인 파악(prehension)은 결합체 내지 그 부분과 통합되어 그 성질을 예시
하는 통일체로서 지각된다. 일자로서의 결합체가 어떤 성질과 연합하게 되
는 것은, 경험 주체에 있어 이 결합체를 구성하는 각각의 개체가 그것을 예
시하는 방식과는 일반적으로 다른 예증 방식일 것이다. 연대의 훈련이 연
대에 속한다는 것은 그것이 개개의 병사에게 속한다는 것과는 다른 방식인
것이다. 이러한 예시 방식의 차이는 그 명증성의 정도 차이일 수 있다. 그
러나 그것은 거기에 존재한다. 그것은 성질이 실체에 수동적으로 내속한다
는 측면에 대한 또 다른 근거가 된다. 복합적 그룹은 그 성질들을 수동적으
로 예시하고 있다. 그리고 활동성은 개개의 현실태에 속해 있다. 다수의 개
체로부터 일자로서 결합체에로의 성질의 전이라는 문제 전체는 『과정과 실
재』제3부 제3장 제4절에서 상세히 논하고 있으며, 거기서 그것은 '변
환'(Transmutation)[역주 5]이라 불리고 있다. 그러므로 변환된 지각 내용
이 현상에 속해 있다는 것은 분명하다. 그러나 그것이 동물 경험에서 생겨
날 때, 그것은 실재와 뒤섞인 현상에 속한다. 왜냐하면 그것은 과거로부터
계승되는 것이기 때문이다. 이처럼 세계가 현상으로 나타나게 되는 것은

[역주5] 『과정과 실재』에서 변환은 9개의 범주적 제약의 하나로 제시되고 있다. 변환이란 어
떤 개념적 느낌으로 수용되는 성질—영원적 객체—이 하나의 현실적 존재로부터
다른 현실적 존재에게로 연속적으로 수용됨으로써, 그 성질이 이들 현실적 존재의
결합체를 한정하는 공통 성격으로 바뀌어가는 것을 말한다.

하나의 자연의 사실이다. 그것은 지구상에서 살아 숨쉬는 자연의 구조적 관계이다. 모든 '현상'에는 '변환'의 요소가 있는 것이다.

제6절

지구상에 있는 동물 생명에게 가장 중요한 '변환'의 예는 '감각지각'이 제공해준다. 어떠한 감각지각설도 생리학의 가르침을 무시할 수 없다. 감각지각의 결정적 요인은 뇌수(腦髓)의 기능이다. 그리고 뇌수의 기능은 동물 몸의 다른 부분들의 선행하는 기능에 의해서 제약을 받는다. 필요한 신체적 기능이 주어진다면, 감각지각이 생기게 된다. 동물 몸에서 외부적인 자연의 활동은 그것이 동물적 유기체 전체의 존재 유지라는 일반적 성격을 가지고 있는 한, 그 세부적인 것들과는 관계가 없다. 인간 신체는 인간의 감각지각의 자기충족적 기관(器官)인 것이다.

특정한 유형의 감각지각을 유발하는 정상적 방식인 빛의 전달이라든지 물체의 운동과 같은 외부적 사건이 존재한다. 그러나 우선 첫째로, 이러한 외부적 사건은 다만 정상적 방식에 지나지 않는다. 약품의 복용은, 비록 그 지각에 대한 귀추를 단정적으로 예측할 수 없지만, 똑같이 효과를 발휘할 것이다. 그렇기 때문에 어떠한 한 유형의 외부적 사건도 일정한 유형의 감각지각과 반드시 결부되어 있는 것은 아니다. 또한 지각되는 어떠한 것도 엄밀하게 정상적인 것이라고 하기 어렵다. 심한 환각이 많고, 환각의 어떤 요소는 거의 보편화되어 있다. 일상적으로 사용되는 거울은 거의 모든 방에서 환각적인 지각을 만들어낸다.

둘째로, 정상적인 자극 방식에만 화제를 한정시킨다면, 외적 사건의 유일한 중요요인은 그것이 신체 표면의 기능에 어떻게 영향을 끼치느냐는 것이다. 빛이 어떻게 눈에 들어가느냐, 그리고 신체의 정상적인 건강 상태가 정상적인 시각(視覺)에 유일한 중요요인이 된다. 빛은 어쩌면 1천 광년만큼이나 떨어진 성운(星雲)에서 왔을 수도 있다. 혹은 2피트 떨어진 전구에 그 광원을 둔 반사나 굴절이라는 복잡한 조작을 거쳐온 것일 수도 있다. 그 구성, 그 강도, 그 기하학적 질서화에 관해서는 그것이 어떻게 눈에 들어가느냐 하는 것 이외에는 문제될 것이 아무것도 없다. 신체는 그것을 자극한 작용인자의 과거 역사에 관해서는 지극히 무관심하고, 아무런 신원 확인도 요구하지 않는다. 문제되는 것은 다만 특정의 신체적 자극일 뿐이다.

결론적으로, 감각지각으로부터 도출되어야 할 직접적 정보가 전적으로 관련되는 것은 동물 몸의 기능이라는 것이다. 신체와의 일체감이 사실상 우리의 감각 경험을 지배한다. 그러나 신체라는 것은 결국, 선행하는 신체적 기능으로부터 계승된 감각여건을, 그 기능의 기하학적 구조와의 뚜렷한 윤곽의 기하학적 관계를 수반하는 영역의 특성으로 일거에 변환시키도록 조직되어 있다. 이 변환에 있어 문제의 경험하는 계기는 동물의 혼(soul)이 되는, 계기들의 인격적 계기(繼起)에 내재해 있다. 신체적 기능과 이 기능에 기하학적 관계로 연관되어 있는 결합체는 경험하는 계기에 내재해 있다. 이러한 기능에 함축되어 있는 개개의 계기들로부터 질적인 계승은, 기하학적 결합에 의해 두드러지게 적시되는 영역의 특성으로 변환된다. 이 학설은 시각의 분석을 통해서 쉽게 설명될 수 있다. 거기서 이미지(像)는 눈 내부의 기하학적 관계로 표시되는 영역을 점유하고 있다. 이 학설은 다른 종류의 감각여건의 경우에 보다 불분명한 것이 된다.

또한 혼의 경험의 인격적 계기(繼起, personal succession)에 따라 그 인격적 계기의 선행하는 성원으로부터 감각지각이 계승되고 있다는 것을 기억해둘 필요가 있다. 그리고 초기의 감각지각(sense - percepta)은 신경계통에서, 혹은 뇌수와 인접해 있는 영역에서 형성되는 것일 수도 있다. 그러나 현상의 산출을 수반하는 최종적 종합은 인격적 혼에 속하는 계기의 것으로 유보된다.

제7절

'감각여건'(sensa)이라고 불리는 성질들의 종(種, species)을 적절히 기술하는 문제는 중요하다. 감각되는 것이 갖는 주요 특징은 그것이 매우 큰 정서적 의미관계를 담고 있다는 것인데, 불행히도 철학의 학문적 전통은 그러한 특징을 간과해왔다. 단순한 수용적 회포라는 잘못된 관념이 도입되어왔는데, 그러한 수용적 회포는 어떠한 명백한 이유도 없이 반성에 의해 정감적 색조를 부여받는다. 그 정반대가 올바른 설명이다. 올바른 감각지각설은, 신체적 기능에 내속하는 정감적 색조의 질적 성격이 영역의 성격으로 변환된다는 것이다. 그래서 이러한 영역은 그 성격—성질과 결부된 것으로서 지각된다. 그러나 또한 이 성질은 파악의 주체적 형식에 의해서 공유된다. 이것이 감각지각에 의해 부여되는 특정한 미적 태도의 근거이다. 객체를 특징지우는 감각여건의 패턴——즉 대비의 패턴에 있어서 그 감각여건——또한 파악의 주체적 형식에 개입한다. 이렇게 해서 예술이 가능해지게 된다. 왜냐하면 비단 객체뿐만 아니라 그것에 대응되는 파악의 정감적 색조도 규정될 수 있기 때문이다. 이것은 감각지각에 기초를 두고 있는 한에서 미적 경험인 것이다.

제8절

또 하나 유의해야 할 점은 감각지각에 있어 동시적 세계의 어떤 영역이 감각여건을 떠받치고 있는 기체(基體)라는 것이다. 그것은 이러저러한 방향으로 곧장 나아가는 영역이다. 그러나 '이러저러한 방향으로 곧장 나아가는' 이 기하학적 관계는 뇌수의 작용으로 규정된다. 그것은 기체적(基體的) 영역으로부터 뇌수로 이어지는 물리적 전달과는 아무런 관계도 없다. 근대 과학 이론에 의한 지각 기술을 놓고 판단해본다면, 우리는 광선의 진로에 따라 지각한다고 결론지을 수 있을지도 모른다. 물론 이러한 생각을 뒷받침할 만한 근거는 조금도 없다. 동물의 몸에 대해서 외적 세계의 빛의 진로는 아무런 관계가 없다. 채색된 영역은 이러저러한 방향으로 곧장 지각된다. 이것이 일직선(straightness)의 기본적 관념이다.

그러므로 기하학적 관계의 지배적 구조가 일직선에 대한 규정을 포함하느냐의 여부를 묻는 것은 이 학설의 일관성을 위해서 필요하다. 이 이론이 요청하고 있는 것은, 부분들의 상호관계에 있어서 일직선을 보여주는 것으로서 뇌수 내의 결합체에 대한 파악이 뇌수 밖의 영역으로까지 그 관계의 연장을 규정한다는 것이다. 더 간단히 말한다면, 뇌수 내에서 파악된 직선의 선분(線分)은 외적인 사건들의 특수 성격과는 무관하게, 신체의 외부로 그것의 연장을 규정해야 할 것이라는 것이다. 이때 감각여건의 투사(projection)를 포함하는 '변환'(Transmutation)의 가능성이 확보된다.

나는 이 문제를 다른 곳에서[원주 1] 논의한 바 있고, 이 요청을 만족시킬 직선―그리고 보다 일반적으로 말하면 평탄면(flatness)―에 대한 정의를 제시한 바 있다. 거기에서는 일직선을 측정에, 그리고 측정을 특수한 사건들에 근거지울 필요성이 사라지고 있다. 일직선, 합동(合同, congruence), 그리고 이로부터 파생되는 거리 등과 같은 관념은 제일적(齊一的)인 체계적 비측량 기하학의 근저에 놓여 있는 관념들로부터 도출될 수 있는 것이다.

만일 일직선이 측정에 의존하는 것이라면, 측정되지 않은 상태의 일직선에 대한 지각은 있을 수 없다는 것이 아울러 유의해야 할 점일지 모르겠다. 이때에 '전방으로 곧장 나아가는'이라는 관념은 무의미한 것이 되고 말 것이다.

제9절

이렇게 해서 과거로부터의 계승은 현재 위에 응결된다. 그것은 현재의 '현상'인 감각지각이 된다.

동시적 계기들 간의 '상호 내재'는 비록 그 자신의 일부 특징들을 현시하기는 하지만, 현재 속 미래의 내재와 연결되어 있다. 이 내재성은 인과적 독립성의 대칭관계를 나타낸다. 인간의 경험에 있어서 동시적 세계의 파악은 신체적 감각기관에 의해 야기된 감각지각으로서 나타난다. 이러한 감각

[원주1] 『과정과 실재』 제4부 제3, 4, 5장 참조. 여기서 요청되고 있는 정의는 제3장에 들어 있다. 그리고 감각의 사영이론은 제4, 5장에서 논의되고 있다.

지각의 주체적 형식은 다양한 정도의 명석성과 판명성을 동반한 의식적 식별을 포함하고 있다. 실제로 감각지각은 다른 모든 유형의 파악과는 비교도 안될 정도로 의식 속에 명석 판명하게 나타날 수 있다. 그 결과 사물의 본성에 관한 엄밀한 체계적 학설을 구축하고자 하는 모든 시도는 그 이론이 감각지각과 일치할 때 명백하게 검증되는 것으로 보려고 한다. 이 불행한 결과는 모든 직접적 관찰이 감각지각과 동일시되어왔다는 데에 있다. 이와 같은 가정은 이미 제11장에서 비판되었다.

그러나 이상적으로 순수하게 고립된 것으로 생각되는 감각지각이라는 것은 결코 인간 경험의 구성요소가 되지 않는다. 그것은 언제나 이른바 '해석'(interpretation)을 동반한다. 이러한 '해석'은 반드시 정교한 지적 사유의 훈련의 산물로 생각되지는 않는다. 우리는 직접 우리의 경험에 제시된 실체적 객체의 세계를 우리가 '수용하고 있다는 것'을 발견한다.[원주2] 우리의 습관, 정신상태, 행동양식이 모두 이러한 '해석'을 전제로 하고 있다. 사실상 단순한 감각여건이라는 개념은 고도한 사고의 산물이다. 그것은 플라톤으로 하여금 동굴 속의 그림자라는 신화를 만들도록 하였고, 흄으로 하여금 순수한 감각주의자의 지각설을 구축하도록 하였다. 그렇지만 동물조차도 어떤 '해석'을 공유하고 있다. 동물도 감각주의적 경험을 향유한다는 증거가 있다. 개는 냄새를 맡으며, 독수리는 사물을 보며, 소음은 대부분 고등동물의 주의를 끈다. 또 이에 뒤따르는 그들의 행동양식을 보면, 그들의 주변에 실체적 세계를 직접 상정하고 있다는 것을 시사하고 있다. 실제로 단순한 감각주의적인 지각의 가설은 동시적 세계에 대한 우리의 직접적 관찰을 설명하지 않는다. 거기에는 감각여건에 대한 우리의 지각과 마찬가지로 원시적인 별개의 요인이 존재하고 있다. 이 요인은 지금 그 지각

[원주2] 프라이스(H. H. Price)가 지은 『지각』(Perception, London : Methuen, 1932) 특히 제6장 '지각적 확신, 지각적 수용'(Perceptual Assurance, Perceptual Acceptance)을 참조. 프라이스는 이 유익한 저서에서 내가 허용하는 것 이상으로 감각지각의 경험에 있어서 근본적 역할을 부여하고 있다. 그리고 산타야나(Santayana)의 '동물적 믿음'의 설도 참조.

작용이 논의의 대상이 되고 있는 직접적 계기 속의 과거 내재에 의해서 제공된다. 과거가 이 지각하는 계기 속에 내재한다는 것은 미래가 과거에 내재한다는 설에 상당한 주의를 기울이지 않는다면 충분히 이해될 수 없다. 그러므로 과거는 지각하고 있는 계기의 경험에 있어서 객체적 구성요소로서, 그 자신을 초월하는 미래에 대한 자신의 파악을 지니고 있다. 이 파악은 지각자의 원초적 위상에서 객체적으로 살아남는다. 따라서 동시적 계기들 사이에는 그들을 발생시킨 작용인을 매개로 하는 간접적 파악이 존재한다. 왜냐하면 직접적 과거의 직접적 미래는 지각자에게 일련의 동시적 계기를 구성하기 때문이다. 또한 직접적 과거와 직접적 미래에 대한 이러한 파악들은 그들 각각 주체의 경험 속에서 지배적 요인으로 작동하고 있다. 그래서 동시적 계기에 대한 파악은 그 동시적 계기가 파악 주체의 직접적 과거 속에 있는 계기들에 의해 제약되어 있는 한에 있어서 그 계기들에 대한 파악이다. 그러므로 현재는 지각자의 과거로부터 오는 작용인에 의해 제약되어 있는 한 지각될 수 있는 것이다. 자연의 획기적(epochal) 질서에 있어서 근본이 되는 지배적인 대규모의 관계는 여기서 매우 판명하게 드러난다. 이들 관계는 일반적이고 포괄적인 전망의 제약이다. 이러한 관계들이 관찰자의 관점에서 지각될 수 있는 것으로서 공간적 관계라고 불리는 것들이다.

그러나 동시적 세계의 계기들은 각각 그 자신의 개체적 자발성을 가지고 있으면서, 관찰자로부터 은폐되어 있다. 이 점에서, 지각자의 경험에 있어서 동시적 세계는 미래의 특징을 공유하고 있다. 인간 신체의 직접적 과거인 연관된 환경은 인간 신체의 기하학적 경험에 대해서, 그리고 인간 신체의 질적 파악과 이것들의 기하학적 관계의 경험과의 종합에 대해서 특히 민감하다. 이런 방식으로, 실제로 과거에 있어서 의미를 가졌던 영역으로부터의 파생물[역주6]과 그 영역의 현재의 기하학적 표상이 연합하기 위한 기

[역주6] 여기서 말하는 파생물(derivates)이란 감각되는 것을 말한다. 이렇게 감각되는 것들이 기하학적으로 관계지워지고 동시적 세계의 영역을 성격짓게 될 때 거기에 감각

초가 존재하게 된다.(『과정과 실재』 제3부 제3장 제4절과 제4부 제4장, 제5장을 비교 대조하라.)

요컨대, 동시적 세계는 그 자신의 고유한 활동에 의해서가 아니라, 과거로부터, 즉 동시적 세계를 한정하고 동시적인 지각자를 한정하는 과거로부터 도출된 여러 활동에 의해서 지각되는 것이다. 이러한 활동성은 원초적으로는 인간 신체의 과거 속에 있으며, 더 멀리는 신체가 기능하고 있는 과거의 환경 속에 있다. 이 환경은 지각된 동시적 영역을 지배적으로 한정하고 있는 계기들을 포함하고 있다. 동시적인 것에 대한 이와 같은 지각론은 우리가 가졌던 종래의 신념, 즉 우리는 동시적 세계의 여러 영역을 규정하는 계기들의 본질에 대한 일반적인 질적 연관을 가지고서, 또 지각자의 동물 몸의 기능에 기인하는 질적 왜곡의 편견을 가지고서, 동시적 세계를 지각하고 있다는 신념을 허용한다.

여기서 하나의 왜곡이 즉각 두드러지게 드러난다. 각각의 현실적 계기는 사실상 활동의 과정(process of activity)이다. 그러나 동시적 세계가 주로 지각되는 것은 그것들이 지각자에 대해서 또 상호간에 대해서 가지고 있는 수동적인 전망(perspective)의 관계에 의해서이다. 그러므로 이러한 영역은 감각지각에서 그것과 연결되는 성질들의 수동적 수용자로서만 지각된다. 이로부터, 공허하게 내속해 있는 성질들을 수반한 기체(substratum)라는 그릇된 관념이 유래하게 된다. 여기에서 '공허'라는 말은 "그 맥락에서 실현된다는 단순한 사실로부터 생겨나는 개체적 향유를 결여하고 있다"는 것을 의미한다. 다시 말하면, 내속하는 성질의 복합체를 갖는 기체는 자기 향유를 결여한, 즉 본질적 가치를 결여한, 단순한 실현으로서 잘못 생각된 것이다. 이런 방식으로, 오로지 감각지각에만 배타적으로 의존하는 것은 그릇된 형이상학을 촉진시키게 된다. 이러한 오류는 고도한 지성의 귀결이기도 하다. 인간의 생명과 동물의 생명을 지배하고 있는 본능적 해석은 힘찬 가치로 맥박치고 있는 동시적 세계를 전제로 하고 있다. 중후하고 집요한 경

___
지각이 성립된다.

험 전체로부터 단순한 감각지각을 추상해내는 데에는 상당한 능력이 필요
하다. 물론, 추상화의 방법으로 우리가 무엇을 하건 간에 자기가 하고 있는
일이 무엇인지를 인식하고 있기만 한다면, 그 방법은 어떤 목적을 위해서
는 유익한 것이 된다.

제15장
철학적 방법

제1절

　제3부의 이 마지막 장에서 나의 목적은 사변철학을 추구함에 있어 유효하게 사용할 수 있는 약간의 방법을 논의해보려는 데 있다. 예증으로서 그리고 보조적 목적으로서, 나 자신의 일부 학설[원주 1]과 그것에 관한 약간의 주석을 참조하게 될 것이다. 이 장에서는 자연의 일시적인 측면(transient aspect of nature)이 주로 강조될 것이다.

[원주1] 『과정과 실재』(*Process and Reality*) 참조. 이후의 인용에서는 PR을 『과정과 실재』의 약자로 사용할 것임. 또한 『과학과 근대세계』(*Science and The Modern World*)를 참조할 것. 이 책의 약자는 SMW로 사용할 것임.

　방법론에 관한 한 논의의 일반적 결론은, 이론이 방법을 지시한다는 것, 그리고 임의의 특정 방법은 상관적으로 하나의 종(種)에 속하는 이론에 대해서만 적용될 수 있다는 사실일 것이다. 이와 유사한 결론은 전문용어에 대해서도 타당하다. 이론과 방법 사이의 이러한 밀접한 관계는 연관된 증거가, 논의를 지배하고 있는 이론에 좌우된다는 사실에서 부분적으로 생겨난다. 이 사실은 지배적 이론이 '작업 가설'(working hypotheses)이라고도 불리게 되는 이유이다.

　사물의 상호 결합성의 직접적 증거를 찾기 위해 경험을 탐색해볼 때, 그 사례를 발견할 수 있다. 만일 흄을 따라, 내성적 경험을 낳는 유일한 여건이 감각인상이라고 주장한다면, 그리고 그를 따라 그러한 인상은 그 어느 하나를 취해보더라도 그 자체의 본성상 별개의 인상에 관해서 아무런 정보도 보여주지 않는다는 사실을 명백한 것으로 받아들인다면, 그러한 가설에서는 상호 결합성에 대한 직접적 증거가 소멸된다. 그리고 만일 경험의 많은 모험을 동반한 실체적 영혼과 실체적 물체에 대한 데카르트의 학설을 주장한다면, 그와 같은 가설에서는 하나의 영혼을 제약하는 경험의 두 계기 간의 관계는, 두 개의 다른 영혼을 각각 제약하는 이러한 두 계기의 결합에 관한 증거가 되지 않는다. 그리고 그것은 영혼과 물체의 결합에 관한 증거도 되지 않으며, 하나의 물체에 들어 있는 두 계기의 결합이나 각기 다른 물체에 속하는 두 계기의 결합에 관한 증거도 되지 않는다. 그러나 예를 들어, 『과정과 실재』에서와 같이 모든 최종적인 객체적 현실태가 경험의 계기들이라는 형이상학적 성격을 갖는다는 학설을 주장할 경우 그러한 가설에서는 사람의 직접적인 현재적 경험의 계기와 사람의 직접적인 과거 계기와의 결합에 관한 직접적 증거는 자연에 있어서 모든 계기의 결합에 타당한 범주를 시사하는 것으로서 정당하게 사용될 수 있게 된다. 많은 혼란된 철학적 사고의 발단은 연관된 증거가 이론에 의해서 지시된다는 사실을 망각하고 있다는 점에 있는 것이다. 왜냐하면, 한 이론이 무관계한 것으로서 도외시해버린 증거에 의거해서 그 이론을 증명할 수는 없기 때문이다. 이는 또한 충분한 적용 범위를 수반한 이론을 창출하는 데 실패한 모든 과학에 있어서 진보가 필연적으로 지지부진할 수밖에 없게 되는 이유이기도 하다. 거기서는 무엇을 찾아보아야 하고, 분산된 관찰을 어떻게 결합할 것인가를 알 수가 없다. 이론이 결여된 철학 논의는 증거의 타당성을 판정할 어떠한 기준도 가지고 있지 않다. 예컨대 흄은 그의 관념 연합설이 모든 유형의 감각인상 및 그것들의 관념에 무차별적으로 타당할 것이라고 가정하고 있다. 이러한 가정은 그의 이론의 일부이다. 이론과 절연되면, 각각 유형의 인상, 예컨대 맛, 소리, 광경 등등을 위해, 그리고 맛 상호간의 연합과 소리 상호간의 연합을 위해서뿐만 아니라, 맛과 소리와의 연합을 위해서, 나아가서는 모든 가능한 유형과 여러 유형의 모든 가능한 결합을 위해서 요구되는 것은 단지 경험에 대한 산발적인 호소뿐이다.

지금까지 도입부를 요약해본다면, 방법이라는 것은 모두 교묘한 단순화라는 것이다. 그러나 오로지 동질적인 유형의 진리만이 하나의 어떤 방법으로 탐구될 수 있거나, 아니면 이 방법에 의해 지시된 용어로 진술될 수 있다. 왜냐하면 모든 단순화는 과잉 단순화이기 때문이다. 그래서 하나의 이론에 대한 비판은 그것이 참이냐 거짓이냐를 묻는 데서 출발하지 않는다. 그것은 이론의 유효한 적용 범위와 그 범위 밖에서 그 이론의 실패에 주목하는 데서 성립하는 것이다. 이론은 부분적 진리에 대한 부주의한 진술이다. 그중의 어떤 용어들은 잘못된 특수화를 수반하는 일반적 관념을 구현하고 있으며, 다른 어떤 용어들은 너무 일반적이어서 그것들의 특수화 가능성이 식별될 필요가 있는 것들이다.

제2절

철학은 플라톤의 시대로부터 오늘날에 이르기까지 미묘한 난문(難問)이 떠나지 않는 어려운 주제이다. 말이 갖는 통속적인 자명성에서 비롯되는 이러한 난문이 존재한다는 것이 철학적 논제가 존재하는 이유이다. 그래서 바로 철학의 목적은 일상언어가 갖는 외견상의 명석성을 철저히 검토하는 일이다. 이와 관련해서는 소크라테스를 언급하는 것으로 충분하다. 또 하나의 예증이 『소피스테스』에서 발견되는데, 그곳에서 플라톤은 '비존재'는 '존재'의 한 형식이라고 진술하고 있다. 이 진술은 언어 파탄의 극단적인 사례가 되는 동시에 지금까지 논의의 기초에 가로놓여 있는 깊은 형이상학적 진리의 선언이기도 하다.

제3절

사변철학이란 우리 경험의 모든 요소를 해석해낼 수 있는 일반관념들의 정합적이고 논리적이며 필연적인 체계를 축조하려는 시도로 정의될 수 있다.[원주 2] 여기서 말하는 '해석'(interpretation)이란 각 요소가 일반적 도식의 특수한 사례로서의 성격을 갖게 되리라는 것을 의미한다.

따라서 사변철학은 이러한 '작업 가설'의 방법을 구현하고 있다. 철학에 있어 이러한 작업 가설의 목적은, 조화를 해명하고 불일치를 드러내는 일상언어, 사회제도, 행동, 여러 특수과학의 원리 등에 들어 있는, 인간 경험의 표현들을 조정하는 것이다. 특수한 논제에 적용되는 어떤 충분한 일반적인 작업 가설이 없다면 체계적 사고의 발전은 없었을 것이다. 이러한 가설은 관찰의 방향을 제시하며, 여러 유형의 증거들 간의 상호 연관성을 결정한다. 요컨대 그것은 방법을 규정한다. 그러나 명확한 이론 없이 생산적 사고의 모험을 감행한다는 것은 할아버지대로부터 유래하는 학설에 안주한다는 것이다.

지식의 예비적 단계에 있어서는 우연한 기준이 가능한 모든 것이 된다. 그때 진보는 지지부진하며 대부분의 노력은 헛수고가 되고 만다. 사실과 어느 정도 합치되는 불충분한 작업 가설조차도 무(無)보다는 나은 것이다. 그것은 처리 절차를 조정한다.

합리적으로 개발된 과학의 전진은 이중적이다. 군림하는 작업 가설에 의해 지시되는 방법의 내부에서 상세한 지식의 전진이 있게 된다. 유포되어

〔원주2〕 PR 제1부 제1장 제1절 참조.

있는 정통주의의 불충분성에 의해 지시되는 작업 가설에 대한 수정이 있게 된다.

때때로 과학은 그 자신의 성공과 실패를 동반하는 둘, 또는 그 이상의 작업 가설을 경합적으로 유지할 필요가 있게 된다. 그러한 가설들은 상술한 바와 같이 서로 모순된다. 과학은 보다 넓은 적용 범위를 갖는 작업 가설을 산출함으로써 그것들을 조화시키기를 기대하고 있다. 새로운 작업 가설이 제안되면, 그것은 그 자신의 관점에서 비판되지 않으면 안된다. 예를 들면, 아리스토텔레스의 체계에서 보듯이, 지구 표면에 떠도는 사물들은 지구의 운동으로 말미암아 뒤에 남아 있어야 한다는 식의 주장을 통해 뉴턴 역학에 반대한다는 것은 부질없는 짓이다.

철학은 독단의 오류로 말미암아 피해를 입어왔다. 이 오류란 작업 가설의 원리는 명석 판명하고 개혁 불가능하다는 신념에 있다. 그래서 철학은 이러한 오류에 대한 반발로서, 방법을 포기하는 오류라는 별개의 극단으로 치닫게 되었던 것이다. 철학자들은 그들이 내세울 체계가 없다는 것을 자랑으로 여기고 있다. 그래서 그들은 바로 그들의 과학이 극복하고자 목적하는, 분리된 표현들의 허망한 명석성 같은 것의 포로가 되어 있다. 또 다른 유형의 반발은 어떤 지적 분석이 있을 수 있다면, 그것은 하나의 포기된 어떤 독단적 방법에 따라서 진행되어야 한다고 종종 암암리에 가정하고 이로부터 지성이란 것은 본질적으로 잘못된 허구와 결부되어 있다고 결론을 내리는 일이다. 이런 유형은 니체(F. Nietzche)와 베르그송(H. Bergson)의 반주지주의에 의해 예증되고 있으며, 미국의 프래그머티즘에도 영향을 주고 있다.

제4절

방법이란 여건, 즉 증거를 다루는 방식이다. 철학이 호소하는 증거란 대체 무엇일까?

고대 그리스인들의 객관적 접근법과 데카르트를 효시로 하고, 로크와 흄이 박차를 가했던 근대인들의 주관적 접근법을 대비시키는 것이 관행으로 되어 있다.

그러나 고대인이건 근대인이건 간에 우리는 어떤 방식으로 경험된 사물만을 다룰 수가 있다. 그리스인들은 그들이 경험하였다고 생각하는 사물들을 다루었다. 흄은 단지 우리는 무엇을 경험하는가를 물었다. 이는 바로 플라톤과 아리스토텔레스가 해답을 내렸다고 생각했던 문제이기도 하다.

어떤 것에 관해서 말을 한다는 것은 바로 그 말을 한다는 것 때문에 어떤 방식으로 그 경험 행위의 구성요소가 되는 것을 말하는 것이다. 이런저런 의미에서, 그것은 그로 인해 존재하는 것으로 인식된다. 이는 플라톤이 '비—존재' 자체를 일종의 존재라고 했을 때 지적했던 것이다.

말한다는 것은 소리나 가시적인 형상으로 이루어져 있고, 이것들은 그이외의 다른 사물에 대한 경험을 유발한다. 어휘가 소리—성격 내지 형상—성격을 의미로 안정시켜 조정하지 못하는 한, 그 어휘는 언어 행위로서의 기능을 다하지 못하고 있는 것이다. 그리고 말의 어떤 의미가 어떤 의미에서 직접 경험되지 않는 한, 전달되는 의미라는 것은 존재하지 않는 것이다. 무(無)를 지시하는 것은 지시하지 않는다는 것이다.

동일 사물에 대해서 두 번 말한다는 것은, 이 두 행위가 서로 전제되어 있다거나, 아니면 두 행위 모두가 거론된 사물에 의해 전제되어 있다고 우리가 믿고 있지 않는 한, 이 동일 사물의 존재는 어느 한쪽의 언어 행위로부터 독립해 있다는 것을 증명하는 것이 된다. 만일 동일 사물에 대해 두번 다시 말하지 못하는 것이라면, 지식이라는 것은 철학과 함께 소멸하고 말 것이다. 그래서 말한다는 것은 반복될 수 있는 것이기 때문에 거론되고 있는 사물은 그 말하는 행위를 포함하는 경험의 계기로부터 떨어져 있는 어떤 존재를 가지고 있는 것이다.

고대인과 근대인과의 차이는 전자가 대체 무엇을 그들이 경험하였는가를 물었는 데 반하여 후자는 대체 무엇을 그들이 경험할 수 있는가를 물었다는 것이다. 그러나 양쪽 모두 물음의 계기인 경험의 행위를 초월해 있는 사물에 대하여 묻고 있었다.

제5절

흄의 물음을, "우리는 대체 무엇을 경험하는가"로부터 "우리는 대체 무엇을 경험할 수 있는가"로 바꾸어놓을 때, 모든 것이 달라지게 된다. 물론 『인간 본성론』에서 흄은 명확한 주석을 붙이지 않은 채로, 되풀이해서 그렇게 했었다. 근대인식론에 있어, 후자 형태의 물음─한다를 할 수 있다로 대치시킨 물음─에 수반되는 것은, 어떤 방법, 즉 반성, 추측, 정서, 목적에 의해 우리의 주체적 반응의 사적 방식으로부터 추상하여 경험의 주어진 구성요소를 결정하기 위해 내관적 태도 속에 몰입하는 방법을 암암리에 전제하는 일이다.

이렇게 긴장된 태도에 있어서 그 물음에 대한 답변에 관해서는 아무런 의문도 있을 수 없다. 여건이란 감각기관에 의해 공급되는, 감각여건의 패턴이다. 이것이 로크나 흄의 감각주의적인 학설이다. 후일 칸트는 이러한 패턴을, 수용자가 제공한 수용양식에 의해 도입되는 형식으로 해석하였다. 여기서 칸트는 경험 주체의 자기 전개에 관한 라이프니츠의 생각을 끌어들이고 있다. 그래서 칸트에게 여건은 흄에게서 보다 좀더 협소한 것이 되고 말았다. 그것은 패턴을 결여한 감각여건이다. 이러한 학설의 귀결에 대한 흄의 일반적 분석은 전혀 흔들리지 않는다. 또한 철학적 학설은 일상생활의 실천을 정당화하는 데 실패하였다는 흄의 최종적 성찰도 그러하다. 이러한 근대인식론의 절차에 대한 정당화는 이중적인 것으로서, 그 양쪽 모두가 오해에 기인하고 있는 것이다. 이러한 오해는 그리스의 철학자들에게까지 거슬러 올라간다. 근대적인 것은 전적으로 그들에게 의존해 있다.

제6절

첫째 오류는 외계와 소통하는 소수의 한정된 통로로서 5개의 감각기관을 상정하고 있다는 데에 있다. 이는 여건의 탐구가, 어떤 여건이 감각기관─되도록이면 눈─의 작용에 의해 직접 공급되는가라는 물음으로 좁혀져야 한다는 전제로 이어진다. 이러한 감각기관의 학설은 실천적인 것들을 위해서 매우 중요한, 막연한 일반적 진리를 내포하고 있다. 특히 모든 정밀한 과학적 관찰은 이러한 여건으로부터 도출된다. 과학적 사고의 범주는 다른 곳에서 얻어진다.

그러나 살아 있는 경험의 기관은 전체로서 살아 있는 신체이다. 신체의 어느 부분의 불안정성도——그 부분이 화학적이건, 물리적이건, 질량적(molar)이건——유기체 전체를 통한 재조정 활동을 부과한다. 인간의 경험은 이러한 물리적 활동의 경로 속에 그 기원을 두고 있다. 그와 같은 경험에 대한 그럴듯한 해석은 그것을 이러한 고등유기체의 기능에 포함된 하나의 자연적 활동으로 보는 것이다. 자연의 현실태는 이러한 사실을 설명하는 데 도움이 되도록 해석되어야 한다. 이것은 철학적 구도에서 목표로 삼아야 할 하나의 희망사항(desideratum)이다.

이러한 경험은 뇌의 작용과 더 각별하게 관계되어 있는 것으로 보인다. 그러나 엄밀한 학설을 어느 정도까지 이러한 가정 위에 올려놓을 수 있을 것인가는 우리 관찰력의 한계 밖에 있다. 우리는 어떤 분자에서 뇌수가 시작되고, 신체의 나머지 부분이 끝나는 것인지를 결정하지 못한다. 더 나아가서 우리는 어떤 분자에서 신체가 끝나고, 밖의 세계가 시작되는지를 알지 못한다. 사실상 뇌수는 신체와 연속되어 있고, 신체는 나머지 자연세계와 연속되어 있다. 인간의 경험이란 자연 전체를 포함하는 자기 창시(self origination)의 작용이며, 이 작용은 신체 내부에 위치하고는 있으나 그렇다고 반드시 뇌수의 특정한 부분과의 고정된 조정 속에 항존하지는 않는 그런 초점적 영역의 전망 (perspective of a focal region)[원주 3]에 제한되어 있다.

[원주3] 특히 PR 제2부 제3장 제4~11절, 그리고 제4장과 제5장 참조.

제7절

둘째의 오류는 의식적인 내관적 분석의 활동이 경험을 검토하는 유일한 방법이라고 전제하는 데에 있다. 배타적으로 내관(內觀)의 탁월성만을 내세우는 이와 같은 학설은 이미 심리학에서도 배척당하고 있다. 경험의 계기는 각각 그 자신의 개체적 패턴을 가지고 있다. 각각의 계기는 어떤 요소는 우월한 것으로 끌어올리고 그밖의 것은 배경으로 후퇴시켜 전체적인 향유를 풍부하게 한다. 내관의 태도는 이러한 특징을 다른 모든 경험의 계기와 공유하고 있다. 그것은 명확하게 윤곽지워진 감각작용의 여건을 우월한 것으로 끌어올리고, 경험의 주요 소재를 형성하는 막연한 강제요인이나 파생된 요인을 은폐한다. 특히 그것은 신체로부터의 파생에 대한 저 친밀한 감각——이것이야말로 우리가 우리의 신체를 우리 자신과 본능적으로 동일시하는 이유가 되는 것인데——을 배제하고 만다.

무한히 다양한 경험의 구성요소를 분류해낼 수 있는 주요 범주를 발견하기 위해서는 계기가 갖는 온갖 다양성과 관계되는 증거에 호소해야 한다. 어떠한 경험도 빠뜨릴 수 없다. 취중의 경험과 맑은 정신의 경험, 잠자는 경험과 깨어 있는 경험, 꾸벅꾸벅 조는 경험과 완전히 잠이 깬 경험, 자기의식의 경험과 자기 망각의 경험, 지성적 경험과 물리적 경험, 종교적 경험과 회의적 경험, 불안한 경험과 근심 걱정이 없는 경험, 예측적 경험과 내관적 경험, 행복한 경험과 비탄스런 경험, 정서로 지배되는 경험과 자기 억제의 경험, 밝은 대낮의 경험과 어두운 한밤중의 경험, 정상적인 경험과 비정상적인 경험, 이 가운데 어느 것도 간과되어서는 안된다.

제8절

이제야 우리는 논제의 핵심에 이르게 되었다. 철학이 논의의 기초로 삼아야 할 투박한 증거의 보고라는 것이 대체 무엇이며, 그 논의는 어떠한 용어로 표현되어야 하는가?

이러한 인간 경험의 폭에 관한 증거의 주요 원천은 언어, 사회제도, 그리고 행동이며, 그래서 행동과 사회제도를 해석하는 언어인 이 삼자의 융합을 포함한다.

언어는 다음 세 부문에서 그 증거를 방출한다. 하나는 말의 의미에서이고, 둘째로는 문법형식에 들어 있는 의미에서이며, 셋째로는 개개의 낱말이나 문법형식을 넘어선 의미, 위대한 문학에 기적적으로 드러나 있는 의미에서이다.

언어란 불완전하고 단편적이며, 원숭이 지능을 넘어선 평균적 전진의 한 단계를 나타내고 있을 뿐이다. 그러나 사람은 모두 어원과 문법으로 이미 고정되어 있는 의미를 초월하는 통찰의 섬광을 즐긴다. 이로부터 문학의 역할, 특수과학의 역할, 그리고 철학의 역할이 생겨나게 된다. 그것들은 다양한 방식으로, 아직 표현된 적이 없는 의미에 대한 언어적 표현을 찾고 있는 것이다.

하나의 특수한 예로서, 유우리피데스(Euripides)[원주 4]시대로부터 오늘날에 이르기까지 서구의 사고를 괴롭혀왔던 주요 철학문제를 유우리피데스가 압축시켜 표현하고 있는 한 행 반의 시, "제우스여, 그대가 '자연의 강요'이건, '인류의 지성'이건 간에, 나는 그대에게 기도를 드렸네"를 고찰해보기로 하자. '제우스', '자연의 필연성'(강요), '인류의 지성', '기도'에 내포되어 있는 관념을 고찰해보자. 이 시행(詩行)은 처음에 그것이 아테네 청중의 심금을 울렸던 것 못지 않게 신선한 현대적 호소력을 지닌 채 여러 시대를 두고 전해내려왔다. 어느 한 현대 정치가에 대한 글을 쓴 전기작가[원주5]는 종교적 정서로 옮겨가는 삶의 광경이 지닌 엄숙성을 표현하기 위해 그것들을 인용하고 있다.

그렇지만 흄은 '제우스', '강요', '지성', '기도'라고 불리는, '설득성' 같은 것을 도출해낼 만한 '감각인상'을 발견하지 못할 것이다. 존 몰리는 이러한

[원주4] 『트로야의 여인』 pp. 886~887.
[원주5] 존 몰리(John Morley)의 『글래드스톤의 생애』 제10장 참조.

의미를 왜소화시키게 될 실증주의적 편견을 갖고 있었음에도 불구하고 이 인용문을 선택하였다. 어쩌면 이 시의 원작자에게도, 이 시행은 신경질적인 회의주의에 대한 극적인 직관의 승리를 상징할 것이다.

인류의 일상언어로 해석된 일상적인 실천도 같은 이야기를 들려준다. 정치가 내지 기업의 사장은 '최근 사건의 강요'(ἀνάγκη φύσεως)를 미래에 대한 냉혹한 조건 설정으로 간주한다. 그는 이러한 가정 위에서 '정책'을 입안하고, 그것이 '실행되도록' 조언하고, 그럼으로써 부과된 조건은 '선택'과 '지성'(νοῦς)이 유효하게 작용할 여지를 남겨놓고 있다고 추정한다. 그는 직접적 사실과 대조되는 선택지를 상정한다. 그는 어떤 이상이 달성되든가 그렇지 않을 것이라고 생각한다. 그는 마음속에 품는 데 따라서 효과를 발휘하게 될 이상을 착상한다. 그는 이러한 신념 때문에 찬사를 받기도 하고 비난을 받기도 한다.

이 세계에는 질서와 무질서의 요소들이 있으며, 이들은 사물이 서로 결합되어 있다는 것을 전제로 하고 있다. 왜냐하면 무질서와 질서는 서로 결합되어 있는 많은 사물을 함의한다는 공통의 특징을 공유하고 있기 때문이다.

각각의 경험 주체는 세계에 대한 전망적 이해를 향유하고 있으며, 동시에 그 자신의 경험을 초월하는 세계에 그를 단단히 고정시키고 있는, 바로 그 파악 때문에 세계 내의 한 요소가 되고 있다. 왜냐하면 그렇게 드러난 세계는 그러한 드러남에 대한 그 자신의 초월성을 선언한다는 것이, 이 전망에서 파생된 본성에 속하기 때문이다. 어떠한 방패에도 숨겨진 별개의 측면이 있는 법이다.

그래서 문학, 일상의 언어, 일상적인 실천에의 호소는 직접적 내관으로 드러난 감각여건이 제공하는 인식론의 비좁은 기반으로부터 즉시 우리를 멀리 벗어나게 한다. 경험 속의 세계는 경험 밖의 세계와 동일하다. 경험의 계기는 세계 속에 있고, 세계는 그 계기 속에 있다. 범주는 사물의 이러한 결합성의 패러독스, 즉 많은 사물이 있으며 하나의 세계가 사물 밖에도 있고 사물 안에도 있다는 것을 해명해주어야 한다.

제9절

서구철학은 플라톤의 대화편에 기초를 두고 있으며, 이 대화편은 그 방법에 있어서 주로 인간의 행동과 자연의 힘에 대한 기민한 관찰과 결부시켜 고찰되는 언어의 의미에 관한 변증법적 논의로부터 철학적 범주를 이끌어내려는 시도이다.

그러나 『소피스테스』라는 대화편에서 플라톤은 분명히 철학의 방법을 고찰하고 있다. 그의 결론 가운데 하나는 일상언어의 한계를 지적하는 일이다. 단순한 무비판적 변증법은 잘못된 도구이며, 이것이 『소피스테스』의 특징이 되고 있다. 예를 들면, 플라톤은 비존재는 그 자체가 존재의 한 형식이라고 주장하고 있다. 그래서 철학에서는 언어를 사용한 논의는 도구이기는 하지만 결코 그 주인이 되어서는 안된다는 것이다. 언어는 그 말에 있어서나 형식에 있어서나 불완전하다. 여기서 철학적 방법이 빠지기 쉬운 두 가지 주요오류가 발견된다. 하나는 언어의 충분성에 대한 무비판적 신뢰이며 또 하나는 인식론의 기초로서 왜곡된 내관의 태도에 대한 무비판적 신뢰이다.

그러나 플라톤이 살아 있던 때로부터 거의 2,500년이 지난 지금까지 이교적 · 기독교적 · 세속적인 서구철학 사상이 끊임없이 영위되어왔다. 안정되고, 잘 알려진 철학적 어휘가 잘 다듬어져왔다. 또 철학의 논의에서 그 한계 이탈은 불필요하고, 유감스러운 신조어를 끌어들이고 있다고 널리 주장되었다.

이런 사실 주장은 검토될 필요가 있다. 우선 첫째로 이러한 주장이 진실이라면, 그것은 크게 주목할 만한 일이다. 그것은 철학을 특수과학으로부터 결정적으로 분리시킨다. 여러 과학 가운데서 가장 확실한 권위를 갖는 현대 수학은, 80년 전에는 그 대부분이 이해 불가능했을 것으로 보이는 언어나 기호로 기술되고 있다. 현대 물리학에서, 낡은 낱말은 그것이 아직도 사용되고 있다 하더라도 다른 의미를 전달하고 있고, 새로운 낱말들이 넘치고 있다. 그러나 이와 같은 반복 기술에 수반되는 과학의 일람표를 만든다는 것은 소용 없는 짓이다. 결론은 대충 점검해보는 것만으로도 쉽게 알 수 있다.

제10절

철학이 다른 어느 과학보다도 광범위하게 그 과거의 문헌에 의해 지배되고 있다는 것은 의문의 여지가 없다. 틀림없이 그렇다. 그러나 철학이 그 목적을 위해서 충분한, 그리고 그 의미가 완전한 일련의 전문용어를 획득해왔다는 주장은 근거가 없는 주장이다. 사실상, 그러한 문헌은 지극히 방대하고, 사상학파의 다양성도 아주 크기 때문에 언어상의 용법에 관해서 용납될 수 있는 무지의 증거는 충분히 있다.

최근의 한 사례는 철학용어의 모호성을 예시하고 있다. 논리학은 월등하게 안정된 전문용어의 도움을 받아서 가장 잘 체계화된 철학의 한 분과이다. '판단'이라든지, '명제'라는 용어를 고찰해보자. 나는 '논리학'의 서설을 쓰고 있는 것이 아니기 때문에 이러한 용어들의 용법에 있어서 논리학자들 사이에 상당한 다양성이 있다는 주장에서 그칠까 한다.

우리는 '판단'과 '명제'라는 이항(二項) 어휘의 기능을 훨씬 넘어서 부연되는, 의미의 미묘한 다양성이 없는지를 물어볼 수 있다. 예를 들면, 조지프[원주 6]는 그의 유명한 『논리연구』에서 W. E. 존슨의 '명제'라는 용어의 용법을 음미하고 있다. 조지프는 20개의 다른 의미를 찾아내고 있다. 여기서 우리는 현대 논리학자들 가운데서 가장 예리한 두 사람을 참조하고 있다는 점에 유의할 필요가 있다. 조지프가 존슨의 어구를 정확히 해석했는지는 문제되지 않는다. 만일 조지프가 명제라는 용어와 밀접히 연결된, 동류이기는 하지만 서로 다른 20개의 의미를 찾아냈다면, 비록 당장에는 그러한 의미의 다양성이 조지프나 존슨에게 중요하지 않은 것으로 보일 수는 있으나, 20개의 의미가 있다는 것이 된다. 중요성은 목적과 관점에 달려

[원주6] *Mind*지 제36, 37권 새 시리즈 참조.

있는 것이다. 그래서 어느 순간에 가서, 치밀한 논리학 이론상의 전진에는 20개의 새로운 용어가 필요하게 될 수도 있다. 존슨이 20개의 상이한 의미를 사용했다면, 비록 그의 논의는 그것들을 구별하지 못했기 때문에 보다 완결될 필요가 있게 될 수는 있지만, 그것들이 그의 논의에 관련되어 있었기 때문이다.

이러한 상황은 철학의 그 어떤 전문용어에도 그대로 적용될 수 있다고 주장해도 틀림없을 것이다.

제11절

내가 사용하고 있는 '파악'(Prehension), '느낌'(Feeling), '충족'(Satisfaction)이라는 말[원주 7]과 부분적으로 관계되는 것이지만, 또 하나의 예증을 사물들의 결합성을 표현하는 용어로부터 이끌어낼 수 있다. 이 논제에 있어서 유력한 철학용어는 '관계'라는 말이다. 명시적으로 언급할 필요조차 없는, 관계에 관한 다양한 논쟁이 있다. 그러나 우리의 당면 논제를 예시해주는 하나의 논의가 있다.

관계는 보편적인 것이고, 따라서 A와 B는, C와 D의 관계와 동일한 관계를 가질 수 있는 것으로 대개 간주되고 있다. 예를 들면, '사랑한다는 것', '믿는다는 것', '사이', '보다 큰'은 관계이다. 이 설에는 아무런 이론(異論)도 있을 수 없다. 왜냐하면, 그것은 단순한 정의에 지나지 않기 때문이다. 예시되기 위해서 두 개 내지 그 이상의 특수한 것을 요구하는 보편적인 것은 자신을 표시하기 위해서 어떤 용어를 필요로 한다. '관계'는 이렇게 해서 선정된 말이다.

그러나 이 용어에 이러한 의미를 부여한다면, 관계는 실제의 역사적 경로를 구성하는 현실적인 개별 사물들의 현실적 결합성을 나타내지 못하게 된다. 예를 들면, 뉴욕은 보스턴과 필라델피아 사이에 있다. 그러나 이 세

[원주7] SMW 제4장과 PR 제1부 제2장 참조.

도시의 결합성은 미합중국 동해안의 특수한 부분을 포함하는, 지구상의 실재적인 특수한 사실이다. 그것은 보편적인 '사이'(between)가 아니다. 그것은 복합적인 현실적 사실이며, 다른 것들과 함께 추상적인 보편적 '사이성'(性, betweenness)을 예증하고 있다.

이 고찰은 관계들은 관계하지 않는다는 브래들리의 반론의 기반이다. 세 개의 도시와 하나의 추상적인 보편자가 세 개의 결합된 도시는 아니다. 결합성에 관한 학설이 필요한 것이다. 브래들리[원주8]는 다음과 같이 쓰고 있다. "결국, 단순히 관계항 사이에 있는 관계라는 것이 존재하는 것일까? 아니면 다른 한편으로 관계는 근저의 통일성과 포괄적인 전체를 함의하고 있는 것이 아닐까?"

브래들리의 '포괄적 전체'(inclusive whole)가 우리들이 찾고 있는 결합성(connectedness)이다. 앞에서 든 책의 장 도처에서 브래들리는 경험의 기초에 있는 원초적 작용을 표현하기 위해서 '느낌'(Feeling)이라는 용어를 사용하고 있다. 그것은 최소한의 분석이 가해진 시원적인 경험 그 자체이다. '느낌'에 대한 분석은 경험의 계기의 본질 너머에 있는 어떠한 것도 결코 드러내지 못한다. 브래들리는 그것을 '비관계'(non relationship)라 부르고 있다. 물론 나 자신의 이론과 브래들리의 것 사이에는 중대한 차이가 있다. 이것이 내가 브래들리와는 얼마간 독립적으로 나 자신의 관점을 설명하게 된 이유[원주9]였던 것이다. 의심할 나위도 없이, 전문용어를 적절히 선택하는 방법은 유사한 학설의 어떤 건줄한 설명 속에서 용어를 찾아내 취하는 것이다. 경륜있는 한 철학자가 출판물에서 나의 '느낌'이라는 말이 어떤 의미에서는 일찍이 철학에서 결코 사용된 적이 없다고 해서 격렬히 비난한 적이 있는데, 이는 철학에 군림하고 있는 숙지된 전문용어에 대

[원주8] 『진리와 실재론』(*Essays on Truth and Reality*), 제6장 '우리의 직접경험의 지식에 대하여'(On our Knowledge of Immediate Experience) 부록 p193 참조. 페이지 참조는 1914년도의 옥스퍼드판임. 또한 부록에서 제6장, 같은 책의 보조 각주 참조.
[원주9] PR 곳곳에 참조.

한 신뢰에 흥미로운 빛을 던져주고 있다.

윌리엄 제임스도 그의 『심리학』에서 이 말을 거의 같은 의미로 사용하고 있음을 덧붙여 말해둘 수 있겠다. 예를 들면, 제1장에서 그는 "감각작용은 최초의 사물에 대한 느낌이다"라고 쓰고 있다. 그리고 제2장에서는 다음과 같이 주장하였다. "일반적으로 사물에 관한 이러한 2차원의 의식은 '지각'이라고 불린다. 사물의 현재에 관한 분절화되어 있지 않은 단순한 느낌은 우리가 일단 그것을 소지하고 있는 한 감각작용이다. 우리의 주의력이 전적으로 산만하게 되는 순간에 우리는 어느 정도 이러한 비분절화된 느낌에 빠져 있는 것같이 생각되기도 한다." 브래들리가 그 장(章)에 표현하고 있는 느낌에 관한 학설에 내가 대체로 충실하다는 것을 예증하기 위해서 그의 저서로부터 몇 구절을 인용해보는 것은 흥미있는 일이다. "임의의 순간에 나의 일반적 느낌 속에는 내 앞에 있는 대상 이상의 그 무엇인가가 있다. 그리고 대상에 대한 어떠한 지각도 생생한 정서의 감각을 남김없이 담아내지 못할 것이다."[원주 10]

브래들리의 이런 학설에 따라 나는 느낌(feeling, 혹은 파악 prehension)을, 브래들리가 말하는 '나의 앞에 있는 대상'인 '여건'(datum)과, 브래들리가 말하는 '생생한 정서'인 '주체적 형식'(subjective form) 및 그가 말하는 '나'인 '주체'(subject)로 분석한다. '주체적 형식'이라는 말을 내가 사용하는 까닭은 그 의미를 '정서'(emotion)라는 말 이상으로 확대시키려는 데 있다. 예를 들어 의식은, 그것이 존재할 경우 주체적 형식 내의 한 요소이다. 이는 물론 브래들리로부터 크게 이탈하는 것이 된다. 주체적 형식이란 어떤 파악된 여건 때문에 주체가 취하게 되는 성격을 말한다.

전체적으로 보면, 나는 주체적 형식의 기능에 대한 브래들리의 생각을 따른다. 예를 들면, "이러한 수수께끼는, 내가 느끼고 있으나 내 앞에 있는 대상은 아닌 그것이, 현존하면서 활동하고 있지 않다면 해결 불가능하다. 이 느껴진 요소는 나를 만족시켜줄 그 대상의 구조에서 사용되고 있으며,

[원주10] 브래들리의 앞의 책, p.159.

사용되고 있어야 한다.[원주 11]

나의 관점에서 말한다면, 이러한 진술은 모호한 것이긴 하지만 나는 또 하나의 다른 의미를 고집하고자 한다.

'나의 앞에 있는 대상이 아닌', 느낌의 구성요소가 주체적 형식이다. 만일 브래들리가 느낌의 주체적 형식이 통합과정을 결정한다고 진술한다면, 나는 전적으로 이에 찬성할 것이다. 그 결과는 브래들리가 말하고 있듯이 창조적 과정의 불안정에 종지부를 찍는, 최종적 느낌으로서의 '만족' (satisfaction)이다.

그러나 브래들리는 "내가 느끼는 것, 그리고 내 앞에 있는 대상이 아닌 것"이란 말로 내가 "부정적 파악"(negative prehension)이라고 부르는 것을 의미한 것일지도 모르겠다. 그러한 파악은 그 주체적 형식을 통해서 창조적 과정에 기여하고 있기는 하지만, 그 객체가 최종적 만족의 여건 속에 들어올 가능성을 제거하고 있다. 이러한 최종적인 복합적 여건은 브래들리가 "나를 만족시키는 저 대상"이라고 부르는 것을 의미할 것이다. 여기서도 나는 그의 생각에 동의한다.

주─객 상황의 구체적 전시(exhibition) 하나하나를 필수적으로 감싸고 있는 '살아 있는 정서'(living emotion)에 관한 학설은, 브래들리에 의해 제창되기 훨씬 이전에 이미 있었다. 우리는 그 싹을 플라톤에게서 찾아볼 수 있다. 그는 성격 전체는 충분한 지식과 일치한다고 주장한다. 그는 '살아 있는 정서'를 순수한 지성적 지각으로부터 추상하기를 은연중에 거부하면서, 덕을 지식과 동일시한다. 심리학의 발전은 우리의 의식적 식별력을 증폭시켜왔다. 그러나 그것은 지각이 불가피하게 정서로 뒤덮여 있다는 사실을 변화시키지는 않았다.

조지 풋 무어[원주 12]는 이 학설의 역사적 중요성을 다음과 같이 말한다.

[원주11] 앞의 책, p.161.

[원주12] 『문명의 기초로서의 감정』(Emotion as the Basis of Civilization, New York : Scribner's, 1928) 머리말. J. H. 데니슨 지음, 중요한 저작임.

"문명은 상당수의 인간이 공동목표를 위해 함께 일하는 가운데서만 발전한다. 이러한 동일성이 실현되는 것은 순수한 관념들의 공유에 의해서라기보다는 느낌 —— 그것으로 관념이 '정서화'되고 신념이나 동기가 되는 느낌 —— 의 공유를 통해서이다."

인식론에서 일반적으로 받아들이고 있는 종래의 추상 관념은 경험의 구체적 사실과는 너무나 동떨어져 있다. 이 '느낌'이라는 말은 주체적 형식과 객체에 대한 파악(apprehension)이라는 이중적인 지시의미를 갖고 있다는 장점이 있다. 그것은 추상이 가져다주는 단편적인 조각(*disjecta membra*)[원주 13]을 피해가고 있는 것이다.

제12절

따라서 인간 경험의 계기는 우리가 필요로 하는 결합성에 관한 이론의 예증이 된다.

브래들리의 권위는 이를 뒷받침하는 것으로서 인용될 수 있겠다. 그는 다음과 같이 쓰고 있다.[원주 14] "어떠한 순간에도 나의 경험 무대는, 그것이 그밖의 무엇이건 간에, 내가 직접 의식하고 있는 하나의 전체이다. 그것은 다자(多者)의 일자(一者)에로의 경험된 비관계적 통일(an experienced non-relational unity of many in one)이다". 여기서 브래들리가 말한 '비관계적'이라는 말의 분명한 의미는, 경험이란 경험하는 자와 그밖에 있는 어떤 것과의 관계가 아니라 그것 자체가 '다자의 일자'(many in one)에 있어서 필수적 결합성인 '포괄적 전체'임을 뜻한다.

이에 대하여 나는 전적으로 동의하는 한편, 사물들의 결합성은 경험의 계기에 있어서 그 사물들의 공재성(共在性, togetherness) 이외의 다른

[원주13] '정서화'(emotionalization)의 과정에 관한 발생적 기술은, 졸저 『상징작용 —— 그 의미와 효과』와 PR 제2부 제8장과 제3부에서 고찰되고 있다.
[원주14] 앞의 책, p.175.

것이 아니라고 생각한다. 물론 이러한 계기가 인간 경험의 계기가 되는 경우는 아주 드물다.

이상스럽게도 흄 또한 이에 동의한다. 왜냐하면, 흄의 학설에서 판이한 시간에서 판이한 존재들로 나타나는 감각인상들의 흐름에서 유일한 공재성은, 경험의 계기 속에 전체적으로 들어 있어야 하는 관념 연합의 '부드러운 힘' 속에 있기 때문이다. 이는 또한 경험의 계기가 결합성의 형식을 제공한다는 칸트학설의 한 측면이기도 하다.[역주 1]

이 모든 학설 간에 중요한 차이가 있다는 것은 말할 필요도 없다. 그러나 그것들은 모두 기본적으로 경험의 계기를 결합성의 근거로 본다는 일반원리에 동의하고 있다.

제13절

라이프니츠 또한 '최고의 모나드'를 포함한 모나드들의 개별적 경험 속에 전체적으로 들어 있는, 실재들 간의 결합성 이외의 다른 결합성을 찾지 못한다. 그는 하나의 모나드가 다른 모나드를 고려하는, 열등한 방식과 고등한 방식, 즉 인식(覺知, awareness)의 방식을 '지각'(perception)과 '통각'(統覺, apperception)이라고 불렀다. 그러나 이러한 용어들은 나의 학설에서 불필요한 부수물이 되고 의식(consciousness)의 관념과 지나치게 밀착되어 있다. 그뿐만 아니라 그것들은 모두 내가 거부하고 있는 표상적 지각(representative perception)의 관념과 뒤얽혀 있다. 그러나 '철저한 이해'라는 의미의 'apprehension'이라는 용어가[원주 15] 있다. 그래서 라이프니츠적 모델에 따라, 나는 'prehension'(파악)이라는 용어를, 경험의

[역주 1] 칸트에게 '결합성의 형식'(form of connectedness)은 인식주관, 즉 화이트헤드의
     용어법으로는 '경험의 계기'(occasions of experience)에 선천적으로 내속(內
     屬)해 있는 '순수오성개념'으로서의 범주이다.
[원주15] 이 용어는 홉하우스(L.T. Hobhouse)의 『인식론』(*Theory of Knowledge*) 제1
     장과 제2장에서 사용되고 있다.

계기가 그 자신의 본질의 일부로서, 다른 경험의 계기이건 다른 유형의 존재이건 간에 다른 임의의 존재를 포함할 수 있는 일반적 방식을 의미하는 말로 사용한다. 이 용어에는 의식이나 표상적 지각을 암시할 만한 것이 들어 있지 않다. '느낌'이란 긍정적 유형의 파악을 말한다. 긍정적 파악에 있어서 '여건'은 자기 형성 과정을 '만족'시키고, 그럼으로써 계기를 완결시키는 최종적인 복합적 객체의 부분으로서 보존된다.

이 학술용어는, 이론이 전개되어감에 따라 전문용어의 표현법이, 그 초석이 되었던 거장들의 용법에 따라 육성되어야 한다는 요건에 부합되도록 다듬어놓은 것이다. 임의의 시기에 어떤 철학학파에서 사용되고 있는 당대의 용어들은 철학적 전통의 어휘 전체 가운데서 그 일부를 선택한 것에 지나지 않는다. 이는 다양한 학설이 있다는 것을 고려한다면 당연한 일이다.

널리 사용되고 있는 용어는 지배적인 학파의 학설과 그 학파의 영향하에서 변형된 학설을 표현할 수 있는 것이다. 역사적 전통에 있어서 별개의 뿌리를 갖는 대안적 학설도 이렇게 선택된 용어만을 사용해야 한다고 주장하는 것은, 특정의 예비적 가정은 결코 수정되어서는 안된다고 독단적으로 주장하는 것과 다를 바가 없다. 이렇게 주장하는 것은 오직 신성불가침의 용어로 표현될 수 있는 사상학파만이 허용된다고 주장하는 것이 된다. 이성적으로 물어볼 수 있는 것은, 각각의 학설이 과연 그 어휘를 그 자신의 고유한 전통에 정초시켜야 하느냐 하는 것이다. 이러한 점을 미리 염두에 두고 있는 경우라면, 신조어에 대해서 야단법석을 떤다는 것은 무의식적 독단의 징표가 된다.

제14절

증거물을 다루는 철학의 주요 방법은 기술적 일반화(descriptive generalization)의 방법이다. 사회제도는 여러 가지 특성들의 복합체를 예증하고 있다. 어떠한 사실도 단순한 것이 아니다. 그것은 그 시대의 여러 특수성에 뿌리박고 있는 많은 특성들을 동시에 예증하고 있다. 철학과 일반화는 영속하는 중요성을 지닌 특성을 부여잡는 한편, 하찮은 것과 덧없는 것을 버린다. 거기에는 특수한 사실 내지 종(種, species)으로부터 예증된 유(類, genus)로의 상승이 있다.

여기서 우리는 그 역의 수순은 불가능하다는 데에 주목해야 한다. 단순한 유(類)로부터 특수한 사실 내지 종(種)으로의 하강이란 있을 수 없다. 왜냐하면 사실과 종은 여러 유(genera)의 혼합의 산물이기 때문이다. 어떠한 유도 그 본질상, 그것과 양립 가능한 다른 유를 보여주지 않는다. 예를 들면, 등뼈의 관념은 포유(哺乳)한다든지, 물 속을 헤엄친다는 관념을 보여주지 않는다. 따라서 그 자체로 고찰되는 척추동물이라는 유(類)에 대한 성찰은 포유동물이나 어류(魚類)를 추상적 가능성으로서조차도 시사할 수 없다. 종(種)도 사례도 유(類)에 의해서는 '주어지지' 않는 형태를 포함하고 있기 때문에 유만으로는 발견할 수가 없다. 종은 여러 유의 잠재적 혼합이며, 개개의 사례는 많은 종의 현실적 혼합을 다른 사실들과 함께 포함하고 있다. 삼단논법이라는 것은 여러 방식의 혼합을 논증하기 위한 구도이다.

그래서 '논리학'의 과제는 일반성에 대한 분석이 아니라 그것들의 혼합에 대한[원주 16] 분석이다.

철학은 일반성의 결합 가능성을 이해할 목적으로 그러한 일반성으로 상승한다. 그래서 새로운 일반성의 발견은 이미 알려진 일반성들의 다양성을 증폭시킨다 그것은 새로운 결합 가능성으로 시야를 돌리게 한다.

제15절

어떤 중요한 원리를 막연하게 감지하는 것조차도, 굉장한 정서적 힘에 의해 뒤덮이기 쉽다. 깊은 직관의 핵을 지닌 이러한 복잡한 느낌에서 생기는 어수선한 특정의 행동들은 원시시대에는 흔히 야수적이고도 혐오스러운

[원주16] 플라톤의 『소피스테스』, p.253 참조.

것이었다. 최종적으로 문명화된 언어는, 각기 일반관념을 그 자신의 특수성하에 구현하고 있는 그런 낱말들의 그룹(group of words)을 하나의 전체로서 제공한다. 만일 이렇게 특수화된 여러 낱말에 공통되는 일반성에 도달하려고 한다면, 우리는 그 공통요소를 식별할 수 있다는 희망을 가지고 이 낱말의 군 전체를 수집해야 한다. 이는 철학적 일반화의 목적을 위해 필요한 수순이다. 친숙한 낱말의 성급한 사용은 그 낱말의 친숙한 특수 의미내용을 반입함으로써 요구되는 일반화를 불가피하게 제한하게 된다.

예를 들어[원주17] "궁극적 실재는 그 창시 과정에 있는 사건이다"라는 명제를 작업 가설(working hypothesis)로 세워놓자. 그때에 그 분리된 개체성에서 본 각 사건은 두 개의 이념적인 종착점 간의 추이이다. 여기서 이념적으로 분리된 다양성 속에 있는 각 사건의 구성요소는 구체적 공재성 속에 있는 그와 동일한 구성요소로 이행하고 있는 것이다. 이 과정에 관해서는 두 가지 학설이 널리 알려져 있다. 그 하나는 이 최종적 공재성을 무로부터 이끌어내는 외적 '창조자'의 학설이다. 또 하나는 이러한 추이의 사례와 이 사례들의 구성요소 이외에는 '우주' 속에 아무것도 없다는 것이 사물들의 본성에 속하는, 형이상학적 원리라는 학설이다. 후자의 학설이 채택된다고 가정해보자. 이때에 '창조성'이라는 말은 각 사건이란 새로움을 낳는 과정이라는 관념을 표현하게 된다. '내재적 창조성'이라든지 '자기 창조성'이라는 표현을 신중히 사용한다면, 이 창조성이라는 말은 어떤 초월적 '창조자'에 대한 함축을 벗어나게 된다. 그러나 단순한 '창조성'이라는 말은 '창조자'를 암시하는 것이어서, 이 학설 전체는 역설이나 범신론의 색조를 띠게 된다. 그럼에도 불구하고 그것은 여전히 새로움의 창출을 수반한다. '합생'(合生, Concrescence)이라는 말은 널리 알려져 있는 라틴어 동사에서 파생된 말인데, '더불어 성장한다'(growing together)를 의미한다. 그것은 또 '구체적인'(concrete)이라는 수식어가 흔히 완결된 물리적 실재의 관념에 적용된다는 이점을 가지고 있다. 그래서 '합생'은 많은 사물이 완결

된 복합적 통일성을 획득한다는 관념을 전달하는 데 유익한 말이다. 그렇지만 거기에 포함되어 있는 창조적 새로움을 시사하지는 못한다. 예를 들어, 그것은 원초적인 여건들의 합생에서 생겨나는 개체적 특성이라는 관념을 수반하고 있지 않다. 사건이 '정서화된' 것으로서, 즉 그 '주체적 형식'을 가진 것으로서 시사되지 않는다는 것이다.

그리고 '공재적'(共在的, together)이라는 용어는 철학에서 가장 많이 남용되어온 용어 중의 하나이다.[역주 2] 그것은 무수히 다양한 종에 의해 예시되는 하나의 유적(類的) 용어이다. 그래서 그 말이 다양한 예증 사례들 속에서 하나의 일정한 의미를 전달하는 것처럼 그 말을 사용한다는 것은 전적으로 궤변이다. '공재적'이라는 말의 그 어느 의미도 경험의 계기들을 분석하는 여러 단계에서 발견될 수 있다. 경험 이외에는 어떠한 사물도 '공재적'이 아니다. 그리고 어떠한 사물도 경험의 구성요소로서든가 자기를 창조하고 있는 계기인 과정의 직접태로서가 아니고서는, '있다'는 말의 어떠한 의미로도 있는 것이 아니라는 것이다.

제16절

그래서 경험 작용의 일반화라는 형태로 사유된 최종적 현실태의 관념인 철학적 일반화에 도달하기 위해서는, 외관상 많은 용어들[원주 18]이 필요하다. 이 용어들은 상호간에 서로 정정(訂正)한다. 우리에게 필요한 용어는 '공재적'(together), '창조성'(creativity), '합생'(concrescence), '파악'(prehension), '느낌'(feeling), '주체적 형식'(subjective form), '여건'(data), '현실태'(actuality), '생성'(becoming), '과정'(process)이다.

[역주 2] 화이트헤드에게 '공재적'(共在的, together)이란 용어는 다양한 요소들이 현실적 존재 속에 함께 존재하는 방식을 말한다. 『과정과 실재』 제1부 제2장 제2절에서 이에 대한 정의를 내리고 있다.

[원주18] PR과 SMW 참조.

제17절

　이러한 일반화의 단계에서 새로운 일련의 사상이 생겨나게 된다. 사건은 생성하고 소멸한다. 그것은 그 생성에 있어서 직접적이며, 그후에 과거로 소멸한다. 그것은 이미 지나가버린 것이고, 소멸해버린 것이다. 이제는 더 이상 있지 않으며, 비존재로 이행하고 만 것이다. 플라톤은 그것을, '항상 생성하면서도 결코 참으로 존재하는 법이 없는'(always becoming and never really are) 것이라 부르고 있다.[원주19] 그러나 이 구절을 쓰기 전에 이미 플라톤은 현재 논의의 기초가 되는 하나의 발견, 즉 그의 위대한 형이상학적 일반화를 확보해놓고 있다. 그는 『소피스테스』에서 비존재는 그 자체가 존재의 한 형식이라고 썼다. 그는 오로지 이 학설을 그의 영원적 형상에만 적용하였다. 그는 이 학설을 소멸하는 사물에도 적용했어야 했다. 그렇게 했더라면, 그는 철학적 일반화의 방법이 갖는 또 다른 양상을 예시했을 것이다. 어떤 일반적 관념을 획득했을 경우, 그것을 처음에 낳았던 주제에만 독단적으로 적용해서는 안될 것이다.

　철학적 구도를 축조하려면, 각각의 형이상학적 관념에는 그것이 가질 수 있다고 생각되는 가장 넓은 외연(外延)이 주어져야 할 것이다. 오직 이런 방식으로서만 진정한 관념의 조정을 해명할 수 있게 된다. 형이상학적 원리의 범위는 오직 그 의미의 필연성에 의해서만 제한되어야 한다는 이 학설은 오컴의 절약의 원리설——만일 그것이 동일한 것의 다른 측면이 아니라고 한다면——보다도 더 중요하다.

　그래서 아리스토텔레스——더 정확히는 플라톤——의 생성의 학설은 소멸의 학설(doctrine of perishing)에 의해 균형잡혀져야 한다. 계기는 소멸할 때에 존재의 직접성으로부터 직접성의 비존재로 이행한다. 그러나 이는 무(無)를 의미하는 것은 아니다. 그것은 여전히 '굽힐 수 없는 엄연한 사실'(stubborn fact)인 것이다.

[원주19] 플라톤의 『티마이오스』 참조.

'모든 시간은 소멸하여, 해명을 위한 방도가 되어간다.'(Pereunt et imputantur.)

　인류의 일상적 표현은 우리 과거에 3개의 양상——'인과성', '기억', 그리고 직접적 과거의 경험을 그것의 변형된 현재의 기초로 적극적으로 변화시키는 것——을 부여한다. 그래서 '소멸한다는 것'은 초월적 미래에 있어서 어떤 역할을 확보한다는 것이다. 계기의 비존재는 그것들의 '객체적 불멸성'이다. 순수한 물리적 파악이란 존재의 직접성에 있는 계기가 비존재의 객체적 불멸성으로 이행한 별개의 계기를 흡수하는 방식이다. 그것은 과거가 현재 속에서 살아 있게 되는 통로이다. 그것은 인과성이며, 기억이다. 그것은 과거로부터의 파생에 대한 지각이다. 그것은 여건의 상황에로의 정서적 순응이며, 과거와 현재와의 정서적 연속성이다. 그것은 각각의 시간적 계기의 자기 창조를 파생시키는 기초적 요소이다. 그러므로 소멸은 생성의 시작이다. 과거가 어떻게 소멸하느냐 하는 것은 미래가 어떻게 생성하느냐 하는 것이다.

제❹부
문명론적 관점에서

제16장

진리

제1절

'진리'와 '아름다움'은 위대한 규제적 특질이며, 그것에 의해서 '현상'은 경험 주체의 직접적 결단에 대해서 정당화된다. 이 정당화는 직접적 계기에 있어서 현상의 지위를 결정한다. 파악의 주체적 형식은 직접적 강조 내지 약화를 포함할 수 있다. 그것은 미래로의 연장이라는 목적이나 미래로부터 배제한다는 목적을 포함할 수 있다. '진리'와 '아름다움'은 강조와 연장을 위한 궁극적 근거이다. 물론, 현재는 미래를 위해 희생될 수 있다. 따라서 미래에 있어서 '진리'나 '아름다움'은 그 어느 하나가 직접적으로 약화되는 이유일 수 있다.

제2절

'진리'는 '현상'에만 적용되는 규정이다. '실재'는 바로 그 자체이다. 그래서 그것이 참이냐 거짓이냐를 묻는 것은 무의미하다. '진리'란 '현상'의 '실재'에의 순응이다. 그 순응에는 정도의 차이도 있을 수 있고, 직접적인 것과 간접적인 것도 있을 수 있다. 그래서 '진리'는 다양한 정도와 양상을 수반하는 유적(類的, generic) 성질인 것이다. '법정'에서 진리의 사악한 종(種, species)은 위증(僞證)에 해당될 수 있겠다. 예컨대 초상화는 눈을 기만할 만큼 생생한 것일 수 있다. 이때 그것의 진리성 자체는 기만이 된다. 거울 속의 영상은 충실한 현상임과 동시에 기만적인 현상이기도 하다. 위선자의 미소는 기만적이며, 박애주의자의 미소는 진실일 수 있다. 그러나 둘 다 참으로 미소를 짓고 있었던 것이다.

제3절

진리의 관념은 현상과의 명확한 연관성을 비켜가도록 일반화시킬 수 있다.[역주 1] 두 개의 객체는 (1) 그 어느 쪽도 다른 쪽의 구성요소가 아닐 수 있고, (2) 그들의 복합적 본성들은, 그것들의 '본질'이 그 말의 온전한 의미에서 상이하다고는 하지만, 공통요인을 포함하고 있을 수 있는 성격의 것들일 수 있다. 이럴 경우, 그 두 개의 객체는 서로 진리관계를 갖는다고 말할 수 있다. 그중의 한쪽을 검토해보면 다른 쪽의 본질에 속하는 요인을 발견할 수 있다. 다시 말하면, 어떤 추상이 이루어질 수 있고, 그래서 완결된

[역주1] 종래의 인식론에서 진리는 관념과 존재와의 일치에서 성립된다고 말한다. 이런 경우, 화이트헤드의 용어법에 따른다면, 관념은 현상에, 존재는 실재에, 일치는 순응에 각각 대응된다. 그러나 진리는 현상과 실재와의 순응관계에만 그치는 것이 아니다. 화이트헤드가 이 절에서도 주의를 환기시키고 있는 바와 같이, 실재를 구성하는 두 개의 객체가 공통요인에 관여해 있다고 했을 때 그것은 진리관계에 있다고 할 수 있다. 여기서 진리라는 용어가 종래의 것보다 넓은 의미로 사용되고 있다는 데 주목할 필요가 있다.

패턴의 일부 요소를 제거할 수 있는 것이다. 이렇게 획득된 부분적 패턴은 근원적인 것으로부터 추상된 것이라고 말할 수 있다. 진리관계가 두 개의 객체적 내용을 결합한다고 말할 수 있는 것은 동일한 부분적 패턴이 양자로부터 추상되는 경우일 것이다. 그들 각각은 그 동일한 부분적 패턴을 나타내고 있다. 그것들의 제거된 요소들이 그들의 상이한 개체성에 속하는 차이를 포함하고는 있지만 말이다. 플라톤은 어떤 복합적인 사실이 거기에 예시되는 부분적 패턴에 대해 갖는 관계를 표현하기 위해서 '참여'(μέθεξις)라는 용어를 사용하고 있다. 다만 그는, 이러한 부분적 패턴의 관념을 질적 요소의 순수한 추상적 패턴에 제한하면서, 복합적인 실재 속의 구성요소인, 특수하고 구체적인 실재의 관념을 배제하고 있다. 이러한 제한은 오해를 불러일으키기 쉽다. 따라서 우리는 그 패턴화된 요소들 속에 특수하고 구체적인 실재들을 가능적으로 포함하고 있는 그런 패턴을 화제로 삼게 된 것이다. 이처럼 의미를 확대시켜놓고 우리가 말할 수 있는 것은, 두 개의 객체적 내용은 그것들이 각각 동일한 패턴에 참여할 때, 진리관계로 결합된다는 것이다. 양쪽 모두 서로 다른 쪽에 부분적으로 있는 것을 예시한다. 따라서 그것들은 서로 상대방의 해석을 주고받는다. 그러나 '진리'가 무엇을 의미하느냐고 묻는다면 두 개의 복합적 사실이 동일한 패턴에 참여할 때, 거기에 진리관계가 있게 되는 것이라고 답할 수 있을 뿐이다. 그래서 진리관계가 있는 한, 한쪽 사실에 관한 지식은 다른 쪽에 관한 지식을 포함하고 있다.

경험에서 실현되는 진리관계는 항상 '현상'의 어떤 요소를 포함하고 있다. 왜냐하면 두 복합적 사실에 대한 상이한 두 파악은 두 객체가 서로 대비의 통일성 속에 있도록 이미 통합되었기 때문이다. 거기에는 상이한 본질의 대비 속에 포함된 패턴의 제한된 동일성에 대한 직관이 있다. 이러한 동일성 때문에 주체적 형식은 한쪽 객체의 느낌으로부터 다른 쪽 객체의 느낌으로 전이(轉移)된다. 한쪽에 적절한 것은 다른 쪽에도 적절하다. '그것은 그렇다'라는 직관적 인지는 대비의 한쪽 측면에서의 객체로부터 다른 쪽 측면의 객체에로 그 자체가 전이되는 것을 정당화하는 주체적 형식이다.

이런 방식으로 실재적인 사실로서의 한쪽 객체는 다른 객체와의 유사성에 근거하여 그 자신의 요인들의 상대적 가치를 재조정하게 된다. 다시 말하면, 그것은 '현상'과 혼합된 실제적인 사실이 된다는 것이다. 그 자체에 의해서는 그러한 요인들이 그와 같은 균형 관계에서 느껴지지 않을 것이다. 진리를 부분적으로 안다는 것은 우주를 왜곡하는 것이 된다. 예컨대, 10까지밖에 셈하지 못하는 미개인은 작은 수(數)의 중요성을 터무니없이 과장할 것이고, 우리도 몇백만에 이르게 되어 상상력으로 따라가지 못하게 되면 그렇게 할 것이다. 진리를 안다는 것이 반드시 선(善)이라는 것은 잘못된 도덕적 상투어이다. 사소한 진리가 커다란 악을 낳게 될 수도 있다. 그리고 커다란 악은 커다란 오류의 형태를 취하게 될 수도 있다. 앙리 포앙카레는 정밀기구를 시의 적절하게 사용하지 못하면 과학의 발전이 지체될 수도 있다고 말하고 있다. 예컨대, 뉴턴의 상상력이 현대적 관찰로 드러난 바와 같은 케플러의 법칙에 있는 오류에 의해 지배되고 있었더라면, 세계는 아직도 중력의 법칙[역주 2]을 기다리고 있을지 모른다. '진리'는 반드시 시의 적절한 것이어야 한다.

제4절

인간 경험에 있어서 진리관계의 두 특징적인 사례는 명제[역주 3]와 감각지각

[역주2] '케플러의 법칙'에 의하면 행성은 태양을 하나의 초점으로 한 타원 궤도상을 운동한다. 뉴턴은 지구상의 중력이 달의 궤도에도 영향을 끼친다고 보고 이것과 유성과의 운동 및 그것을 지배하고 있는 케플러의 법칙과의 관련을 고찰하였다.

[역주3] 명제(proposition)는 일반적으로 말한다면 주어와 술어의 결합으로 성립된다. 주어에 의해 특수적인 것이, 술어에 의해 보편적인 것이 각각 표시된다. 화이트헤드의 용어법에 따른다면 주어로 표시되는 특수적인 것은 현실적 존재들의 결합체이며, 술어로 표시되는 보편적인 것은 영원적 객체이다. 전자는 논리적 주어라 불리며, 후자는 술어라 불린다. 명제란 특수적인 것과 보편적인 것의 결합이다. 즉 현실적 존재—실재는 이러한 현실적 존재로 성립되어 있다—가 경험하고 있는 현실적 계기, 즉 경험 주체의 과정에 수용되어 영원적 객체와 결합된다는 것을 말한다. 경험 주체의 활동을 통해서 현실적 존재가 어떤 영원적 객체와 종합 통일되고, 이러한 종합 통일된 것

에 의해서 제공된다. 명제란 어떤 영원적 객체, 즉 단순할 수도 있고 더 단순한 객체들의 복합적 패턴일 수도 있는 영원적 객체를 실현하는 어떤 특수화된 결합체의 추상적 가능태이다. 이러한 영원적 객체의 실현은 (1) 배정된 기능 가운데서 그 구성적 계기를 동반한, 완결된 결합체와 관계될 수도 있으며, (2) 일부 또는 전부의 구성적 계기에 의한 영원적 객체의 개체적 실현과 관계될 수도 있고, (3) 특정화되지 않는 어떤 종속적 결합체에 의한 공동실현과 관계될 수도 있다. 이 모든 선택지들은 '형식 논리학'의 목적을 위해서는 대단히 중요한, 다양한 유형의 명제의 가능성과 관계되고 있을 뿐이다.

그러나 현재 논의를 위해서 고찰할 필요가 있는 것은 다만, 명제란 배정된 패턴을 예시하는 어떤 배정된 결합체의 추상적 가능태라는 폭넓은 사실이다.

어떠한 언어적 문장도 단순히 명제를 언명하는 것이 아니다. 그것은 항상 적시된 명제의 파악에 있어서 어떤 배정된 심리적 태도를 낳는 자극을 포함하고 있다. 다시 말하면, 그것은 그 명제의 느낌을 뒤덮고 있는 주체적 형식을 고정시키려고 한다. 거기에는 믿고, 의심하고, 향유하고 복종하려고 하는 자극이 있을 수 있다. 이런 자극을 전달하는 것은 부분적으로는 문법상의 서법(敍法)이나 동사의 시제(時制)이고, 또 부분적으로는 그 문장 전체의 시사이며, 또 부분적으로는 그 책 전체의 내용이나 그 책의 표지를 포함한 물질적 상황이고, 또 부분적으로는 저자와 출판사의 이름이다. 명제의 본성을 논함에 있어 이러한 심리적 자극과 명제 그 자체를 혼동하는 것이 늘 큰 혼란을 야기해왔다.

명제라는 것은 현실태에 관한 관념이며, 사물에 대한 시사이며, 이론이고, 가정(假定)이다. 그것을 경험 속으로 영입하면 많은 목적에 도움이 된

이 눈앞의 공간적 넓이 속에 투영됨으로써 거기에 현상으로서 감각지각이 성립된다. 따라서 명제도 감각지각도 현상과 실재와의 진리관계에 연관되어 있다. 명제는 참이든가 거짓이다. 그러나 명제는 참과 거짓 이외에도 흥미있는 것이어야 한다는 것을 화이트헤드는 지적하고 있다.

다. 그것은 '현상'의 극단적인 사례이다. 왜냐하면 논리적 주어인 현실태는 술어를 예시한다는 명목하에서 생각된 것이기 때문이다. 명제를 무의식적으로 마음에 품는 것(抱懷)은 경험의 최초 위상의 '실재'로부터 최후 위상의 '현상'으로 이행하는 데에 있는 한 단계이다. 그런 과정에서 명제가 거의 생기지 않는 최저 유형의 현실태에 있어서는, 실제로 최후 위상과 최초 위상을 차별화하는 '현상'은 존재하지 않는다.

　명제가 참이라는 사실보다 명제가 흥미로운 것이라는 사실이 더 중요하다. 이 진술은 거의 동어반복에 가깝다. 왜냐하면 경험의 계기에 있어서 명제가 작동하는 에너지는 그것의 흥미로움과 그것의 중요성에 있기 때문이다. 그러나 참된 명제가 거짓된 명제보다 더 흥미를 끌기 쉽다는 것은 말할 것도 없다. 명제의 정서적 유인과 합치된 행위는 명제가 참이라면 더욱 성공을 거두기 쉽다. 그리고 행위를 떠나서도 진리에 대한 관조(觀照)는 그 자체의 흥미를 지니고 있는 것이다. 이 모든 설명과 제한에도 불구하고 명제의 중요성이 그것의 흥미로움에 있다는 것은 여전히 참이다. 명제를 오로지 논리학자에 의한 이론적 고찰에 맡겨둠으로써 일어나는 혼란보다 더 전문과학의 위험을 잘 예시하는 것도 없다. 명제의 진리는 명제와 그 논리적 주어인 결합체와의 진리관계 속에 있다. 명제가 참이 되는 것은 결합체가 실제로 명제의 술어인 패턴을 예증할 때이다. 그래서 내장된 다양한 구성요소 분석에 있어서, 명제가 만일 참이라면 결합체와 동일한 것으로 보인다. 왜냐하면 거기에는 같은 현실적 계기 및 같은 영원적 객체가 포함되어 있기 때문이다. 그러나 모든 분석에서 간과되기 쉬운 하나의 지상(至上) 요인, 즉 공재성의 방식(mode of togetherness)이라는 것이 있다. 결합체는 영원적 객체를 실현이라는 방식으로 포함시키고 있다. 한편 참 명제에 있어서 결합체와 영원적 객체의 공재성은 추상적 가능태라는 방식에 속한다. 여기서 영원적 객체는 단순한 술어로서 결합체와 결합되어 있다. 따라서 결합체라는 것과 명제라는 것은 상이한 존재의 범주에 속한다. 그것들을 동일시한다는 것은 전적으로 불합리하다. 그것은 물리적 사실과 순수한 수학공식을 종종 동일시하는 것과 마찬가지로 불합리한 처사인 것이다.

명제는 직접성에 있어서 경험을 제외한 다른 모든 것과 마찬가지로, 경험 속에 포회(抱懷)되어 있는 것으로서만 존재한다. 그 파악의 객체적 내용이 오직 가능성의 양태로만 존재한다는 것은 정신적 극(mental pole)의 특이한 기능이다. 그러나 사태는 본질적으로 정신적 극을 포함하고 있다. 따라서 어떤 현실적 계기를 분석함에 있어 우리는 반드시 가능성의 양태에 속하는 구성요소를 발견하게 된다. 참과 거짓의 가장 현저한 사례는, 가능성의 양태에 있어서 존재자와 현실성의 양태에 있어서 존재자를 비교하는 데서 생겨난다.

제5절

이 지구상 동물에게 감각지각은 '현상'의 정상(꽃부리, 花冠)이다. 과거에 있었던 신체의 움직임에서 파생된 감각여건은 동시적 세계의 영역에 부과된다. 거기서는 가설의 색조나, 단순히 시사된 가능성의 색조는 제거된다. 그 영역은 그 자신의 권리로 감각여건과 연합된 것으로서 지각자에게 나타난다. 이제 '현상'은 감각여건이 영역을 규정하는 데서 생겨나는 것으로서 존재하게 된다.

그렇다면 감각여건은 사실에 있어서 영역을 한정하는 것일까라는 의문이 생긴다. 대답은 '사실에 있어서'가 무엇을 의미하며, '규정'이 무엇을 의미하느냐에 달려 있다. 참과 거짓의 관념이 감각지각에 적용되는 것도 바로 여기서이다. 그러나 진리의 영역에는 많은 호화저택이 있다. 우리는 감각지각이 취할 수 있는 여러 유형의 진위(眞僞)를 분석해야 한다.

우선 첫째로, 정감적 색조의 규정으로서 감각여건의 원초적 지위를 유념해야 한다. 그것은 원초적으로 제한조건으로서 계승되어, 그로부터 '변환'(transmutation)에 의해 영역을 규정하는 것으로서 객체적으로 지각된다. 지각되는 것의 무한한 미적 중요성은 이러한 감각여건의 지위 때문이다. 왜냐하면 파악의 여건 속의 한 요인으로서 감각여건은, 그 파악의 주체적 형식인 정감적 색조를 규정하는 것으로서 강요되기 때문이다. 따라서 정감적 색조의 패턴은 여건으로서 감각여건의 패턴에 의해 순응적으로 산출된다. 그런데 어떤 영역이 감각지각에서 붉은 것으로 나타났다고 했을 때 붉음이 실제로 그 영역을 형성하고 있는 현실태의 정감적 색조를 압도적인 방식으로 규정하고 있는가, 어떤가라는 물음이 제기된다.

만일 그렇다면, 이러한 의미에서 그 영역의 실재와 그것의 동시적인 지각자가 경험하는 현상 사이에는 진리관계가 있는 것이다. 예를 들면 빛이 거울에 반사되었다고 했을 때, 그 거울 배후의 영역의 현상은 그것을 구성하는 현실태의 정감적 색조에 관해 이런저런 억측을 하는 데에 아무런 근거도 제공하지 않는다.

정감적 색조를 규정하는 것으로서 감각여건에 대한 이러한 관념은 상식으로는 지극히 자명한 것이라고는 하지만, 철학으로서는 하나의 역설이다. 붉은색과 민중은 초조한 사람들이나 황소들 사이에서 흔히 보게 된다. 봄철에 푸른 산림지대의 정감적 색조는 섬세한 녹색의 명암에 의해서만 정의될 수 있다. 그것은 봄철의 녹색 규정을 수반한 강력한 미적 정서이기도 하다. 지성은 여건으로서의 냄새에 집착한다. 동물은 그것을 자신의 주관적 느낌을 규정하는 것으로 경험한다. 우리의 발달된 의식은 여건으로서의 감각여건에 집착한다. 우리의 기본적인 동물적 경험은 그것을 어떤 유형의 주관적 느낌으로서 포회한다. 경험은 냄새가 나는 느낌으로 시작되고, 정신성에 의해 그 냄새에 대한 느낌으로 발전한다.

우리는 감각여건이 되어가는 경계선상에서 떠도는 이런저런 기분의 규정을 관찰할 수도 있다. 그것들은 실제로 유아(幼兒)에게 감각된 것으로서 기능하며, 성인이 되어 인격이 발달한 지성에 의해서는 그 범주로부터 추방된다. 예를 들면, 유아를 양육하는 어머니의 정서적 기분, 사랑, 명랑, 우울, 초조한 기분들은 유아에게는 어머니의 얼굴을 통해서 직접 지각되고 응답된다. 인식론자들에게 지식을 가져다주는 일련의 사고가 말없는 유아나 개나 말에게도 일어나리라고는 생각조차 할 수 없는 일이다. 이와 같은 사례에서 그러한 기분에 대한 직접적 지각은 다른 감각여건과 동격으로 등장할 것이 틀림없다. 그러나 이러한 기분에 대한 지각과 관련된 동물 몸의 기능은 여건의 전달과 관련된 그것의 기능과는 크게 다르다. 따라서 교양 있는 지성에게는 유형의 차이가 있다.

그러나 어느 경우에도 유아는 그의 어머니의 명랑성을 여건으로서 느끼고 있으며, 그 정감적 색조를 가지고 그것을 순응적으로 느낀다. 이러한 여건은 직접적 과거로부터 도출된다. 그것은 어머니의 존재, 즉 신체와 영혼의 복합적 사실을 구성하는 계기들의 결합체에 의해 점유된 현재적 영역 위에 부과된다. 유아에게 '현상'은 명랑성의 규정을 포함하는 것이다. 그리고 이 점에서 유아는 동시적으로 실재하는 어머니와, '진리'라는 용어의 가장 온전한 의미에서의 진리관계를 가질 수 있고, 또 종종 가지고 있다.

제6절

감각지각과 동시적인 계기들과의 관계는 '현상'과 '실재' 간의 진리관계의 또 다른 유형을 예증할 수도 있다.[역주 4]

[역주4] 화이트헤드는 여기서 감각지각과 그 동시적 계기 간의 진리관계를 문제삼고 있다. 감각지각이 진정한 현상이 되기 위해서는 그것이 실재를 반영하는 것이어야 한다. 이때 실재는 현상보다 앞서 있다. 문제의 경험 주체에게 실재는 과거 속에 있으며 현상은 현재의 직접적 사건이다. 실재는 경험 주체의 활동을 통해서 현재의 현상으로 변환된다. 이렇게 해서 감각지각이 성립된다. 그러나 문제는 내가 지금 이곳에서 뚜렷이 의식적으로 지각하고 있는 것이 참이라면, 나와 세계를 공유하고 있는 동시적 타사에 의해서도 그렇게 지각되지 않으면 안된다는 것이다. 동시적 계기란 화이트헤드에 의하면 인과적으로 서로 독립해 있다. 예컨대 A와 B를 두 개의 동시적 계기라고 생각해보자. 그리고 A가 감각 P를 지각하고 있다고 하자. 그러한 A의 지각이 A의 주관적인 환상이 아니라면, B에게도 지각되어 있어야 한다. 그러나 A가 P를 지각한다는 것과 B가 P를 지각한다는 것은 인과적으로 서로 독립해서 각각 무관하게 일어난다. 그런데 화이트헤드는 두 개의 동시적인 A와 B와의 간접적인 방식으로 상호적 내재를 인정한다. A와 B는 그 어느 쪽의 원인도 결과도 아니다. 그러나 이 양자는 첫째로 공통의 과거를 가지고 있을지 모른다. 둘째로 양자는 동일한 세계를 공유하면서 생성의 일치에 있다. 이런 의미에서 양자는 간접적인 방식으로 상호 내재하고 있다. 즉 이들은 서로 독립해 있으면서도 세계를 공유하고 있기 때문에 서로 관계를 맺고 있다. 이런 이유에서 동시적인 계기인 A에 의한 P의 지각과 B에 의한 P의 지각과는 서로 관계될 수 있다. 이때에 이러한 감각지각은 동시적 계기에 대하여 진리

감각지각은 건강한 동물 몸의 정상적인 기능의 결과로서 생길 수 있다. 인격적 혼의 선행적 계기들로부터의 결과적인 계승도 마찬가지로 이러한 건강한 정상성에 참여할 수 있다. 문제의 특정한 신체와 혼은 그 동물 종(種)의 보존을 위하여 통상적으로 요구되는 유동적 에너지의 주요 외부활동에 대한 그들의 순응적인 다양한 반응에 참여할 수도 있다. 이러한 정상성의 조건이 주어지면 그로부터 귀결되는 현상은 그런 유형의 환경에서 그 동물 종(種)에 적합한 현상이 될 것이다. 이것은 자연의 사실이다. 그리고 '현상'이 표현하는 것은, 우주시대에 속하고 그 시대 내부에 보다 특수한 조건에 속하는 '자연법칙'의 소산이다. 이는 '현상'과 '실재' 간의, 첫째 종류의 진리관계보다도 더 간접적 성격을 띤 진리관계이다. 그것은 그 연관성에 있어서 보다 넓고, 보다 모호하고, 보다 확산되어 있다. 결국, 우리는 우리 자신의 유형에 속하는 좋은 조건의 개체가 그러한 환경에서 지각하곤 했던 것을 지각하여왔다.

제7절

어떠한 유형의 진리관계 속에서도 차이는 생기게 된다. '실재'는 과거에서 기능하고, '현상'은 현재에서 지각된다. 어두운 밤에 나타나는 '은하수', 즉 하늘의 희미한 빛줄기는 동시적 세계의 '현상'이다. 그것은 현상하는 그 세계의 '수용자'(Receptacle) 내부의 커다란 영역이다. 그러나 '현상'을 낳는 기능이 있는 '실재'는 공간의 한복판을 통과하여, 우리의 상상력으로는 무한한 시간을 거쳐 전달되는 빛에너지의 흐름이다.

분명치 않은 유한한 거리, 즉 우리를 그 이상의 동시적 공간으로부터 차단하는 장벽에서 목격되고 있는 것 같은 저 '은하수' 저편에, 빛에너지의 전

관계를 예증한다고 할 수 있다. 경험 주체의 활동을 통해서, 실재를 현상으로 변환함으로써 성립되는 감각지각이, 문제의 경험 주체가 유아론(唯我論)에 빠짐이 없이 동시적 계기에 공통으로 타당한 객관적 경험일 수 있는 이유는 이러한 계기가 실재를 공통의 과거로서 가지고 있기 때문이다.

달이라는 저 먼 곳의 활동은 아직도 동시적인 사실로서 지속되고 있는 것일까? 아마도 상호 결합하여 저 머나먼 영역을 구성하고 있는 계기들은 그들의 진행 순서를 변경시켰을 것이다. 별들은 며칠 또는 몇 년 동안 연소하다가 소멸한다. 동시적 영역의 '현상'은 과거와 진리관계를 맺고 있고, 동시적 '실재'와 진리관계를 맺고 있다. 이 후자의 진리관계는 상상적 비약에 의해서만 평가할 수 있다. 그리고 이 상상적 비약은 그것을 정당화하기 위한 기초로서 과거와의 진리관계 및 거기에 포함되어 있는 여러 유형의 질서의 안정성에 관한 우리의 경험을 가지고 있다.

아마도 계기들의 상호 내재에 있어서는 선행과 귀결——과거, 현재, 그리고 미래——이 물리적 극과 정신적 극에 똑같이 타당하다고는 하지만, 정신적 극끼리의 상호관계는 물리적 극끼리의 상호관계와 동일한 전망의 법칙에 종속되지는 않는다. 측정 가능한 시간과 측정 가능한 공간은 정신적 극끼리의 상호 결합과는 관계가 없다. 그래서 '현상'의 어떤 유형들과 관련하여, 그것이 동시적 세계의 정신적 측면에 대해서 갖는 관계 속에는 어떤 직접성의 요소가 있을지도 모른다. 또 다른 유형의 '현상'——감각지각 속에 있는 감각여건 같은 것——은 물리적 극끼리의 상호 내재 속에 생기는 전망을 표현하고 있는 시간과 공간에 의존할 수도 있다.

만일 사실이 이러하다면, 몇몇 유형의 '현상'은 그밖의 다른 유형의 것보다도 더 동시적 '실재'와 직접적인 관계를 갖게 될 것이다.

제8절

위에서 고찰했던 두번째 유형보다 더 모호하고 간접적인 세번째 유형의 진리관계가 있다. 그것은 '상징적 진리'(symbolic truth)[역주5]의 유형이라

[역주5] 상징적 진리(symbolic truth)는 현상과 실재 간에 제3의 진리관계로 간주된다. 예컨대 '숲'이라는 말을 보고 나무들이 울창한 경치를 떠올렸다고 가정해보자. 이 경우, 전자가 실재이며 후자는 현상이다. 해당되는 경험 주체에 있어 현상과 실재 간에는 상징적 진리가 성립된다. 또 한편으로는 울창한 나무들의 경치를 목격하고서 숲이라

고 부를 수 있다. 이러한 종류의 진리는 두번째 유형 밑에 그 극단적인 사례로서 포함될 수도 있다. 하지만 전체적으로 볼 때 그것을 판이한 종류로서 검토하는 것이 더 분명하다.

'현상'과 '실재' 사이에 상징적 진리관계가 있을 경우, 몇몇 조(組)의 지각자에게 현상에 대한 파악은 '실재'에 대한 파악으로 이어지며, 이 두 파악의 주체적 형식은 순응적인 것이 된다. 그렇긴 하지만, '현상'과 '실재' 간에 직접적인 인과관계는 없다. 따라서 어떠한 직접적인 의미에서도 '현상'이 '실재'의 원인이 된다든지 '실재'가 '현상'의 원인이 되는 일은 없다. 이러한 지각자의 경험에서 파악되는 '현상'과 '실재' 간의 결합을 낳는 것은 한 조의 우발적인 환경이다. 한 조의 특별한 조건을 갖는 지각자의 경험에서가 아니면 '현상'이 그 자신의 본성에 있어 '실재'를 조명하는 일은 없으며, '실재'도 '현상'을 조명하는 일이 없다. 언어와 그 의미는 이 세번째 유형의 진리의 예이다. 음성, 지면상의 가시적 기호와 전달되는 명제 사이에는 간접적인 진리관계가 있다. 우리는 씌어졌거나 말한 문장과 명제 간의 관계에 국한시켜 논의를 하고 있다. 적절한 조건을 갖춘 일군의 사람들 사이에는 특정한 언어의 올바른 사용과 잘못된 사용이 있다. 또한 문학의 미학을 고려해본다면, 언어는 객체적 의미를 전달할 뿐만 아니라 주체적 형식도 전달한다.

음악, 의식(儀式)용 복식, 의식용 향, 의례적(儀禮的)이고 율동적인 가시적 현상 등도 상징적 진리 내지 상징적 허위를 갖는다. 이 사례에 있어서 객체적 의미전달은 최소한으로 이루어지는 반면 적절한 주체적 형식의 전달은 최대한으로 이루어진다. 신자(信者)들이 국가의 생명, 국가 간의 충돌, 신의 섭리 등에 대한 이해와 결부시켜야 한다고 막연하게 느끼고 있는

는 말을 떠올릴 수도 있다. 이런 경우에는 후자가 상징이며 전자는 그것에 의해 상징되는 의미가 된다. 이러한 상징적 진리는 음성, 종이 위의 가시적 기호, 그것들에 의해 전달되는 명제 간에도 성립되고, 종교의식이나 이에 참여하는 사람들이 공통으로 갖게 되는 종교적 감정 사이에도 있게 된다. 나아가서 음악과 그것이 자아내는 미적·종교적 감정 사이에도 성립된다.

정서를 공급함으로써 음악이 애국적·군사적 내지 종교적인 강렬한 감정을 해석할 때 음악은 그 한 예를 제공한다. 그것은 어떤 혼돈된 느낌을 판명하게 이해할 수 있게 한다. 음악은 희미한 객체적 실재를, 그 파악을 위해 준비된 주체적 형식과 어울리는 판명한 '현상'으로 변화하게 하는 정서적 옷을 도입함으로써 이러한 이해에 도움을 주기도 하고 해를 끼치기도 한다.

이러한 주체적 형식의 공동체를 통해서 음악과 그것으로부터 생기는 현상 간에는 막연한 진리관계가 있다. 또 '현상'과 '실재'——'국가 생명'의, 국가 간 '분쟁'의, '신의 본질'의 '실재'——와의 사이에는 진리관계가 있다. 허위가 혼합된 이러한 진리관계의 복합적인 융합은 사물의 본성에 관한 진리를 표현하는 '예술'의 간접적인 해석 능력을 구성하고 있다. 물론 설명을 쉽게 하기 위해서 조잡하고 통속적인 사례를 들어 예시하였다. 그러나 대개 '예술'의 섬세한 내적 진리라는 것은 이런 종류의 것이다.

제9절

이 논의에서 암시되고 있는 것은 사람들 사이에 사회적으로 확산되어 있는 행동의 습관과 해석의 습관의 기원에 대한 여담적(餘談的)인 예시이다. 어떤 관념은 그것과 밀접한 관계가 있는 여러 방식의 인간 기능이 선행적으로 성립하는 데서 생긴다. 이 관념은, 인간 역사에 있어서 그것이 실현된 요람기에는 식별도 표현도 되지 않고, 의식의 그늘 속에 숨어 있다. 후세의 역사가에게 이 관념이 드러나게 되는 것은, 그것을 막연하게 식별해내는 종족의 기능을 중요한 것으로 보는 감각이 희미하게 성장하기 때문이다. 그러나 오래되지 않아서 역전이 일어난다. 이런 기능방식은 끊임없이 활동하고 있는 어떤 종족의 지성에 의해 해석된다. 그래서 행동양식은 종족적 생명에 대한 그 본질적 가치 이외에도 관념을 표현하는 장치라는 역할을 담당한다. 그것들은 지성의 구성물과 연결되기에 이른다. 행동양식은 그것들과 뒤얽힌 정서와 함께 구성물에 대한 이해를 가능케 한다. 역으로 그 구성물을 품는다는 것(抱懷)은 여러 방식의 행동으로 나아가는 충동을 형성

한다. 이렇게 해서 정서의 분출을 동반한 의식은 관념을 표현하는 방식이
되며, 관념은 그 의식에 대한 해석이 된다. 이것이 관념과 표현 장치와의
연결의 원시적 성립에 관한 설명이다.

　관념과 그 표현 간의 연결고리를 위에서 '해석'이라고 기술했다. 이제는
이 '해석'의 개념에 대한 분석이 이루어져야 한다. 두 개의 행동 패턴이 서
로 해석을 주고받은 것은 경험의 어떤 공통요소가 어느 한쪽 패턴의 설정
에 실현되어 있는 경우에 한해서이다. 이 공통요소가 한쪽 패턴으로부터
다른 쪽 패턴으로 이행하는 근거가 되고 있다. 각각의 패턴이 다른 쪽 패턴
을, 저 공통요소를 표현하는 것으로 해석한다. 여기에서 행동 패턴이란 단
순히 하나의 경험방식에 대한 별칭에 지나지 않는다. 따라서 이런 의미에
서 신화를 영입한다는 것은 한쪽의 행동 패턴이며, 민속무용 내지 궁중의
식은 다른 쪽의 행동 패턴이다.

제10절

　그러나 결국 우리가 원하는 것은 퉁명스러운 진리(blunt truth)이다.
우리의 목적을 최종적으로 충족시켜주는 것은 통속적인 대체물이나 교묘한
회피 수단——비록 그것들이 아무리 섬세 미묘한 것일지라도——이상의 그
무엇인가를 필요로 한다. 진리의 우회는 결코 우리를 만족시키지 못한다.
주로 우리의 목표를 정당화시켜주는 것은 순수한 사태 속에서 찾을 수 있
다. 나머지는 비록 중요한 것일지라도 이 기초에 대한 첨가물에 불과하다.
퉁명스러운 진리를 도외시한다면, 우리의 삶은 시사와 암시의 향기 속으로
퇴락한다.

　우리가 필요로 하는 이 퉁명스러운 진리는 '실재'에 대한 명석 판명한 '현
상'의 순응적 대응이다. 인간의 경험에 있어서 명석 판명한 '현상'은 원초적
으로는 감각지각이다. 감각지각이 필요로 하는 이 퉁명스러운 진리는 이미
이 장의 제4절에서 부분적으로 논의되었던 첫번째 유형의 진리이다. 그 절
에서 어떤 감각여건을, 어떤 영역을 특징지우는 명백한 객체로서 파악하는

것은, 이러한 파악에 있어서 그 감각여건을 요인으로서 포함하는 주체적 형식을 내포한다는 학설이 전개되었다. 우리는 싱싱한 봄철의 파릇파릇한 한 뭉치의 잎(群葉)을 향유한다. 우리는 저녁 노을을, 여러 빛깔과 여러 대조(contrast)를 이루는 광경을 그 요소로서 포함하고 있는 정서적 패턴과 함께 향유한다. 이것이야말로 '예술'을 가능케 하는 것이며, 이것이야말로 지각된 자연의 영광을 낳는 것이다. 왜냐하면 수용하는 주체적 형식이 객체적인 감각여건에 대하여 순응적이지 않다면, 지각된 것의 가치는 그 경험의 우연한 구성요소에 좌우될 것이기 때문이다. 예를 들면, 3개 내지 4개의 객체의 다수성을 직관함에 있어서, 그 단순한 수는 아무런 주체적 형식을 부과하지 않는다. 그것은 다만 효과적인 구성요소의 어떤 패턴을 통제하는 조건일 뿐이다. 이러한 구성요소를 추상하면 단순한 수는 그 파악에 대하여 아무런 주체적 형식을 지시할 수 없다. 그러나 초록은 그렇게 할 수 있다. 거기에는 감각여건과 추상적인 수학적 형식 간의 차이가 있다.

무시될 때에도, 그리고 다른 정서와 상치될 때에도 거기에 있는 감각지각으로부터 파생되는 안정된 가치가 존재하게 되는 것은, 감각여건 자체가 그 물리적 파악의 주체적 형식에 개입하기 때문이다.

제11절

결정되어야 할 논점은, 봄철의 파릇파릇한 목장은 그것이 우리에게 나타나는 바와 같이 목장 영역 내의, 그리고 보다 특수하게는 풀잎 영역 내의 사건들에게 직접적 방식으로 순응하고 있는가 하는 것이다. 이러한 영역에서 우리의 감각이 그 영역을 지각하는 그대로 어떤 방식으로 사물이 실제로 존재한다고 믿는 근거를 과연 우리는 가지고 있는 것일까? 우선 첫째로 이러한 순응은 분명히 자연의 필연성에서는 생길 수 없다. 환각적 지각이 이를 입증해준다. 복시(復視)라든지 빛의 반사와 굴절에 의한 형상이 보여주는 것은, 영역의 현상이 그 영역 내의 사건들과는 전혀 무관할 수도 있다는 것이다. 현상은 최종적으로 동물 몸의 기능에 의해서 제약된다. 이 기능과 동시적 영역 내의 사건은 양자와 긴밀하게 연관된 공통의 과거로부터 도출된다. 따라서 과연 동물적 몸과 외부 영역은 서로 조화를 이루는 것인지, 그래서 정상적인 환경에서는 현상이 그 영역 내의 자연에 순응하는 것인지의 여부를 묻는다면, 이는 적절한 물음이 된다.

이러한 순응의 달성은 보다 고등한 유형의 동물 생명에 있어서는 자연의 완전성에 속하는 것이 될 것이다. 이에 대한 필연성 같은 것은 없다. 분명한 것은 실패와 간섭이 있으며, 오직 부분적으로만 이루어지는 조절이 있다. 그러나 자연은 과연 그 내부에 조화를 이루려는 경향이나 완전성으로 몰고 가는 '에로스' 같은 것을 내포하고 있는지를 물어보아야 한다. 이러한 물음에 대하여 논의하려면, 진리관계의 좁은 지반을 넘어서야 한다.

제17장
아름다움

제1절

'아름다움'이란 경험의 계기 속에서 여러 요인들 사이의 상호 적응을 말한다. 그래서 원초적 의미의 아름다움은 현실적 계기들에서 예증된 성질이다. 역으로 말하자면 그것은 이러한 계기가 각기 참여할 수 있는 하나의 성질이다. '아름다움'과 '아름다움'의 유형에는 여러 등급이 있다.

'적응'은 목적을 함의한다. 그래서 '아름다움'은 '적응'의 목표가 분석되었을 때에만 정의될 수 있다. 이 목표는 이중적이다. 그것은 우선 다양한 파악 간에 상호 억제가 없다는 것이며, 따라서 다양한 파악의 객체적 내용으로부터 자연적으로 그리고 적절하게 — 혹은 한마디로 말해서 순응적으로 (conformally) — 생기는 주체적 형식의 여러 강도가 상호간에 억제하지 않는다는 것이다. 이러한 목표가 확보될 때, 작은 형식의 아름다움이 있게 되고 고통스러운 충돌이나 비속성(卑俗性)이 사라지게 된다. 둘째로, 큰 형식의 아름다움이 있다. 이 형식은 첫째 형식을 전제로 하고 있으며, 그것에다 다양한 파악을 하나로 종합하는 결합이 객체적 내용과 객체적 내용의 새로운 대비(contrasts)를 도입한다는 조건을 추가한다. 이러한 대비는 각자에게 자연스러운 느낌이 되는 새로운 순응적 강도(conformal intensities)를 도입하며, 그렇게 함으로써 구성적 요소로서의 원시적 느낌에 따르는 순응적 강도를 높인다. 이렇게 해서 부분은 전체의 중후한 느낌에 기여하며, 전체는 부분의 느낌의 강도에 기여한다. 그러므로 이 파악의 주체적 형식들은 유형화된 대비로 따로따로 그리고 공동으로 직조된다. 다시 말하면, '아름다움'의 완전성은 '조화'의 완전성으로 정의되며, '조화'의 완전성은 세부에 있어서 그리고 최종적인 종합에 있어서 '주체적 형식'의 완전성으로 정의된다. 그리고 '주체적 형식'의 완전성은 '힘셈'(Strength)이라는 것으로 정의된다. 여기서 의미하고 있는 '힘셈'에는 두 개의 요인이 있는데, 그 하나는 '중후함'(Massiveness)인 효과적 대비를 동반한 세부적 다양성이며, 또 하나는 질적 다양성과는 무관계한 상대적 크기의 '적절한 강도'이다. 그러나 최대한의 적절한 강도는 결국 중후함에 의존하고 있다.

제2절

'아름다움'에 대한 이와 같은 정의를 이해하기 위해서는 이 책에서 '세계'를 해석하고 있는 형이상학에 속한 세 개의 학설에 유의할 필요가 있다. 이 세 학설이 각각 고려하고 있는 것은 (1) 어떤 파악의 객체적 내용과 그 파악의 주체적 형식 간의 상호관계와, (2) 동일한 계기에 있어서 다양한 파악의 주체적 형식 간의 상호관계, 그리고 (3) 어떤 파악의 주체적 형식과 이 파악과정에 있는 계기의 주체적 목적에 내장된 자발성 간의 상호관계이다. 이 학설들은 서로 결합되어 있다. 그러나 그 각각의 학설은 다른 두 학설에 의해서만 해명되지 않는 원리를 도입한다. 이제 그것들을 차례로 설명해보기로 하자.

(1) 우주에 있어서 질적 요인은 어느 것이나 모두 원초적으로 주체적 형식을 특징지우는 것이며, 따라서 무한히 다양한 성질은 이 성질을 예증하는, 무한히 다양한 주체적 형식의 가능성을 포함한다. 이는 다양한 성질을 예증하는 주체적 형식이 모두 인간의 의식에서 동등하게 우세하다는 것을 말하는 것이 아니다. 의식은 경험의 표면상에서 불확실하게 명멸하는, 가변적인 불확실한 요소이다. 그러나 파악된 객체의 질적 내용은 그 파악의 주체적 형식 속에 예증되는 성질이 개입해온다는 것이 이 학설의 일부이다. 이는 다음의 학설에 잠복해 있는 일반적 원리이기도 하다. 그 학설이란, (1) 계기의 최초 위상을 구성하는 순응적[원주1] 느낌(conformal feeling)의 설, (2) 정신적 극의 작용을 형성하는 질적 평가의 설, 그리고 (3) 여기서 '우주의 에로스'라고도 불리는 '신의 원초적 본성'에 내장되어 있는 가치 평가의 설이다. 어떤 파악의 주체적 형식은 부분적으로 그 파악의 객체적 내용의 질적 요소에 의해서 지시된다. 거기에는 실제로 최초의 순응이 있다. 위에서 되풀이해서 말한 바와 같이, 이것이야말로 '예술'을 가능케 하는 것이다. 그리고 '우주'에 있어서 강제적 결정론의 요소는 이 원리에 의존하고 있다.

이 순응설은 객체적 여건의 내용 중에서 질적 측면에서만 타당하다. 그 결과, 주체적 형식이 객체적 여건에 순응한다는, 보다 일반적 진술에 대하여 두 개의 예외가 생기게 된다. 두 개의 예외가 생기게 되는 것은 추상화가 한계점에 도달할 때이다. 모든 질적 요소를 극단으로까지 추상화한다는 것은 패턴을 순수한 수학적 형식 ——예를 들면, 삼원성(三元性)이라든지, 숫자 4의 제곱과 같은 수의 여러 집합의 추상적 관계——으로 환원시키게 된다. 이 형식은 바로 그 형식상, 주체적 형식을 특징지울 수 없다. 예를 들면, 정서의 사각성(四角性) 같은 것은 없다. 가령 원의 매끈함, 사각의 뾰

[원주1] 이 책의 제3부와 PR의 해당 색인 참조.

족함, 음량의 진폭 등의 질감처럼, 간접적 방식을 제외한다면 순응설은 수학적 패턴에는 적용되지 않는다. 여기에서는 가장 엄밀한 근대적 의미에서의 순수수학이 문제가 되고 있다.

현실적 계기의 관념, 즉 개체적 현실태의 관념은 객체적 여건으로서, 주체적 형식으로서, 혹은 파악 간의 관계로서, 어떤 의미로는 그 본질 속에서 실현되는 임의의 질적 내지 수학적 구성요소를 추상하여 포획할 수 있다. 특수한 현실태는 또한 그 최초의 의미 표시의 양식으로부터 추상할 수 있으며, 경험의 후기 위상에서 그것은 단순한 '그것'[역주 1]으로서 포획되어 있다.[원주 2] 다만 여건 속의 어떤 현실태의 질적 구성요소만이 주체적 형식으로 이행할 수 있다. 주체적 형식에 포함된 유일한 현실태는 자기 형성의 과정에 있는 직접적 계기이다. 주체적 형식은 그러한 상태의 주체적 느낌에 있어서 직접적 주체이다. 어떤 현실태가 객체적 파악에 대한 단순한 '그것'으로서 표시될 수 있다는 의미에서 그것은 파악의 주체적 형식에 개입하지 않는다.

(2) 두번째 학설은 형성과정에 있는 직접적 계기의 통일성을 표현하고 있다. 주체적 형식은 단지 한 계기의 주체적 느낌인 하나의 사실에 기여할 따름이다. 객체적 여건 전체의 각 부분이 주체적 형식에 있어서 그 순응적·질적 재현을 지시한다는 사실 때문에, 다양한 파악 가운데는 특정의 분배가 있게 된다. 동일한 성질이 잡다한 객체적 여건 속에 생기는 한, 주체적 형식에 있어서 그 성질의 효율은 통합과정에 의해서 그리고 다른 질감(質感)과의 양립 가능성에 의해서 지시되지 않으면 안된다. 그래서 분리된 파악들 간의 주체적 형식의 분배가 원초적으로 연관되는 것은, 객체적 여건

[역주1] 현실적 존재는 실재에 대한 현상의 목적론적 순응으로 성립되는 과정이다. 이 합생과정이 종식되고 생성에서 존재가 되었을 때 그것은 데카르트적 실체가 된다. 이러한 데카르트적 실체는 후속하는 현실적 존재에게 그것을 그것으로 수용할 수밖에 없는, 완강한 사실(굽힐 수 없는 엄연한 사실, stubborn fact)이다. 여기서 화이트헤드가 말하는 '그것'이란 이러한 '굽힐 수 없는 엄연한 사실'을 가리키는 것으로 생각된다.
[원주2] 『자연의 개념』(The Concept of Nature), 제1장, 그리고 P.R. 제2부 제9장 제3절 및 제3부 제4장 참조.

전체의 다양한 구성요소로부터 파생하는 주체적 형식의 순응적 성립이다.

(3) 세번째 학설은 과정의 최종적 자율을 표현하고 있다. 순응적으로 도출된 주체적 형식의 이 종합과정은 선행하는 여건의 사실에 의해 결정되는 것이 아니다. 왜냐하면 이 여건은 그 자신의 분리된 본성에 있어서 그것이 종합되기 위한 어떠한 규제적 원리도 지니고 있지 않기 때문이다. 이 규제적 원리는 구성과정에 있는 새로운 피조물에 의해서 그 여건에 부과되는 새로운 통일성으로부터 도출된다. 이렇게 해서 직접적 계기는 그 자신의 본질의 자발성에 따라 주체적 형식을 종합하기 위한, 결여된 결정을 보완해야 한다. 따라서 우주의 미래는 그 과거의 내재에 의해서 제약되었다고는 하지만, 그것이 완전히 결정되기 위해서는 시의에 맞게 성립하게 된 새로운 개체적 계기의 자발성을 기다리고 있는 것이다.

제3절

이제는 '아름다움'이라는 용어의 의미 두 개를 구별해야 한다. 이 장 제1절에서 부여했던 원초적 의미가 있다. 이것은 우주 내에서 완전한 실재적 사물인 현실적 계기에 실현되는 '아름다움'이다. 그러나 계기의 분석에 있어서 객체적 내용의 일부분이 아름답다고 불리게 되는 것은, 그것들이 완결된 계기의 주체적 형식을 완성하기 위해서 순응적으로 기여하기 때문일지도 모른다. 이러한 제2의 '아름다움'이라는 용어의 의미는 '아름답다'는 용어의 정의로 간주되는 것이 더 적절하다. 어떤 계기에 실현되는 '아름다움'은 그 계기가 그것으로부터 성립되는 객체적 내용과 그 계기의 자발성에 의존한다. 객체적 내용이 '아름답다'는 것은 그 계기에 있어 그 자발성의 다행스런 행사에 의해서 실현될 '아름다움' 때문이다. 동시에 객체적 내용의 임의의 부분은 약간의 의미만을 변경시킬 수 있는, 보다 간접적 의미에서 '아름다운' 것이다. 그것이 아름다운 것은, 그것을 파악하면서 있는 계기에 의한 자발성의 다행스런 행사와 더불어 다른 여건과의 다행스런 연합에 의해 실현될 '아름다움' 때문일지도 모른다. 그러나 이러한 최고의 행운은 하나의 이상일 뿐, 이 세계에는 존재하지 않는다. '아름답다'는 용어가 통상적으로 의미하는 것은 일반적인 사회적 배경에서 전제될 수 있는 객체적 환경, 그리고 문제의 지각하면서 있는 계기의 입장에서 대망할지도 모르는 자발성의 전제이다. 우리는 예술가들, 근대세계의 문명화된 사람들, 혹은 어떤 특정한 시대와 어떤 특정한 도시에서의 인간집단을 생각할지도 모른다. 그러나 어떤 의미이건, '아름답다'가 의미하는 것은 지각하면서 있는 계기의 여건으로서 기능할 때, 거기에 내속되는 '아름다움'을 촉진하기 위한 능력이다. '아름다움'이 여건의 구성요소로 귀속되는 경우, 이것은 제2의 의미에서 그러하다는 것이다.

제4절

아름다움을 최초로 정의하면서 '완전성'의 관념이 은연중에 도입되었다. 주체적 형식의 '완전성'이란, 서로 억제하기 때문에 그것에 적합한 힘에 이르지 않게 되는 구성요소로서의 느낌이 부재하다는 것을 의미한다. 그렇지만 '억제'에는 두 가지 의미가 있다. 그중의 하나만이 완전성의 훼손을 내포하고 있기 때문에 이 두 의미는 주의깊게 구별되어야 한다. 완전한 억제는 주체적 형식의 유한성의 한 예이다. 그것은 '완전성'으로부터 훼손되는 것이 아니다. 거기에는 그것 나름의, 즉 이러저러한 것이 제외된, 그러한 유형의 유한성에 있어서 '완전성'이 있게 된다. 그러나 완전히 억제된 구성요소로서의 주체적 느낌이라는 것은 본시 그 주체적 형식의 구성요소가 아니다. 그것은 단지 다른 조건들 밑에서 구성요소일 수 있었다는 데 지나지 않는다. 이런 의미의 억제는 (지각)'마비'(anæsthesia)라고 불릴 것이다.

억제의 또 다른 의미——완전성으로부터 훼손되는 의미——는 구성요소로서 양쪽 느낌의 진정한 적극적인 현존을 포함하고 있다. 이러한 경우에 서로 파괴하는 제3의 느낌이라는 것이 있다. 따라서 구성요소로서 느낌들의 어느 한쪽——아니면 양쪽——은 그것이 생겨나게 되는 여건의 파악에 본시 속해 있는 힘을 달성하는 데 실패한다. 이것이 가장 일반적 의미의 악, 즉 비탄, 공포, 혐오와 같은 물리적 고통 내지 정신적 악의 느낌이다. 이런 유형의 억제는 '미적 파괴'라고 불리게 될 것이다. 미적 파괴는 주체적 형식에 있어서 적극적인 구성요소가 되며 완전성과 상치된다. 미적 파괴의 주체적 경험은 '부조화의 느낌'이라고 불릴 것이다. 이러한 느낌은 지각하는 계기의 주체적 형식에 있어서 한 요인이다. 부조화의 느낌이 강하면 강할수록 완전성으로부터 더 후퇴하게 된다. 어떤 복합적 여건이 '객체적으로 대립해 있는' 것은, 문제되는 유형의 지각자 속에 그것이 통상적으로 대립하고 있는 갖가지 느낌을 산출하게 될 경우뿐이다.

이 논의의 결론은 아름다움에 대한 정의에 있어 하나의 구별이 간과되어 왔다는 것이다. 미적 파괴의 정서적 경험의 유형에 속하는 주체적 느낌은 예외로 하지 않으면 안된다. 혹은 차라리 오래지 않아서 알게 될 테지만 그것들은 특별 취급을 필요로 하는 부류에 소속되어야 한다. 적절하다고 불리게 되는 '완전성'은 이 부류의 느낌의 배제를 요구한다. 더 고찰해보면 우리가 알게 되는 것은, 어떤 특정 유형의 완전성을 실현하는 계기보다 더 좋은 불완전한 계기가 늘 있게 마련이라는 것이다. 사실상 보다 고차원의 완전성도 있고 보다 저차원의 완전성도 있다. 그리고 보다 고차원의 유형을 지향하는 불완전성은 보다 저차원의 완전성보다 상위에 있다. 가장 물질적이고 가장 감각적인 쾌락도 역시 '아름다움'의 유형에 속한다. 또 진보는 부조화의 느낌의 경험에 기초하고 있다. 자유의 사회적 가치는 그것이 갖가지 대립을 산출한다는 데에 있다. 완전성의 저 너머에 또 다른 완전성이 있다. 일체의 실현은 유한적이며, 따라서 무한한 모든 완전성이라는 것과 같은 완전성은 없다. 다양한 유형의 완전성은 그 자신들 간에 서로 대립하고 있다. 그래서 그 자체가 파괴적이며 악인 '부조화'가 '아름다움'을 위해 기여할 수 있는 것은, 낡아빠진 완전성의 단조로움으로부터 신선함을 구비한 별개의 이상으로 민첩하게 옮겨가는 적극적인 느낌이다. 이렇게 해서 부조화의 가치는 불완전성의 이점에 기여하는 것이 된다.

제5절

고대 그리스 문명에 대한 고찰은 부조화의 가치를 예증한다. 이 민족은 완전성의 위대한 이상을 통해서 진보에 눈뜨게 되었다. 이 이상은 주변의 문명이 산출한 이상을 근거로 한 거대한 전진이었다. 그것은 전무후무한 범위 내에서 인간 생활의 고유한 아름다움을 달성한 문명 속에서 효과를 발휘했고 실현되었다. 그 예술, 그 이론 과학, 그 생활양식, 그 문학, 그 철학 학파, 그 종교적 의식은 모두 이 놀라운 이상의 모든 양상을 다같이 표현하게 되었다. 이제 완전성은 성취되었다. 이렇게 성취되면서 동시에 영감은 고갈되었다. 점차적으로 교체되는 세대가 반복되는 데 따라서 그 신선도는 차츰 사라져갔다. 학식과 세련된 취미가 모험의 열기를 대체하였다. 고대 그리스 문화는 반복에 의해 천재가 질식된 헬레니즘 시대와 교체되었다. 지중해 문명이 야만족들의 침입과 기독교와 이슬람교라는 두 개의 신흥종교의 발흥 없이 지냈더라면 그 운명은 더 물어볼 것이 없다. 그 모든 것은 2천 년 동안 생기 없이 반복된 그리스적 예술양식, 스토아파, 에피쿠로스파, 아리스토텔레스파, 신플라톤파 등과 같이 불모의 공식들을 가지고 논쟁하는 희랍의 철학파들, 인습적인 역사, 습관적인 경건으로 뒷받침된 고대의 신성한 의식을 수반한 안정된 정부, 깊이 없는 문학, 또한 확실한 전제로부터의 연역에 의해 세부적인 것을 설명해보려는 과학, 강건한 모험심이 없는 섬세한 감수성 따위로 드러나 있다.

이것은 환상적 그림이 아니다. 온갖 질풍 노도에도 불구하고 이러한 일이 거의 1천 년 동안 비잔틴 제국에서 일어났던 것이다. 신흥종교인 불교의 침투에도 불구하고, 그리고 타타르인들의 침략에도 불구하고, 이런 종류의 일이 1천 년 동안이나 광대한 중국제국에서 일어났다. 중국인과 희랍인들은 예찬을 받을 만한 어떤 완성된 문명을 성취하였다. 그러나 완전성 조차도 끝없는 반복의 지루함에는 견디기 어려울 것이다. 문명을 그 최초의 강력한 열정으로 유지하기 위해서는 학식 이상의 것을 필요로 한다. 모험, 즉 새로운 완전성에 대한 추구가 필수 불가결하다는 것이다.

제6절

이런 결론에는 놀라운 것이 아무것도 없다. 자발성, 즉 결단의 독창성은 각각의 현실적 계기의 본질에 속한다. 그것은 개체성의 최상의 표현이다. 그 순응적인 주체적 형식은 자유의 향유로부터 파생된 향유의 자유이다. 신선함, 강한 흥미, 그리고 여분의 예리한 강도는 모두 그것으로부터 생겨난다. 계기들의 인격적 계기(繼起)에 있어 목표를 바라보면서 완전성의 이상을 향해 올라가는 길은, 대부분의 변주가 완전히 소진해버린 성취 단계의 길어진 정체보다 더 강렬한 감동을 준다. 그래서 현명한 충고는 동일한 유형의 완전성의 연속적 실현에 지나치게 안주해서는 안된다고 하는 것이다. 계기들의 사회에 있어서 각각의 계기, 특히 인격적 사회에 있어서 각각의 계기는 이러한 열정을 정신적 극의 활동에서 생겨나는 '현상'과 물리적 극이 계승한 '실재' 사이의 어떤 대비를 발견함으로써 찾으려고 한다. 자발성이 최저의 상태에 있고 실제로 무시될 수 있을 때, 이 활동의 마지막 흔적은 양자택일적 양식 간의 교체 변화 속에서 찾아낼 수 있다. 이는 물리적 자연에 있어 파동 전달이 무엇보다도 중요한 이유가 된다.

그러나——정신적 독창성을 효과적으로 행사하는 것과 함께 최고도에 달한 계기들을 생각해볼 때——일정한 단계의 완전성을 달성한 후에 열정을 보존함에 있어 무엇보다도 먼저 요구되는 것은, 달성된 완전성의 유형에 부조화를 끌어들이지 않는 모든 변주를 탐색하는 일이다. 중세기 고딕 건축의 양식과 세부장식의 변주는 그것을 예증하는 데 도움이 될지 모르겠다. 그러나 이러한 변주는 쉽게 소진되고 만다. 담대한 모험——관념의 모험과 관념에 따르는 실천의 모험——이 필요한 것이다. 관념이 할 수 있는 최선의 봉사는 개혁 프로그램이 된, 또 다른 유형의 완전성의 이상을 정신적 극으로 차츰 끌어올리는 일이다. 이를 예증하고 있는 것으로는 인류의 사회생활에 새로운 이상을 도입하고 있는 기독교의 봉사정신을 들 수 있다. 다시 말하면 새롭게 한정된 성격으로부터 파생된 새로운 사회의 이상이 도입된다는 것이다.

제7절

　파괴의 경험은 그 자체가 악이라는 것, 사실상 그것이 악의 의미를 구성한다는 학설이 지금까지 진술되었다. 그런데 우리는 이런 언명이 지나치게 단순화된 것이라는 것을 발견하게 된다. '경험에 있어 지배적 사실로서의 파괴'가 어디까지나 악(惡)의 정곡을 찌른 정의(定義)가 된다고 보는 근본 입장에는 조금도 변함이 없지만, 거기에는 제약이 가해지지 않으면 안된다.

　'아름다움'과 '악'의 혼합은 다음과 같은 세 가지 형이상학적 원리의 결합 작용에서 발생한다. 즉 (1) 일체의 현실화는 유한하다는 것, (2) 유한성이 양자택일적 가능성의 제거를 포함한다는 것, (3) 물리적 실현의 완결성으로부터 제외된, 당면 문제와 관계가 있는 선택지에 순응하는 주체적 형식을 정신적 기능이 실현시킨다는 것이다.

　그 결과 현실적 세계의 관심이 정신적 극으로부터 도입된 다양한 색조에 의해 느낌의 조화로부터 빗나가게 된다. 그리하여 새로운 계기는 그 자신의 자발적인 정신성을 도외시한다면 그것이 생겨나는 현실적 세계의 기초적 부조화에 직면하게 된다. 이것은 크나큰 행운이다. 그렇지 않으면 현실태는 단지 유한한 일군의 가능성을 실현하면서 반복의 순환 위에 성립되기 때문이다. 이것이 고대의 몇몇 사상가들의 협소하고 진부한 학설이었다.

　개체적 경험에 있어 최초의 파악에 주어지는 것으로서 이 세계의 부조화를 다루는 데는 세 가지 방식이 있다. 그중의 두 가지 방식은 '억제'라는 일반적 용어하에서 논의되어왔고 또 하나의 방식은 '마비'라고 불리는 소극적 파악의 방식이다. 다른 쪽 방식은 부조화의 적극적 느낌을 수반한 적극적 실현에 의해서이다. 이 경우, 단적인 양립 불가능성의 제거에는 정감적 색조가 날카롭게 분열된다는 적극적 느낌이 수반된다. 이러한 경험은 주관적 형식에 순응적으로 그 자신을 부과하기도 하는 질적 여건의 파악을 말한다. 제3의 방식은 다른 원리에 의거하고 있는데, 그것은 양립 불가능한 느낌의 상대적 강도를 재조정함으로써 몇몇 사례에서는 그것을 양립 가능한 것으로 환원시킬 수 있다는 원리이다. 이런 가능성이 생기게 되는 것은 정감적 색조에 있어서의 충돌이 강도의 충돌이며, 성질이 단적인 논리적 양립 불가능성이 아닌 경우이다. 이렇게 해서 파악의 두 체계는 각각 내적으로 조화를 이루고 있을 수 있다. 그러나 한 경험의 통일성 속에서 두 체계는 그 주체적 형식의 두 강도가 크기에 있어 비교될 수 있는 경우에는 부조화를 이루게 될지도 모른다. 저것보다도 이것을 느낄 적에, 또는 이것보다도 저것을 느낄 적에 부조화가 있게 될 수도 있다. 그러나 한쪽이 느낌의 반그림자(半影) 속의 낮은 강도에 억제되어 있다면, 그것은 다른 쪽에 대하여 중후감과 다양성을 제공하면서 그 배경으로 작용하게 될 수도 있다. 이는 흔히 있는 인간 경험의 상태이며, 거기에는 낮은 강도의 광막한, 식별되지 않은, 혹은 희미하게 식별된 배경과 명확한 전경이 있게 된다. 부조화를 제거하는 이 제3의 방식은 '배경으로 환원하는' 방법이라고 불릴 수 있다. 또는 '전경으로 상승하는' 방법이라고 똑같이 불릴 수도 있겠다. 왜냐하면 마비의 회피는 두 체계 중 한 체계의 파악에 속하는 주체적 색조의 강도를 증가하도록 기능하고 있는, 지각하는 계기에 의해 이루어질 수 있기 때문이다.

이제 제4의 방식이 드러난다. 이 방식은 정신성이 보다 고차적인 활동성으로 전개되어온 경험의 모든 계기를 위한 제2와 제3의 방식을 설명한다. 제2와 제3의 방식은, 그것이 실제로 제4의 방식이 아닌 경우, '물리적 목적'(physical purpose)이라고 불리는[원주3] 낮은 유형의 정신적 기능의 예가 된다. 제4의 방식은 계기의 자발성에 의하여, 두 개의 부조화의 체계와 관련된 파악의 제3의 체계를 이끌어들이도록 그 정신적 기능의 방향을 설정한다. 이 새로운 체계는 두 개의 주어진 체계를 통해서 강도의 배분을 근본적으로 변경하며, 계기의 최종적인 강도 높은 경험에서 양자의 중요성을 변화시킨다. 이런 방식은 사실상 '현상'을 이끌어들이는 것이며, '실재'의 중후하고도 질적인 다양성을 부정적 파악에 의한 단순화로부터 보존하기 위하여 '현상'을 이용하는 것이다.

'현상'은 그 배경의 '실재'로부터 적절한 방식으로 파생된 강도를 자신에

[원주3] PR 제3부 제5장 제7, 8절 참조.

게 집중함으로써 이러한 다양성을 보존한다. 그것은 단순화의 수순이다. 예를 들어, '현상'에 있어서는 한 영역이 그것을 구성하는 많은 개체적 계기로 대체된다. 또한 '실재' 속의 계기들에 널리 확산되어 있는 성질들은 '현상'에 있어서 그것들의 계기가 점유하는 '영역'에 있든가, 아니면 그 영역과 일정하게 연합되어 있는 '영역'에 내속해 있다. '실재'는 그 풍부한 다양성을 보존해온 수순을 설명하는 것으로서 배경에 있다. 정감적 색조의 다양성은 이제 그 양립 가능성을 보존하는 정도로 변형되어, '현상'으로 전이한다. 거기에는 '조화', '대립', '통속성', 전적인 '평범성'과 같은 것들의 현상으로 전이된 중후한 느낌이 있다. '현상'은, 혼잡한 사실로부터 구제하기 위하여 일반화될 수 있는 요인들을 느낌의 판명성으로 끌어올린다. 이렇게 해서 그것은 개체적 경험에 대하여 확산된 느낌의 성질들을 강조한다. 구체적 형식의 중후함은 개개 느낌의 강도와는 얼마간 상치된다. 개개 강도의 다양성은, 그 객체의 다양성으로 말미암아 서로 장애가 된다. '현상'은 다양한 객체를 통일함으로써 중후함과 강도를 결합시킨다. 그것은 객체를 단순화하며, 그런 단순화의 선상에서 주어진 세계의 질적 내용을 부가한다. 그것은 선이건 악이건 간에 생생한 정감적 색조의 경험을 이끌어내는 대신에 강도와 중후함을 보존한다. 그것은 '아름다움'의 극치와 '악'의 극치를 가능케 한다. 왜냐하면 그것은 양자를 단조로운 제거 내지 단조로운 체감으로부터 구출해주기 때문이다.

제8절

이제 우리는 조화의 근거 및 그 파괴의 적극적 느낌을 위한 근거에 대하여 보다 정밀하게 고찰할 수 있게 되었다. 마치 상실된 '조화'의 적극적·통합적 느낌이 있듯이, 달성된 '조화'의 적극적·통합적 느낌이 있다는 것을 기억할 필요가 있다. 다만 경험에 있어서 상호간에 허용하는 세세한 사실이 있을 뿐만 아니라, 그것을 넘어서 '조화적인 것'으로서 전체적인 긍정적 느낌이라는 것이 있다. 이와 유사한, 대립하는 것으로서 전체적인 긍정적 느낌이라는 것이 있다. 사정에 따라 그 한쪽의 느낌이 있다. '조화'는 이러한 것으로 느껴지며, '대립'도 또한 그러하다. 그런데 '조화'는 논리적 양립 가능성 이상의 것이며, '대립'은 논리적 양립 불가능성 이상의 것이다. 예술가는 논리학자에게 조언을 구하지 않는다. 이 설명을 이해하는 열쇠는 개체성의 파악을 이해하는 데 있다. 이는 각각 객체적 내용을 그 자신의 의미관계를 갖는 개체적 '그것'으로서 느끼는 것을 말한다. 현재화된 순간에 질적 국면과 두절된 '그것'으로서 객체의 정서적 의미관계는 인간성 가운데서 가장 강력한 힘의 하나이다. 그것은 가족사랑 및 특수한 소유물에 대한 사랑의 근저에 있다. 이 특질은 비단 인류만이 갖는 특이성이 아니다. 개는 냄새를 맡으면서 문제의 인간이 애착을 느끼는 '그것'인가 아닌가를 찾아낸다. 방이나 마구간은 냄새로 가득차 있을지 모르며, 이 냄새의 대부분은 개에게는 감미로운 것일지도 모른다. 그러나 개는 그 냄새의 즐거움 때문에 냄새 맡는 것이 아니고 그 애정 전체를 요구하는 '그것'을 발견하기 위해서 냄새를 맡는다. 유사한 대체물은 속일 수 있지만, 그것이 대체물이라고 드러났을 때에는 성공할 수 없게 된다. 유사물은 애정을 요구할지 모른다. 그러나 원초적인 '그것'은 느낌의 날카로움을 요구한다. 그리고 이런 유형의 관심은 문화적 유적의 많은 것들——세나케리브(Sennacherib)가 바로 보는 앞에서 그 명령을 받들어 제작된 비석——의 근저에 있다. 현대 숙련공의 손으로 만들어진 실로 찬탄할 만한 복제품은 특정한 학문적 목적이 아니라면 흥미가 없을 것이다. 유물의 숭배는 이러한 관심의 벗리와 관련이 있다.

특수한 개체성의 정서적 가치가 단순한 감각적 요소를 제거하기 위해서 정서의 일반화에서 생겨난다는 것은 의문의 여지가 없다. 이러한 일반화된 정서적 성질은 사랑, 존경, 섬세한 느낌, 가치감, 증오, 공포, 자신의 존재와 얽혀 있는 특정한 객체와의 연합에 대한 일반적 느낌을 말한다. 영혼의 생명에 있어 계기에 이어지는 계기의 연속적 내재성은, 그 생명의 현재의 계기에 있어 어떤 특정한 객체의 연속적 파악의 누적을 포함하게 될 것이다. 그 다양한 파악에 있어 새로운 성질이 우월성을 확보하게 되며, 원초적 성질은 다소의 차이를 보이면서 현존하고 있다. 그리하여 다양하고 계속 변동하고 있는, 보다 특수한 유형의 성질은 최종적 파악의 색조에 있어 순응적 효과를 발휘하는 것으로부터 점차 제외되어간다. 일반화된 기품있는 정취——한평생의 헌신, 한평생의 반발, 혹은 미적 탁월성 같은 것의 기본적 느낌이 그러한 성질에 대체된다. 그래서 '그것'을, 부분적으로 경험적 패턴의 지위에 의해서, 그리고 부분적으로 소수 성질의 직접적 전시(exhibition)에 의해서 표시하는 것은 지배적인 의미관계의 윤곽이 뚜렷한 정감적 색조를 산출한다. 이 의미관계는 단지 직접적 지각자에 있어 주체적 형식의 일반적 복합체만을 위한 것이 아니다. 그것은 원초적인 객체적 '그것'으로 반영된다. 그리하여 보잘것없는 세세한 성질과 지위로 표시되는 '그것'은 결국, 항구적 성격을 갖는 '그것'으로서 '현상' 속에서 파악된다.

감각주의 학파의 인식론에 있어 이 최종적 파악은 원초적인 감각인상의 해석으로 이해된다. 그러나 이 최종적 파악에는 귀납적이건 연역적이건 간에 논리적 연결 같은 것이 없다. 지각자는 영혼의 생명에 선행하는 계기들에 있어 객체에 선행하는 실재적 기능들을 직접 통합한다. 이른바 '해석'이라는 것은 현실의 역사를 융합하는 것이지, 추측에 거름을 주는 것(施肥)이 아니다. 순수한 질적 감각인상을 경험의 기원으로 보는 생각은 직접적인 직관에는 아무런 보장이 없다.

'조화'와 '대립'을 이해하는 데는 중후함과 강도에 있어 경험이 갖는 강한 힘이 의미관계의 개체들로 된, 세부적 개체에 의존해 있다는 사실을 반드시 명심해야 한다. '현상'은 개별적으로는 무의미한, 혼잡한 계기들이 중요한 소수의 개체적 사물로 단순화되었을 때, 요행히 구성된다. 그것은 세계로부터 받아들인 요인들에 의해서 세계를 '해석'해낸 것이다. 따라서 해석의 각 요인은 만일 의식이 거기까지 분석해낼 수만 있다면 직관으로 실증해보일 수가 있는 것이다. 이러한 것이 행운의 경험이다. 그것은 그 강한 힘이 중요한 개별적 객체의 동시적 작용으로부터 추출되고, 그 자신의 존재가 그 객체의 의미관계에 추가된다. 이것이 '조화'를 향유하는 것이며, 이러한 향유 속의 요인은 그 객체적 불멸성이 놓여 있는 미래가 '조화'를 위한 근거를 증가시켜주고 있는 것에 대한 직관인 것이다. 파괴는 그곳에 존재하지 않는다.

그러나 '조화' 없는 강렬한 경험이 있을 수 있다. 이러한 사건에는 개별적 객체들의 중요한 성격의 '파괴'가 있다. 이러한 '파괴'의 직접적 느낌이 전체를 지배할 경우, 악에 대한 직접적 느낌 및 미래에 대한 파괴적 여건 내지 약체화된 여건에 대한 예견(豫見)이 있게 된다. '조화'는 세부적인 개체로서 의미관계의 유지와 결부되어 있고, '대립'은 그것의 파괴로 성립된다. '대립'에는 항상 좌절이 있다. 그러나 비록 '대립'일지라도 일반적 마비 내지 그 전조(前兆)가 되는 단조로움에의 완만한 후퇴의 느낌보다는 선호될지도 모른다. 낮은 수준의 완전성은 보다 고차적인 목적을 지향하는 불완전성에 비해 그 수준이 떨어진다.

고도의 의미를 갖는 객체의 비교적 불모의 경험 내부에 있는 단순한 질적 '조화'는 질이 떨어지는 유형의 '조화'이며, 윤곽과 의도에 있어서 활기가 없고, 모호하며 불충분한 것이다. 훌륭한 객체의 체계가 갖는 하나의 특질은 그 향유에 적합한 계기(契機)들의 계기(繼起)에 있어서 품어지면(抱懷) 그것은 재빨리 활발한 성격을 띤 선명한 객체의 체계를 구축해낸다는 점이다. 유명한 샤르트르 대성당의 현관에 있는 조각은 전체 내의 세부적인 역할을 다하면서도 동시에 특정한 성격을 구비한 개체로서의 중요성을 떠맡고 있다. 단순한 질적 아름다움의 패턴 같은 것은 없다. 그 조상(彫像)들은 저마다 개체로서 아름다움을 구비하고 있으며, 그 모두는 전체적 아름다움에 일조를 하고 있다. 세부적으로 존속하고 있는 개체성은 힘찬 경험의 골격을 이루고 있다.

예술은 그것이 극치에 달했을 때, 설대성을 상대성 위에 직조(織造)한다는 형이상학설을 예증한다. 예술 작품에 있어서 상대성은 구성물의 조화가 되며, 절대성은 구성요소로서의 요인에 의해 전진하는 분리된 개체성에 대한 요구가 된다. 우리는 '현상'이 본질적 성격을 구비한, 실체적이며 존속적인 '그것'에 대한 아리스토텔레스의 학설에 어떻게 이끌려가는가를 이해하게 된다. 이 관점은 중요한 진리를 표현한다. 그것으로부터 그 자명성이 나

온다. 이 선명한 개체성의 미적 중요성은 그것이 주의를 요구한다는 점에
있다. '현상'이 '실재'에 대하여 진리관계를 갖는 한, 이러한 존속 개체는 그
것이 미래를 제약하는 데 중요한 실재적인 사회를 표시한다. 이리하여 미
적인 주의에 대한 이와 같은 요구는 예견과 목적의 간접적 중요성을, 직접
적 지각자의 직접적 향유에 있어서의 요인으로 표상한다. 도로횡단의 위험
은 보행자에게는 (뚜렷이) 눈에 보이는 광경의 미적 가치에 있어서 규제적
요인이 된다. 행위와 목적을 추상화하여 완전히 수동적으로 관상(觀想)한
다는 개념은 잘못된 극단이다. 그것은 미적 복합체에 있어서 최종적인 규
제적 요인을 빠뜨리고 있다. 그러나 다양한 행위가 있고 다양한 목적이 있
다는 것은 말할 것도 없다. 결국 문제는, '현상'이 의거하고 있는 '실재'의
기반은 '현상'을 평가하는 데 있어 결코 무시될 수 없다는 것이다.

제18장
진리와 아름다움

제1절

앞의 두 장에서 전개된 논의에 따른다면 아름다움이 진리 보다 더 광범위한 기본관념이다. 물론 이 두 용어는 여기서 일반화된 의미로 사용되어왔다. 그것들의 보다 협소한 의미의 용법과 여기서 사용되고 있는 보다 넓은 의미는 중요성과 사소성에 관한 종래의 전제 이외의 어떤 것에 의해서도 구별되지 않는다. 아름다움이라는 것은 최대한의 효과를 산출하기 위해서 경험의 다양한 사항들이 상호간에 내적으로 순응한다는 것을 말한다. 따라서 아름다움은 '실재'의 다양한 구성요소의 관계와 '현상'의 다양한 구성요소의 내적 관계 및 '현상'과 '실재' 간의 관계에 관여한다. 그렇기에 어떠한 경험의 부분도 아름다울 수 있게 된다. '우주'의 목적론은 '아름다움'의 산출

을 겨냥하고 있다. 그리하여 넓은 의미에서 미적인 사물들의 어떠한 체계
도 그런 한에서 그 존재에 있어 정당화된다. 그렇지만 그것은 별개의 의미
에서 그것이 만들어내는 것 이상의 '아름다움'을 억제함으로써 좌절할지도
모른다. 그래서 이 체계는 어떤 의미로는 미적이라고 할 수 있을지라도 그
환경에서는 전체적으로 악이다. 그러나 '진리'는 두 측면에서 보다 좁은 의
미를 가지고 있다. 우선 첫째로 '진리'가 무엇이건 간에 중요한 의미에서 관
계되고 있는 것은 '현상'의 '실재'와의 관계에 지나지 않는다는 것이다. 그것
은 '현상'의 '실재'에 대한 순응이다. 그러나 둘째로는, '진리'의 경우에 있어
'순응'의 관념은 '아름다움'의 경우의 그것보다 좁다. 왜냐하면 진리관계는
두 개의 관계항이 어떤 요인을 공유하기를 요구하기 때문이다.

　진리관계에는 다른 요인을 도외시하고 자체적으로 보았을 경우, 특별한
중요성이 없는 것같이 생각된다. 거기에는 어떤 한정된 동일성의 관계라는
단순한 사실이 있다. 그러한 사실에는 지각하는 계기 속에 그것과 대응되
는 주체적 형식의 유형을 반드시 지시하는 것 같은 요인은 아무것도 없다.
하물며 진리관계가 주체적 형식에 행사할 영향이 어째서 '아름다움'을 증진
시키는 방향으로 있지 않으면 안되는가에 대한 이유 같은 것도 없다. 다시
말하면 진리관계는 반드시 미적일 필요가 없다는 것이다. 그것은 심지어
중성적인 것조차도 아닐 수 있다. 그것은 어쩌면 악일지도 모른다. 따라서
'아름다움'은 그 본성 자체에 있어서 자기를 정당화하는 하나의 목적으로
남겨지게 된다. '우주' 내에서 '대립'은 '아름다움'의 양태들이 다양하며 반드
시 양립 가능하다는 사실에서 생겨난다. 또한 '대립'의 혼재(混在)는 양태로
부터 양태로의 이행에 있어 필요한 요인이다. 현재에 있어서 과거와 미래
와의 객체적 생명은 훼방의 불가결한 요소이다. '대립'은 신선함이나 희망
이라는 형태를 취할지도 모르며, 두려움이나 고통일지도 모른다. 보다 고
차적 유형의 정신성에 있어서 그 구성요소의 변위(變位) 표시는, 그 질적
성격("환영 또는 적대")을 특히 예민하게 주체적 형식에 인각한다. 광범위
한 목적은 경험의 육중함에 기여한다는 이유 때문에 그 자체의 본성상 미
적이다. 그것은 또한 경험 주체의 차원을 증폭시키며, 그 활동 영역에 추가

한다. 그때 목적을 위한 직접적인 실현의 파괴는 표면상 '조화'의 희생양이
된다.

제2절

진리관계가 이치에 닿지 않는 것일 수 있음에도 불구하고, '아름다움'을
증진시키기 위한 '진리'의 일반적 중요성은 압도적이다. 무엇이라고 말해왔
건 간에 결국 진리관계는 여전히 '조화'를 실현하는 단순하고도 직접적인
방식이다. 다른 방식은 간접적이며, 간접성은 환경에 좌우된다. '진리'에 대
한 둔탁한 힘 같은 것이 있으며, 그것은 진리를 파악하는 주체적 형식에 있
어 청결성, 즉 바라지 않는 무관련성이라는 불결성을 제거하는 것과 유사
하다. 그것에 수반되고 있는 직접성의 감각은 복합체의 아름다움을 위해
그처럼 필요한 고지식한 개체성을 떠받쳐주고 있다. 그리고 허위는 부식
(腐蝕)한다.

진리는 그 범위, 그 양태, 그리고 그 관련성에 있어서 각양각색이다. 그
러나 이전에 존재하는 상상력이 바라는 이상으로 미적인 명백한 객체는 그
것이 경험에서만 기능할 때 비견할 수 없는 예리함을 수반한, 어떤 숨겨진
투철한 '진리'를 실현하고 있다. '아름다움'의 궁극적 확장을 위해 요청되는
유형의 진리는 발견이지, 반복이 아니다. 이러한 '아름다움'의 극치를 위해
요구되는 '진리'는 '현상'이 '실재'의 깊이로부터 새로운 느낌의 자원을 불러
내는 진리관계이다. 그것은 느낌의 '진리'이지 말로 표현된 '진리'는 아니다.
'실재' 속의 관계항은 언어로 표현된 사상의 진부한 전제의 아래쪽에 위치
해야 한다. 최고 '아름다움'의 '진리'는 말의 사전적 의미를 초월한 곳에 있
다. '현상'이 '실재'에 대하여 어떤 중요한 의미관계에 있어서 진리관계를 갖
는다고 했을 때, 거기에는 달성된 '아름다움'에 대한 확실성, 즉 미래에 대
한 보증이 존재한다.

'아름다움'에 봉사하는 '진리'의 이러한 기능에 의하여 '진리' 실현은 그 자
신에 있어 느낌의 '아름다움'을 증진하는 요소가 된다. 막연한 직관을 동반

하고 있는 의식은 아주 일반적이며 관습상 아주 필요한 요인을 환영한다. '진리'의 영향하에서 예견의 요소는 같은 의미에서 충족되고, 직접적 '조화'에 어떤 요인을 부가한다. 따라서 '진리'는 그 자체에 있어서 그리고 그 역의 특수한 이유를 도외시하고서 스스로 정당화하는 것이 된다. 거기에는 가장 깊은 '조화'에 있어서 올바름의 감각이 수반된다. 그러나 '진리'는 '아름다움'의 증진에 봉사하는 것이기 때문에 이러한 자기 정당화의 힘을 이끌어낸다. '아름다움'을 떠날 때 '진리'는 선도 악도 아니다.

제3절

예술은 '실재'에 대한 '현상'의 목적론적 적응이다. 그런데 '목적론적 적응'은 다소간 성공리에 획득된 목적을 함의한다. 예술이 지향하는 이러한 목적은 두 가지, 즉 '진리'와 '아름다움'이다. 예술의 완성은 '진실한 아름다움'(Truthful Beauty)이라고 하는 오직 하나의 목적만을 갖는다. 그러나 '진리'나 '아름다움'이 획득된 경우에는 어느 정도의 성공이 이루어졌다는 것을 말한다. '진리'가 없는 경우라면 '아름다움'은 중후함을 결여한 저차원에 있게 된다. '아름다움'이 없는 경우에 '진리'는 사소성으로 전락한다. '진리'가 중요하게 되는 것은 바로 '아름다움' 때문이다.

'현상'과 '실재'와의 관계는 경험의 최종 위상('만족' 내지 '예견')에 있어 최초 위상의 실재가, 마치 그것이 '현상'의 질적 성격에 관여하고 있는 것처럼 주체적 형식으로 파악되는 것과 같은 것이다. 사실에 있어 실재가 그렇게 관여하는 경우에 현상과 실재 간의 관계는 진실된 것이다. 그것이 그렇게 관여하지 않는 경우에 이 관계는 허위이다.

아름다움은 그것이 '현상' 속에서만 예증되는 한, 반드시 진리의 달성을 수반하는 것이 아니다. 현상이 아름다운 경우는 그것을 구성하고 있는 질적 객체가 패턴화된 대비에 있어서 서로 직조(織造)되고, 따라서 그 부분들의 전체에 대한 파악들이 가장 충실한 상호 지지의 조화를 만들어낼 때이다. 이는 전체와 부분의 질적 성격이 그 파악의 주체적 형식에 이행하는 한에서, 전체는 부분을 위한 느낌을 고양하고 부분은 전체를 위해, 그리고 서로를 위해 느낌을 고양한다는 것을 의미한다. 이것이 느낌의 조화이며, 이러한 느낌의 조화에 의해 그 객체적 내용은 미적인 것이 된다.

현상이 아름다움에 추가해서 진리를 획득하였을 때, 더욱 광의의 조화가 생겨난다는 것은 분명하다. 왜냐하면 그것은 이런 의미에서 실재에 대한 현상의 관계를 포함하고 있기 때문이다. 따라서 실재에의 현상의 적응이 진실된 아름다움을 획득했을 때 거기에 예술의 완성이 있게 되는 것이다. 이는 예술이 있다는 가정하에 하는 말이다. 왜냐하면 그 성과는 완만한 자연의 산물일지도 모르기 때문이다. 또 그러한 산물은 어떤 광범한 우주적 목표 때문일지도 모른다. 하지만 그것은 유한한 피조물에 의해 창시되는 민첩한 목적론적 적응, 통상 예술이라고 습관적으로 부르고 있는 종류의 적응 때문에 그렇지는 않을 것이다.

선(善)은 전통적으로 예술의 복합적 목적으로서 배치되어온 삼원성(三元性) 즉 '진리', '아름다움', '선'의 세번째 구성원이다. 여기서 채택되고 있는 관점에 있어서는 선이 예술의 목적 가운데서 점하는 위치가 부정되지 않으면 안된다. 왜냐하면 선은, 임의의 개체 속에 실현될 때 보다 선하거나 보다 악한 것으로 나타나는, 실재의 구조에 속하는 규정이기 때문이다. 선과 악은 깊이와 거리에 있어서 현상보다도 훨씬 아래쪽에 있다. 그것들은 단지 현상계의 내적 관계와 연관될 뿐이다. 현실 세계는 아름다울 때 선하다. 예술이 본질적으로 관계하는 것은 현상의 목적론적 적응에 의해 달성 가능한 완성이다. 이를 보다 대국적 견지에서 본다면, 그리고 보다 깊이 분석해 본다면, 완성된 예술의 어떤 사례는 어떤 특정의 상황에서 미래를 향한 그 객체적 현실성으로 이행하여갈 때, 그러한 상황 속에 항상 내속해 있는 선을 감소시킬지도 모른다. 그러므로 부적절한 예술은 부적절한 농담과 유사한 데가 있다. 즉 그것을 얻었을 때에는 선한 것이지만 그것을 잃었을 때에는 적극적인 악이 된다. '예술을 위한 예술론'을 완강하게 고집하는 예술 애호가들이 다른 흥미를 빌미로 하여 예술을 추방하는 데 분개하는 경향이 있다는 것은 기묘한 사실이다. 부도덕하다는 비난은 예술의 완전성을 지적

함으로써 반박되지는 않는다. 물론 도덕의 옹호는 변화에 반대하는 우매한 집회의 함성이라는 것이 사실이다. 아마도 헤아릴 수 없는 그 옛날 옛적에 상당수의 아메바는 대양으로부터 건조한 육지로 이주하기를 거부하였을 것이다──도덕을 옹호하면서 말이다. 사회에 대한 예술의 부수적인 봉사는 그 모험성에 있는 것이다.

제4절

멀리 떨어진 이상에의 지향(指向)으로 정당화되는 변화가 직접적 '현상'을 직접적 '아름다움'에 적합하도록 만드는 '예술'에 의해 증진되어야 한다는 것은, 신선함을 향한 순수한 갈망의 힘에 대한 찬미이다. 예술은 현재의 이득을 위해 미래의 안전을 무시한다. 그렇게 하는 가운데 예술은 그 '아름다움'을 빈약하게 만들어버리는 경향이 있다. 그러나 결국 거기에 직접적 수확이 있어야 한다. 우주의 선(善)은 무한한 연기(延期)에 있을 수 있는 것이 아니다. '심판의 날'은 중요한 관념이다. 그러나 그날은 항상 우리와 함께 있다. 그래서 예술은 지금 이곳의 직접적 열매를 돌보게 되며, 그렇게 함으로써 그것은 자신이 지향하고 있는 직접적 열매 때문에 어떤 깊이를 상실하기 쉽게 된다. 그 과제는 이제 '심판의 날'을 성과 있는 것이 되게 하는 데 있다. 미래에 대한 현재의 효과는 도덕의 과제이다. 그러면서도 현재의 일과 미래의 일을 구별한다는 것이 그렇게 쉽지만은 않다. 왜냐하면 불가피한 예견은 현재에다가 그 질적 조화 전체에 심각한 영향을 끼칠 질적 요소를 부가하기 때문이다.

예술에 관한 역설(逆說)에 부가해야 할 도덕에 관한 역설이 있다. 도덕은 이상을 지향하는 데서 성립한다. 그것이 그 최저한에서 관계하는 것은 보다 낮은 수준으로 후퇴하는 것을 방지하는 일이다. 그래서 정체성(停滯性)은 도덕성의 치명적인 적이 된다. 그럼에도 불구하고 인간 사회에서 도덕성의 옹호자들은 대체로 새로운 이상에 맹렬히 반대하고 있다. 인류는 '에덴의 동산'에서 추방되는 것에 이의를 제기하는 저급한 도덕가들로부터 피해를 입고 있다. 그러나 어떤 의미에서 그들은 옳다. 왜냐하면 결국 우리들은 일관되게 동화된 습관, 즉 관습(mores)의 체계라는 관점이 아니면 아무것도 지향할 수 없기 때문이다. 행운의 변화는 '손에 손을 잡고 헤매면서, 천천히' 이루어진다.

제5절

'예술'을 가능하게 하는 경험 속의 요인은 의식이다.[원주1] 다른 것과 마찬가지로 의식도 어떤 의미로는 정의 불가능한 것이라는 사실은 말할 것도 없다. 그것은 바로 그 자체이며 경험되지 않으면 안되는 것이다. 그리고 다른 것과 마찬가지로 그것은 결합된 것들의 본질에 예시되어 있는, 현현(顯現)하는 성질이기도 하다. 그것은 그 결합의 질적 측면이다. 그렇기 때문에 우리는 그 경험 속에서 결합이 의식을 낳는 그런 세부적인 것들에 대한 분석을 심문해볼 수 있다.

의식이란 어떤 사실과 그 사실에 대한 가정의 결합의 결과로서 객체적 내용 속에 출현하는 성질이다. 그것은 복합적 객체로부터 파악의 주체적 형식으로 순응적으로 이행한다. 그것은 '현실성'과 '관념성' 사이의, 다시 말해 경험 내부의 물리적 극과 정신적 극으로부터 생겨난 것들 사이의 대비(contrast)에 내재하는 성질이다. 이 대비가 경험 내의 미약한 요소일 때, 의식은 하나의 잠재능력으로서 맹아의 상태에 있게 되다 이러한 대비가 두드러지고 우세한 한, 계기(契機)는 발전된 의식을 수반한다. 의식에 의해 조명되는 경험의 부분은 어떤 선택된 것에 지나지 않는다. 이처럼 의식이라는 것은 주의(注意)의 양식이나. 그것은 선택적인 강조의 극단을 제공한다. 어떤 계기의 자발성이 주로 그 분출구를 찾게 되는 것은 우선 첫째로 의식의 방향에서이며, 둘째는 의식적 주의의 영역으로 이행하는 관념을 산출할 때이다. 이처럼 의식, 자발성, 예술은 서로 긴밀한 상관관계에 있다.

[원주1]『과정과 실재』, 제2부 제7장 제2절과 제3부 제2장 제4절 및 제4장과 제5장 참조.

그러나 명석한 의식 내에서 일어나는 예술이라는 것은 막연한 의식 속에서, 혹은 경험의 무의식적 작용 속에서 보다 광범하게 배치된 예술의 특수화에 지나지 않는다.

의식은 경험 계기의 인위성을 강화시켜주는 무기이다. 그것은 최초의 '실재'의 중요성과의 관계에 따라서 최종적 '현상'의 중요성을 높여준다. 그래서 의식 속의 명석 판명한 것은 '현상'이며, 의식 속에서 거의 구별되지 않는 세부적인 것들을 동반하면서 희미하게 그 배경에 놓여 있는 것이 '실재'이다. 의식적 주의력 속으로 뛰어드는 것은 '실재' 그 자체에 대한 직관이라 기보다는 오히려 '실재'에 관한 한덩어리의 전제라고 해야 한다. 오류를 범하기 쉬운 것은 바로 여기서이다. 명석 판명한 의식의 진술은 경험 내의 명석하지도 판명하지도 않은 요소와의 대조를 통해서 비판될 필요가 있다. 이 요소들은 역으로 희미하며, 중후하며, 그리고 중요한 것들이다. 이 요소들은 예술이 갖는 색조의 최종적 배경을 제공해주며, 그것을 도외시한다면 예술의 효과는 미미해진다. 인간의 예술이 탐구하는 유형의 '진리'는 명석한 의식에 현시되는 객체에 늘 붙어다니는 이러한 배경을 이끌어내는 데 있는 것이다.

제6절

문명에 봉사하는 데 있어 예술이 갖는 장점은 그 인위성과 그 유한성에 있다. 그것은 그 자신의 한계 내에서 그 자신의 완성을 성취하는 인간 노력의 유한한 단편을 의식에 전시한다. 그래서 보다 많은 노고나 단순한 육체적 만족을 위해 생명을 연명하려는 노예적 목적을 위한 단순한 노고는, 시간 속에서의 무시간적인 자족적 목적의 의식적 실현으로 전환된다. '예술' 작품이라는 것은 유한한 창조적 노력이 인각된 자연의 단편이며, 그것은 그 막연한 배경의 무한성으로부터 세분화된 개별적 사물로써 자존(自存)하고 있다. 그래서 '예술'은 인간성 감각을 고양시킨다. 그것은 자연을 초월하는 느낌의 환희 같은 것을 준다. 저녁노을은 장엄한 것이지만 그것은 인간성을 왜소화시키며, 자연의 일반적 흐름에 속하는 것이다. 아무리 많은 저녁노을도 인간을 문명으로 몰고 가지는 못할 것이다. 인간의 성취를 위해 준비된 유한한 완전성을 의식 속에 불러일으키기 위해서는 '예술'이 필요하다.

의식 그 자체는 최저 형태의 예술의 산물이다. 왜냐하면 그것은 실재를 선택된 유한한 현상으로 재형성할 목적으로 관념성을 실재성과의 대비 속으로 끌어들이는 데서 생겨나는 것이기 때문이다. 그러나 예술로부터 현현(顯現)되는 의식은 그 즉시로 새로운 의식적 동물의 특수화된 예술, 특히 인간의 예술을 산출한다. 어떤 의미에서 예술은 깊숙한 자연 속에 있는 기능들이 병적으로 과다하게 성장한 것이라고 볼 수 있다. 인위적이라는 것이 예술의 본질이다. 그러나 여전히 예술이면서도 자연에 복귀하는 것이 그것의 완성인 것이다. 요컨대 예술은 자연에 대한 교육이다. 그렇기 때문에 가장 넓은 의미에서 예술은 문명이다. 왜냐하면 문명이란 조화의 대규모적인 완성을 끊임없이 지향하는 것 이외의 다른 것이 아니기 때문이다.

제7절

인간의 신체란 인간 영혼의 생명 속에 예술을 낳기 위한 도구이다. 그것은 인간 경험 속의 의식적 지각을 위해 선택된 요소에, 그늘로 추방된 구성요소로부터 도출되는 주체적 형식의 강도를 집중시킨다. 그로 말미암아 그것은 예술의 주제가 되는 저 현상의 가치를 높여준다. 이런 방식으로 예술작품은 '보이지 않은 것'으로부터의 메시지가 된다. 그것은 엄밀한 의식이 손쓸 수 없는 미개척지의 배후로부터 느낌의 깊이를 풀어준다. 그래서 고도로 발달한 인간 예술의 출발점은 신체의 생리학적 기능으로부터 산출되는 온갖 갈망의 한가운데서 찾아낼 수 있게 된다. 예술의 기원은 재연(再演)되려고 하는 갈망 속에 있다. 어떤 방식의 반복에 있어 우리는 개인적 행위나 지각에 의해 과거나 미래를 각색하여, 우리 자신과 우리 조상의 정서적 생활을 재생할 필요가 있는 것이다. 어떤 막연한 의미에서 태아(胎兒)

는 그 생장과정을 통해 아득한 지질학상 시대의 조상의 특징을 재현한다고
한다. 이는 지나치게 단정지어 말할 수는 없는 것이지만, 생물학상의 법칙
이기도 하다. 따라서 예술은 연극, 종교의식, 부족의 의식, 무용, 동굴의
벽화, 시적 문학, 산문, 음악이 유래하는 의식[원주2]의 진화에 그 기원을 두
고 있는 것이다. 이 일람표에서 보여주는 각각의 항목은 보다 단순한 형태
에 일상생활의 필요에서 느닷없이 나타나는 생생한 경험을 재현하려는 노
력을 배경으로 하고 있다. 그러나 예술의 비밀은 그것의 자유 속에 있다.
경험 그 자체의 정서와 일부 요소는 일상생활의 필요성을 떠나서 재생된다.
긴장은 끝나지만 강렬한 느낌의 기쁨은 여전히 남아 있게 된다. 본시 강도
는 어떤 압도적 필요성에서 나왔던 것이다. 예술에서 그것은 그 원천인 강
제성보다 더 오래 살아남았다. 만약 황천(黃泉)에서 오디세우스가 장편 서
사시 『오디세이아』를 열창하고 있는 호메로스를 만났다면, 그는 방랑의 모
험을 자유로이 향유하면서 재연했을 것이다.

　그런데 문명의 예술은 물리적이기도 하고 순수한 상상의 산물이기도 한
많은 원천에서 유래한다. 그러나 그것은 모두, 필요한 순간에 최초로 일어
나는 삶의 생기를 자유로이 향유하려는 단순한 갈망의 승화이며, 승화의
승화이기도 한 것이다. 우리가 우리 주의의 초점을 약간만 바꾼다면, '예술'
은 그 민족의 현존재의 긴장에 대한 정신병리적 반작용으로 기술될 수 있
다. 그런 관점에서 오디세우스는 호메로스의 소리를 경청하면서 '원혼'을
교묘하게 피하고 있었던 것이다. 이러한 '예술'의 정신병리적 기능은 '진리'
에 대한 확신이 없을 때 상실되고 만다. '아름다움'에 대한 추구로서의 '예
술' 개념이 피상적인 것이 되는 것은 바로 이 대목에서이다. 예술이 번득이
는 섬광처럼 '사물의 본성'에 관한 은밀하고도 절대적인 진리를 드러냈을
때, 그것은 인간 경험 속에서 치유적 기능을 발휘한다. 이 '예술'의 역할은
세밀한 것들에 관한 사소한 진리에 의해서조차 저지된다. 이런 하찮은 순
응은 피상적인 감각경험을 전경에 배치해놓는다. 이 위대한 역할을 완수해

[원주2] 『종교의 형성』(Religion in the Making), 제1장 제3절 참조.

내는 '예술'은 문명의 본질에 속한다. 이러한 '예술'의 성장으로 정신성의 모험은 현존재의 물리적 기반에 육박해들어간다.

'과학'과 '예술'은 '진리'와 '아름다움'에 대한 단호한 의식적 추구이다. 그 것들 속에서 인류의 유한한 의식은 자연의 무한한 다산성(多産性)을 그 자신의 것으로 사유화하고 있는 것이다. 이러한 인간 정신의 운동에서 여러 유형의 제도와 여러 유형의 직업이 개발되어나온다. '교회'와 '의식', 한평생을 바친 '수도원', 지식을 탐구하는 '대학', '의학', '법률', '무역'의 방책—이것들은 모두 문명을 향한 목적을 반영하고 있으며, 거기서 인류의 의식적 경험은 '조화'의 원천을 활용하기 위하여 보존하고 있는 것이다.

제19장

모험

제1절

문명이라는 개념은 매우 당혹스런 개념이다. 누구나 그것이 무엇을 의미하는지 알고 있다. 그것은 이 지구상의 생활에 대한 어떤 이상을 시사하는 말이며, 그 이상은 인간 개개인의 존재와 인간이 모여 사는 사회와도 관계된다. 인간은 문명화될 수 있고, 사회 전체도 문명화될 수 있다. 비록 이 두 경우의 의미가 다소 다르긴 하지만 말이다.

그럼에도 불구하고 문명은 정의하기가 매우 어려운 일반 관념 중의 하나이다. 우리는 특수한 사례에 대하여 의견을 말한다. 이것은 문명화되었다, 혹은 저것은 야만이다라고 말할 수 있다. 그럼에도 불구하고 이 일반 관념은 파악하기 어렵다. 그래서 우리는 예를 들어가면서 논의를 진행시키기로 하겠다. 우선 지난 6세기 동안 유럽 문화는 선례를 따라 전개되었다. 전성기의 그리스인과 로마인이 문명의 기준으로 간주되었다. 우리는 이들 사회 —특히 전성기를 누리고 있던 아테네인의 사회—의 탁월성을 재현하는 데 목표를 두고 있었다.

이러한 기준은 서구 민족들에게 크게 도움이 되었다. 그러나 이런 방식에는 단점도 있다. 그것은 회고적이고 한 가지 유형의 사회적 탁월성에만 주목한다. 오늘날 세계는 새로운 존재 단계로 이행하고 있는 중이다. 새로운 지식과 새로운 기술은 사물의 균형을 바꾸어놓고 말았다. 고대 사회의 특정 사례는 이상을 지나치게 정태적으로 설정하고 있으며, 모든 영역에 미치는 기회를 무시하고 있다. 고대 세계에서 논의되고 이루어진 최선의 것에만 주목하는 것만으로는 사실상 불충분하다. 그 결과는 정태적이고 억압적인 것이 되며 퇴폐적인 정신 습관을 조장한다.

또한 나는 그리스인 자신은 회고적이지도 않았고, 정태적이지도 않았다고 생각한다. 이웃나라 사람들에 비해서 그들은 매우 비역사적이었다. 그들은 사변적이며, 모험적이며, 새로운 것을 열망하였다. 우리가 할 수 있는 가장 비그리스적인 것은 그리스인들을 모방하는 일이다. 왜냐하면 그들은 단연코 모방주의자가 아니었기 때문이다.

문명의 개념을 구성하는 데 있어 또 하나의 위험은 주로 '미술'과 관계되는 수동적·비판적 성질들에만 초점을 맞추는 것이다. 그러한 성질들은 문명화된 사회에서 중요한 요소가 된다. 그러나 문명이라는 것은 '미술'의 감상 그 이상의 그 무엇이다. 우리는 그것을 박물관이나 (예술가의) 작업장에 못박아두어서는 안된다.

문명의 일반적 정의로서 내가 제창하고자 하는 것은, 문명화된 사회는 '진리', '아름다움', '모험', '예술', '평화'라는 다섯 가지 성질을 보여주고 있다는 것이다.

여기서 내가 마지막으로 언급하고 있는 '평화'는 정치적 관계를 말하는 것이 아니다. 내가 의미하는 것은 훌륭한 행위가 사물의 본질에 비장되어 있다는 데 대한 신뢰를 끊임없이 품고 있는 정신의 질을 말한다.

다섯 개의 장으로 된 좁은 지면에서 이 개념들이 시사하는 모든 문제들을 논의한다는 것은 불가능한 일이다. 이 장에서 나는 문명에 있어 이 요소들의 여러 기능을 조명하는 철학상의, 그리고 역사상의 몇 가지 논점들을 집중적으로 다루어볼까 한다.

제2절

앞서의 세 장에 입각하여 그리고 '평화'에 관한 이 짧은 설명으로 우선 '진리', '아름다움', '평화'의 의미가 충분히 자명하다고 상정해보자. 이제 우리는 문명에 필요한 요소로서 '모험'과 '예술'(의 문제)에 전념하기로 하자. 현행의 문명 개념 중에서 가장 취약한 것은 이 두 요인에 관한 것이다.

사회학적 이론에 대한 모든 이해의──즉 인간 생활에 대한 모든 이해의 ──기초는 완전성의 정태적 유지가 불가능하다는 것이다. 이러한 공리는 사물의 본성에 뿌리박고 있다. '전진'이냐 '쇠퇴'냐 하는 것은 인류에게 제공된 유일한 선택이다. 순수하게 보수적인 것은 우주의 본질에 역행하고 있는 것이다. 이 학설은 정당화될 필요가 있다. 그것은 고대 사상에서 도출된 학문적 전통에 있어서 은연중에 부인되고 있다.

이 학설은 세 개의 형이상학적 원리에 기초를 두고 있다. 하나의 원리는 실재적(實在的)인 현실태──즉 완전히 실재적인 것──의 본질을 이루는 것이 바로 과정(Process)이라는 것이다. 그래서 각각의 현실적 사물은 그 생성과 소멸에 의해서만 이해될 수 있다. 환경의 변화에서 도출된 제한 규정에 의해 우연적으로 작동되는 정태적 존재가 바로 현실태가 되는 그러한 정지 같은 것은 어디에도 존재하지 않는다. 사실은 그 반대가 진리인 것이다.

여기서 거부되고 있는 정태적 관념은 두 개의 상이한 경로를 통해서 고대 사상으로부터 도출된다. 플라톤은 그 초기 사상에서 불변의 완전성에 대한 가지적(可知的) 수학의 아름다움에 현혹되었고, 영구히 완전하며 영구히 직조된 이데아의 초월세계를 상정하였다. 그는 이 관념을 그의 사상으로부터 몰아내지는 않았지만, 그의 후기에 가서는 때때로 그것을 거부하고 있다. 그의 만년의 대화편들은 일곱 개의 관념, 즉 '이데아', '물리적 요소', '프시케', '에로스', '조화', '수학적 관계', '수용자'를 둘러싸고 전개된다. 내가 이것들을 언급하는 까닭은 모든 철학이 사실상 이러한 관념들을 조금씩 수정하여 정합적 체계를 얻으려고 시도하는 것이라고 생각되기 때문이다. 그것들은 대체로 그 일반적 의미와 관련하여 엄밀한 조정 없이도 자명한 것으로 나타나 있다. '프시케'는 물론 '영혼'이다. '에로스'는 이상적인 완전성을 실현하려는 충동이다. '수용자'는 난해한 관념이라는 점을 플라톤 자신도 분명히 지적하고 있다. 따라서 그러한 손쉬운 설명을 피하는 것이 무난할지 모르겠다. 나는 그것에 대하여 현실태로 파악된 '우주'의 본질적 통일성, 그러면서도 현실태가 관여하지 않으면 안될 '생명과 운동'을 추상하여 생각할 수 있는 우주의 통일성의 개념으로 이해하고 있다. 만일 우리가 '프시케'와 '에로스'를 간과한다면 정태적 세계를 획득하게 될 것이다. 플라톤의 후기 사상에서 본질적 의미를 갖게 되는 '생명과 운동'은 이 두 요인의 작용에서 도출된다. 그러나 플라톤은 아무런 형이상학 체계도 남겨놓지 않았다.

그래서 이러한 일곱 개의 형이상학적 관념을 현대적으로 전개하고자 할 때, 우리는 그 본질에 있어 과정(Process)이라는 현실태의 개념에서 출발해야 한다. 이 과정은 그 자체가 새로운 창조로 전환하게 될 때 그 과거의 소멸이라는 물리적 측면을 내포하고 있다. 그것은 또한 관념들을 회포하고 있는 '영혼'의 정신적 측면을 내포하고 있다.

'영혼'은 이때 종합에 의해 새로운 사실을 창조하며, 이 새로운 사실은 옛 것과 새것으로 직조되는 '현상'이다.──즉 수용과 예견의 복합체이며, 그것은 그것대로 미래로 이행한다. 이러한 세 복합체의 최종적 종합은 그 속에 내재하는 '에로스'가 영혼을 몰아붙이는 목표이기도 하다. 영혼의 선은 많은 느낌이 새로운 통일성에 있어서 만날 때 서로 보강하면서 그 힘을 실현시키는 데에 있다. 반면에 영혼의 악은 생생한 느낌들이 서로 충돌하면서 상대방의 확장을 서로 허용하지 않는 데 있다. 영혼의 사소성은 악을 회피하고자 마비 상태 속에 들어가는 데 있다. 이런 방식으로 단순한 생략을 통해서, 보다 적고 보다 미약한 느낌이 최종적인 '현상'을 구성한다. 악이라는 것은 완전성과 사소성과의 타협이다. 그것은 힘에 대한 힘의 폭력이다.

아리스토텔레스는 그후의 철학을 오염시켰던 또 다른 개념에 의해서 정태적인 오류를 이끌어들였다. 그는 제1 실체를 성질이 각인되는 정태적 기초로 보았다. 인간 경험의 경우, 이와 동일한 관념의 근대판이 관념의 인상을 받아들이는 로크의 '텅 빈 방'으로서의 정신이라는 은유로 나타난다. 이리하여 로크에게 실재는 과정에 있는 것이 아니라 과정의 정태적 수용자 속에 있게 된다. 아리스토텔레스와 로크의 개정판에 의하면, 한쪽의 제1 실체는 다른 쪽 제1 실체의 구성요소일 수 없다. 그래서 제1 실체의 상호결합은 제1 실체 그 자체의 실체적 실재성을 결여하고 있어야 한다. 이 학설에 있어서 현실태의 결합은 현대 철학을 통해서 형이상학이나 인식론에 있어 여러 형태로 문제가 되었다. 아리스토텔레스 논리학의 결함은 전치사와 접속사를 무시하고 형이상학적 사고를 명사와 형용사에 집중시키고 있다는 데 있다. 이 아리스토텔레스 학설이 이 책에서는 총체적으로 부정되고 있다. 과정은 그 자체가 현실태이며, 선행하는 어떠한 정적인 방도 필요로 하지 않는다. 과거의 과정은 소멸하는 데 있어 그 자신이 각각 새로운 계기의 복합적 기원으로 활성화되고 있다. 과거는 각각의 새로운 현실태의 기저에 있는 실재이다. 과정이란 창조적 '에로스'의 활동에 의해 과거를 이상과 예견을 동반한 새로운 통일성으로 흡수하는 것을 말한다.

제3절

이제 나는 제2의 형이상학 원리로 화제를 옮겨보기로 하겠다. 그것은 현실태의 각 계기가 모두 그 자체의 본성상 유한하다는 설이다. 모든 완전성의 조화라는 총체성 같은 것은 존재하지 않는다. 임의의 한 경험의 계기에서 실현되는 것은 무엇이건 간에 무제한의 혼란된 대립 가능성을 반드시 배제한다. 일찍이 있었는지는 모르지만 현재는 없는 '타자'라는 것이 항상 존재한다. 이 유한성은 악이나 불완전성의 결과가 아니다. 그것은 결합해

서 실현되었을 때 악을 낳든가, 아니면 이러한 결합이 불가능한, 조화의 가
능성이 있다는 사실에서 생겨난다. 이 학설은 미술에 있어 하나의 상식이
다. 그것은 정치철학의 상식이며, 혹은 그렇게 되어야 한다. 역사라는 것은
공동 실현과 모순되는 이상을 각각 강력히 밀고 나아가는 다양한 이상주의
자 집단의 무대로 간주될 때 비로소 이해될 수 있다. 각 집단을 분리시켜
고찰하는 것으로는 옳음과 그름에 대한 역사적 판단을 내릴 수 없다. 그리
고 악이라는 것은 이렇게 시도된 결합에 있다.

이러한 본질적인 양립 불가능성의 원리는 신(神)의 본성에 대한 개념과
중요한 관련을 가지고 있다. 신 자신도 극복할 수 없는 불가능성이라는 개
념은 수세기 동안 신학자들에게 아주 널리 알려져 있었다. 실제로 이러한
개념을 도외시한다면 신의 결정적인 본성을 생각하는 데 어려움이 있게 될
것이다. 그러나 기묘하게도 내가 알고 있는 한, 이 양립 불가능성의 관념은
신 속에서 실현된 이상에 일찍이 적용된 적이 없었다. '신적 에로스'는 모든
이상들로 하여금 각각 시의 적절하게 유한한 실현을 강력하게 밀고 나아가
도록 하면서, 이들을 적극적으로 회포(懷抱)하는 것으로 간주되지 않으면
안된다. 그래서 과정은 신의 본성에 내속(內屬)해 있어야 하며, 그것으로
말미암아 신의 무한성은 실현되는 것이다.

신학을 더 추구할 필요는 없다. 그러나 양립 불가능성의 개념적 회포가
가능하며, 개념 비교도 가능하다는 점에는 변함이 없다. 개념적 회포와 물
리적 실현과의 종합이라는 것이 존재한다. 개념적으로 회포된 관념은 물리
적 사실 속에 예증된 관념과 동일할지도 모른다. 또는 그것은 서로 달라서
비교될 수 있거나 비교될 수 없을지도 모른다. 이상적인 것과 현실적인 것
과의 종합은 바로 각각의 유한적 계기 속에서 일어난다.

이처럼 정점에 달한 모든 문명 속에서 우리는 어떤 유형의 완전성의 상
당한 실현을 발견하게 될 것이다. 이런 유형은 복합적이며 이러저러한 세
부적인 변형을 허용하게 될 것이다. 이 정점은 그 자체가 이런 유형의 내부
에서 참신한 실험이 가능한 한, 그 놀이를 유지할 수 있다. 그러나 이러한
작은 변주(變奏)가 소진되고 말았을 경우, 두 개의 일 중에 하나가 일어날

것이 틀림없다. 어쩌면 문제되고 있는 사회가 상상력을 결여하고 있을지도 모른다. 그래서 신선미가 없는 진부함이 생겨난다. 반복은 활발한 평가의 점진적인 하락을 산출한다. 인습이 지배한다. 학자적인 정통주의는 모험을 억압한다.

독창성의 마지막 섬광은 풍자(諷刺)의 잔존으로 드러난다. 풍자란 사회 체제 속의 진부한 특성에서 번성한다고 하지만, 반드시 퇴폐적 사회를 함의하지는 않는다. 로마 문화의 은(銀)시대 말기였던, 소장 플리니우스와 타키투스의 죽음 직후에 풍자가 루키아누스가 탄생하였다는 사실은 특기할 만하다. 또한 문예부흥기 문화의 은(銀)시대 말기에 볼테르와 에드워드 기번은 그들의 다양한 양식으로 풍자를 완성시켰다. 풍자는 미국의 시민혁명, 프랑스혁명, 그리고 산업혁명이 목전에 있었던 시대에 자연스러운 것이기도 하였다. 또한 새 시대, 즉 현대 산업주의의 최초 국면이 발흥하였다. 그것은 150년 간 끊이지 않고 성장하면서 번영하였다. 그 핵심적 시대를 빅토리아 시대라고 불렀다. 그 시기에 유럽의 민족들은 새로운 산업의 방법을 창출하였다. 그들은 북미에 사람들을 살게 하고, 아시아의 오랜 문명과 교역을 전개하고, 문학과 예술에 새로운 방향을 제시하며, 정부의 형태를 재구성하였다. 19세기는 인본주의적·과학적·공업적·문학적·정치적 국면에서 지속적인 전진을 거듭한 시대였다. 제1차세계대전의 충돌은 그것에 종지부를 찍는 결과를 초래하였고, 인간의 생활에 있어 아직은 충분히 이해되지 않고 있던 새로운 방향에 결정적으로 전환을 낳은 한 지표가 되었다. 그러나 이 시대의 말기는 잉글랜드의 리튼 스트레이치, 미합중국의 싱클레어 루이스 등에 의한 풍자의 등장으로 특징지워지고 있다. 풍자라는 것은 식상함과 지루함에 직면해 있는 한 시대가 마지막으로 보여주는 독창성의 섬광이라고 할 수 있다. 신선함이 사라지고, 쓴맛만이 남게 된다. 낡아빠진 생활형식을 연장한다는 것은 완만한 퇴락을 의미할 뿐이며, 거기에는 가치를 거두어들이는 데 있어 아무런 결실도 없는 반복이 있다. 거기에는 고도의 생존력이 있을지도 모른다. 왜냐하면 퇴폐는 독창성이나 외부의 힘에 의해 교란되지 않는다면 지극히 완만한 과정으로 나타나기 때문이다.

그러나 생명의 가치는 서서히 퇴조한다. 거기에는 아무런 실재성도 없이 외관만의 문명이 남아 있게 된다.

이러한 완만한 쇠퇴를 비껴가는 선택지가 있다. 어떤 민족에게는 한 문명의 형태가 시들어버리더라도 독창성 그 자체의 창조적 원천이 고갈되지 않을 수도 있다. 이러한 경우 단기간의 재빠른 이행이 시작될 수 있다. 그리고 이 이행은 광범위한 불행을 내포하는 혼란을 수반할 수도 있고 그렇지 않을 수도 있다. 중세기 말엽의 유럽이나, 비교적 긴 종교개혁기의 유럽, 18세기의 유럽이 이러한 시대이다. 또한 우리는 현대를, 그 혼란 속에 인간의 최소한의 불행만을 포함하면서 새로운 문명의 방향을 지향하는 변화의 시기로 간주될 수 있기를 희망한다. 그러나 '세계대전'의 비극은 시대를 변화시키는 데 충분하였다.

새로운 유형의 문명으로 신속한 이행이 가능한 것은 사상이 실현보다 앞서 있을 때이다. 그때 민족의 활력은 탐험의 물리적 모험을 앞당기도록 상상의 모험을 밀어붙이고 있다. 세계는 다가서는 사물을 꿈꾸며, 그로부터 시의(時宜)를 얻어 그 실현을 향해 각성한다. 실제로 개시된 물리적 모험은 아직 실현되지 않은 사물들에 대한 사상의 모험을 포함하고 있다. 콜럼버스가 아메리카를 향해 항해하기에 앞서 그는 극동을, 둥근 세계를, 그리고 항로가 없는 대양을 꿈꾸었다. 모험이 미리 정해진 목표에 도달하는 일은 드문 일이다. 콜럼버스는 중국에 이르지 못했지만 아메리카를 발견하였다.

때때로 모험은 한계 내에서 작용한다. 그때 모험은 그 목표를 계산하고 거기에 도달할 수 있다. 이러한 모험은 한 유형의 문명 내부에서 변화의 잔물결이며, 그것으로 말미암아 주어진 유형의 시대는 그 신선함을 유지한다. 그러나 일단 모험의 활력이 주어지는 날에는 조만간 상상력이 그 시대의 안전한 한계의 저편으로, 학습된 취미의 규칙의 안전한 한계 저편으로 비상한다. 그때 그것은 문명화된 노력을 위한 새로운 이상의 도래를 반영하는 이탈과 혼란을 불러일으킨다.

민족은 줄곧 있었던 것과 이제부터 있게 되는 것과의 진정한 대비

(contrast)를 간직하고 있는 한, 그리고 안일한 과거를 뛰어넘어 모험하는 혈기를 지니고 있는 한, 그 활력을 유지한다. 모험이 없으면 문명은 완전히 쇠퇴한다.

이런 이유에서 문화를 지금까지 말해왔고 이루어졌던 가장 최선의 것에 대한 지식으로 정의한다는 것은, 그 생략된 부분 때문에 위험하다. 그것이 생략하고 있는 부분이란 과거의 위대한 성과는 그 당시로서는 과거의 모험이었다는 중요한 사실이다. 모험적인 사람들만이 위대한 과거를 이해할 수 있다. 과거의 문학은 그 당시로서는 모험이었다. 아이스킬로스, 소포클레스, 에우리피데스 등은 사상계의 모험가들이었다. 그들의 희곡을 읽고서 세계를 이해하며 그 정서를 감상하는 새로운 방식을 느끼지 못한다면, 그들의 희곡 전체의 가치를 구성하고 있는 활력을 빠뜨리는 것이 된다. 그러나 모험은 모험적인 사람들을 위해서 존재한다. 그래서 과거에 대한 수동적인 지식은 그 메시지가 담고 있는 가치 전체를 잃게 된다. 살아 있는 문명은 학습을 필요로 한다. 그러나 그것은 학습을 넘어선 곳에 있다.

제4절

제3의 형이상학적 원리는 개체성의 원리라고 불릴 수 있다. 그것은 '조화'의 학설과 관계된다. 그리고 이 점을 간과했다는 것이 종래에 이 학설에 대한 논의가 범한 최대의 오류였다고 나는 생각한다. 실제 최근에 이르러 감각주의자의 지각설이 우세함에 따라 위대한 경험을 특징짓는 '조화'에 대한 근대적 관점은 맨 밑바닥으로 떨어지고 말았다. 이러한 감각주의적 학설은 비교적 고도의 의미를 가지고 있는 객체를 결여한, 경험 속의 단순한 질적 조화에만 주의를 집중시킨다. '조화'라는 용어를 적용할 수 있는 복합체는 감각여건의 단순한 시공적 패턴으로 간주된다. 이러한 복합체로부터 이끌어내는 '조화'는 길들여지고, 모호하고, 윤곽과 의도에서 결함이 있는, 요컨대 감가(減價)된 유형에 속한다. 기껏해야 그것은 기술한 감각으로 자극을 줄 수 있을 뿐이다. 최악의 경우 그것은 무의미한 것이 되고 만다. 거기에 결여되어 있는 것은 느낌의 심층을 북돋울 수 있는 강력한 자극적 요소이다. 감각지각은 의식에 있어서는 우세함에도 불구하고 피상적인 경험에 속한다. 아리스토텔레스의 제1 실체설이 최악의 해독을 끼치게 된 것은 바로 이 때문이다. 왜냐하면 이 학설에 따른다면 개개의 제1 실체는 어떠한 경험의 계기에서도, 인지되는 객체들의 복합에 개입할 수 없기 때문이다. 그래서 영혼을 특징지우는 것은 보편적인 것에 한정된다. 내가 이 책에서 시사하고 있는 형이상학 체계에 의한다면 이러한 아리스토텔레스의 학설은 완전히 잘못된 것이다. 개체적이며 실재적인 과거의 사실들은 현재 직접경험의 기저에 있다. 그것들은 현재의 계기가 유래하는 실재(實在)이며, 그것이 그 정서의 원천을 이끌어내는 실재이며, 그것이 그 목적을 계승하는 실재이며, 그것이 그 정념을 지시하는 실재이다. 경험의 기저에는 이와 같은 개개의 실재가 파생되거나 지향하고 있는 느낌의 소용돌이가 있다. 이러한 경험을 강화하기 위해서 우리는 각기 그 자신의 의미를 갖는 개체적인 '그것'으로서의 각 구성요소들을 식별할 필요가 있다.

우리의 삶을 지배하고 있는 것은 그 각각이 계승의 힘으로 총괄되는 많은 계기들의 통일로서 경험되는 존속물(存續物)이다. 이러한 각각의 개체적 존속은 그것을 구성하는 많은 계기의 변화하는 다양한 성질을 그 통일성 속에 집중시킨다. 어쩌면 그것은 우리가 사랑하는 것일 수도 있고, 우리가 증오하는 것일 수도 있다. 거기에는 단순한 '그것'——많은 계기들로부터 도출된 풍부한 정서를 자신에게 집중시키고 있는 현재 속으로 뻗어 있는 과거의 실재적 사실——이 존재한다. 경험의 요인으로서 이러한 존속하는 개체는 느낌의 풍부성과 목적의 폭을 조절하고, 무한히 뻗어 있는 과거에 속한 잔여의 사물들을 배경으로 밀어내는 규제적 힘을 조절한다. 이는 데카르트가 상념적 실재(realitas objectiva)라는 말로 의미했던 것이다. 이것은 그의 학설에 따르면 다소간 우리의 지각과 밀착되어 있는 것이다.

그러한 존속하는 개체들에 대한 의식적 주목을 포함하는 복합적 경험은, 단순히 자체로서의 감각여건의 패턴으로부터 도출되는 모든 것을 넘어서는 느낌의 풍부성을 즉시로 해방시킨다. 위대한 '조화'라는 것은 배경의 통일성에 있어서 결합된, 온갖 존속하는 개체의 조화이다. 자유의 관념이 보다 고도의 문명에 깃들어 있는 까닭은 바로 이러한 이유 때문이다. 왜냐하면 자유는 그 많은 의미 중의 어느 것으로도 활발한 자기 주장의 권리요구이기 때문이다.

경험적 계기의 현존재를 구성하고 있는 과정을 고찰함에 있어, 존속하는 개체의 지각은 이 계기가 귀속되는 최종적 '현상'에 속해 있지 않으면 안된다. 왜냐하면 원초적 위상에 있어서 과거는 그 여러 개체적 계기가 활성화되어 있기 때문에 이 과정을 개시하도록 하기 때문이다. 이는 새로운 계기를 파생시키는 '실재'이다. 과정은 '실재'와 종합되기 위하여 개념적 주제를 제공하는 정신적 극의 작용에 의하여 강력히 추진된다. 여기에 최종적으로 '현상'이 나타나게 된다. 이 '현상'은 개념적 평가와 종합 후에 변형되어 나타난 '실재'이다. '현상'은 강조와 결합과정에 의한 단순화이다. 그리하여 정서적 의미의 풍부성을 동반한 여러 존속 개체가 전경에 나타난다. 배경에 있는 것은 모호한 정감적 색조를 동반한 환경을 공급하는 방대한 무차별의 계기이다. 일반적인 의미에서 '현상'은 원초적인 '실재'로부터 이끌려나오는 예술의 작품이다. '현상'이 '실재' 속에 실제로 깃들어 있는 여러 결합과 이 결합들의 성질을 강조하는 한 '현상'은 '실재'와의 관계에 있어서 진실과 부합된다. 그러나 '현상'은 '실재' 속에 상관자를 갖지 않는 결합과 성질들을 이끌어들였을 수도 있다. 그런 경우, 경험의 계기는 그 자신 속에 허위, 즉 '현상'과 '실재'와의 단절을 포함하게 된다. 그 어느 경우에도 '현상'은 '실재'의 단순화이며, '실재'를 존속하는 여러 개체의 전경과 무차별적인 계기들의 배경으로 환원시킨다. 감각지각은 '현상'에 속해 있다. 그것은 존속하는 여러 개체를 진실되게, 아니면 별개의 방식으로 가리키고 있는 것으로 해석된다.

그러므로 힘차고 예리한 '조화'에 대한 경험의 기초는, 주체적 색조의 힘을 동반한 존속하는 개체의 전경과 필수적인 결합을 제공하는 배경을 동반한 '현상'이다. 결국 '조화'가 질적 느낌의 '조화'임에는 틀림없다. 그러나 존속하는 여러 개체의 도입이 '실재'로부터 이끌어내는 것은 감각의 피상적인 외피가 산출할 수 없는, 이미 조화된 느낌들의 힘이다. 이는 지적 해석상의 문제가 아니다. 거기에는 기본적인 느낌의 실재적인 융합이 있다.

그래서 느낌의 섬세함을 지향하는 문명은 그 사회적 관계 및 그 사회적 성원과 자연적 환경과의 관계를 조절함으로써, 그 성원이 경험 속으로 힘 있는 존속물의 조화에 의해 지배되고 있는 '현상'을 불러들여야 한다. 다시 말하면 '예술'은 그 구성체의 세밀한 구성요소 속에서 개체성을 산출하려고 해야 한다. 그것은 단순한 성질들의 복합을 신뢰할 수가 없는 것이다. 그렇게 될 경우, 예술은 무기력하고 맥빠진 것이 된다. 예술은 감상자의 경험에서 느낌의 심층에 호소함으로써 개체가 불멸의 것으로서 나타나도록 창조해야 한다. 이러한 이유에서, '예술'과 융합한 위대한 문명은 그 성원들에게 불멸성의 '현상'으로 표현되는 세계를 보여준다고 하는 주장이 지나치지 않은 말이 되는 것이다. 문명이 '현상'을 위해 제시하는 개체들은 한결같이 모든 시대에 속한다.

이상과 같은 것이 바로 위대한 '예술'에서 발견된다. 그 구성체의 세부적인 것들은 그 자체의 권리로 주체적으로 생존한다. 그것들은 자신들의 개체성에 대한 권리를 내세운다. 그럼에도 불구하고 전체에 공헌을 한다. 이러한 각각의 세부적인 것들은 전체에 힘입어 위대성이 증가된다. 그러면서도 그 자신의 권리에 있어서 주목해주기를 바라는 개체성을 보여준다.

한 예를 든다면, 고딕식 성당——예컨대 샤르트르 성당——의 조각과 격자장식(조각의 섬세한 그물 무늬)은 조화를 이루는 데 한몫을 한다. 그것들은 둥근 천장으로 눈을 돌리게 한다. 그리고 수평 방향으로 제단에 있는 최고의 상징에 눈을 돌리게 한다. 그것들은 그 세부적인 아름다움에 의해 주의를 끈다. 그러면서도 그것들은 전체의 의미를 파악하도록 우리의 시선을 이끌어간다. 또한 그 조각과 격자장식은 그 자신들의 권리로 풍부한 느낌을 이끌어내는 가장 중요한 개체성을 떠나서는 이러한 역할을 해내지 못할 것이다. 세부적인 것들의 각각은 영속적인 현존재를 요구한다. 그리고 그것의 전체적 구성을 위해서 양보한다.

또한 대립의 가치가 생기게 되는 것은 이러한 세부적인 것들의 힘찬 개체성이 중요성을 갖게 되기 때문이다. 대립이 전체를 강화하는 것은 그것이 부분의 개체성을 구체화하는 데 도움이 되는 경우이다. 그것들은 그들 자신의 권리로 현존하려는 요구를 단호한 느낌 속으로 끌어들인다. 그것은 전체를, 단순한 질적인 조화의 단조로움으로부터 구출한다.

또한 진리의 중요성이 이제야 나타난다. 신념의 진리는 그 자신에 있어서 그리고 그 귀결에 있어서 중요한 것이다. 그러나 무엇보다도 '현상'과 '실재' 사이의 참된 관계의 중요성이 떠오른다. 크게 진리가 결여될 경우, 느낌의 힘을 '실재'의 깊숙한 곳으로부터 이끌어내는 정도가 그만큼 제한된다. 그래서 허위에는 표현 능력을 뛰어넘는 아름다움을 존재 속으로, 마치 마법사의 지팡이처럼 불러들이는 마술같은 것이 없다. 이러한 이유에서 사회의 문명화는 '진리', '아름다움', '모험' '예술' 등의 힘을 필요로 하는 것이다.

제20장

평화

제1절

우리의 논의는 플라톤의 일곱 개의 일반화, 즉 '이데아', '물리적 요소', '프시케', '에로스', '조화', '수학적 관계', '수용자' 등의 '역사' 속에서의 특수화에 관련된 것이었다. 역사적 관련성을 선정하고 분류한 까닭은, 일곱 개 관념의 특수한 양태들이 서구 민족들 사이에서 활성화되고 그들 민족을 문명화의 길로 몰고 갔다는 점을 보여주려는 데 있었다.

마지막으로 이 책의 마지막 제4부에서 이것들의 본질적 성질들——사회생활에서 그것들의 공동실현이 문명을 구성한다——이 고찰되고 있다. 지금까지 네 가지 성질에 대하여 검토해왔다. 그것은 '진리', '아름다움', '모험', '예술'이다.

제2절

무엇인가가 아직도 빠져 있다. 이 무엇인가를 충분한 폭을 지닌 용어로 진술하기는 쉽지 않다. 그리고 그것이 관련을 갖는 모든 것에 있어서 명확히 구별되고 드러나는 경우에도 그것은 과장된 기미를 띠게 된다. 통상적으로 그것은 의식의 주변에 잠복해 있다. 그것은 변형시키는 작인이다. 그것은 일종의 분위기로서 플라톤의 '조화'에 대한 우리의 관념에 붙어 있다. 그것은 '에로스'의 관념과는 약간 다르다. 그리고 플라톤의 '이데아'와 '수학적 관계'는 '생명과 운동'의 부재(不在)로 말미암아 그것을 죽게 하는 것으로 보인다. 그것을 떠나서는 '진리, 아름다움, 모험, 예술'은 무자비하고, 딱딱하고, 잔인한 것이 될지도 모른다. 이탈리아 르네상스의 역사가 예증하고 있듯이, 문명의 어떤 본질적 성질을 결하게 될 수도 있다. '다정다감'이라든가 '사랑'이라는 것은 중요하긴 하지만 너무 좁은 것이 흠이다. '다정다감'을 특수화된 것으로서 갖고 있는 보다 일반적 성질의 개념이 요구된다. 우리들이 찾고 있는 것은, 다른 네 가지 성질들을 결합함으로써 그 네 가지 성질에 종종 실제로 깃들어 있는 불안정한 자아중심주의를 문명의 관념으로부터 배제하는 '조화의 조화'라는 관념이다. '비인격성'은 지나치게 생기 없는 말이고 다정다감은 지나치게 협소한 개념이다. 나는 파괴적인 격동을 진정시키며 문명을 완성시키는 '조화의 조화'를 지칭하기 위해 '평화'라는 용어를 선택한다. 따라서 사회가 문명화되었다고 말할 수 있게 되는 것은 그 성원이 다섯 가지의 성질, 즉 '진리', '아름다움', '모험', '예술', '평화'에 참여하고 있는 경우이다.

제3절

여기서 염두에 두고 있는 '평화'는 마비라는 소극적 개념이 아니다. 그것은 영혼에 있어 '생명과 운동'의 왕관인 긍정적 느낌(positive feeling)이다. 그것을 정의하거나 말하기는 쉽지 않다. 그것은 미래에 대한 희망도 아니며 세세한 현재에 대한 관심도 아니다. 그것은 말로는 표현되지 않았지만 가치를 조정하는 데 있어 중요한 어떤 깊은 형이상학적 통찰의 출현에 따라 확대된 느낌을 말한다. 그 최초의 결과는 영혼이 그 자신에게 몰두할 때 일어나는 강한 느낌의 강조를 제거하는 일이다. 따라서 '평화'는 인격성을 능가하는 것을 수반하고 있다. 거기에는 상대적인 가치들의 역전이 있게 된다. 그것은 원초적으로는 '아름다움'의 효과를 신뢰하는 일이다. 그것은 성취감의 아름다움이란, 말하자면 사물의 좁은 본성이 멀리하려는 보고(寶庫)의 자물쇠를 열어주는 열쇠 같은 것이라는 의미이다. 그래서 거기에는 무한성의 파악, 여러 한계를 초월하는 호소가 들어 있다. 그 정서적 효과는 방해가 되는 격동을 진정시키는 데 있다. 더 정확히 말하면, 그것은 에너지의 원천을 보존한다. 이와 동시에 마비시키는 착란을 피하기 위하여 그것들을 제어한다. '아름다움'의 자기정당화에 대한 신뢰는 믿음을 이끌어 들인다. 여기서 이성은 세부적인 것들을 드러내는 데 실패한다.

 '평화'의 경험은 대개 목적의 제어를 넘어선다. 그것은 일종의 선물로서 도래한다. 평화에의 계획적인 지향은 그 가짜 대체물인 마비로 넘어가기 쉽다. 다시 말하면, '생명과 운동'의 성질 대신에 파괴가 그것에 대체된다는 것이다. 그래서 '평화'는 억제의 제거이지 그것의 도입이 아니다. 그것은 보다 넓은 의식적 흥미에 귀착된다. 그것은 주의력의 영역을 확대한다. 따라서 '평화'는 가장 넓은 의미, 즉 '자아'가 상실되고 흥미가 인격성보다 넓은 조정으로 전이되었다는 의미에 있어서 자기 제어이다. 여기에서 염두에 두고 있는 것은 정신에 동기를 부여하는 실제적인 흥미이지, 천박한 논변적 관념의 유희가 아니다. '평화'는 이러한 표면적인 넓이에서 도움을 받고 있으며, 그러한 넓이를 조장한다. 사실상, 문명에서 평화가 본질적인 것이 되는 이유도 여기에 있다. 그것은 협소성에 대한 방벽이다. 그 하나의 열매는 흄이 그 존재를 부정했던 정념, 즉 인류의 사랑 그 자체이다.

제4절

'평화'의 의미는 사물의 본성에 있어서 본질적인 비극적 결과와의 관계 속에서 평화를 고찰할 때 가장 명확하게 이해할 수 있다. '평화'는 비극에 대한 이해인 동시에 그것의 보존이다.

우리는 완성된 이상의 무한한 반복 속에서는 문명의 실재적인 정지가 있을 수 없다는 것을 보았다. 거기에는 단조로움이 시작된다. 그리고 여기서 일어나는 피로 현상은 마비증상의 점진적인 확산에 지나지 않으며, 이로 말미암아 그 사회적 집단은 점차적으로 무(無)로 침몰해간다. 사회를 한정하는 특성이 그 중요성을 상실해가고 있는 것이다. 거기에는 고통이나 의식적 상실 같은 것이 없을 수도 있다. 거기에는 놀라움에 대한 점차적인 마비가 있을 뿐이다. 놀라움을 도외시한다면 느낌의 강도는 와해된다.

'붕괴', '추이', '상실', '전치'(轉置)는 '창조적 전진'(Creative Advance)의 본질에 속하는 것들이다. 새로운 방향목표는 혼란의 요소인 '자발성'에 의해서 시작된다. 생겨나서 절정에 달하다가 소멸하는 존속적 '사회'는 '조화'의 필요성과 '신선함'의 필요성을 연결시키는 장치이다. '자연' 깊숙이 잠복해 있는 '조화', 즉 유동적이며 유연한 지주(支柱)가 있다. 그리고 자연의 표면에는 여러 방식의 만족을 지향함에 있어 조화와 충돌의 여러 사회적 노력의 잔물결이 있다. 보다 저차원적 유형의 물리적 객체는 무기적 생명의 광대한 지속을 가질 수 있다. 동물적 생명과 주로 정신적인 인격성의 지배를 포함하는 고차원의 유형은, 탄생으로부터 절정으로, 그리고 죽음으로의 신속한 연속적 단계에 의해 그 열정을 유지한다. 고도의 의식이 달성되자마자 현존재의 향유는 고통, 좌절, 상실, 비극과 얽히게 된다. 그처럼 많은 아름다움과 그처럼 많은 영웅적 행위와 그처럼 많은 대담성의 추이 한복판에 있는 '평화'는 영속에 대한 직관이다. 그것은 비극에 대한 민감성을 생생하게 유지한다. 그것은 비극을, 세계로 하여금 주위 사실의 빛바랜 수준을 넘어서서, 섬세함을 지향해 나가도록 설득하는, 살아 있는 작인으로 간주한다. 각각의 비극은 이상——있었을 수도 있었지만 실제로는 없던 것, 이

제부터 있을 수 있는 것 —— 의 발로이다. 비극은 결코 헛된 것이 아니었다. '아름다움'의 보존에 호소함으로써 원동력에서 이처럼 살아남는 힘은 비극적 인 악과 조잡한 악이 구별되는 것이라는 데 대한 징표가 된다. 비극의 역할 에 대한 이러한 파악에 속하는 내적 느낌이 '평화', 즉 정서의 순화인 것이다.

제5절

'청춘'에 관한 가장 심오한 정의는 아직 비극에 접해본 적이 없는 '생명'이 라는 것이다. 그리고 청춘의 가장 훌륭한 꽃은 경험에 앞서, 불분명하지 않 은 교훈을 아는 일이다. 여기서 논해야 할 문제는, '평화'에 대한 직관은 그 것이 비극 속에서 드러나는 것을 별개로 할 때 어떻게 자신을 주장하는가 라는 것이다. 분명히, 초기의 인격적 삶의 단계를 관찰한다면 가장 명백한 증거를 얻게 될 것이다.

청춘은 개인적 향유와 개인적 불쾌에 전적으로 몰두하는 것을 특징으로 한다. 민감한 쾌락과 민감한 고통, 민감한 웃음과 민감한 눈물, 민감한 배 려의 부재와 민감한 사양, 민감한 용기와 민감한 두려움 등은 모두 청춘의 특징이다. 다시 말하면, 청춘은 그 자신의 일에 즉시즉시 열중한다. 이러한 측면의 청춘은 너무나 변화무쌍하여 행복한 시기라고 부르기 어렵다. 그 시기는 행복하다기보다 생기 발랄하다고 해야 한다. 청춘을 기억하면서 사 는 것이 청춘 ㄱ 자체보다 더 좋다. 극단적인 경우를 제외한다면 기억은 즐 거웠던 날들을 떠올리는 경향이 있기 때문이다. 청춘은 일상적인 의미로 평화로운 것이 아니다. 청춘에서는 절망이 압도적이다. 거기에는 내일이 없으며, 남아 있는 재난의 기억도 없다.

청춘의 근시안적 안목은 빈약한 경험과 맞물려 있다. 그 행동이 어떠한 결과를 가져오느냐 하는 것은 그의 시야 밖에 있다. 아마도 그때 문학은 기 만적인 의미의 지식을 제공할 것이다. 그래서 관대함과 잔혹함은 그것들의 충분한 결과가 예상권 밖에 있다는 사실 때문에 똑같이 자연스럽다.

위에서 말한 것은 모두 '청춘'을 특징짓는 데 있어 지극히 당연한 상식이다. 또한 풍부한 근대사회의 문학도 근본적으로 이러한 사태를 변화시키지 않는다. 여기서 이렇게 주장하고 있는 것은, 그 특질들이 모든 생활 단계에서 인간을 포함한 모든 시대의 모든 동물에 속해 있다는 데 주목하기 때문이다. 차이는 다만 상대적 비율에 있다. 또한 정보 전달에 있어 언어의 성공은 특히 학자들의 세계에서 지나치게 관대하게 평가되고 있다. 단순히 언어가 매우 생략적이라는 점만이 문제가 되는 것이 아니다. 명확히 지적된 사물과 동일한 뿌리를 갖는 유형의 직접적인 경험의 결함을 보완할 수 있는 것은 아무것도 없다. 직접적인 인상의 필요성에 대한 흄의 학설의 일반적 진리는 냉혹한 것이다.

또 다른 측면이 있다. '청춘'은 특히 행동의 아름다움에 대한 호소에 민감하다. 그것은 그 자신의 인격과 무관한 것을 가정하게 되는 동기를 이해한다. 이러한 동기는 그 자신의 흥미를 확대하는 것에 공헌하는 것으로 이해된다. 그래서 개인적 경험에 대한 탐색 그 자체가 비인격성, 즉 자기 망각을 유발한다. 청춘은 그 자신의 열정 속에서 자신을 잊는다. 물론 언제나 그런 것은 아니다. 사랑에 빠질 수 있기 때문이다. 그러나 다행히도 풍부하게 있는, 보다 나은 천성을 입증하고 있는 것은 사랑이 이기주의로부터 헌신으로 이행한다는 것이다. 보다 고차적인 형태의 사랑은 편협한 자애적(自愛的) 동기를 부숴버린다.

시적(詩的)·성서적, 또는 심리학적 관점에서 단순한 문학적 표현으로서가 아니라, 진정한 지식으로서 청춘이 일단 '아름다움'이 어디에 있는가를 파악했을 때, 자기 포기(忍從, 忘我, 몰두)는 절대적이다. 어쩌면 비전은 지나갈지 모른다. 그것은 한 순간에 의식을 가로지를지도 모른다. 어떤 본성은 비전이 주의 대상으로 떠오르는 것을 결코 허용하지 않을지도 모른다. 그러나 청춘은 영혼의 활동과 개인적 활동 저편에 있는 이상적 목표와의 조화이기도 한 '평화'의 비전을 받아들이기 쉽다.

제6절

문명 사회의 활력을 유지시키는 것은, 고도의 목표가 추구할 가치가 있다는 널리 퍼져 있는 감각이다. 활기있는 사회는 어떤 터무니없는 목표를 내장하고 있는 사회이다. 그렇기 때문에 사람들은 개인적 만족의 안일한 충족을 넘어서서 방황한다. 강렬한 흥미는 모두 쉽사리 비인격적인 것이 된다. 예컨대 훌륭하게 성취된 일에 대한 사랑이 그것이다. 이러한 성취에는 조화의 감각, 보람있는 그 무엇을 가져오는 '평화'라는 것이 있다. 이러한 개인적 만족은 인격성을 넘어선 목표에서 생겨난다.

그런데 이와는 상반된 경향이 최소한 똑같이 주목의 대상이 되고 있다. 명성에 대한 이기적 욕망——'저 마지막 약점'——은 사회적 충동을 역전시킨 것이며, 그러한 충동을 전제로 하고 있다. 이러한 경향은 인류를 전율하게 했던 정복자의 이력에서뿐만 아니라 어린이의 사소한 이러저러한 생활 속에서도 그 모습을 나타낸다. 가장 넓은 의미에서 그것은 공감에 대한 갈망이다. 거기에는 각각 경험의 행위는 모든 것이 그 자신의 것이라고 주장하는 중심적 실재라는 느낌이 들어 있다. 세계는 이러한 요구를 만족시켜 주는 것이 아니면 정당화되지 않는다. 그러나 중요한 점은 주의를 찬미하고자 하는 욕망은 주의를 기울이는 데 알맞은 청중이 현실적으로 있는 경우를 제외한다면 무익한 것이 된다는 것이다. 자주 예증되는 느낌의 병리학은 명성을 위해 청중을 파괴해버리는 데 있다. 최종적으로 고도의 목적이 결여된, 명령에 대한 순수한 애호가 물론 있다. 인간에게 동기의 복잡성, 그 엉킨 줄기는 끝이 없다. 여기서 핵심은 인간적 모험의 열정이 그 소재로서, 단일의 계기를 넘어선 가치를 구비한 사물의 구도를 전제로 하고 있다는 것이다. 아무리 상도를 벗어났다 하더라도, 열정에 요구되는 것은 이러한 사물의 구도에서 눈에 띄게 하려는 갈망과 능력을 행사하는 데 따르는 순수한 개인적 즐거움이다. 그것은 마비와 구별되는 자아중심주의로 영혼이 후퇴함으로써 지향하는 최종적 만족이다. 여기서 대체 어디에서 '평화'에 대한 직관을 물들이기 시작하는가를 정확히 포착한다는 것은 인간의 분석 능력으로는 불가능한 일이다. '고귀한 정신의 저 마지막 약점'이라는 밀턴의 표현은 그 결론 전체를 진술하고 있다.

명성이란 차고, 딱딱한 관념이다. '평화'의 극단적인 황홀경과 극단적인 이기적 욕망 사이에 또 하나의 절충점은 특수한 개개의 사물을 사랑하는 데 있다. 이러한 사랑은 유한한 실재가 대부분 필요로 하는 완결성이다. 그리고 실재는 모두 어떤 의미에서 유한하다. 어머니의 사랑처럼, 극단적인 사랑에 있어서 모든 개인적 욕망은 사랑하는 사물에 대하여 그것을 완성시키려는 욕망으로 전이된다. 개인의 삶은 여기서 분명히 그 자신을 넘어서고 있지만, 특수한 실재로서 명확히 한정적으로 제한되어 있다. 부분적으로는 객관적 현상의 미적 가치에 대하여 세밀한 개체성이 갖는 중요성에 기초하고 있다. 이에 관해서는 앞서 논의된 바가 있었다.[원주1] 개인적 사랑의 이러한 양상은 단지 이기적 행복을 위한 조건에의 집착에 지나지 않는다. 거기에 인격성의 초월은 존재하지 않는다.

그러나 부모와 자식 간의 관계나 결혼 관계와 같은 친밀한 지위는 자기 헌신의 사랑을 낳을 수 있다. 거기서는 사랑받는 대상의 잠재성이 열정적으로 느껴지는 것이지만, 그것은 사랑받는 것이 우호적인 '우주'에서 소망을 요구하고 있는 것이다. 이러한 사랑은 진실로 세계의 조화가 특수한 것에서 어떻게 실현되는가에 대한 강렬한 느낌이기도 하다. 그것은 대립이 추방된 아름다운 세계에서 올바름이 개가를 올릴 수 있을 경우 어떤 일이 일어날 것인가에 대한 느낌이다. 그것은 이러한 사례에 있어서 아름다운 결과에 대한 열정적 욕망이다. 이러한 사랑은 정신을 혼란하게 하며 신경을 건드린다. 그러나 전적인 절망으로 어두워지지 않는 한 그것은 '우주' 내의 어떤 목적에 대한 깊은 느낌을 지니고 있으며, 그것에 대하여 있을 수 있는 승리를 쟁취하게 된다. 그것은 '청춘'의 왕관으로서의 '평화'와 '비극'의 결과로서의 '평화' 사이를 배회하는 '에로스'의 감각이다.

[원주1] 이 책의 제17장 제8절과 제19장 제4절 참조.

제7절

사회생활의 일반적 건전성은 공식화된 도덕적 교훈과 공식화된 종교적 신앙 및 종교적 제도에 의해 뒷받침된다. 이것들이 모두 분명히 표현해주고 있는 학설은, 삶의 완성이란 개인적 인격을 초월하는 목표 속에 있다는 것이다.

그것은 커다란 일반성을 갖는 학설이며, 매우 다양하게 특수화될 수 있다. 하지만 이 특수화된 양태들이 모두 상호간에 무모순적인 것은 아니다. 예를 들어, '로마공화국' 전성기 로마 농민들의 애국심에 대하여 생각해보자. 분명히 레굴루스(Regulus)는 내세(來世)—'기독교적 천국, 불교적 열반'—에 대한 신비적 관념을 마음에 품고 고문과 죽음을 확신하면서 카르타고에 귀환한 것은 아니었다. 그는 현실적인 사람이었으며, 그의 이상적 목표는 현세에서 번영하는 '로마공화국'이었다. 그러나 이 목표는 그의 개인적인 인격을 초월하고 있었다. 이 목표를 위해 그는 이러한 한계에 의해 구획된 모든 만족을 희생하였다. 그에게 이 세상에는 단순한 개인적 만족으로는 표현될 수 없는 그 무엇이 있었다. 그러면서도 자신을 희생함에 있어 그의 개인적 현존재는 정점에 달했다. 그는 '로마공화국'의 가치를 평가함에 있어 잘못했을지 모른다. 문제는 그런 신념을 가지고 그 자신을 희생시킴으로써 위대함을 달성했다는 점이다.

이러한 평가에서 레굴루스는 결코 자기 자신이 예외임을 입증한 것은 아니었다. 그의 행동은 보기 드문 영웅적 자질을 보여주었다. 그러나 이러한 행동의 가치에 대한 그의 평가는 가장 광범위한 찬동을 불러일으켰다. 로마의 농민들은 이에 동의하였다. 그리하여 끊임없이 변천하는 역사를 이어온 각 세대는 이야기가 전해지는 데 따르는 정서의 본능적 고동에 따라 동의해왔다.

도덕상의 규칙은 그 과장된 요구 때문에 피해를 입었다. 독단적 오류가 여기서 최악의 일을 저질렀다. 이러한 각각의 규칙은 산상(山上)의 '신'에 의해서, 동굴의 '성인'에 의해서, 왕좌의 신격화된 '독재자'에 의해서, 혹은 최소한 후대가 의심할 여지도 없는 지혜를 구비한 조상에 의해서 제시되었다. 어떤 경우에도 각각의 규칙은 개선될 수 없다. 그래서 불행하게도 세부적인 점에서 서로 일치되지 않거나, 현존하는 도덕적 직관과도 일치되지 않는다. 그 결과 세계는 도덕성의 이름으로 명명백백한 야만성을 법체계로부터 제거하는 일을 방해하는, 성자(聖者)인 체하는 늙은 사람들을 목격하면서 충격을 받든가 흥겨워한다. 일부 성자들의 행위(*Acta Sanctorum*)는 문명을 위해서 바람직스럽지 못한 것이 된다.

이러한 규칙의 세부적인 것들은 직접적 환경의 사회적 상황—예컨대 한 시기 아라비아 사막의 '비옥한 주변'에서의 생활, 히말라야 산맥의 비교적 낮은 경사 지대에서의 생활, 중국 평원의 생활, 인도 평원에서의 생활, 혹은 저 대하(大河)의 델타 지대에서의 생활—과의 관계에서 정해진다. 그리고 결정적 용어의 의미, 예를 들면 소유, 가족, 결혼, 살인, 신 등과 같은 관념의 의미는 변천하며 모호하다. 어떤 환경, 어떤 단계에서는 그 나름대로 조화로운 만족을 산출하는 행동이, 다른 경우의 다른 단계에서는 파괴적인 것으로 타락한다. 각각의 사회는 그 자신의 완전성의 유형을 가지고 있으며, 그 단계에서 불가피한 어떤 오점을 참고 견딘다. 그렇기 때문에 '지구상'의 모든 이성적 존재자에게, 위성에게, 그리고 모든 별자리에게 일일이 세밀한 행동을 규정할, 어떤 정밀한 통제적 관념이 있다는 생각은 당장 버려야 한다. 그것은 '우주'가 지향하는 하나의 완전성의 유형이 있다는 생각이다. 모든 '선'의 실현에는 한계가 있으며, 거기에는 반드시 어떤 별개의 유형을 배제하고 있다.

이러한 규칙이 증언하는 것, 역사를 통해서 여러 민족에 속한 혜안(慧眼)의 인사들에 의한 해석이 증언하는 것은 사회적 완전성의 목표이다. 이렇게 실현된 사실은 사물의 본성 속에 영속하는 완전성으로, 모든 시대의 보배로 여겨진다. 그것은 사상의 로망스가 아니다. 그것은 '자연'의 사실이다. 예를 들어, 어떤 의미에서 로마공화국은 쇠망하고 무너졌다. 또 다른 의미에서 그것은 '우주' 내에서의 완고한 사실이다. 소멸한다는 것은 생성 과정에서 새로운 기능을 전제로 한다. 이 '공화국'에의 헌신은 그 유지에 목표를 두는 사람들에게 개인적 만족의 유형을 확대하였다. 개인적 제한을 초월한 이상에 이처럼 목표를 둔다는 것은 현자, 즉 자기 영혼의 제어자가 스스로의 운명에 대처할 수 있다는 '평화'의 개념인 것이다.

제8절

'사회'의 광범한 관념에 주목할 필요가 있다. 초월은 직접적 계기의 현실성으로부터 계기들의 사회인 인격적 현존재라는 관념으로의 비약과 더불어 시작된다. 인간의 생명과 관련하여 말하자면 영혼은 사회이다. 인격적 현존재의 미래를 걱정한다든지, 그 과거를 후회하거나 자랑으로 생각한다든지 하는 것은 똑같이 현재의 단적인 현실성의 경계를 넘어서 비약하려는 느낌을 말한다. 그 속에 '타자'가 내재하고 있기 때문에 자신을 초월해야 한다는 것이 현재의 본성 속에 있다. 하지만 이러한 자연의 사실이 마땅히 받아야 할 강조의 규모에 어떤 필연성이 있는 것은 아니다. 조화의 도도한 큰 흐름을 강화하는 일은 의식의 문명에 속한다.

영혼을 초월한 곳에 별개의 사회들이 존재한다. 그리고 사회들의 사회들이 있다. 영혼에 봉사하는 동물 몸이 있다. 가족들의 집단, 민족들, 여러 종(種), 함께 더불어 사는 삶을 기도함에 있어 연합된 각양각색의 종을 포함하는 집단이 있다. 이 다양한 사회들은 그 각각의 규모에 있어서 충성과 사랑을 요구하고 있다. 인간의 역사에서 이러한 요구에 대한 다양한 응답은, 각각의 개체적 현실태 자신을 넘어선 본질적 초월을 드러낸다. 각 개체의 절대적 자기 성취라는 완강한 현실은 그것이 유래되고 귀속되는 상대성과 결부된다. 상대성의 다양한 가닥을 분석한다는 것은 이 우주시대에 있어 우주의 사회구조를 분석하는 것이 된다.

비록 도덕성의 특수한 규칙은 다소간 불완전하게나마 문제되는 사회 구조의 특수사정을 반영한다지만, 이러한 모든 규칙의 근본적인, 고도의 일반원리를 탐구한다는 것은 당연하다고 보아야 한다. 그러한 일반성은 조화들을 조화시키는 관념이나 유일한 본래적 현실로서의 특수한 개체적 현실태의 관념을 반영해야 한다. 이것들은 조화의 일반성, 그리고 개체의 중요성에 관한 원리이다. 첫째의 것은 '질서'를 의미하며, 둘째의 것은 '사랑'을 의미한다. 이 양자간에는 대립을 시사하는 요소가 있다. 왜냐하면 '질서'가 비인격적이라면 사랑은 무엇보다도 인격적이기 때문이다. 이 대립은, 여러 유형의 질서들이 개체적 현실태를 확대시키는 데 성공을 거두고 있는지의 여부, 즉 경험의 강도를 증대시키는 데 성공을 거두고 있느냐의 여부에 따라, 상대적 중요성에 있어서 그 질서들을 등급화함으로써 해결된다. 또한 부분적으로는 그 자신의 경험의 본질적 강도라는 점에서, 그리고 부분적으로는 고도의 질서 유형을 증진시키는 데 있어서의 영향이라는 점에서, 개체를 이러한 이중적인 근거에 따라 등급을 매김으로써 해결된다. 이 두 근거는 부분적으로 합체(合體)한다. 왜냐하면 약한 개체는 약한 영향밖에 끼치지 않기 때문이다. '평화'의 본질이란 이런 것이다. 즉 그 경험의 강도가 이러한 궁극적 직관에 따르고 있는 개체는, 그것으로 말미암아 모든 질서의 원천에 대한 영향력을 확대시킨다는 것이다.

도덕적 규칙이라는 것은, 그것이 설계된 환경 속에서 그 환경이 고유한 완전성을 향해 진화할 수 있도록 하는 행동패턴이다.

제9절

'진리'의 달성은 '평화'의 본질에 속한다. 이는 '평화'의 실현을 구성하는 직관이 그 목표로 삼고 있는 것은 '조화', 즉 상호 결합이 '진리'를 포함하는 그런 '조화'라는 것을 의미한다. '진리'에서의 결합은 '조화'를 제한한다. 그 자신 속에 허위성의 혼란을 숨기고 있는 '아름다움'에는 확실한 효과도 있을 수 없다.

명제의 진위(眞僞)는 '진리'에 대한 이러한 요구에 있어 직접적으로는 관계가 없다. 각각의 명제는 그것과 모순되는 명제와 연결되어 있으며, 그중의 하나만이 진리이고 나머지는 거짓이어야 하기 때문에 필연적으로 진리의 명제가 있는 것만큼 많은 거짓 명제가 있게 된다. 명제의 이 단순한 진리치는 지성의 추론적 관심에 영향을 주는 비교적 피상적인 요소이다. '평화'가 요구하는 본질적 진리는 '실재'에 대한 '현상'의 순응이다. 경험의 계기가 그것으로부터 유래되는 '실재'——피할 수 없고, 굽힐 수도 없는 엄연한 사실(stubborn fact)로서의 '실재'가 존재한다. 그리고 이 계기가 그 최종적 개체성을 달성하는 '현상'——단순화, 평가, 변환, 예견 등에 의해 '우주'를 조절하는 '현상'이라는 것이 존재한다. '현상'이 '실재'로부터 벗어난다는 느낌은, 생명으로부터 모험으로의 열정을 탈취하는 최종적 파괴력이 되기도 한다. 그것은 바로 문명으로부터 그 존재 이유를 제거함으로써 문명을 퇴폐하게 만든다.

이러한 순응성을 지배하는 필연성 같은 것은 있을 수 없다. 사물의 현상을 지배하고 있는 감각지각은 그 자신의 본성에 있어 재조정되고, 이런 의미에서 왜곡된다. 또한 감각지각이 제공하는 '현상'에 대한 단순 솔직한 진리 같은 것은 있을 수 없다. 감각지각은 그 자신의 본성에 있어서 해석이며, 이 해석은 전적으로 오해를 유발하는 것일 수도 있다. 만일 '실재'에 대한 '현상'의 필연적 순응이 있는 것이라면 '도덕성'은 소멸하고 말 것이다. 항(項, term)들이 필연적으로 연결되어 있는 곱셈표에 도덕성이라는 것은 존재하지 않는다. '예술' 또한 여기에서는 무의미한 용어가 될 것이다. 왜냐하면 그것은 목적의 효과를 전제하고 있기 때문이다. '예술'은 '모험'의 결과로 나타난다.

논의해야 할 문제는, '우주'에 과연 '현상'을 '실재'에 순응하게 하는 일반적 충동을 구성하는 요인이 존재하는가이다. 여기서 이러한 충동은 각각의 계기에 있어 당면한 특수 현상에 고유한 진리를 지향하도록 설득하는 요인을 구성하게 될 것이다. 각각의 특수 현상에 고유한 이와 같은 진리 개념은 이런 현상이 자신의 원천이었던 실재와 무관한 요소를 포함함으로써 자신을 구축한 것이 아니라는 것을 의미할 것이다. 그때에 현상은 일반화된 것이고, 강조점을 적용한 것이 될 것이다. 그러나 그것은 실재 속의 대응 사례를 하나도 갖지 않은 성질과 관계의 수용이 아니다. 이러한 진리 개념은 사실상 칸트의 『순수이성비판』에 부각되어 있는 현상에 관한 학설을 부정하고 있다. 그것은 선천적 종합판단은 어떻게 가능한가라는 물음에 대한 그의 답변을 부정하고 있는 것이다. 그것은 적어도 일찍이 칸트가 그의 저작에서 명확히 도입하지 않았던 억제적 제한을 도입하는 일이다.

제10절

이 물음에 대한 해답은 개체적 경험을 해석해온 다음과 같은 요인들의 개관에서 나오는 것임에 틀림없다. 각각의 계기가 파생된 선행 세계, 즉 새로운 피조물에 조화와 대립을 제공하는 많은 계기들로 구성된 세계 : 대립하는 요인들을 무관계한 것으로 몰아내는 '마비'의 안일한 길 : 대립하는 것을 상실로부터 구출해내는 느낌의 패턴으로 개념적 느낌을 만들어낼 때의 정신적 극의 활동 : 정신적 활동의 자발성 및 연관성의 감각에 의한 그 설득 : 의식의 선택적 성질과, 보다 깊은 느낌의 원천을 식별하는 데 의식이 처음에는 실패한다는 것 : 현실적 계기로부터의 추상화에서는 아무런 작인이 없다는 것, 그리고 현존재는 작인 속에 함축되어 있다는 것 : 어떠한 개체적 계기의 가치도 넘어서는 가치를 갖는 많은 계기의 통일감, 예를 들어, 영혼, 완전한 동물, 동물의 사회적 그룹, 물체, 물리적 우주시대 등 : 그리고 마지막으로 직접적인 개체적 만족을 지향하는 것 등이 그것이다.

이러한 일련의 요인들로부터 이끌어낸 시사(示唆)를 정당화할 근거는 주로 그것들이 직접적인 경험을 해명하고 있다는 데 있어야 한다. 그것들은 논의의 결과가 아니며, 그렇게 되어서는 안된다. 왜냐하면 모든 논의는 결론보다 더 근본적인 전제 위에 기초를 두어야 하기 때문이다. 기본 관념을 논한다는 것은 단지 그것들의 정합성, 양립 가능성, 그리고 그것들의 결합에서 도출될 수 있는 특수화를 드러내고자 하는 목적을 위해서이다.

상술한 일련의 형이상학적 관념은 적절히 해석된 인류의 통상적인 평균적 경험에 기초를 두고 있다. 그러나 그밖에도 일련의 관념이 있으며, 그것들은 어느 정도 예외적인 계기나 경험의 양태에 호소하는 것들이다. 잠깨어 있는 평균적 인간 경험의 현재 수준은 이전의 인류의 조상들 사이에서는 예외적인 것이었다는 점을 기억해둘 필요가 있다. 그렇기 때문에 우리의 직접적 판단에서 평균적 수준을 넘어선 경험양태에 호소해도 그것은 정당화된다. 이러한 양태들이 점차적으로 출현하여 인간 역사에 영향을 주었다는 것이 이 책에서 역사에 호소하고자 하는 주제 가운데 하나가 되었다. 우리들이 지금까지 발견한 것은 '예술'의 성장이다. 예술은 점차적으로 '진리'와 '아름다움'의 추구로 승화된다는 것, 그리고 예술은 초월적 전체(transcendent whole)를 포용함으로써 이기적 목적을 승화시킨다는 것, 예술은 초월적 목적에 있어서 청춘의 열정이라는 것, 예술은 비극의 감각이며 달성된 완성을 넘어서는 모험에의 설득이며, '평화'의 감각이라는 것 등이 우리가 발견한 것이다.

제11절

이 단계까지 전개되어온 바와 같이, '문명'의 개념이라는 것은 본시 불완전한 개념으로 남아 있다. 이러한 간극을 논증할 수 있는 논리적 논의는 없다. 그러한 논의는 형이상학적 직관을 의식적으로 실현하기 위한 보조수단에 지나지 않는다. "신은 당신의 백성이 변증법 속에서 구출되는 것을 좋아하지 않으셨다."(*Non in dialectica complacuit Deo salvum facere populum suum.*) 뉴먼 추기경[원주2]이 인용하고 있는 이 격언은 모든 형이상학자들이 좌우명으로 삼아야 할 것이다. 형이상학자는 원숭이와 유사한 희미한 의식의 심층 속에서, 그리고 사전적인 언어권 밖에서 모든 추론에 함축되어 있는 전제를 탐구하고 있다. 형이상학의 사변적 방법은 위험하고 곡해되기 쉽다. '모험'이란 것은 모두 그렇다. 그러나 '모험'은 문명의 본질에 속한다.

이 개념의 미완결성은 '모험', '열정', '평화'에 있어 본질적인 느낌인 '초월'의 관념과 결부되어 있다. 이런 느낌을 이해하기 위해서는, '에로스'의

[원주2] 『동의의 문법』(*Grammar of Assent*).

관념을, 일자(one)로서의 '우주'에서 이루어지는 '모험'의 개념 속에 포함시
킴으로써 보완할 필요가 있다. 이 '모험'은 모든 특수한 계기를 포괄한다.
그러나 현실적 사실로서는 이 계기들을 모두 초월해 있다. 그것은 말하자
면 플라톤의 '수용자'(Receptacle)를 보완한다. 그것은 '수용자'의 정반대
이긴 하지만 일체의 사물을 통일하기 위해서는 똑같이 필요한 것이다. 모
든 의미에서 그것은 '수용자'와 반대된다. '수용자'는 일체의 형상을 드러낸
다. '모험의 통일태'(the Unity of Adventure)는, 모든 가능성이 실현되
어 있는 선성(善性)을 요구하면서 그 가능성으로 향하는, 살아 있는 충동인
'에로스'를 포함하고 있다. 플라톤의 '수용자'는 모든 개체적 계기로부터 추
상된, 공허한 것이다. '모험의 통일태'는 그 구성요소 속에, 그 각각이 속해
있는 인격적 또는 사회적 사실의 중요성을 갖는 모든 개체적 실재들을 포
함하고 있다. 구성요소 속의 이러한 개체적 중요성은 '아름다움'의 본질에
속한다. 이 '최고의 모험'에 있어, '모험'이 '현상의 통일태'로 변환시키는 '실
재'는, 각기 정당한 몫의 주의력을 요구하는, 전진하는 세계의 실재적 계기
들을 필요로 한다. 이렇게 향유되는 이 '현상'은 '우주'의 정당화를 달성하는
최종적 아름다움이다. 이 '아름다움'은 그 속에 항상 '시간적 세계의 전진'에
서 도출되는 갱신(更新)을 포함하고 있다. 절정기의 '문명'에 속하는 자기망
각적 초월의 열정을 만들어내는 것은 이 최초의 '에로스'와 이 최종적 '아름
다움'을 포함하고 있는 '위대한 사실'이 내재하고 있다는 사실이다.

사물의 본성의 핵심에는 항상 청춘의 꿈과 비극의 결실이 있다. '우주의
모험'은 바로 그런 꿈에서 출발하며, 비극적인 '아름다움'을 거두어들인다.
이는 '열정'과 '평화'가 통합되는 비결이다. 즉 수난은 '조화들의 조화'에서
그 종국에 이른다는 것이다. '청춘'과 '비극'의 종합을 동반하는 이 '최종적
사실'에 대한 직접적 경험이 이른바 '평화'의 감각이다. 이런 방식으로 '세계'
는 그 다양한 개체적 계기들에 있어 가능한 완전성들을 지향하도록 설득되
기에 이른다.

● 화이트헤드 연보

1861년 2월 15일, 화이트헤드는 잉글랜드의 동남단 켄트 주에 있는 전원 소도시 램즈게이트에서 태어났다. 퀘이커교파인 조지 화이트헤드의 후예였던 할아버지 토머스는 1815년, 21세의 나이로 이곳의 사립 학교장이 되었으며 아버지 앨프레드도 1852년 25세에 할아버지의 후임으로 같은 학교장이 되었다. 또한 앨프레드는 1860년부터 영국 성공회의 성직을 겸임하여 후에 지방 부감독, 캔터베리의 명예 성직회 의원, 대사교구회의 간사를 거쳐 고위 성직자가 되었다. 이처럼 화이트헤드의 문중은 종교적·교육적 분위기가 감돌았다.

1875년(14세) 남잉글랜드 중부 도싯 주의 사립 샤번 학교(675년에 창립했으며, 앨프레드 대왕 등 역사적 인물을 많이 배출한 명문교)에 입학하였다. 여기서 주로 그리스어, 라틴어 중심의 고전 연구에 대한 교육을 받으면서 『헤로도토스』, 그밖의 중요한 원전들을 모두 정독 하였다. 각종 스포츠에서 주장으로 활약하였고, 워즈워스, 셸리의 시를 즐겨 읽었으며, 우수한 성적을 올려 최종 학년에는 학생 대표 가 되었다.

1880년(19세) 케임브리지대학의 트리니티 칼리지에 입학하여 순수 수학, 응용 수학(수리 물리학)을 전공하였다. 기숙사 생활을 하였으며, 성적은 우수하였다. 철학, 문학, 역사, 정치, 종교, 예술 분야에도 열렬한 관심을 쏟았고, 동료 교사들과의 토론을 통해 사물의 이치 를 깊이 연구하였다.

1885년(24세) 트리니티 칼리지에서 특별 연구원(Fellow) 자격을 얻는 한 편, 응용 수학과 역학을 강의하였다. 이 무렵 학문적 관심은 주로 여러 대수 이론의 공리주의적 재구성으로 체계를 통일시키는 것이 었다.

1890년(29세) 군인, 외교관의 딸로 프랑스에서 성장한 에벌린 웨이드 (Evelyn W. Wade)와 결혼하였다. 1891~98년 사이에 2남 1녀 를 낳았다. 화이트헤드는 그의 부인으로부터 윤리적·심미적 감각 뿐만 아니라 세계관에 있어서도 많은 영향을 받았다.

그 당시에 18세이던 버트런드 러셀이 트리니티 칼리지에 입학하 였다. 주로 철학과 수학을 공부하던 러셀은 화이트헤드의 추천으로 2급 장학금을 받는 특대생이 되었으며 1895년에 다시 화이트헤드 의 추천으로 트리니티 칼리지의 특별 연구원이 되었다.

1898년(37세) 처녀작 『보편 대수론』(*A Treatise on Universal Algebra*) 제1권을 출판하였다. 이 책은 8년 동안의 연구 결정이며 통일적 관 점에서 수학의 기초를 정립시키고자 한 작업이다. 그라스만의 『연 장론』(*Ausdehnungslehre*, 1844)과 불의 『사고의 법칙』(*Laws of Thought*, 1859) 등에서 자극과 시사를 받았다. 『보편 대수론』 제2권의 준비를 진행시키다.

1900년(39세) 러셀(28세)은 『라이프니츠 철학의 비판적 해설』(*A Critical*

Exposition of the Philosophy of Leibniz)을 출판하였다.

　　화이트헤드와 러셀은 파리의 국제철학회에 참석하였는데 여기서 수학자 페아노를 만났다. 이것이 자극이 되어, 러셀은 『수학 원리』(*Principles of Mathematics*)의 저술을 착수하는 동시에 관계에 관한 이론을 페아노가 주관하는 학술지에 발표하였다.

1903년(42세) 『보편 대수론』의 업적으로 왕립협회의 회원이 되었다. 『보편 대수론』 제2권의 원고를 완성하여 출판하려고 하는데 마침 러셀의 『수학 원리』가 출판되었다. 러셀도 제2권을 준비중에 있었다는 것, 그리고 양자가 사실상 동일한 목적과 기도하에 연구를 하고 있다는 것을 알게 되어, 두 사람의 제2권은 『수학 원리』로서 공동집필할 것에 동의하여 공동 연구를 시작하였다.

1906년(45세) 『사영기하학의 공리』(*The Axioms of Projective Geometry*)와 『물질 세계에 관한 수학적 개념들에 대하여』(*On Mathematical Concepts of the Material World*)를 출판하였다. 전자는 사영 기하학을 공리적으로 재구성한 것이며, 후자는 물리학의 기초개념의 공리화를 시도한 것으로서 4차원 기하학을 구성하고 있다. 맨체스터대학의 W. 메이즈 교수는 이 저서를 가리켜 중기·후기 철학의 초석이 되었다며 높이 평가하였다.

1907년(46세) 『도형 기하학의 공리』(*The Axioms of Descriptive Geometry*) 제1권을 출판하였다.

1910년(49세) 화이트헤드와 러셀의 공저 『수학 원리』(*Principia Mathematica*) 제1권을 출판하였다. 이 저작은 수학 전반에 걸친 이론을 통일적 언어를 사용해서 공리적으로 재구성시키면서, 그것에 대한 철학적 기초를 부여하고자 한 시도라고 할 수 있다. 이는 화이트헤드와 러셀의 7년 간에 걸친 피나는 노력의 결정이다. 수학적 형식화에 관한 작업은 화이트헤드가 담당하였고, 그에 대한 철학적 기초작업은 러셀이 맡았다.

　　화이트헤드는 케임브리지대학의 비과학적 봉건성, 보수성에 더

이상 견디기 어려움을 절감한 나머지 케임브리지대학의 수학 주임 강사직을 사임하고, 런던대학으로 자리를 옮겼다.

1911년(50세) 새로운 교육 이념에 입각한『수학 입문』(*An Introduction to Mathematics*)을 출판하였다. 이 해에 런던대학의 유니버시티 칼리지의 강사로 임명되었다.

1912년(51세) 화이트헤드와 러셀의 공저『수학 원리』제2권을 출판하였다. 러셀은『철학의 문제들』(*The Problems of Philosophy*), 『보편자와 개별자의 관계에 대하여』(*On the Relation of Universals and Particulars*)를 출판하여 발표하였다. 비트겐슈타인은 트리니티 칼리지에 입학하여 러셀 밑에서 수학 기초론과 논리 철학 연구를 시작하였다.

1913년(52세) 러셀과 함께『수학 원리』제3권을 출판하였다.

1914년(53세) 런던대학의 임페리얼 칼리지 오브 사이언스 앤드 테크놀로지(이공 학부)의 응용 수학 정교수로 취임하였다. 대학장, 대학평의회 의장, 대학 이사 등 눈부신 사회 활동을 하였다.

1915년(54세)『공간, 시간, 그리고 상대성』(*Space, Time and Relativity*)을 간행하였다. 독자적인 시공론에 입각한 상대성 이론을 전개하였다. 아인슈타인의『일반 상대성 이론』이 발표되었다.

1917년(56년)『사고의 유기화』(*The Organization of Thought*), 『약간의 과학적 관념의 분석』(*The Anatomy of Some Scientific Ideas*)을 출판하였다. 전자에서 수리 논리학적 방법을 자연 과학에 적용시켜야 할 필요성을 강조하였다. 아울러『수학 원리』의 해설도 부기하고 있다.

1919년(58세)『자연 인식의 원리에 관한 연구』(*An Inquiry Concerning the Principles of Natural Knowledge*)를 출판하였다. 물리학 기초 개념의 형식화를 꾀하면서 과학 철학이 나아갈 방향을 제시하고 있다.

1920년(59세)『자연의 개념』(*The Concept of Nature*)을 출판하였다.

물리학의 기초를 철학적으로 정립시키고자 시도하였다.

1922년(61세) 『상대성의 원리』(*The Principle of Relativity, with Applications to Physical Science*)를 출판하였다. 이 저작은 '과학 철학 3부작'의 전(前) 2부작에서 추고된 시공론, 사건론, 대상론과 같은 과학 철학의 기초 이론을 일반 상대성 이론으로 발전시킨 것이다. 그 전제와 기본 개념에 있어 아인슈타인의 이론과 논리적 구조를 달리하고 있다. 아리스토텔레스 협회장으로 임명되었다. 취임 강연에서 흄 비판을 통해서 경험론과 합리론의 새로운 종합을 시도하였다.

1924년(63세) 런던대학을 정년 퇴직하고 하버드대학의 초빙을 받아 처음으로 철학 정교수가 되어 미국으로 건너갔다.

1925년(64세) 『과학과 근대세계』(*Science and the Modern World*)를 출판하였다. 이는 하버드대학에서 발표한 첫 작품으로 화이트헤드가 과학 철학에서 형이상학으로 발전해가는 과도기의 저작이다. 독자적인 근대 사상사 내지 서구 지성사로서 그의 형이상학 체계로 넘어가는 추이를 매력적인 필치로 묘사하고 있다. 미국 지식인의 주목을 끌었을 뿐만 아니라 그의 전 저작 중 가장 널리 읽힌 명저이다.

1926년(65세) 『종교의 형성』(*Religion in the Making*)을 출판하였다. 이 책은 보스턴의 킹즈 채플에서 행한 종교에 관한 4차례의 강의를 정리한 것으로, 새로운 시대에 알맞는 비독단적 새 종교관을 제시하였다.

1927년(66세) 『상징작용──그 의미와 효과』(*Symbolism──Its Meaning and Effect*)를 출판하였다. 이것은 '과학 철학 3부작'을 다른 각도에서 정리한 것으로서, 경험론과 합리론을 새로운 관점에서 종합하는 독자적인 인식론을 전개한다. 제3장은 사회 철학을 다루고 있다.

1929년(68세) 『과정과 실재』(*Process and Reality*), 『이성의 기능』(*The Function of Reason*)을 출판하였다. 전자에서는 그의 유기

체 철학으로서의 형이상학 체계가 집대성되어 있다. 후자는 독일 관념론에 의해 신비화되고 왜곡된 이성의 개념을 자연주의적으로 새롭게 규정하고 있다.

1932년(71세) 『교육의 목적』(*The Aims of Education*)을 출판하였다. 이것은 런던 시대와 도미 이후의 교육 관계 논문집이다.

1933년(72세) 『관념의 모험』(*Adventures of Ideas*)을 출판하였다. 이 저작은 그의 과학 철학, 형이상학, 역사, 미학을 유기적으로 통합한 것이며, 『과학과 근대세계』, 『과정과 실재』와 나란히 '형이상학 3부작'으로 불린다. 『과학과 근대세계』 다음으로 널리 읽히는 명저이다.

1934년(73세) 『자연과 생명』(*Nature and Life*)을 출판하였다. 그리고 『수학 원리』를 개정하는 작업의 하나로 논문 「지시, 집합, 수, 타당화」 "Indication, Classes, Numbers, Validation"를 발표하였다. 같은 해에 출판된 W. V. Quine의 『기호 논리학 체계』에 서문을 썼다.

1937년(76세) 하버드대학을 정년 퇴직하고 명예 교수가 되었다. 전년도 미국철학회의 '화이트헤드 철학 심포지엄'에서 있었던 약간의 비판에 대해 반박하는 논문을 발표하였다.

1938년(77세) 『사고의 양태』(*Modes of Thought*)를 출판하였다. 이 책은 34년의 저작에서도 1부로 포함시키고 있으며, 그의 형이상학적 체계의 기본 입장을 비전문적인 언어로 기술하였다. 논리실증주의의 논리와 수학관도 비판하고 있다.

1939년(78세) 논문 「수학과 선」 "Mathematics and the Good", 「건전한 정신에의 호소」 "An Appeal to Sanity"를 발표하였다. P.A. Schilpp 편집의 『존 듀이의 철학』(*The Philosophy of John Dewey*)에 「듀이론」을 기고하였다.

1941년(80세) 같은 P.A. Schilpp 편집 총서의 하나인 『앨프레드 노스 화이트헤드의 철학』에 논문, 「불멸성」 "Immortality"과 앞에 기술한

「수학과 선」, 최초의 「자서전」 "Autobiographical Notes"을 발표하였다. 세계대전의 와중에서 가치 체계의 충돌로 생기는 철학적 가치론을 재검토하고 있다.

1942년(81세) 다시 현실의 정치적 문제를 철학적으로 고찰한 논문 「재건의 문제」 "The Problem of Reconstruction"를 발표(*Atlantic Monthly*, 2월)하였다. 전후 재건에 있어 정치적 기술이 특수한 시야에만 한정되는 관심으로 이끌려가서는 안된다는 점을 다시 경고하였고 평화공존사상을 제창하였다. 80세를 넘어서면서도 지적 활력에 있어서는 좀처럼 쇠퇴할 줄 모르는 불굴의 정신을 가졌지만 육체적으로 서서히 쇠약해지기 시작하였다.

1945년(84세) 영국의 문화훈장 '오더 오브 메이트' 훈장을 받았다.

1947년(86세) 12월 30일 하버드의 교외에서 일생을 마쳤다. 『과학, 철학 논문집』(*Essays in Science and Philosophy*)이 출판되었으며 존슨(A.H. Johnson) 편의 『화이트헤드의 기지와 지혜』(*The Wit and Wisdom of Whitehead*)가 캐나다에서 간행되었다.

1954년 그의 친구요 저널리스트인 프라이스(L. Price)에 의해서 『화이트헤드 대화록』(*Dialogues of A.N. Whitehead*)이 간행되었다. 이 책은 14년 간에 걸친 화이트헤드와의 대화를 기록한 것으로, 생전에 그의 검열을 받았다. 화이트헤드의 사회관, 정치관, 인생관, 세계관을 이해하는 데 귀중한 자료이다.

●인 · 지명 찾아보기

● 사항 찾아보기

HANGIL GREAT BOOKS 001

관념의 모험

지은이 A.N. 화이트헤드
옮긴이 오영환
펴낸이 김언호

펴낸곳 (주)도서출판 한길사
등록 1976년 12월 24일
주소 10881 경기도 파주시 광인사길 37
홈페이지 www.hangilsa.co.kr
전자우편 hangilsa@hangilsa.co.kr
전화 031-955-2000~3 **팩스** 031-955-2005

인쇄 오색프린팅 **제책** 경일제책사

제1판 제 1쇄 1996년 1월 1일
제1판 제11쇄 2023년 5월 30일

값 28,000원

ISBN 978-89-356-3070-7 94110
ISBN 978-89-356-6427-6 (세트)

• 잘못 만들어진 책은 구입하신 서점에서 바꿔드립니다.

한길그레이트북스 인류의 위대한 지적 유산을 집대성한다

●한길그레이트북스는 계속 간행됩니다.